Uni-Taschenbücher 1553

W0189768

Eine Arbeitsgemeinschaft der Verlage

Wilhelm Fink Verlag München
Gustav Fischer Verlag Jena und Stuttgart
Francke Verlag Tübingen und Basel
Paul Haupt Verlag Bern · Stuttgart · Wien
Hüthig Verlagsgemeinschaft
Decker & Müller GmbH Heidelberg
Leske Verlag + Budrich GmbH Opladen
J. C. B. Mohr (Paul Siebeck) Tübingen
Quelle & Meyer Heidelberg · Wiesbaden
Ernst Reinhardt Verlag München und Basel
F. K. Schattauer Verlag Stuttgart · New York
Ferdinand Schöningh Verlag Paderborn · München · Wien · Zürich
Eugen Ulmer Verlag Stuttgart
Vandenhoeck & Ruprecht in Göttingen und Zürich

Ernst Opgenoorth

Einführung in das Studium der neueren Geschichte

4., durchgesehene und ergänzte Auflage

Ferdinand Schöningh
Paderborn München Wien Zürich

Ernst Opgenoorth, Prof. Dr. phil., geboren 1936 in Kleve/Ndrh., studierte Geschichte, Germanistik, Philosophie und Publizistik an der Universität Bonn und der Freien Universität Berlin. Er schrieb eine Dissertation über ein reformationsgeschichtliches Thema aus dem deutschen Nordosten und wurde nach kurzer Berufstätigkeit als Journalist Assistent am Historischen Seminar der Universität Bonn. Dort habilitierte er sich 1971. Seit 1980 ist er Professor für Mittelalterliche und Neuere Geschichte an der Universität Bonn. Außer mit Erkenntnistheorie und Methoden der Geschichtswissenschaft befaßte er sich mit der frühen Neuzeit (vor allem in Brandenburg – Preußen) und mit der Entstehungsgeschichte der DDR.

Die Deutsche Bibliothek – CIP-Einheitsaufnahme

Opgenoorth, Ernst:
Einführung in das Studium der neueren Geschichte /
Ernst Opgenoorth. – 4., durchges. und erg. Aufl. – Paderborn;
München; Wien; Zürich: Schöningh, 1993
    (UTB für Wissenschaft: Uni-Taschenbücher; 1553)

    ISBN 3-8252-1553-9 (UTB)
    ISBN 3-506-99401-8 (Schöningh)
NE: UTB für Wissenschaft / Uni-Taschenbücher

Gedruckt auf umweltfreundlichem, chlorfrei gebleichtem Papier
(mit 50 % Altpapieranteil)

4., durchgesehene u. ergänzte Auflage 1993

© 1989 Verlag Ferdinand Schöningh, Paderborn
(Verlag Ferdinand Schöningh GmbH, Jühenplatz 1, D 4790 Paderborn)
ISBN 3-506-99401-8

Printed in Germany
Herstellung: Ferdinand Schöningh, Paderborn
Einbandgestaltung: Alfred Krugmann, Freiberg am Neckar

UTB-Bestellnummer: ISBN 3-8252-1553-9

Inhaltsverzeichnis

Einleitung zur 3. Auflage (1989)

Reichlich zwanzig Jahre sind vergangen, seit ich die erste Auflage dieses Buches schrieb, fünfzehn seit der zweiten. Beide erschienen an anderer Stelle; auch die zweite Auflage ist seit Jahren vergriffen. Zahlreiche Anfragen haben mich dazu veranlaßt, diese dritte, völlig überarbeitete Auflage vorzulegen. Kaum noch eine Seite sieht so aus wie ursprünglich. Geblieben ist die Grundanlage.

Dies Buch wendet sich an alle, die beginnen, sich Kenntnisse über die neuere Geschichte in eigener Arbeit anzueignen, vor allem an Studierende in den ersten Semestern. Solche Leserinnen und Leser dürfen erwarten, ein im guten Sinne des Wortes anspruchsloses Buch vor sich zu haben. Die Fragen müssen so gestellt werden, wie sie sich für Anfänger ergeben, und die Antworten müssen für sie verständlich, so genau und einfach wie möglich ausgedrückt werden. Dem Kundigen mag das Ergebnis in manchen Fällen trivial erscheinen; daß sich das für erste Semester anders verhält, glaube ich aus den Beobachtungen in inzwischen über 30 Proseminaren zu wissen.

Gegen meine eigenen Wünsche sehe ich aus diesem Grund auch bei dieser Auflage davon ab, über die erkenntnistheoretischen Grundprobleme unserer Disziplin mehr als das Unerläßliche zu sagen. Natürlich kann man nicht früh genug erfahren, daß auch Historiker darüber nachdenken, ob und in welchem Sinne ihr Fach eine Wissenschaft ist. Aber gerade hier geschieht leicht des Guten zuviel und entsteht aus Überforderung eine abschreckende Wirkung. Wer mehr erfahren möchte, als in diesem Büchlein Platz hat, findet auf diesem wie auf anderen Feldern leicht über die angegebene Literatur weiter.

Bedenken mag es auch erregen, daß bei allen behandelten Fragen der Bezug zur Praxis des Studiums auch in organisatorisch-technischen Dingen soweit wie möglich hergestellt wird. Zwangsläufig werden viele von den dabei erteilten Ratschlägen in hohem Grade Ermessenssache sein. Deshalb muß hier für das ganze Buch vorweg gesagt werden, was auch im Einzelfall angemerkt werden wird: daß in der praktischen Gestaltung des Studiums schließlich jeder sein

Rezept finden muß, daß dieses Buch Möglichkeiten aufzeigen und helfen, nicht aber Regeln aufstellen will.

Die angekündigte Anspruchslosigkeit hat Grenzen in der Sache: Die Materie, in die eingeführt werden soll, ist eine Wissenschaft. Von deren Verfahrensweisen und Hilfsmitteln soll ein verständliches, aber angemessenes und in den erstrangig wichtigen Dingen vollständiges Bild gegeben werden. Dazu gehören die großen Quellengruppen, die Hilfswissenschaften, soweit sie auch für die Neuzeit bedeutsam sind, und vor allem wenigstens andeutungsweise die Vielfalt der Teil- und Nachbargebiete. Auf diesem Gebiet, vor allem in der Frage der Zusammenarbeit mit den Sozialwissenschaften, enthält die dritte Auflage am meisten Neues; das Kapitel B IV 3 über den Umgang mit Serien von Daten ist das wichtigste Beispiel.

Vollständigkeit kann sich allerdings nur auf das Methodische beziehen. Es gibt „Einführungen", die sich problemorientiert den wichtigsten Sachfragen der neueren Geschichte zuwenden. Zwei dieser Werke sind bei A I angeführt. Ihre Existenz zeigt schon, daß dies eine eigene Aufgabe ist, die hier nicht noch mit übernommen werden kann. Das gleiche gilt für die inhaltliche Kennzeichnung der Quellen, wie sie in einer Einführung in die mittelalterliche Geschichte noch möglich sein mag. Auch hierzu gibt es für den deutschen Bereich inzwischen zum Glück eine nahezu vollständige eigene Veröffentlichung.

Dementsprechend bestehen die Literaturangaben fast nur aus Hilfsmitteln aller Art. Sie hängen dadurch mit dem Text eng zusammen und sind deshalb kleinteilig den einzelnen Kapiteln zugeordnet. Den Titeln ist ein Mindestmaß an Erläuterungen beigegeben, um Anfängern den zunächst ja noch unvertrauten Umgang mit bibliographischen Angaben zu erleichtern. Leserinnen und Leser sollen womöglich die Sitte der Literaturangaben nicht als akademisches Ritual, sondern als tatsächlich nützlich wahrnehmen.

Der Inhalt des Buches bezieht sich auf die Geschichte der Neuzeit; Rückgriffe auf Mittelalterliches erfolgen nur, wo das Verständnis sie dringend erfordert, vor allem bei den Hilfswissenschaften. Zur Neuzeit rechne ich auch die jüngste Vergangenheit; bei aller methodischen Eigenart sind doch die Verbindungen der Zeitgeschichte zur übrigen Neuzeit so eng und die Probleme beider Bereiche so ähnlich, daß es mir richtig scheint, beides im gleichen Werk zu behandeln. Für die räumliche und zeitliche Abgrenzung des Inhalts verweise ich im übrigen auf den Schluß von Kapitel A.

Am Schluß soll der Dank an alle stehen, die zum Zustandekommen dieses Buches beigetragen haben. Leser, besonders Kolleginnen und Kollegen, aber auch Teilnehmer meiner Lehrveranstaltungen haben zahlreiche Verbesserungen angeregt. Alle diese Menschen mit Namen zu nennen würde zuviel Platz erfordern. Ich erbitte deshalb Verständnis dafür, daß ich nur einen für alle erwähne: meinen inzwischen leider verstorbenen akademischen Lehrer *Walther Hubatsch,* von dem neben vielen hilfreichen Bemerkungen vor allem die Initiative kam, die mir vor vielen Jahren erstmals die Möglichkeit gab, dieses Buch zu schreiben.

Vorwort zur 4. Auflage (1993)

Die nunmehr vierte Auflage dieses Buches ist gegenüber der voraufgegangenen aktualisiert worden, vor allem in den Literaturangaben, aber auch, wo nötig, in der Darstellung. Die Grundanlage wurde nicht verändert.

A. Grundfragen der Methode

I. Geschichte und Leben

Der Leser einer Einführung wird erwarten, daß er zunächst etwas erfährt über die Sache, in die er eingeführt werden will. Was ist Geschichte? Was ist neuere Geschichte? So wird er fragen.

Eine bündige und erschöpfende Antwort auf diese Fragen gibt es nicht. Wie bei manchen anderen Wissenschaften, so bestehen auch bei der Geschichte **Meinungsverschiedenheiten** nicht nur über den einen oder anderen Gegenstand dieser Disziplin, sondern auch **über Wesen und Aufgaben des Faches**. Wie weit ist die Vergangenheit erkennbar? Kann der Historiker überhaupt „objektive" Aussagen über frühere Zeiten machen, ist er nicht vielmehr immer selbst Partei? Gibt es Gesetze, nach denen die Geschichte abläuft? Wozu braucht die Gegenwart historische Kenntnisse? Sind sie womöglich ersetzbar durch die Erkenntnisse von Soziologie, Politologie und Wirtschaftswissenschaften? Wie verhält sich die Geschichte zu diesen Fächern? Auf alle diese Fragen gibt es nicht eine, sondern ein ganzes Bündel Antworten. Die Besinnung auf die theoretischen Voraussetzungen der Wissenschaft Geschichte ist zu einer eigenen Fachrichtung mit umfangreicher Literatur geworden. Zu ihren Themen gehört auch die Frage nach den **Epochengrenzen**. Einmütigkeit besteht hier sowenig wie bei anderen Themen; von der Regierungszeit des Stauferkaisers FRIEDRICH II. (1212 – 1250) bis zur Französischen Revolution von 1789 reicht die Liste der Zeitpunkte, die als Anfang der Neuzeit in Betracht gezogen werden.

Dem Anfänger mag dies verwirrend erscheinen, und er wird nach einem festen Punkt zur ersten Orientierung suchen. Tatsächlich gibt es Fragen, in denen sich die verschiedenen Richtungen nicht merklich unterscheiden und von denen man erst einmal ausgehen kann. Früher oder später wird es sich allerdings als notwendig erweisen, den Zusammenhang zu den umstrittenen Themen herzustellen. Dabei sollen die verschiedenen Auffassungen aus ihren eigenen Voraussetzungen erklärt werden, soweit das möglich ist; „unparteiisch" zu bleiben wird dem Autor dieser Zeilen schließlich sowenig gelingen wie den vielen anderen, die sich auf diesem Gebiet betätigen.

Gehen wir getrost vom alltäglichen Sprachgebrauch aus, um zu klären, was Geschichte ist. Unsere Sprache hat uns zum Glück das deutsche Wort erhalten, dem wir sofort ansehen, daß es mit „geschehen" zusammenhängt: Geschichte ist Geschehenes. Dabei denken wir vornehmlich an Begebenheiten und Verhältnisse, die aus dem **Handeln des Menschen** hervorgehen oder darauf einwirken. Wir sprechen zwar auch von Erdgeschichte oder Naturgeschichte, aber schon J.G. DROYSEN (1808 – 1884) in seiner Historik hat es ausgesprochen, daß das nur ein übertragener Gebrauch des Wortes sei und das wir als Subjekt, als Träger der Geschichte im eigentlichen Sinne den Menschen verstehen.

Für die Alltagssprache ist aber eine Geschichte nicht nur eine Folge von Begebenheiten, sondern auch etwas, das erzählt oder sonstwie verbreitet werden kann. Ebenso bezeichnet auch „Geschichte" als Name einer Wissenschaft zugleich die **Sache und die Kenntnis** von ihr; Kenntnis sowohl im alltäglichen als auch im wissenschaftlichen Sinne.

Es möchte scheinen, als ob es hier lediglich an der klaren Formulierung fehle. Tatsächlich könnte man ja doch leicht die wissenschaftliche Beschäftigung mit der Vergangenheit als „Geschichtswissenschaft", Kenntnis und Darstellung im weiteren Sinne als „Geschichtsschreibung" oder „Historiographie" bezeichnen und die Benennung „Geschichte" den Ereignissen selbst vorbehalten. In Wirklichkeit hängt die dreifache Bedeutung des Wortes eng mit dem Wesen der Sache zusammen.

Weiter oben hatten wir in einem ersten Formulierungsversuch festgestellt, Geschichte sei Geschehenes, das aus dem Handeln des Menschen hervorgegangen sei oder darauf einwirke. In welcher Weise sich menschliches Handeln und vergangenes Geschehen verbinden, das kann sich jeder an einem Beispiel des **alltäglichen Lebens** klarmachen. Nehmen wir an, wir wollen ein Geburtstagsgeschenk für einen Bekannten kaufen: Wir besinnen uns auf die Interessen und Neigungen dieses Menschen, die wir von früheren Begegnungen mit ihm kennen, auf Geschenke, die er bei anderer Gelegenheit von uns erhalten hat; wir überlegen, in welchem Laden wir etwas Passendes finden, schließen möglicherweise ein Geschäft aus, dessen Angebot wir bei einem früheren Besuch als unzulänglich kennengelernt haben. Kurz: Wir orientieren unsere Entscheidung an Erfahrungen aus unserer eigenen Vergangenheit. Menschliches

Handeln als Entscheiden zwischen mehreren Möglichkeiten ist nie isoliert, sondern immer wieder bedingt durch zurückliegende Situationen, knüpft an deren Beschaffenheit an, wird selbst wieder Grundlage für künftiges Handeln. Das bedeutet: Menschliches Handeln ist wesentlich Geschichte. „Die Menschenwelt ist durch und durch geschichtlicher Natur", heißt es in DROYSENS Historik.

Möglich ist das aber konkret nur dadurch, daß der Mensch in irgendeiner Weise von seiner Vergangenheit weiß. Der Einfluß antiker Kultur auf die Entwicklung des europäischen Geistes, so bedeutend er ist, hat seine Grenze an der so sehr lückenhaften Überlieferung. Weiterwirken kann nur, was noch bekannt ist, sei es auch in noch so indirekter Weise. Damit erweist es sich aber als angemessen, wenn wir mit Geschichte zugleich die Ereignisse und die Kenntnis von ihnen bezeichnen, weil geschichtliches Handeln und Wissen von der Vergangenheit tatsächlich eine Einheit bilden.

Den Begriff „Vergangenheit" haben wir im letzten Abschnitt bereits in einer Weise verwendet, die über die persönliche Erinnerung des einzelnen Menschen hinausreicht. Tatsächlich weiß jeder von uns aus den einfachsten Dingen des täglichen Lebens, wie berechtigt das ist. Schon etwas so eng mit der Persönlichkeit Verbundenes wie unseren Namen haben wir uns nicht selbst gegeben, sondern von unseren Eltern übernommen. Die Sprache, die wir sprechen und in deren Begriffen wir denken, die staatlichen und gesellschaftlichen Einrichtungen, in deren Formen wir leben, alles das ist geschichtlich geworden. **Geschichte hat,** wie der einzelne Mensch, **auch die Kultur,** in der er lebt. Die Außenpolitik der Bundesrepublik ist nur verständlich aus den Ergebnissen des Zweiten Weltkrieges; und wer sich mit den Ostverträgen von 1970 näher befaßt, steht sehr schnell vor der Notwendigkeit, die Geschichte der deutsch-polnischen Beziehungen bis ins Mittelalter zurückzuverfolgen. Daß in der Hochschulpolitik immer wieder auf die HUMBOLDTSCHE Universitätsreform vom Anfang des vorigen Jahrhunderts zurückverwiesen wird, hat gute Gründe.

Nun muß das Mißverständnis ausgeräumt werden, der Historiker müsse sozusagen vom Fach her eine konservative Grundeinstellung haben. Faktisch mag das oft so sein; notwendig ist es nicht. Im Gegenteil setzt gerade revolutionäre Absicht die genaue Kenntnis der Dinge voraus, die verändert werden sollen. Das Werk von KARL MARX (1818 – 1883) ist ein gutes Beispiel.

Die Ergebnisse der letzten Abschnitte sind von Bedeutung dafür, wie das Bild zustande kommt und aussieht, das sich die Menschen von der Vergangenheit machen. Das Interesse an der Geschichte ist im Grunde praktisch, es wird dadurch wachgerufen, daß das Vergangene in die Gegenwart bestimmend hineinwirkt. Da liegt es allzu nahe, daß Probleme und Interessen der Gegenwart den Maßstab abgeben, an dem Früheres gemessen wird. Geschichte wird mit bewußter oder unbewußter **Tendenz** dargestellt, es werden nur die Begebenheiten der Vergangenheit berücksichtigt, die sich zur Rechtfertigung der eigenen Absichten eignen.

Greifen wir auf ein weiter oben angesprochenes Beispiel zurück: die deutsch-polnischen Beziehungen. Es ist klar, daß ein Deutscher, womöglich gar ein Vertriebener, viele Tatsachen aus diesem Bereich anders beurteilt als ein Pole. Das braucht nicht einmal direkter Wille zur Fälschung zu sein, es gibt genügend Fragen, die wir nur mit Vermutungen beantworten können. Das gilt schon für den Umfang der mittelalterlichen **deutschen Ostsiedlung** und deren Wirkungen. Wie weit man etwa einerseits mit einer Germanisierung der slawisch sprechenden Bewohner Schlesiens rechnen, andererseits eine Polonisierung mittelalterlicher deutscher Städte Polens in der frühen Neuzeit annehmen kann, läßt sich aus den Quellen nicht mit der wünschenswerten Vollständigkeit entnehmen. Da ist die Wahrscheinlichkeit groß, daß das Gesamtbild vom gegenwärtigen politischen Interesse bestimmt wird.

Politische Interessen als Motiv für tendenziöse Betrachtung der Vergangenheit fallen am meisten ins Auge, sind indes nicht die einzige Ursache. **Religiös-weltanschauliche Überzeugungen** können eine ähnliche Rolle spielen, sowohl die Zugehörigkeit und das Bekenntnis zu institutionellen Gemeinschaften wie den großen Konfessionen als auch ganz individuell-persönliche Ansichten. Es leuchtet ein, daß ein überzeugter Lutheraner Leben und Werk Luthers anders beurteilen wird als ein noch so wohlwollend um Verständnis bemühter Katholik. Und es ist klar, daß ein atheistisches Weltbild ebensowenig die richtige Voraussetzung für eine „neutrale" Würdigung Luthers ist. Weltanschauliche Voraussetzungen individueller Art lassen sich weniger gut an einfachen Beispielen zeigen, sie umfassen die ganze Breite persönlicher Eigenheiten. Häufig trägt die Kenntnis der gesellschaftlichen und wirtschaftlichen Lage ihres Vertreters dazu bei, sie richtig zu verstehen.

Es ist nach alledem klar, daß die Menschen sich mit einfacher, naiv gewonnener und überlieferter Kenntnis von Geschichte nicht begnügen können, daß es berechtigt ist, solche vorwissenschaftlichen Vorstellungen von Geschichte kritisch zu untersuchen, um

womöglich zu einer wissenschaftlich gesicherten Erkenntnis der
Vergangenheit zu gelangen. Zugleich aber ergibt sich die Vemutung,
daß es auch dem Geschichtsforscher schwierig, vielleicht gar unmöglich sein könnte, sich von den persönlichen Voraussetzungen zu
befreien, die sein Verhältnis zur Geschichte bestimmen. Auch der
Historiker gehört einer sozialen Schicht an, hat politische, religiöse
und weltanschauliche Überzeugung. Wie soll da ein „objektives"
Behandeln der Geschichte überhaupt möglich sein?

Bevor wir im nächsten Teilkapitel dieser Frage nachgehen, ist
noch ein anderer Aspekt von „Geschichte und Leben" zu erörtern:
Es kann dem Historiker weder grundsätzlich noch praktisch gleichgültig sein, welche Rolle sein Fach in der **Öffentlichkeit** spielt. Von
der politischen Funktion des Historismus im Kaiserreich wird bei A
III noch die Rede sein. Die „Geschichtsmüdigkeit", die deutsche
Historiker in den fünfziger Jahren bei ihren Landsleuten wahrzu-
nehmen glaubten, war offenbar vornehmlich Abkehr von einem
politisch diskreditierten, nationalstaatlich und obrigkeitlich bestimmten Geschichtsbild; bezeichnenderweise brachten andererseits die sechziger Jahre ein gesteigertes Interesse an der jüngsten
Vergangenheit im Zeichen von deren „Bewältigung". Neben alledem findet sich überall in unserer Zivilisation eine „technokrati-
sche" Distanz gegenüber unserem Fach: Die Denkweise der Naturwissenschaften und technischen Fächer bestimmt unser alltägliches
Leben in hohem Grade und löst immer wieder die Bereitschaft aus,
auch Probleme des gesellschaftlich-kulturellen Lebens mit ähnlichen Verfahren anzugehen; Anleitung dazu wird eher von den
Sozialwissenschaften erwartet. Daß nach einem Höhepunkt solcher
Tendenzen in den siebziger Jahren die Beschäftigung mit der Geschichte gegenwärtig wieder an Ansehen gewonnen hat, ist für den
Historiker tröstlich, sollte aber nicht zu billiger Selbstgenügsamkeit
anleiten. Die Bemühungen um ein weitgespanntes, auf Zusammenarbeit mit Nachbarfächern angelegtes Methodenverständnis, von
denen in A III und D noch die Rede sein soll, sind auch unter diesem
Gesichtspunkt unerläßlich.

Die Beschäftigung mit dem Verhältnis von Geschichte und Öffentlichkeit ist vor allem die Aufgabe der **Geschichtsdidaktik**. Das
traditionelle Gebiet dieser Disziplin, der Geschichtsunterricht der
Schulen, ist zwar noch der zentral wichtige, aber nicht mehr der
einzige Gesichtspunkt einer weiter verstandenen Aufgabe.

Literatur

Einführungen in Methoden und Hilfsmittel: Klassiker für grundsätzliche wie praktische Fragen ist J.G. DROYSEN: Historik. Vorlesungen über Enzyklopädie und Methodologie der Geschichte. Krit. Ausg. v. P. LEYH. 1977. – P. KIRN/J. LEUSCHNER: Einführung in die Geschichtswissenschaft. [6]1972. Sehr knapp, aber anregend zu allgemeinen Problemen. – P. BOROWSKY / B. VOGEL / H. WUNDER: Einführung in die Geschichtswissenschaft. 2 Bde. [5]1989, [2]1980. – E. BOSHOFF/K. DUWELL/H. KLOFT: Grundlagen des Studiums der Geschichte. Eine Einführung. [3]1983. – Organisation d. Studiums: K. MÖCKL: Fachstudienführer Geschichte. 1974. Studienordnungen, Berufschancen u. Ä. – Mittelalter: H. QUIRIN: Einführung in das Studium der mittelalterlichen Geschichte. [5]1991. – Neuzeit: B. SCHNEIDER: Einführung in die neuere Geschichte. 1974. – B. SCHEURIG: Einführung in die Zeitgeschichte. – [2]1970. – P. GUIRAL/R. PILLORGET/M. AGULHON: Guide de l'Etudiant en histoire moderne et contemporaine. Paris 1971. – P. RENOUVIN/J.-B. DUROSELLE: Introduction à l'histoire des relations internationales. Paris [4]1991. – Einführung zu Teilgebieten in Kap. D.

Einführungen in inhaltliche Grundprobleme der Neuzeit: W. SCHULZE: Einführung in die neuere Geschichte [2]1991. (UTB 1422). – E. HINRICHS: Einführung in die Geschichte der frühen Neuzeit. 1980. Geschichte und Leben; Öffentlichkeit: Zur Begriffsentwicklung R. KOSELLECK: Art. „Geschichte" in O. BRUNNER/W. CONZE/R. KOSELLECK: Geschichtliche Grundbegriffe. Bd. 2. [3]1992. Aus der Diskussion über die „Geschichtsmüdigkeit" R. WITTRAM: Das Interesse an der Geschichte. 1958. Für Zusammenhang , gegen falsche Aktualisierung W. V.D. STEINEN: Geschichte als Lebenselement. Aufsätze. Bern, München 1969. – E. H. CARR: Was ist Geschichte. Aus d. Engl. [6]1981. – Aus didaktischer Sicht J. LEUSCHNER: Geschichte in Vergangenheit und Gegenwart. Eine Einführung. 1980. – R. SCHÖRKEN: Geschichte in der Alltagswelt. 1981.

Geschichtsdidaktik: A. KUHN: Einführung in die Didaktik der Geschichte. [3]1980. Emanzipatorischer Ansatz. Stärker kompromißorientiert ist J. ROHLFES: Geschichte und ihre Didaktik. 1986. – K. BERGMANN u. a. (Hrsg.): Handbuch der Geschichtsdidaktik. [4]1992.

II. Geschichte als Wissenschaft

Das Grundproblem einer wissenschaftlichen Erforschung der Vergangenheit, das seit DROYSENS Historik immer wieder im Mittelpunkt methodologischer Erwägungen steht, ist die anscheinend banale Tatsache, daß die **Vergangenheit „an sich" nicht zugänglich ist**. Lediglich Erzeugnisse früherer Zeiten, die bis in die Gegenwart überdauern, gestatten es, überhaupt historische Aussagen zu machen. Aus diesen „Quellen", wie solche Reste der Vergangenheit landläufig heißen, lassen sich die Begebenheiten und Verhältnisse, denen sie ihre Entstehung verdanken, mit mehr oder minder großer Sicherheit erschließen. Da aber die Überlieferung der Quellen praktisch für alle Zeiten lückenhaft ist, kann das Ergebnis günstigenfalls eine Sammlung von Fragmenten sein, eine Anzahl von Geschichten, die als solche noch keine Einheit, keine Geschichte sind. Auf eine solche Einheit, auf die Verbindung der früheren Episoden mit unserer heutigen Situation, richtet sich aber unser Erkenntnisinteresse auch bei der wissenschaftlichen Erforschung der Vergangenheit. Das heißt, daß die Zusammenhänge erschlossen werden müssen, daß wir zu einem Gesamtbild nur unter Zuhilfenahme von **Hypothesen** kommen. Solche Hypothesen können sich zu einem bewußt durchdachten Zusammenhang verbinden, sie können auch ganz unreflektiert aus den Überzeugungen und Wertvorstellungen dessen hervorgehen, der sie anwendet. Standortbedingt, bezogen auf die persönlichen und überpersönlichen Voraussetzungen des Urhebers, sind sie im einen wie im anderen Falle.

Angesichts dieser Lage bestehen grundsätzlich zwei Möglichkeiten: Man kann sich für ein System von theoretischen Voraussetzungen entscheiden und alle anderen verwerfen. So verfuhren bis in die jüngste Vergangenheit die sozialistischen Länder mit ihrer Spielart des **Historischen Materialismus**, von der weiter unten noch näher die Rede sein soll. Daraus folgt die Notwendigkeit, die Gültigkeit dieses angenommenen Geschichtsbildes zu beweisen. Wer dies nicht für möglich hält, wie es der Verfasser dieser Zeilen tut, muß bereit sein, die Standortgebundenheit historischer Forschung hinzunehmen und grundsätzlich eine Vielzahl möglicher Gesichtspunkte gelten zu lassen, unter denen Vermutungen über den Zusammenhang geschichtlicher Begebenheiten und Verhältnisse gebildet werden können. Daraus ergibt sich allerdings die Verpflichtung, sich und anderen Rechenschaft von den Voraussetzungen zu geben, unter denen man arbeitet.

Standortgebundenheit der Geschichtswissenschaft in diesem Sinne bedeutet allerdings nicht Willkür in der Beurteilung aller nur denkbaren Aussagen über die Vergangenheit. Ein Bezugspunkt für die Prüfung solcher Aussagen liegt vor in den Quellen, die zwar bruchstückhaft sind, aber doch Möglichkeiten bieten. Es ist schon früh beobachtet worden, worin die Eigenart des Zugangs liegt, den wir zu solchen Zeugnissen früherer Zeiten finden: Wir fassen sie als

Menschenwerk auf, sie sprechen zu uns. Es mag sein, daß wir ihre Sprache erst lernen müssen, ehe wir ihren Sinn voll erfassen, aber schließlich „verstehen" wir sie. Es ist denkbar, daß die Vergleichbarkeit alles Menschlichen über die Jahrtausende hinweg, die dabei vorausgesetzt wird, in der Geschichtsforschung gelegentlich in ihrer Tragfähigkeit überschätzt worden ist; grundsätzlich muß sie vorhanden sein, soweit wir überhaupt in der Lage sind, Vergangenes als unsere Vergangenheit aufzufassen. Die Gesamtheit der Verfahren, die der Historiker anwendet, um Zeugnisse früherer Zeiten zu verstehen, nennen wir seine **Methode**.

Der Begriff des **Verstehens** wird schon in DROYSENS Historik für das charakteristische Verfahren historischer Erkenntnis verwandt. In Wirklichkeit arbeiten auch andere landläufig als Geisteswissenschaften bezeichnete Disziplinen in dieser Weise. Zur genaueren Analyse des Verfahrens hat DILTHEY (1833 – 1911) Wichtiges beigetragen. Für ihn ist Verstehen eine Leistung nicht nur des Intellekts, sondern aller Seelenvermögen: die in sich einheitliche geistige Aneignung eines seinem Wesen nach komplexen, gegliederten Sachverhalts. Solche „Strukturen", unauflösliche, aber doch in sich vielfältige Einheiten, treffen wir nach DILTHEYS Auffassung in allem vom Menschen Gestalteten an; das „Verstehen" ist der angemessene Zugang zu ihnen. Die ganzheitliche Erfassung einer Struktur ist allerdings nur der erste Schritt; zu wissenschaftlich gültigen Aussagen kommt man erst durch rationale Analyse der einzelnen Bestandteile und ihrer Beziehungen. Diese letzte ist deshalb wichtig, weil es dem naheliegenden Einwand begegnet, es handle sich beim „Verstehen" um einen irrationalen Vorgang, dessen Ergebnisse nicht prüfbar seien.

Für den Historiker liegt die Aufgabe des „Verstehens" hauptsächlich darin, das einzelne Quellenzeugnis einzuordnen in den Zusammenhang, aus dem es stammt, sich von der Gesamtheit der Lebensformen dieser Zeit ein möglichst detailliertes Bild zu machen, die einzelne Begebenheit aus ihren Bedingungen zu erklären und sie mit den **Maßstäben** zu beurteilen, die ihrer **Zeit angemessen** sind, möglichst aus dieser selbst stammen. RANKE (1795 – 1886) hat dieses Ziel in seiner Englischen Geschichte (Werke Bd. 15, S. 103) klassisch formuliert: *„Ich wünschte mein Selbst gleichsam auszulöschen, um nur die Dinge reden zu lassen"*. Daß RANKE dies als Wunsch formuliert, darf man als Ausdruck seiner Einsicht auffassen, daß sich dieses Ziel schließlich nur näherungsweise erreichen läßt.

Der Anspruch des Historikers, mit den Ergebnissen solchen Verstehens wissenschaftliche Aussagen vorzulegen, steht und fällt mit der **Möglichkeit der Prüfung**. Diese besteht insofern, als die Quellen, um deren Interpretation es sich letztlich immer handelt, grundsätzlich allgemein zugänglich sind. Die Fachkollegen können sich also jederzeit ein Urteil darüber bilden, ob und wie weit eine einzelne Feststellung den Quellen gerecht wird, auf die sie sich bezieht.

In der Praxis spielt sich diese Prüfung in den **Kontroversen** ab. Diese Auseinandersetzungen um strittige Fragen, die von Außenstehenden bisweilen als Anzeichen für die mangelnde methodische Sicherheit der Geschichtswissenschaft bezeichnet werden, zeigen in Wirklichkeit zwar die Grenzen, aber auch die Möglichkeiten historischer Erkenntnis. Zu einem einhelligen Urteil wird es nur in Ausnahmefällen kommen, weil es normalerweise nicht möglich sein wird, die unterschiedlichen Standorte der Beteiligten einander anzunähern; wohl aber werden diese Positionen im Laufe der Kontroverse immer deutlicher erkennbar werden. Darüber hinaus führt die Diskussion meist zu einer zunehmenden Verständigung darüber, nach welchen Maßstäben die vorhandenen Quellen in ihrem Verhältnis zueinander zu deuten sind. Geschichte wird nicht einfach immer wieder umgeschrieben, wie man bisweilen hört, sondern die Entwicklung der Geschichtswissenschaft bedeutet insgesamt auch einen Zuwachs an Verfeinerung des Urteils, Erweiterung des Gesichtskreises und Annäherung an den Eigenwert der Vergangenheit, wie er sich in den Quellen zeigt.

Es hat nicht an Versuchen gefehlt, von der Standortgebundenheit historischer Forschung loszukommen. Die Erwartung, das Vorbild der Naturwissenschaften auf die Geschichte übertragen zu können, führte seit den letzten Jahrzehnten des vorigen Jahrhunderts bei vielen Historikern zu einer Einstellung, die landläufig als **„positivistisch"** bezeichnet wird. Diese Benennung ist insofern ungenau, als COMTE, der Begründer der positivistischen Philosophie, von dem noch die Rede sein wird, die Aufgabe der Geschichtswissenschaft merklich anders sah als diese Forscher, deren Absicht dahin ging, sich bei der Beschäftigung mit der Vergangenheit auf Zahlen und einwandfrei feststellbare Fakten zu beschränken und auf jede wertende oder deutende Zutat zu verzichten. Die Grenzen dieses Beginnens lassen sich am Ergebnis ablesen: Der historische Positivismus hat seine größten Leistungen vollbracht in der Publikation von Urkunden und Akten und in der Herstellung lexikalischer und anderer Hilfsmittel. Auch an Monographien fehlt es nicht: Einzeluntersuchungen, die ein meist sehr eng begrenztes Thema mit äußerster Sorgfalt erforschten. Überhaupt ist die heute noch stark nachwirkende Neigung zur Spezialisierung und Vereinzelung ein Erbe der Positivisten. Schwierigkeiten hatten diese Wissenschaftler mit der Aufgabe, größere Zusammenhänge bis hin zu ganzen Epochen zu überblicken und darzustellen.

In Wirklichkeit läßt sich nicht einmal die Edition eines Aktenbestandes ohne wertendes Verfahren bewerkstelligen: Die Wiedergabe aller Aktenschriftstücke ist häufig unmöglich durch den gewaltigen Umfang neuzeitlichen Verwaltungsschrifttums. Um aber Wichtiges von weniger Wichtigem zu trennen, muß der Herausgeber zwangsläufig nach subjektiven Maßstäben vorgehen. Wie sich durch bloße Auswahl von Dokumenten Tendenz verbreiten läßt, kann man an den „**Farbbüchern**" der jüngeren Vergangenheit beobachten: offiziellen oder offiziösen Aktenveröffentlichungen, mit denen Regierungen ihre Außenpolitik in der Öffentlichkeit zu rechtfertigen versuchen.

Kritik am Positivismus hat in den dreißiger Jahren vor allem eine Gruppe amerikanischer Forscher geübt, deren Geschichtsauffassung mit dem Kennwort „**New History**" bezeichnet wird. Diese Wissenschaftler betonen besonders die Notwendigkeit, das überkommene Geschichtsbild immer wieder vom Standpunkt der eigenen Gegenwart her neu zu prüfen.

Wenn wir die „positivistische" Einstellung zur Geschichte nicht als ausschließlich geltenden Grundsatz betrachten, hat sie gleichwohl ihren guten Sinn. Sich soweit wie möglich auf die Darstellung des rein Faktischen zu beschränken, das eigene Urteil über die behandelten Dinge nach Möglichkeit zurückzuhalten oder doch wenigstens sich selbstkritisch bewußtzumachen und dem Leser klar als subjektive Stellungnahme zu erkennen zu geben, das sind Forderungen, deren Erfüllung der kritischen Prüfbarkeit historischer Aussagen nur dienlich sein kann.

Literatur

Zeitschrift für methodologische Fragen: History and Theory. 's Gravenhage 1961 – 1965, seitdem Middletown/Conn.: Schwerpunkt im angelsächsischen Bereich, aber auch darüber hinaus wichtig, vor allem die in Rezensionen und als Beihefte seit 1961 im Mehrjahresabstand, zuletzt 1989 erschienenen Bibliographien. – Sammlungen wichtiger Texte von Historikern und Geschichtsphilosophen: F. Stern (Hrsg.): The Varieties of History. From Voltaire to the

Present. London ²1970. Dt. u. d. T.: Geschichte und Geschichtsschreibung. 1966. – Über die sehr umfangreiche Forschung gibt vor allem für die westeuropäischen Länder einen Überblick A. Marwick: The Nature of History. London ²1981. – Zum Einstieg für den Anfänger lesenswert K.G. Faber: Theorie der Geschichtswissenschaft. ⁵1982. – Überblick: Th. Schieder/K. Gräubig (Hrsg.): Theorieprobleme der Geschichtswissenschaft. 1977 (Wege d. Forschung 378). – Umfassendes Bild der neueren Diskussion in: Theorie der Geschichte. Beiträge zur Historik. 5 Bde. 1977 – 1988. Zum Objektivitätsproblem bes. Bd. 1: R. Koselleck u. a. (Hrsg.): Objektivität und Parteilichkeit. 1977; zum Methodenbegriff Bd. 5: Chr. Meier/J. Rüsen (Hrsg.): Historische Methode. 1988, Neuauflage in Vorb. – P. Rossi (Hrsg): Theorie der modernen Geschichtsschreibung. 1987 (ed. Suhrkamp 1390).

Literatur zum Historischen Materialismus bei A IV.
Verstehen: Diltheys Auffassung am klarsten in seiner Einleitung in die Geisteswissenschaften. Gesammelte Schriften 1. ⁴1959. – H.G. Gadamer: Wahrheit und Methode. Grundzüge einer philosophischen Hermeneutik. ⁴1975. – Die methodologischen Aussagen Rankes sind über sein Werk verstreut. Wichtig: Über die Epochen der neueren Geschichte. Vorträge, dem König Maximilian II. von Bayern gehalten. Gedächtnisausgabe 1954, Nachdruck 1982.

III. Geschichte und andere Disziplinen

Schon Droysen in seiner Historik hat versucht, das eigentümliche an der Methode der Geschichtswissenschaft im Vergleich zu anderen Fächern, vornehmlich den Naturwissenschaften, herauszuarbeiten. Die Gegenüberstellung von **Natur- und Geisteswissenschaften**, die sich daraus entwickelte und schließlich von dem Philosophen Windelband (1848 – 1915) systematisch ausgearbeitet wurde, hat zwei Aspekte, die man zunächst miteinander gleichsetzte: den Unterschied der Gegenstände und denjenigen der Methoden. Gegenüber der Natur, der unbelebten vor allem, schien es richtig, von der Vielfalt der konkreten Einzelerscheinungen zu abstrahieren, die Aufmerksamkeit auf einige durchgängige Gemeinsamkeiten des Gegebenen zu richten, diese messend und zählend zu erfassen und ihre Regelmäßigkeit in „Gesetzen" auszudrücken, die sich häufig als mathematische Formeln darstellen. Demgegenüber schien es für den Bereich des Menschen und des von ihm Geschaffenen erforderlich, das Individuelle in seinem Eigenwert zu erfassen. Einen wichtigen Schritt weiter tat der Philosoph Rickert (1863 – 1936), Neukantianer wie Windelband, mit der Feststellung, daß sowohl „**generalisierende**" als auch „**individualisierende**" **Methoden** auf die Natur wie auf den menschlichen Bereich anwendbar seien. Beide Verfahrensweisen arbeiten nach RICKERT mit Begriffen, die Allgemeingültigkeit beanspruchen, tun dies jedoch mit entgegengesetzter Zielrichtung: Die generalisierenden Wissenschaften bemühen sich, von der einzelnen Beobachtung durch Abstraktion zur Feststellung immer allgemeinerer, gesetzmäßiger Zusammenhänge aufzusteigen, während es den individualisierenden Disziplinen darum geht, durch immer weitere Verfeinerung ihres Begriffsapparates zur angemessenen Darstellung des Individuellen und Konkreten zu kommen.

Der Wert dieses Denkansatzes zeigt sich vornehmlich im Zusammenhang mit der Frage nach dem Verhältnis von Geschichte und generalisierenden **Sozialwissenschaften**. Schon seit der Mitte des vorigen Jahrhunderts bestimmt dieses Thema die Bemühungen, die theoretischen Grundlagen der Geschichtswissenschaft zu bestimmen. Geraume Zeit herrschte dabei vornehmlich in Deutschland eine Frontstellung gegen die entstehende Soziologie vor; verständlich insofern, als die Frühphase dieser Disziplin seit COMTE durch den umfassenden Anspruch gekennzeichnet war, menschliche Gesellschaft und Kultur in allen ihren wesentlichen Äußerungen der Gegenwart und Vergangenheit durch generalisierende Betrachtung als durchgängig gesetzmäßigen Ablauf erklären zu können. – Das Gelingen eines solchen Vorhabens hätte aus den Kenntnissen der Geschichtswissenschaft eine vergleichsweise belanglose Masse bloßen Stoffs gemacht. Die Historiker und ihre Freunde unter den Philosophen besannen sich demgegenüber nicht nur auf den Eigenwert des Individuellen im menschlichen Bereich, sie stellten dies darüber hinaus als das einzig Erforschenswerte dar und forderten so ein Monopol individualisierender Verfahrensweisen für geistig-kulturelle Sachverhalte. Diese Bewegung, die man formelhaft als „**Historismus**" bezeichnen kann, hat zur Verfeinerung der Methoden in den Geisteswissenschaften wesentlich beigetragen, aber auch eine im Ergebnis unheilvolle Trennung dieser Disziplinen von den Gesellschaftswissenschaften hervorgerufen. Dieser Vorgang beschränkt sich nicht auf Deutschland, prägte sich aber hier besonders scharf aus wegen der Wechselwirkungen mit den sozialen und politischen Verhältnissen. Die Soziologie, die von Anfang an eine gesellschaftskritische Zielrichtung hatte, wurde noch über das berechtigte Maß hinaus mit dem entstehenden Sozialismus identifiziert, während viele Historiker sich mehr und mehr selbst zu Bundesge-

nossen der Bismarckschen Reichsgründung und ihrer innen- wie
außenpolitischen Folgen machten, seit DROYSEN in den sechziger
Jahren als Prophet von „Preußens deutschem Beruf" aufgetreten
war.

Für die fachliche Arbeit ergab sich aus alledem eine Schwer-
punktbildung, die TREITSCHKE (1834 – 1896) formelhaft in die
Worte faßte: „Männer machen die Geschichte". Das Verständnis
der Geschichtswissenschaft als einer individualisierenden Disziplin
wurde dahin eingeengt, als müsse man sich vornehmlich mit den
Taten einzelner Verantwortlicher beschäftigen. Polititsche Geschichte, allenfalls noch Geistesgeschichte im Sinne einer Behandlung bedeutender Denker, waren die bevorzugten Gebiete so verstandener historischer Forschung.

Für den politischen Bereich konnte diese Auffassung an die Tradition der barocken Fürsten- und Staatshistoriographie anknüpfen.
Es verwundert daher nicht, daß die grundsätzliche Gegenposition
schon in der Aufklärungszeit von VOLTAIRE (1694 – 1778) formuliert wurde mit der Forderung einer auf die Völker als Träger
bezogenen **Zivilisationsgeschichte**. Um die Wende zu unserem Jahrhundert setzte sich in Deutschland KARL LAMPRECHT (1856 – 1915)
dafür ein, den Schwerpunkt auf eine stark sozialgeschichtlich ver-
standene Kulturgeschichte zu legen. Obwohl es bereits eine beachtli-
che, aus der Nationalökonomie hervorgewachsene deutsche wirt-
schafts- und sozialgeschichtliche Forschung gab, konnte sich
LAMPRECHT nicht durchsetzen.

Für die gegenwärtige Situation der Geschichtswissenschaft sind
die Bemühungen der beiden französischen Historiker MARC BLOCH
(1886 – 1944) und LUCIEN FÈBVRE (1878 – 1956) wichtiger. Mit der
Gründung der Zeitschrift ANNALES schufen sie sich 1929 das
Organ für eine Forschungsrichtung, die inzwischen in Frankreich
klar vorrangig ist und auch in anderen Ländern Anerkennung gefunden hat. Ihr wichtigstes Anliegen ist, in den Mittelpunkt des
Interesses nicht mehr Personen und Ereignisse zu stellen, sondern
die anonym-kollektiven Gegebenheiten vornehmlich wirtschaft-
lich-sozialer und kultureller Art in ihren gegenseitigen Verflechtun-
gen, ihren **„Strukturen"**, und ihren langfristigen Entwicklungen.
Daß dies ein fruchtbarer Ansatz ist, beweisen die Arbeiten BLOCHS
und FÈBVRES sowie ihrer Schüler. Sie haben große Bereiche der
Vergangenheit überhaupt erst dem Interesse der Forschung erschlossen. Für die Beschäftigung mit solchen Themen besteht faktisch noch in der Gegenwart ein größerer Bedarf als für die Behand-

lung überkommener Lieblingsbereiche der Ereignisgeschichte. Man wird sich dennoch die bisweilen von der ANNALES-Schule recht schroff vorgebrachte Kritik am konventionellen Forschungsbetrieb nicht voll zu eigen machen können und vor allem den Anspruch eines grundsätzlichen Vorrangs der **Strukturgeschichte** mit einem Fragezeichen versehen müssen. Konsequent durchgehalten schließt dieser Anspruch sogar die Gefahr in sich, daß unter der Hand statt des lebendigen Menschen die Strukturen, in denen er lebt, zu den eigentlichen Subjekten der Geschichte werden, die statische Komponente der Vergangenheit auf Kosten ihrer Dynamik in den Vordergrund tritt und der langfristige oder auch abrupte Wandel von Strukturen nicht mehr verstanden werden kann. Demgegenüber wird man die Frage nach dem Verhältnis anonym-struktureller und individuell-ereignishafter Faktoren an jede geschichtliche Situation neu stellen und mit dem Blick auf die Quellen zu beantworten versuchen müssen. Günstigenfalls ist als Ergebnis mehr Einsicht in die Wechselbeziehungen zwischen den verschiedenen Gebieten historischen Lebens zu erwarten.

Eine eigenständige Variante der strukturgeschichtlichen Forschungsrichtung ist in der Bundesrepublik entstanden. Ihr wichtigstes Organ ist die Zeitschrift „Geschichte und Gesellschaft". Kennzeichnend für die Grundorientierung ist die Bezeichnung unseres Fachs als **„historische Sozialwissenschaft"**. Stärker als die ANNALES-Gruppe richten diese Historiker ihr Interesse auf strukturgeschichtliche Aspekte des 19. und 20. Jahrhunderts, besonders auf eine sozial- und mentalitätsgeschichtliche Einordnung und Erhellung der politischen Ereignisgeschichte.

Die Zusammenhänge und Gesetzmäßigkeiten innerhalb der Bereiche menschlichen Lebens und zwischen ihnen, deren Erforschung für frühere Jahrhunderte das Wesen von Strukturgeschichte ausmacht, sind in der Gegenwart Forschungsgegenstand der **Sozialwissenschaften**. Daß sich hier Möglichkeiten der Zusammenarbeit ergeben, ist bei ruhiger Betrachtung offensichtlich.

Die grundsätzlichen Einwände, die in der großen Zeit des deutschen Historismus hiergegen erhoben wurden, haben stark an Gewicht verloren, weil sich die empirische Sozialwissenschaft im Laufe ihrer Entwicklung mehr und mehr einzelnen Gebieten zuwandte und dementsprechend ihr Methodenverständnis veränderte. Statt auf „Gesetze" mit räumlich-zeitlich allumfassender Geltung richtet sie ihr Erkenntnisstreben heute auf **begrenzte Verallgemeinerungen**, deren Gültigkeit streng auf den Bereich der jeweils empirisch prüfbaren Daten beschränkt ist. Die dazu erforderliche Vergleichbarkeit der Daten ist in der Regel nur innerhalb räumlich-zeitlich begrenzter Rahmenbedingungen gegeben. Bei diesen aber handelt es sich durchweg um Erscheinungen, die ihrerseits dem historischen Wandel unterliegen. In einem solchen Modell sind das Bemühen um Einsicht in Gesetzmäßigkeiten und die Untersuchung der Ergebnisse von Zufall oder willentlichem Handeln grundsätzlich vereinbar.

Die gegenwärtigen Vertreter der ANNALES-Gruppe sehen das Ideal in einer Verbindung aller Humanwissenschaften (sciences humaines), bei der für die Geschichte immerhin die Rolle des zentralen, als Vereinigungspunkt wirkenden Faches vorgesehen ist! Daran ist sicher soviel richtig, daß in der Praxis eine enge Zusammenarbeit für beide Seiten von Vorteil ist. Unter Soziologen ist diese Auffassung noch nicht allgemein verbreitet, aber sie hat auch dort Anhänger. Dennoch erscheint es fraglich, ob es sich empfiehlt, die wünschenswerte Zusammenarbeit durch Vorrangansprüche der einen oder anderen Seite zu belasten. Ebensogut läßt sich das Verhältnis als gegenseitige Unterstützung grundsätzlich voneinander unabhängiger Wissenschaften auffassen.

Dabei wird allerdings vorausgesetzt, daß es grundsätzlich sinnvoll und möglich ist, Geschichte und Sozialwissenschaften als individualisierende beziehungsweise generalisierende Disziplinen zu unterscheiden. Bei genauem Zusehen scheint das sogar notwendig zu sein. Auch wenn der Historiker sich der Formeln und Theorien der Wirtschaftswissenschaftler und Soziologen bedient, um die Struktur der Lebensverhältnisse einer vergangenen Epoche besser zu verstehen, richtet sich sein eigentliches Interesse doch auf diese Epoche und ihren Platz im Gesamtablauf der Vergangenheit, also auf einen konkreten, historisch einmaligen Sachverhalt. Verallgemeinerungen kleineren oder größeren Umfanges sind ihm Hilfsmittel, nicht Erkenntniszweck; er wird normalerweise vor der Notwendigkeit stehen, solche Hilfsmittel den andersartigen Rahmenbedingungen seines Themas entsprechend abzuwandeln. Von den praktischen Problemen, zu denen dies führt, soll in B IV 3 und in den Teilen von D die Rede sein.

Mit dem Verhältnis von Geschichte und Sozialwissenschaften hängt ein Sachverhalt zusammen, der in der geschichtstheoretischen Literatur häufig erörtert wird: das Verhältnis **hermeneutischer und analytischer Verfahrensweisen**. Dabei wird ein engerer

Begriff von Hermeneutik zugrundegelegt, als er in diesem Buch in
C II verwandt ist: Hermeneutisches Vorgehen richtet sich auf das
Verstehen von Sinn, auf den Nachvollzug der Motive und Ziele
bewußten und gewollten Handelns. Nun gibt es Bereiche der historischen Wirklichkeit, die sich einem solchen Zugriff teilweise oder
ganz entziehen. Vor allem die anonymen Zusammenhänge, die wir
kurz Strukturen nennen, gehören hierhin, weil ihr Funktionieren
den Menschen, die in ihnen lebten, häufig nur unvollkommen oder
gar nicht bewußt war; man denke an die langfristigen Auf- und
Abschwünge der **Agrarkonjunktur**, die sich schon für das 16. und
17. Jahrhundert beobachten lassen, und ihre Auswirkungen in alle
Lebensbereiche. Solche Sachverhalte lassen sich aber mit den Methoden der Sozialwissenschaften nicht nur für unsere Gegenwart,
sondern beim Vorliegen hinreichender Datenbestände auch für frühere Jahrhunderte ermitteln und erklären, „analysieren", wie es in
der Fachsprache heißt. Daß die Kenntnis solcher Dinge für ein
angemessenes Bild größerer historischer Zusammenhänge von Nutzen ist, der Historiker sich also auch analytischer Verfahren bedie-
nen muß, ist offensichtlich. Wenn man sich andererseits klarmacht,
daß die dabei angewandten Erklärungsmuster durchweg zu den
oben erwähnten begrenzten Verallgemeinerungen gehören, wird
man leicht einsehen, daß diese Methode den traditionellen herme-
neutischen Zugang zwar ergänzt, aber nicht entbehrlich macht; das
relative Gewicht der beiden Verfahren wird sich nur von Fall zu Fall
bestimmen lassen.

In der Auseinandersetzung um Geschichte und Sozialwissenschaften tritt immer wieder der Vorwurf der „Theorieferne" unseres Fachs auf. Dies gibt Anlaß, ein Detail des wissenschaftlichen
Sprachgebrauchs zu klären. Gemeint ist mit diesem Vorwurf die
mangelnde Bereitschaft vieler Historiker, sich mit Gesetzmäßigkeiten der einzelnen Lebensbereiche zu befassen und zu deren Erklärung auf „Theorien", das heißt auf Verallgemeinerungen aus
den Sozialwissenschaften zurückzugreifen, es geht also um den
vermuteten Mangel an **Theorien in der Geschichtsforschung** über
einzelne Themen. Daneben ist in der Literatur aber auch von „Ge-
schichtstheorie" oder **„Theorie der Geschichte"** die Rede, um damit
vor allem eine fachbezogene Erkenntnistheorie unserer Disziplin
insgesamt, gelegentlich auch philosophische Aussagen über den
Inhalt „der Geschichte" zu bezeichnen. Der Vorschlag von JÖRN
RÜSEN, diesen Themenbereich „Historik" zu nennen, findet leider
nicht das wünschenswerte Maß an Zustimmung. Unterscheiden

muß man die beiden Wortbedeutungen von „Theorie" jedenfalls,
– gerade weil sie etwas miteinander zu tun haben.

Literatur

*Natur- und Geisteswissenschaften:*W. WINDELBAND: Geschichtsphilosophie.
1916. – Die Unterscheidung generalisierender und individualisierender Methoden bei H. RICKERT: Die Grenzen der naturwissenschaftlichen Begriffsbildung.
[5]1929.

Historismus: Als grundlegendes theoretisches Werk kann die bei A I genannte
Historik DROYSENS gelten. – Für das Selbstverständnis des Historismus in
seiner Spätphase kennzeichnend F. MEINECKE: Die Entstehung des Historismus. Werke Bd. 3, [4]1965. – Auseinandersetzung mit dem Historismus:
G. IGGERS: Deutsche Geschichtswissenschaft. Aus d. Engl. 1971. –
H. W. BLANKE/J. RÜSEN (Hrsg.): Von der Aufklärung zum Historismus.
1984.

Strukturgeschichte: Die Auffassungen K. LAMPRECHTS leicht zugänglich in
seiner Einführung in das historische Denken. 1912. – M. BLOCH: Apologie der
Geschichte oder Der Beruf des Historikers. Aus d. – post. erschienenen – Frz.
1974. Aphoristisch; das Programm steht zwischen den Zeilen. – L. FEBVRE: Das
Gewissen des Historikers. Aus d. Frz. 1988. – Wichtigster heutiger Theoretiker
ist F. BRAUDEL: Écrits sur l'histoire. Paris [2]1977. – Zusammenfassend zur ANNA-
LES-Schule: M. ERBE: Zur neueren französischen Sozialgeschichtsschreibung.
1979. – Verteidigung der herkömmlichen Geschichtswissenschaft: G. ELTON. Political History. Principles and Practice. London 1970. – Die erwähnte Zeitschrift
Geschichte und Gesellschaft. Zeitschrift für Historische Sozialwissenschaft besteht seit 1975.

Geschichte und Sozialwissenschaften: Zum Selbstverständnis der Sozialwis-
senschaften. K. ACHAM (Hrsg.): Methodologische Probleme der Sozialwissenschaften. 1978 (Wege d. Forschung 435). – E. TOPITSCH/P. PAYER (Hrsg.):
Logik der Sozialwissenschaften. [10]1980; als TB 1984. – J. HABERMAS: Erkenntnis und Interesse. [8]1985 aus unorthodox marxistischer Sicht. – H.U.
WEHLER: Historische Sozialwissenschaft und Geschichtsschreibung. 1980.
Sammlung von Aufsätzen dieses Pioniers einer Zusammenarbeit. – Ähnlich J.
KOCKA: Sozialgeschichte im internationalen Überblick. 1989. – Ein Bild von
der Diskussion gibt J. KOCKA/TH. NIPPERDEY (Hrsg.): Theorie und Erzählung
in der Geschichte. Theorie der Geschichte, Bd. 3. 1979. – Auch der bei A II
genannte Bd. 5 dieser Reihe gehört hierhin. – Theoretische Positionen und

Forschungsbeispiele bei J. KOCKA (Hrsg.): Theorien in der Praxis des Historikers. Geschichte und Gesellschaft, Sonderheft 3. 1977. – Weitere Anwendungsbeispiele in den Literaturangaben zu D II, V, VI und VIII.

IV. Die Einheit der Vergangenheit

Am Beginn des Abschnittes A II hatten wir festgestellt, Vergangenes sei nicht direkt zugänglich, sondern nur in seinen bis heute überdauernden Bestandteilen, Kenntnis der Vergangenheit sei also zwangsläufig lückenhaft; andererseits setze Interesse an der Geschichte voraus, daß diese als Einheit betrachtet werden könne. Von einigen wichtigen Gedankensystemen, die zu diesem Zweck verwandt wurden und werden, soll hier die Rede sein.

Allen solchen Gesamtbildern der Geschichte ist eines gemeinsam: sie sind **nicht einfach aus der Vergangenheit ableitbar,** sondern vorgegeben und können allenfalls an den vorhandenen Zeugnissen auf ihre Brauchbarkeit geprüft werden. Dies Verfahren kann sich immer nur auf den jeweiligen Stand der Kenntnisse beziehen, also nie zu endgültigen Ergebnissen kommen. Soweit ein Geschichtsbild Allgemeingültigkeit beansprucht, muß es den Beweis dafür außerhalb der Geschichtswissenschaft führen.

Ein grundlegender Unterschied aller Geschichtsbilder liegt darin, ob sie den Gesamtablauf der Geschichte für **zielgerichtet** halten oder nicht. Uns ist das erstere nahezu selbstverständlich, anderen Kulturen war oder ist es fremd. Für die Menschen der Antike etwa war die Vergangenheit eine bunte Abfolge von Zufälligkeiten, bei aller äußeren Vielfalt im Grunde gleichförmig. Soweit man sie begrifflich zu bewältigen suchte, geschah das nicht mit der Vorstellung eines Zieles, sondern mit dem Modell der Wiederkehr grundlegender Gleichförmigkeiten. Ein solches **zyklisches Geschichtsbild** prägte insbesondere die Stoa aus. Vergleichbares in der jüngsten Vergangenheit wird uns noch beschäftigen.

Von großer Bedeutung für die europäische Zivilisation ist das an jüdische Gedanken anknüpfende **Geschichtsbild des Christentums**. Geschichte wird als das Handeln Gottes mit den Menschen verstanden, ausgespannt zwischen Schöpfung, Erlösung als konkretem, datierbarem Eingriff Gottes in den Ablauf der historischen Zeit und Weltgericht als künftigem Ziel. Als Heilsgeschichte in diesem Sinne verstehen bis heute die Theologen der christlichen Bekenntnisse die Vergangenheit. Unterschiedlich groß nach Konfessionen, aber auch nach einzelnen Kirchenhistorikern ist dabei die Bereitschaft, einzelne Ereignisse so direkt als Ausdruck des göttlichen Heilsplanes aufzufassen, wie es etwa AUGUSTINUS (354–430) tat, wenn er die Größe und administrative Geschlossenheit des römischen Reiches als gottgewollte optimale Voraussetzung für die Ausbreitung des Christentums ansprach. Der heutige Kirchenhistoriker wird sich eher auf den Standpunkt stellen, die Absichten Gottes seien so konkret nicht erkennbar. Damit verliert aber zwangsläufig das Modell „**Heilsgeschichte**" an Erklärungswert für die Einzelheiten des Geschichtsablaufs.

Seit der Aufklärungszeit hat eine andere Betrachtung der Geschichte stark an Boden gewonnen. In ihrem Mittelpunkt steht der Begriff des **Fortschritts**. Er hat von Anfang an mehrere Aspekte. Fortschritt wird verstanden zunächst als technisch-zivilisatorische Aufwärtsentwicklung, insbesondere als Zunahme an rational begründeter Erkenntnis, zum zweiten als zunehmende Verwirklichung von Freiheit und Gleichheit im politischen Leben, schließlich im Sinne sittlicher Vervollkommnung der Menschheit. Diese drei Formen des Fortschritts wurden zunächst in eins gesetzt, mit der Zeit jedoch mehr und mehr unterschieden, wobei namentlich der dritte Aspekt ausgeprägter Skepsis begegnete. Die ideengeschichtliche Forschung unseres Jahrhunderts ist zu der Auffassung gekommen, bei dem fortschrittsbezogenen Geschichtsbild handle es sich um die säkularisierte Form der christlichen Heilslehre: Geschichte als Weg zu einem idealen Endzustand, der allerdings nicht mehr im Jenseits, sondern in dieser Welt vermutet wird.

Das Vertrauen in die menschliche Vernunft, das sich im Glauben an den Fortschritt ausprägt, führte zu dem Bestreben, auch dieses Geschichtsbild selbst rational zu begründen, als wissenschaftlich gesichert darzulegen. Dies geschah durch den Versuch, den Geschichtsablauf nach Analogie von Naturvorgängen als **gesetzmäßig ablaufenden Prozeß** zu verstehen. In systematischer Form hat dies erstmals der Philosoph COMTE (1789–1857) unternommen; er nahm die drei notwendig aufeinander folgenden Zeitalter der religiösen, der metaphysisch-philosophischen und schließlich der „positiven" wissenschaftlichen Weltdeutung an. Heute lehnen gerade die Positivisten unter den Wissenschaftstheoretikern diese Vorstellung ab. Sie wollen unter Gesetzen nur Verallgemeinerungen verstehen, die sich durch Anwendung auf viele „Fälle" auf ihre Gültigkeit prüfen lassen; mit einer Aussage über den Gesamtverlauf der Geschichte, der ja einmalig ist, geht das nicht.

Heute richtet sich diese Kritik gegen ein anderes, dem COMTE-schen vergleichbares Geschichtsmodell, den **historischen Materialismus** von KARL MARX (1818 – 1883) und FRIEDRICH ENGELS (1820 – 1895), das mit einigen hauptsächlich auf LENIN (1870 – 1924) zurückgehenden Änderungen bis in die späten achtziger Jahre als parteiamtliches Geschichtsbild der sozialistischen Länder galt, aber auch anderswo Beachtung fand und findet.

Der entscheidende Faktor des historischen Geschehens, die „Basis" aller menschlichen Lebensverhältnisse, sind für MARX die wirtschaftlichen und gesellschaftlichen Gegebenheiten, insbesondere die Regelung des Eigentums an den Produktionsmitteln. Diese bestimmt den Klassencharakter der Gesellschaft, die Form der Unterscheidung von Ausgebeuteten und Ausbeutern. Gegenüber der sozio-ökonomischen Basis sind alle übrigen Lebensbereiche **„Überbau"**, in ihrer Eigenart aus der Beschaffenheit der **Basis** ableitbar. Insbesondere sind die Erscheinungen des geistigen Lebens eine **„Ideologie"**, Ausdruck der Interessenlage der jeweils herrschenden Klasse. Der Gegensatz zwischen dieser und den Ausgebeuteten macht aus der Geschichte eine Abfolge von Klassenkämpfen: Jedes wirtschaftlich-gesellschaftliche System bringt aus sich selbst die Spannungen hervor, an denen es schließlich zerbricht; in einem revolutionären „Sprung" entsteht eine neue Ordnung, die sich verfestigt und wieder innere Gegensätze hervorbringt. Die großen Stufen dieses Prozesses sind Urgesellschaft, Sklavenhaltergesellschaft, Feudalismus und Kapitalismus. Dieser wird schließlich durch die sozialistische Revolution beseitigt, die mit dem Privateigentum an Produktionsmitteln die Ursache aller gesellschaftlichen Spannungen abschafft und damit die klassenlose Gesellschaft ermöglicht.

Schon die Begründer dieser Theorie mußten sich gegen den Vorwurf verteidigen, hier handle es sich um eine Art von Metaphysik, um das Werk rätselhafter überpersönlicher Kräfte, die in Wirklichkeit bloße Begriffe seien. Dagegen wandten sie ein, der ganze Ablauf sei „durch das Bewußtsein vermittelt", das Werk konkreter, absichtlich handelnder Menschen, deren auf individuelle Ziele gerichtetes Verhalten unter den Bedingungen eines bestimmten gesellschaftlichen Systems als unbeabsichtigte Nebenwirkung die Kräfte freisetze, von denen der Ablauf der Geschichte im großen bestimmt werde. Dieser **„subjektive Faktor"** des Entscheidungsspielraums einzelner Menschen ist nach marxistischer Lehre in verschiedenen historischen Situationen unterschiedlich bedeutsam; insbesondere zur Erklärung sozialistischer Politik seit der Oktoberrevolution als freies, von richtiger Einsicht in die Gesetze der Geschichte geleitetes Handeln kommt ihr ein großes Gewicht zu. Dieser Gedanke stammt im Kern von LENIN, der sich und seinen Zeitgenossen systemgerecht erklären mußte, wieso der Durchbruch des Sozialismus ausgerechnet im halbfeudalen Rußland erfolgte. Grundsätzlich fühlte sich die Geschichtswissenschaft der sozialistischen Länder verpflichtet, die Vielfalt des Geschehens nicht schematisch aus den „Gesetzen" des historischen Materialismus abzuleiten, sondern in ihren konkreten Zusammenhängen aus den Quellen zu erforschen. Während dies vor allem zu Lebzeiten STALINS (1879 – 1953) weithin in einer sehr groben, das Bild der Tatsachen in den Quellen verzerrenden Weise geschah, ging die Entwicklung seit den späten sechziger Jahren mehr zu einer differenzierten und quellennahen Darbietung des Stoffs – auf Kosten des Erklärungswerts der allgemeinen theoretischen Voraussetzungen.

Hinter dieser Tatsache steht ein allgemeines Problem, die Frage nämlich, ob das marxistische Geschichtsmodell grundsätzlich als Hypothese verstanden wird, deren Wert an ihrer Brauchbarkeit für die Deutung historischer Quellen gemessen wird und die grundsätzlich mit anderen Modellen konkurrieren muß, oder ob man den historischen Materialismus als vorgegebene „Wahrheit" auffaßt. Ersteres tun durchweg „westliche" Historiker, die sich am Historischen Materialismus orientieren. Das zweite war seit LENIN parteiamtliches Methodenverständnis für Historiker der sozialistischen Staaten. Dahinter stand folgendes Wissenschaftsverständnis: Auch Wissenschaft ist Ideologie, Ausdruck von Klasseninteressen, für ihre Gültigkeit sind nicht theoretische Gesichtspunkte maßgeblich, sondern ihre Stellung im Klassenkampf, ihr „reaktionärer" oder „fortschrittlicher" Charakter. Dem Marxismus als theoretischem Instrument im Dienste der Arbeiterklasse gebührt in dieser Hinsicht der Vorzug, **„Parteilichkeit"** für ihn ist die wahre wissenschaftliche **Objektivität.** Der letzten Konsequenz, die Festlegung der Maßstäbe so verstandener Forschung dem jeweiligen Politbüro zu überlassen, hat der politische Zusammenbruch des Sozialismus stalinischer Ausprägung den Boden entzogen.

Zu behandeln ist nun noch eine andere Gruppe von Versuchen, die gesamte Geschichte als gesetzmäßigen Ablauf zu deuten. Bei allen Denkern dieser Gruppe stand und steht im Mittelpunkt der Begriff der **Kultur**, als deren Ausdruck alle Erscheinungen des geschichtlichen Lebens verstanden werden. Die Geschichte erscheint als Abfolge einer Reihe solcher Kulturen. Das Element der Notwendigkeit in diesen Theorien liegt darin, daß jede Kultur in mehr oder weniger streng durchgeführter Analogie zum Leben eines „Organismus" gedeutet wird: Entwicklung, Blüte und Verfall der einzelnen Kulturen folgen grundsätzlich aufeinander wie die Lebensalter eines Menschen oder einer Pflanze. Gedanken dieser Art sind grundsätzlich sehr alt; schon die stoische Philosophie der Antike kannte die Vorstellung des Untergangs und Wiederauflebens der gesamten Welt. Eine Gesamtdeutung der Geschichte auf dieser Grundlage hat erstmals KARL LAMPRECHT (1856 – 1915) versucht. Am straffsten durchgeführt ist die Analogie Kultur – Organismus bei OSWALD SPENGLER (1880 – 1936).

Für die Deutung einzelner Erscheinungen kann das Organismusmodell mit Nutzen herangezogen werden; als System hat es die grundlegende Schwäche, daß es sich mit einer Vorhersage der Zukunft unserer eigenen Kultur belasten muß, die es nicht leisten kann. Eine weitere Schwierigkeit liegt in der Tatsache der bewußten Anknüpfung an das Erbe früherer Kulturen, wie sie sich im Hinblick auf die Antike in der **Renaissance** und den verschiedenen Wellen des Humanismus vollzogen hat. Berücksichtigt sind diese Probleme im monumentalen Werk des britischen Kulturphilosophen ARNOLD TOYNBEE (1889 – 1975). In seiner Vorstellung spielt die organische Geschlossenheit der Kulturen zwar eine Rolle, wird aber durchbrochen durch Kontinuitätslinien, die über die Kulturen hinwegreichen. Insbesondere die großen monotheistischen Religionen und die wichtigen philosophisch-theologischen Gedankensysteme Asiens gehören für TOYNBEE zu den Leistungen des menschlichen Geistes, die für die künftige **Weltzivilisation** Bedeutung behalten werden als Gegengewicht zur naturwissenschaftlich-technischen Mentalität; diese hält TOYNBEE für geistig unproduktiv. Die Komponente subjektiver Wertung in TOYNBEES Geschichtsbild wird hier besonders deutlich.

Literatur

Weltgeschichte: A. HEUSS: Zur Theorie der Weltgeschichte. 1968. – E. SCHULIN (Hrsg.): Universalgeschichte. 1973. – Viele Bände der Zeitschrift „Saeculum" enthalten grundsätzliche Beiträge zu diesem Thema.

Geschichtsdeutung aus christlicher Sicht: Für die katholische Auffassung kennzeichnend die Aufsätze der von R. KOTTJE Hrsg. Sammlung: Kirchengeschichte heute. 1970. – K. LÖWITH: Weltgeschichte und Heilsgeschehen. [7] 1979: der Verfasser stellt dem säkularisierten „christlichen" Geschichtsbild eine stark eschatologische Deutung des Christentums gegenüber. – H. BUTTERFIELD: Christianity and History. London 1950. Dt. u. d. T. Christentum und Geschichte. 1949. Reprint New York 1961. Das Christentum als „historische" Religion.

Fortschrittsbegriff: CHR. MEIER/R. KOSELLECK: Art. „Fortschritt" in O. BRUNNER/W. CONZE/R. KOSELLECK: Geschichtliche Grundbegriffe, Bd. 2. [3]1992. – G. IGGERS: The Idea of Progress. American Historical Review 1965. – Frühe Kritik am fortschrittsbestimmten Geschichtsbild übte J. BURCKHARDT: Weltgeschichtliche Betrachtungen. Krit. Ausgabe von R. STADELMANN, o.O. u.J.

Historischer Materialismus: K. MARX/F. ENGELS: Werke. 42 Bde. Berlin/DDR 1956 – 1968; viele Neuaufl. Wichtiges auch in den Frühschriften. Hrsg. v. S. LANDSHUT. [6]1971 (Kröner Taschenausg. 209). – Kennzeichnend für die Anwendung in der DDR das Lehrbuch der deutschen Geschichte (Beiträge). Berlin/DDR 1959 – 1969, viele Bde. teils mehrmals neu aufgelegt, bis 1984. – DDR-Geschichtstheorie: E. ENGELBERG (Hrsg.): Probleme der marxistischen Geschichtswissenschaft. 1972. – Beispiele für pragmatische Rezeption des Historischen Materialismus in westlichen Ländern: A. SOBOUL: Die Große Französische Revolution. Aus d. Frz. [5]1988. – E. HOBSBAWM: Revolution und Revolte. Aufsätze. Aus d. Engl. 1977.

Kulturzyklen: LAMPRECHT vgl. A III. – O. SPENGLER: Der Untergang des Abendlandes. Umrisse einer Morphologie der Weltgeschichte. 2 Bde. 1922/23. Nachruck als 1 Bd. 1980. Auch als TB: dtv 838: der Obertitel charakteristisch für die Problematik des Bezugs zur Gegenwart. – A.J. TOYNBEE: A Study of History. 11 Bde. Oxford 1948 – 1959, Reconsiderations 1961. New Ed. in 1 vol. London 1976. Zur schnelleren Orientierung und für Toynbees Zukunftsperspektive wertvoll Change and Habit. Oxford 1966; dt. u. d. T. Menschheit – woher und wohin? Plädoyer für einen Weltstaat. 1969.

V. Periodisierung

Wie eng die scheinbar entlegene Frage der Modelle für eine Erfassung der gesamten Vergangenheit mit der praktischen Arbeit des Historikers zusammenhängt, zeigt sich an dem Thema der Einteilung der Geschichte. Der Leser hat einen Anspruch auf die Behandlung dieses Punktes, damit er erfährt, in welchem Sinne hier von „neuerer Geschichte" die Rede ist.

Eingangs wurde bereits gesagt, daß es zahlreiche Daten gibt, die in der Forschung als Beginn der Neuzeit betrachtet werden. Das hat seinen Grund in unterschiedlichen Auffassungen über das Wesen der großen geschichtlichen Epochen. Die Abfolge der Begriffe Altertum – Mittelalter – Neuzeit stammt mit ihrem zentralen Begriff von den Humanisten. „Media aetas" oder deutlicher **„media tempestas"** schrieben diese Männer, um die ihrer Meinung nach finsteren Jahrhunderte zu kennzeichnen, in denen Kenntnis und Pflege der klassischen Antike verlorengegangen waren. Die Mediaevistik hat diesen abwertenden Begriff vom Mittelalter längst hinter sich gelassen und ein verfeinertes Bild an seine Stelle gesetzt; sie benutzt gleichwohl weiter die Bezeichnung, um den gemeinten Sachverhalt bei aller Vielfalt doch als Einheit zu deuten.

Worin aber das Einheitliche des Mittelalters liegt, das ist für unsere Frage von Wichtigkeit, denn das Zerbrechen dieser Einheit müßte ja den Beginn der Neuzeit bezeichnen. Die Verwendung der **Entdeckung Amerikas** durch KOLUMBUS (1451 – 1506) als Epochengrenze geht aus von dem Zerfall des mittelalterlichen Bildes der Erde durch die Einsicht in deren Kugelgestalt und die daran anschließenden Entdeckungen, welche für die Europäer die Ausdehnung der bekannten Welt vervielfältigten. Wer das Zerbrechen der kirchlichen Einheit für entscheidend hält, wird in der **Reformation** und deren Beginn mit dem Thesenanschlag MARTIN LUTHERS (1483 – 1546) den Beginn der Neuzeit erblicken. Dieses Ereignis ist aber nicht für alle Länder gleich bedeutend: für Italien ist die **Renaissance** ungleich wichtiger, die mit ihrer Belebung der antiken Kultur in entscheidenden Dingen die mittelalterliche Denkweise ablöste. Fragt man aber hier nach den Anfängen, so läßt sich tatsächlich neben anderen, auf eine breitere Faktengrundlage gegründeten Auffassungen die Theorie vertreten, schon der Stauferkaiser FRIEDRICH II. (1194 – 1250) habe den Typ des Renaissancefürsten verkörpert.

Kommen wir so vom geistesgeschichtlichen Aspekt zu einem besonders frühen Termin, so wird andererseits der Verfassungs- und Verwaltungshistoriker im 16. – 17. Jahrhundert vergebens nach einer wirklichen Zäsur suchen: Das Entstehen des Absolutismus ist insgesamt doch ein langer Entwicklungsprozeß, der fast unmerklich mehr und mehr Mittelalterliches absterben läßt. Eine wirkliche Epochengrenze auf diesem Gebiet ist dagegen die **Französische Revolution**, weil sie den modernen, grundsätzlich nicht mehr feudalen, sondern egalitären Gesellschaftsaufbau heraufführt.

Es zeigt sich also, daß die Vielfalt möglicher Anfangszeitpunkte jeweils begründet werden kann aus dem besonderen Bereich der Geschichte, für den sie gelten sollen, und aus dem Gesamtbild, das sich dieser Bereich von der Geschichte überhaupt macht. Feinere Nuancen, die sich aus der individuellen Einstellung einzelner Wissenschaftler ergeben, sollen hier nicht erörtert werden. Für die Praxis ist es ja unerläßlich, sich wenigstens auf ein einigermaßen überschaubares Maß an Arbeitshypothesen zu beschränken. Für die allgemeine europäische Geschichte dürfte als **Beginn der Neuzeit** am zweckmäßigsten der Zeitraum um die Entdeckung Amerikas und LUTHERS Thesenanschlag gelten. Daß diese beiden Ereignisse so relativ nahe beisammenliegen, ist nicht Zufall, sondern zeigt, daß tatsächlich eine geistige Umwälzung im Gange war.

Wichtig ist ein allgemeines methodisches Ergebnis dieser Erörterung: Hier wie vielfach anderswo liegen die Begriffe nicht einfach von der Sache her eindeutig fest, sondern können nach Zweckmäßigkeitserwägungen definiert werden, häufig in Wechselwirkung mit Nachbarbegriffen.

Nicht nur die Frage nach dem Beginn der Neuzeit muß jedoch erörtert werden. In der Forschung zur jüngsten Vergangenheit spielt nicht mit Unrecht das **Jahr 1917** die Rolle einer wichtigen **Zäsur**: Der Eintritt der USA in den Ersten Weltkrieg und die russische Revolution bezeichnen eine erstrangige Verschiebung der Machtgewichte gegenüber der jahrhundertelangen eindeutigen Vorherrschaft Europas. Die Frage, ob damit etwa das **Ende der** bisher „**Neuzeit**" genannten Epoche gegeben sei, verbindet sich in der Praxis leicht mit einer anderen, nämlich mit der Frage nach Wesen und Abgrenzung der Zeitgeschichte. Grundsätzlich werden wir aber gut daran tun, diese beiden Dinge begrifflich scharf zu trennen. Es liegt in dem Begriff „**Zeitgeschichte**", daß es sich jeweils um den Abschnitt der Geschichte handelt, welcher der Gegenwart am nächsten liegt. Als „Epoche der Mitlebenden und ihre wissenschaftliche Behandlung" hat ROTHFELS die Zeitgeschichte definiert. Daraus ergibt sich, daß der entsprechende Zeitraum sich mit den Jahren verschiebt. Schon RANKE hat in seinen Vorlesungen zur neueren und neuesten Geschichte die Zeit der Mitlebenden behandelt und also der Sache nach Zeitgeschichte getrieben. Als Epochenbegriff können wir also „Zeitgeschichte" nicht verwenden. Damit dürfen wir aber die Frage, wie wichtig die historische Zäsur von 1917 war, dem Urteil einer späteren Generation mit größerem zeitlichem Abstand überlassen.

Für den Aufbau dieses Buches ergibt sich daraus, daß Zeitgeschichte nicht als eigener Gegenstand behandelt wird, wie das anderswo geschieht, sondern in die Darstellung einbezogen ist. Die
sachlichen und methodischen Kontinuitäten über den. – durch die
Jahrzehnte wandernden – Beginn der Zeitgeschichte hinweg scheinen mir dafür zu sprechen. Die methodischen Eigenheiten dieses
Forschungsbereichs können und müssen von Fall zu Fall erörtert
werden. Nur von den wichtigsten darunter soll hier kurz die Rede
sein:

Die **Quellenlage** ist negativ durch die Unzugänglichkeit wichtiger
Aktenbestände, positiv durch die Möglichkeit der Zeugenbefragung beeinflußt. Das Verständnis der Atmosphäre, des Zeitgeistes
wird bei der jüngsten Vergangenheit leichter möglich sein als bei
früheren Zeiten. Hier müssen allerdings gerade Jüngere gleich davor gewarnt werden, Nuancen unkritisch zu übersehen, wie sie sich
etwa schon zwischen unserer Zeit und den ersten Jahren nach dem
Zweiten Weltkrieg für den aufmerksamen Betrachter ergeben. Wer
kann sich zum Beispiel heute das Alltagsleben ohne Fernsehen
vorstellen? Der leichteren Möglichkeit des Verstehens steht außerdem die erhöhte Schwierigkeit gegenüber, sich von eigenen Vorein-
genommenheiten kritisch zu distanzieren, bei der Bewertung der
Ereignisse von den Maßstäben abzusehen, mit denen man politische
und andere Gegenwartsfragen mißt.

Nehmen wir als Beispiel das Urteil über Hindenburg
(1847 – 1934): Die Aussage, er habe zur Republik und insbesondere
zu den Kräften der politischen Linken stets nur ein reserviertes
Verhältnis gehabt, ist als bloße Tatsachenfeststellung sicher richtig.
Wie leicht sind wir aber bereit, das als Vorwurf zu interpretieren,
weil uns die Staatsform der parlamentarischen Demokratie als die
normale erscheint und die Amtszeit Hindenburgs für unseren
Blick von der Machtübernahme Hitlers (1889 – 1945) überschat-
tet wird. Wenn wir uns klarmachen, was man von einem unter der
Monarchie großgewordenen preußischen Generalstabsoffizier im
Hinblick auf seine politischen Überzeugungen vernünftigerweise
erwarten kann, dann kommen wir zu einem sachgerechten Urteil
über Hindenburg.

Neben der zeitlichen muß auch die **räumliche Begrenzung** des
behandelten **Gegenstandes** hier zur Sprache kommen. Geschichte
als Einheit ist grundsätzlich Weltgeschichte. Praktisch läßt sich aber
das methodische Rüstzeug des Historikers, um das es in einer Einführung ganz wesentlich geht, nur an solchen Sachverhalten erläu-

tern, die man näher kennt. Auch das oben behandelte Problem des subjektiv bestimmten eigenen Geschichtsbildes spielt eine Rolle für diese Frage. Es ergibt sich daraus, daß „Neuere Geschichte" im Titel dieses Buches zu verstehen ist als europäische Geschichte, für die jüngste Zeit mit der Ausweitung auf die außereuropäischen Weltmächte, im übrigen aber durchgehend mit dem Schwerpunkt auf der deutschen Geschichte. Für die frühe Neuzeit muß der Verfasser den Großteil der behandelten Beispiele aus den ihm näher vertrauten Bereichen der brandenburgisch-preußischen sowie der niederländischen Geschichte entnehmen.

Literatur

Periodisierung: Allgemein J.H.J. van der Pot: De Periodisering der Geschiedenis. Een overzicht der theorieën. 's-Gravenhage 1951. − R. Herzog/R. Koselleck (Hrsg.): Epochenschwelle und Epochenbewußtsein. 1989. − Beginn der Neuzeit: St. Skalweit: Der Beginn der Neuzeit. 1982. (Erträge der Forschung 178). Zur Einordnung der Renaissance A. Buck (Hrsg.): Zu Begriff und Problem der Renaissance. 1969. (Wege der Forschung 204). − Ende der Neuzeit: Für 1917 als − damaligen − Beginn der Zeitgeschichte spricht H. Rothfels: Zeitgeschichte als Aufgabe. Vierteljahrshefte f. Zeitgeschichte 1, 1953. − R. Guardini: Das Ende der Neuzeit. 1950; auch Werke, Bd. 1. 1986 versteht das 16. − 19. Jahrhundert als geschlossene, von der Gegenwart verschiedene Epoche.

Zeitgeschichte: B. Scheurig: Einführung in die Zeitgeschichte. [2]1970. − Zum erwähnten Beispiel Hindenburg A. Dorpalen: Hindenburg in der Geschichte der Weimarer Republik. Aus d. Engl. 1967.

B. Die Quellen

I. Begriff und Einteilung

Als Maßstab für die Wissenschaftlichkeit historischer Aussagen war im vorigen Kapitel der Grad bezeichnet worden, in dem solche Aussagen ihren Quellen gerecht werden. Der **Begriff der Quellen** rückt damit in den Mittelpunkt unseres Interesses. *„Quellen nennen wir alle Texte, Gegenstände oder Tatsachen, aus denen Kenntnis der Vergangenheit gewonnen werden kann"*, definiert KIRN in seiner „Einführung". Diese Festlegung des Begriffs ist umfassend. Zu erklären ist vielleicht, wieso auch **Gegenstände** und Tatsachen unter den Quellen aufzuführen sind. Wirklich können wir auch daraus Kenntnisse über die Vergangenheit gewinnen. Unser Wissen über die Kleidung der Menschen früherer Jahrhunderte wäre sehr unvollständig, wären wir auf Beschreibungen angewiesen und besäßen nicht in den Museen noch Kleidungsstücke aus dem 17. und 18. Jahrhundert sowie Gemälde von Trägern dieser Gewänder. Das Kriegswesen der frühen Neuzeit, über das es freilich auch Bücher dieser Epoche gibt, wäre uns doch viel schlechter verständlich, wenn uns nicht die damals üblichen Waffen durchweg überliefert wären. **Tatsachen**, die uns geschichtliches Wissen vermitteln, sind beispielsweise die fremdsprachlichen Bestandteile unserer Muttersprache. Daß die Fachsprache der Musik von BACH (1685 – 1750) oder HAYDN (1732 – 1809) mit italienischen Wörtern durchsetzt ist, während Jazz und Popmusik eine englische Terminologie haben, daß uns im Bereich des Sports viele englische Wörter begegnen, diese Tatsachen zeigen deutlich, unter welchen Einflüssen die genannten Lebensgebiete standen und noch stehen. Der französische Einfluß wird hier nur deshalb nicht behandelt, weil er sich nicht so eindeutig einem bestimmten Bereich zuordnen läßt.

Die gewählten Beispiele zeigen, daß auch für die neuere Geschichte Gegenstände und Tatsachen als Quellen durchaus Bedeutung haben, wenn sie auch im Vergleich zum Mittelalter gegenüber der größeren Menge schriftlicher Quellen zurücktreten.

KIRNS Definition, von der wir ausgingen, bedarf wegen ihrer Weite einer Einschränkung. Kenntnis geschichtlicher Ereignisse verschaffen uns ja auch Handbücher, Monographien über einzelne

Gebiete, Nachschlagewerke, kurz: die Literatur. Nach welchen Gesichtspunkten lassen sich **Quellen und Literatur** unterscheiden? Wir können die beiden Begriffe nur abgrenzen, indem wir sie gleichzeitig zueinander in Beziehung setzen: Wissenschaftliche Literatur dient in direkter oder indirekter Weise der Interpretation von Quellen, sie baut auf diese auf. Die Westfälischen Friedensverträge von 1648 sind Quellen; F. DICKMANNS Buch „Der Westfälische Friede" (Münster ²1965) interpretiert diese und andere Quellen, es gehört zur Literatur.

Wir müssen uns für die hier verwandten Begriffe deutlich einen Sachverhalt klarmachen, der auch für die Frage der Unterteilung der Quellen wichtig sein wird und den BRANDT in seinem Buch „Werkzeug des Historikers" einprägsam dargestellt hat: Die benutzten Begriffe sind „nominalistisch" nicht nach der Beschaffenheit der bezeichneten Sache, sondern in erster Linie nach deren Stellenwert für die historische Erkenntnis festgelegt. Es kann ein Buch je nach Fragestellung Literatur oder Quelle sein. RANKES Reformationsgeschichte gehört zur Literatur, wenn wir sie für ein Referat zum 16. Jahrhundert benutzen; für den Ranke-Biographen ist sie Quelle.

Mit solcher Eindeutigkeit, wie es bisher den Anschein hat, läßt sich das Verhältnis Quellen – Literatur nur für die Zeit festlegen, in der es wissenschaftliche historische Literatur gibt, das heißt erst seit dem vorigen Jahrhundert. Zwar gibt es schon seit dem Humanismus Geschichtswerke, die mit wissenschaftlichem Anspruch auftreten und größtenteils auf archivalischen Quellen fußen. Von wissenschaftlicher Literatur in unserem heutigen Sinne unterscheidet solche Werke nicht nur der mangelnde detaillierte Nachweis der benutzten Quellen, sondern das ganz anders gelagerte Interesse an der Geschichte. Häufig handelt es sich um offiziöse Staats- und Fürsten-Historiographie, wobei man allerdings sowohl Selbständigkeit und Freimut der Autoren als auch die Großzügigkeit hervorheben muß, mit denen ihnen die Archive zugänglich gemacht wurden. Dennoch wird man die Werke von PUFENDORF (1632 – 1694) oder CHEMNITZ (1605 – 1678) über die Geschichte des 17. Jahrhunderts zur **Historiographie** und damit zu den Quellen der Zeit rechnen.

Mit der Historiographie und der Frage ihres Verhältnisses zu ihren Quellen sind wir bereits in die schwierige Thematik einer Einteilung der Quellen hineingeraten, in diesem Zusammenhang an die häufig verwandten Begriffe **Primär- und Sekundärquellen**. Auch diese Termini lassen sich nur im Bezug zueinander definieren:

Sekundär nennen wir eine Quelle im Hinblick auf eine andere, die ihr zugrunde liegt und damit primär ist. Dabei richten wir uns nicht nach der Sache an sich, sondern nur nach dem uns zugänglichen und deshalb für unser Erkenntnisstreben wichtigen Tatbestand: Wo uns die Vorlagen einer Quelle nicht mehr überliefert oder rekonstruierbar sind, da ist diese Quelle für uns primär, auch wenn sie eindeutig Vorlagen gehabt hat. PUFENDORF hat sein Werk „De rebus gestis Friderici Guilhelmi Magni Electoris Brandenburgensis" durchweg aus Akten des Berliner Archivs gearbeitet, die uns überwiegend noch erhalten sind. Diese Akten sind also für uns Primärquelle gegenüber der Sekundärquelle PUFENDORF. Wo dieser indessen erkennbar Aktenstücke verwertet hat, die heute nicht mehr vorhanden sind, da müssen wir ihn als Primärquelle gelten lassen.

Die Versuche, die Gesamtheit der Quellen systematisch zu unterteilen, sind mannigfaltig. Umstritten ist vor allem die Grundfrage, ob es möglich und tunlich sei, die Quellen nach ihrer objektiven Beschaffenheit zu unterteilen, oder ob nicht das wichtigste Merkmal der Gliederung im Erkenntniswert der Quellen für den benutzenden Historiker liege.

Die entscheidenden Begriffe für einen Versuch, den zweiten Ansatz zu verwirklichen, stammen in der Sache bereits von DROYSEN; die Weiterentwicklung seines Gedankens wird hier im Anschluß an BRANDT dargestellt. Er unterscheidet zwischen **„Tradition"** und **„Überresten"** oder zwischen willkürlicher und unwillkürlicher Überlieferung. Es leuchtet ein, daß es für die Interpretation einer Quelle einen Unterschied macht, ob sie ihre Entstehung der Absicht verdankt, die Nachwelt über Sachverhalte der Vergangenheit zu unterrichten, oder ob sie ohne eine solche Absicht aus den Gegebenheiten hervorgegangen ist, für die wir sie als Zeugnis verwenden wollen.

Hier muß nun gleich ein naheliegendes Mißverständnis abgewehrt werden: Auch Überreste dürfen wir in ihrem Inhalt nicht einfach für bare Münze nehmen, sondern müssen sie kritisch lesen. Das Bedürfnis, die Wahrheit entsprechend den eigenen Interessen zu verzeichnen, hat auch den Verfassern diplomatischer Berichte oder politischer Kampfschriften immer wieder die Feder geführt, obwohl solche Schriftstücke eindeutig zu den Überresten gehören. Aber die Adressaten solcher Verzeichnungen sind zunächst einmal Zeitgenossen der Situation, die wir untersuchen; die **Tendenz** von Überresten interessiert uns nicht nur um der Quellenkritik willen, sondern sie ist häufig selbst Gegenstand unserer Forschung. Unter

Umständen ist auch die Tendenz solcher Schriftstücke für unsere Fragestellung ohne Bedeutung, weil wir dem Text nur einzelne, für den Verfasser selbstverständliche Informationen entnehmen. Das gilt vor allem da, wo Überreste uns Daten liefern, die wir als Grundlage analytischer Untersuchung in der Weise verwenden, die in Kapitel B IV 2 näher beschrieben ist. Wo wir Traditionsquellen auswerten, richtet sich dagegen die Tendenz immer auf den späteren Leser und damit auf uns selbst, sie beansprucht deshalb unsere Aufmerksamkeit stärker und in anderer Weise, als dies bei Überresten der Fall ist.

Die Verwendbarkeit der dargestellten Unterscheidung für eine Unterteilung der Quellen hat einen Schönheitsfehler: Ähnlich wie „Quellen/Literatur" schließen auch „Tradition/Überreste" sich nicht einfach gegenseitig aus. „Überreste" ist vielmehr der weitere Begriff, eine **Traditionsquelle** kann immer **auch als Überrest betrachtet** werden, sobald man das Augenmerk nicht vorrangig auf ihren Inhalt richtet, sondern auf die Umstände ihrer Entstehung. Um zu einer angemessenen Quellenkritik zu kommen, muß dies normalerweise sogar geschehen. Für die neuere Geschichte, deren Quellen insgesamt überwiegend Überreste sind, ist dies wichtiger als für die mediävistische Forschung, die es großenteils mit Traditionsquellen zu tun hat und für deren Bedürfnisse die Unterscheidung von willkürlicher und unwillkürlicher Überlieferung ursprünglich entwickelt wurde.

Ein zweites Problem ist die mangelnde Trennschärfe des Begriffspaars für neuzeitliche Quellen vor allem im Bereich der Publizistik. Schon im 17. Jahrhundert verschwimmen die Grenzen dieser Gattung gegenüber der Historiographie: Presseberichte über politisches Geschehen richten sich nach der Absicht ihrer Verfasser zunächst an die Zeitgenossen und sind insofern Bestandteile des damaligen politischen Geschehens, Überreste. Sie sind aber andererseits für den späteren Leser gewollte Überlieferung historischer Sachverhalte und stellen ihn vor die gleichen Probleme, mit denen er es auch bei Historiographie zu tun hat, bei Tradition also.

Für den Aufbau der folgenden Ausführungen ergibt sich aus alledem: Die Unterscheidung von Tradition und Überresten ist oberstes Gliederungsprinzip. Ergänzend werden Quellen nach ihrer äußeren Beschaffenheit und den Lebensbereichen unterteilt, aus denen sie entstanden. Dabei wird pragmatisch nach Gemeinsamkeiten im Hinblick auf die Erfordernisse der Quellenkritik verfahren, wie sie sich etwa bei Film- oder Tonquellen aus deren technischer

Beschaffenheit ergeben. Die Bemühungen um ein geschlossenes System solcher äußeren Merkmale der Quellen insgesamt, an denen es nicht mangelt, brauchen für den Zweck dieser Darstellung nicht berücksichtigt zu werden. Quellengruppen wie die Publizistik, die sich sowohl unter Tradition als auch unter Überreste einreihen lassen, werden entsprechend ihrer vorrangigen Bedeutung zugeordnet.

Literatur

Definition und Unterteilung der Quellen folgen A. v. BRANDT: Werkzeug des Historikers. Eine Einführung in die historischen Hilfswissenschaften. [13]1992. – Zu den Problemen der Anwendung auf die Neuzeit kritisch W. SCHULZE: Einführung in die neuere Geschichte. [2]1991 (UTB 1422). B.-A. RUSINEK u. a. (Hrsg.): Einführung in die Interpretation historischer Quellen. Schwerpunkt: Neuzeit. 1992 (UTB 1647): Fallbeispiele z. Auswertung wichtiger Quellentypen v. a. d. 19. u. 20. Jh. – Die Unterscheidung von Quellen und Literatur wird zu Unrecht oft als selbstverständlich übergangen; Unklarheiten z. B. b. d. Zuordnung von Memoiren sind die Folge.

II. Die Traditionsquellen

1. Historiographie und Memoiren

Das Problem der sauberen Trennung von Traditionsquellen und Überresten, von dem vorhin die Rede war, hat für den Umfang dieses Kapitels praktische Bedeutung: Wenn die Absicht bewußter Berichterstattung das Kennzeichnende der Quellengattung Tradition ist, dann muß man grundsätzlich auch die **Publizistik** dazurechnen. Auch der Journalist berichtet bewußt, um des Berichtens willen, anders als etwa der Verfasser einer diplomatischen Relation, dessen Darstellung einem dienstlichen Zweck dient, meist der Vorbereitung einer politischen Entscheidung. Daß Publizistik hauptsächlich gerade erst vergangene, für den Schreibenden noch nahezu gegenwärtige Sachverhalte behandelt, hat sie mit den jeweils letzten Partien vieler historiographischer Werke gemein; es begründet also keinen wesentlichen Unterschied. Anders ist es mit der Tatsache, daß Publizistik als **Adressaten** in erster Linie den **Zeitgenossen** vor Augen hat. Dies macht publizistische Quellen wesentlich zu Überre-

sten, denn es gehört zur Bedeutung der Medien als Faktoren der
politischen und gesellschaftlichen Wirklichkeit ihrer Tage. Dies
schließt aber nicht aus, daß spätere Historiker vor allem für weiter
zurückliegende Epochen deren publizistische Zeugnisse in der gleichen Weise als Berichte lesen, wie sie das mit eigentlicher Geschichtsschreibung tun.

Es wird von der Rolle der Publizistik als Tradition in dem ihr
gewidmeten Kapitel noch die Rede sein (B III 3). Tatsächlich sind die
Probleme der Interpretation publizistischer Quellen so stark überwiegend durch ihre Eigenschaft als Überreste bestimmt, daß es sich
nicht lohnt, sie auch hier eigens zu behandeln.

Für die bloße Faktenkenntnis der neueren Geschichte ist die
Historiographie relativ weniger wichtig als vergleichbare Werke für
das Mittelalter. Das liegt daran, daß wir zu vielen Fragen der
neueren Geschichte reiches Quellenmaterial an schriftlichen Überresten besitzen. Trotzdem ist die Bedeutung der Geschichtsschreibung als Quelle nicht zu unterschätzen. Manche Einzelheit ist uns
nur auf diesem Wege überliefert, weil sie nicht aktenkundig wurde
oder die Akten nicht mehr vorhanden sind. Eigenartigerweise gilt
dies nicht nur für das 16. und 17. Jahrhundert, sondern gerade auch
für die jüngste Vergangenheit. Manch wichtige Vereinbarung ist
telefonisch geschlossen worden ohne anschließende schriftliche Aktennotiz; umfangreiche Aktenbestände sind am Schluß des Zweiten
Weltkrieges vernichtet oder durch Bomben zerstört worden.

Wichtiger für unser Urteil über den Quellenwert neuzeitlicher
Geschichtsschreibung sind die Vorzüge, die sich für die Interpretation ergeben. Schon DROYSEN hat, vielleicht überbewertend, als
„erste Quelle" nicht die Überreste, sondern die zeitlich nächste
Darstellung einer geschichtlichen Begebenheit ansehen wollen. Dahinter steht die Einsicht, die auch BRANDT sehr betont hat, daß uns
nur die Traditionsquellen das historische Geschehen als einen Zusammenhang bieten, während die Interpretation von Überresten oft
nur allzusehr der Aufgabe gleicht, ein Mosaik aus den verstreuten
Einzelteilen wieder zusammenzusetzen. Die geistige **Leistung des**
Verstehens ist bei den historiographischen Quellen schon einmal
vollbracht, oft durch einen Menschen, welcher den dargestellten
Begebenheiten sehr nahe stand und deshalb nicht erst das Hindernis
der inneren Fremdheit überwinden mußte, das uns von den Menschen und Geschehnissen früherer Jahrhunderte trennt.

Von diesen Vorzügen der Geschichtsschreibung als Quelle dürfen
wir allerdings nur in dem Maße Gebrauch machen, als wir uns über

die wesentlich damit verbundenen Nachteile klar sind: Wenn wir
uns beim Verstehen des Vergangenen von einem Autor leiten lassen,
gewinnen wir nur ein Verständnis zweiter Hand, weil wir gezwungen
sind, alles durch die Augen unseres Autors zu sehen. Wo es die
Quellenlage erlaubt, werden wir unsere Erkenntnisse an den Überresten kontrollieren, um Abstand zu gewinnen von der Einstellung
unserer Traditionsquelle.

Die Frage nach dem Wesen **neuzeitlicher Historiographie** kann
uns helfen herauszufinden, was überhaupt „Neuzeit" ist und wo sie
beginnt. Denn gerade in der Geschichtsschreibung läßt sich deutlich
der Einschnitt zwischen Mittelalter und Neuzeit feststellen. Die
Vorstellung vom geistigen Eigentum des Autors an seinem Werk,
die uns heute selbstverständlich ist, stammt aus dem Humanismus.
Das Mittelalter sah das Verhältnis eines Autors zu seinen Vorlagen
ganz anders, grundsätzlich unkritisch. Ältere Werke waren nicht
Arbeitsgrundlagen, mit denen man sich auseinandersetzte, um Eigenes daraus zu formen, sondern Autoritäten, aus denen man ganz
naiv seinen Stoff übernahm. Der Leser oder Hörer erwartete das
geradezu. Wenn etwa WOLFRAM VON ESCHENBACH (ca. 1170 – ca.
1220) sich für den Schluß des Parzival von seiner sonst benutzten
Vorlage zugunsten eines anderen Autors löst, den er möglicherweise
erfunden hat, dann kann ihm GOTTFRIED VON STRASSBURG (um
1205) den Vorwurf daraus machen, Wolfram sei *„ein vindaere
wilder maere"*.

Das ändert sich mit der **Renaissance** und dem **Humanismus**. Mag
auch praktisch das unkritische Ausschreiben von Vorlagen bis weit
ins 16. Jahrhundert hinein gang und gäbe geblieben sein, so treten
doch grundsätzlich die Humanisten mit dem Anspruch auf, mit
ihren Werken individuelle, aus ihrer Persönlichkeit hervorgehende
Leistungen darzubieten. Schon am Anfang des Humanismus, bei
PETRARCA (1304 – 1374) ist dieser Gedanke deutlich ausgesprochen. Daß die Humanisten ihre Werke so auffaßten, hängt eng
zusammen mit ihrem wichtigsten Anliegen, der Loslösung von der
Autorität der Scholastik und dem Rückgriff auf die Vorbilder der
klassischen antiken Literatur. Für die Historiographie war das in
mehrfacher Hinsicht bemerkenswert.

Zunächst verschob sich rein stofflich das Interesse an der Geschichte. Das Mittelalter hatte Geschichte theologisch-heilsge-
schichtlich verstanden. Die Weltchroniken mit dem vom Propheten
Daniel stammenden Schema der Vierreichelehre als chronologischer Gliederung waren dafür ebenso charakteristisch wie Heiligen-

viten und Klosterannalen. Der Humanismus wandte sich statt dessen stärker der Geschichte einzelner Staaten, der Fürstengenealogie und -biographie zu, vor allem der Frage nach den Anfängen der Völker.

In Italien hatten Renaissance und Humanismus von Anbeginn auch eine Besinnung auf die Eigenart Italiens bedeutet. Dieser Gedanke fiel in Deutschland auf fruchtbaren Boden, obwohl er von einem Italiener vermittelt wurde: Das erste der damals so beliebten **topographisch-historischen Werke** über Deutschland, die „Germania" stammte von ENEA SILVIO PICCOLOMINI (1405 – 1464), dem späteren Papst PIUS II., der in den Jahren seiner diplomatischen Tätigkeit im Reich das Material dafür gesammelt hatte. Die deutschen Humanisten der nächsten Generation knüpften hier an: Die reichspatriotische Stimmung des ausgehenden fünfzehnten Jahrhunderts, welche sich auch auf den Reformreichstagen der Regierung Kaiser MAXIMILIANS bemerkbar machte, ist von Männern wie WIMPFELING (1450 – 1528) und CELTIS (1459 – 1508) geteilt und gefördert worden. Das Motiv der Abneigung gegen die römische Kurie war dabei wichtig, über HUTTEN (1488 – 1523) wirkte es bis in die Reformation. Von den Ergebnissen dieser neuen Richtung historischen Interesses dürfen wir keine zu großartige Vorstellung haben. An die Stelle der Lehre von den vier Weltreichen traten Fabeleien, in denen die Gründung deutscher Städte auf die Trojaner zurückgeführt wurde, um eine recht ehrwürdige, mit Rom gleichwertige Tradition zu begründen.

Wichtiger war die Tatsache, daß der Humanismus mit der Parole „*ad fontes*" den Grundsatz moderner **wissenschaftlicher Philologie** aufstellte. Für die Geschichte hatte das zunächst nur literarische Bedeutung; man orientierte sich stilistisch an LIVIUS (59 v. Chr. – 17 n. Chr.) oder CICERO (106 – 43 v. Chr.) oder schrieb auch in Deutschland ganz einfach italienische Zeitgenossen seitenweise ab, weil sie den historischen Stoff in gefälliger moderner Form brachten. Bald schon griff man jedoch auch sachlich auf CÄSAR (100 – 44 v. Chr.) und TACITUS (55 – nach 116) zurück, um sich über die Germanen zu unterrichten. In den ersten Jahrzehnten des 16. Jahrhunderts wurden wichtige Quellen zur mittelalterlichen Geschichte wie JORDANES (um 550) OTTO VON FREISING (ca. 1111 – 1158), EINHARD (ca. 770 – 840) entdeckt und ediert. PEUTINGER (1465 – 1547) in Augsburg sammelte römische Inschriften.

Wir müssen uns dennoch den Unterschied der damaligen Geschichtsschreibung von heutiger wissenschaftlicher Literatur unseres Faches vor Augen halten. Das ist keine Frage von „Fortschritt", sondern von anders gerichtetem Interesse. Die Humanisten waren in erster Linie **Literaten**. Sie schrieben Geschichte nicht um ihrer selbst willen. Man verwandte historische Beispiele als Beleg für moralphilosophische Gedanken, man schulte seinen Stil an der Charakteristik geschichtlicher Gestalten, man leitete weltanschaulich-politische Gegenwartsforderungen aus der Vergangenheit her und bog sie entsprechend zurecht. Der besoldete und beauftragte **Hofhistoriograph** beginnt eine Rolle zu spielen. Selbst wo ein so starker Wille zur Objektivität am Werk ist wie in MACCHIAVELLIS (1469 – 1527) Florentiner Geschichte oder in der Geschichte Italiens von seinem Landsmann und Zeitgenossen GUICCIARDINI (1483 – 1540), dürfen wir doch nicht die innere Distanz des Wissenschaftlers vermuten. Es sind Männer der praktischen Politik, Juristen und Diplomaten, die aus den ihnen zugänglichen Akten die jüngste Vergangenheit darstellen, um daraus Folgerungen abzuleiten für das politische Handeln der Gegenwart.

Die dienende Stellung gegenüber anderen Lebensbereichen hat die Geschichtsschreibung Jahrhunderte hindurch beibehalten. Mit der **Reformation** rückt wieder die Theologie in die von den Humanisten bestrittene Stellung der wichtigsten Auftraggeberin. Häufig sind es die Theologen selbst, die Kirchengeschichte schreiben, um ihre dogmatische Position aus dem Wesen und den Ursprüngen des Christentums abzuleiten. Religionsgespräche werden beschrieben, faktisch mit großer Quellentreue auf Grund der Protokolle, aus denen man seitenweise den Wortlaut übernimmt. Die Absicht ist gleichwohl nicht die Schilderung des Sachverhalts, sondern die Rechtfertigung der eigenen Lehre. Zunächst waren es die großen Konfessionen, die sich eine historische Selbstdarstellung schufen, wie das orthodoxe Luthertum in den „Magdeburger Zenturien", die MATTHIAS FLACIUS (1520 – 1575) ins Leben rief und großenteils verfaßte. Ein Werk der katholischen Gegenreformation war die Geschichte des Trienter Konzils von S. PALLAVICINO (1607 – 1667). Noch ein Buch wie die „Unparatheiische Kirchen- und Ketzerhistorie" von ARNOLD (1666 – 1714) dient einem theologischen Ziel, das hier allerdings gerade im Eintreten für Gewissens- und Religionsfreiheit gegen die Orthodoxie besteht.

Gegenüber der Kirchengeschichte hatte die **politische Historiographie** inzwischen wieder stark an Boden gewonnen. Der heraufkommende absolutistische Staat bediente sich der Geschichte zu seiner Selbstdarstellung und zur Rechtfertigung aus der Vergangenheit hergeleiteter Ansprüche. Das Ergebnis ist in mehrfacher Hinsicht eigenartig. Wir wollen es uns vor Augen führen am Beispiel PUFENDORFS (1632 – 1694). Er war Jurist und lehrte seit 1661 an der Universität Heidelberg, seit 1670 in Lund Natur- und Völkerrecht. Wie eng sich seine wissenschaftlichen Interessen mit der Politik verbanden, zeigt sein 1667 pseudonym erschienenes Werk „De statu imperii Germanici", das sich kritisch mit der Reichsverfassung beschäftigt. Zur Geschichtsschreibung kam PUFENDORF, als er 1677 zum Hofhistoriographen der schwedischen Krone berufen wurde. 1686 übernahm er das gleiche Amt am kurbrandenburgischen Hofe. In beiden Fällen erhielt er reichlich Gelegenheit, Studien in den Archiven zu treiben.

Die Geschichtswerke PUFENDORFS sind durch zwei Eigenschaften gekennzeichnet, die uns auf den ersten Blick schwer vereinbar erscheinen: Einerseits beruhen sie durchweg auf Aktenstücken und beanspruchen Objektivität, andererseits sind sie offiziös, sie werten die Ereignisse aus dem Blickwinkel des Auftraggebers. PUFENDORF hat dies offen ausgesprochen. Eine nähere Analyse des vermeintlichen Widerspruches zeigt uns den Unterschied zwischen PUFENDORFS methodischer Stellung und der modernen Geschichtswissenschaft. Mit Quellentreue und Objektivität meint PUFENDORF nicht die kritische Distanz des heutigen Wissenschaftlers, sondern ganz einfach den Verzicht auf persönliche Zutaten, ungesicherte Vermutungen oder Übernahmen aus älteren Werken, deren Glaubwürdigkeit nicht erwiesen ist. PUFENDORFS Begriffsbildung ist juristisch; der Gegenpol zur Wahrheit in seinem Sinne ist Fälschung. Das Problem, seine Quellen richtig zu verstehen, stellt sich für PUFENDORF noch gar nicht; er nimmt die Aktenstücke einfach so hin, wie sie sind. Häufig schreibt er sie wörtlich aus. Das Verhältnis zwischen ausgesprochenen und wirklichen Motiven, die sich ja in der Diplomatie merklich unterscheiden können, untersucht PUFENDORF nicht.

An diesem Punkt hängt sein Begriff von Objektivität eng mit dem offiziösen Charakter seiner Geschichtswerke zusammen. PUFENDORF wertet nicht selbst das Geschehen im Sinne seines Auftraggebers; die Wertung fließt mit den benutzten Akten ein. PUFENDORF hat durchweg seine Darstellung auf die Akten des Staates aufgebaut, dessen Geschichte er darstellte. Ganz von selbst übernimmt er damit den Standpunkt der handelnden Politiker, ihre Sicht der Probleme, ihre Motive. Auch bei den Partien seiner Werke, zu

denen PUFENDORF die Akten beider Seiten kannte, hat er sich —
gewiß bewußt — so verhalten. Das Verhalten des Großen Kurfürsten im schwedisch-polnischen Krieg wird mit Motiven aus den
Schriftstücken der brandenburgischen Diplomaten erklärt. Auf die
anders geartete „ratio status" des schwedischen Gegners, die PU
FENDORF ja aus dessen Akten sehr wohl kannte, finden sich nur
selten leichte Hinweise; diese Argumente verwandte er in seinem
„Karl Gustav". Auch von PUFENDORF gilt, was wir für GUICCIAR
DINI feststellten: Sein Interesse an der Geschichte ist im Grunde das
des handelnden Politikers; „Verstehen" als Selbstzweck dürfen wir
nicht erwarten.

Damit haben wir aber ein Ergebnis gewonnen, das für die gesamte neuere Historiographie bis in die Tage von HERDER, HEGEL
und RANKE grundsätzlich gilt und uns erklärt, warum wir die Geschichte durchweg in der Stellung einer „Hilfswissenschaft" finden.
Die Juristen waren es vornehmlich, die zum Verständnis geltenden
Rechts seine Entstehung historisch herleiten mußten. So haben die
Göttinger **Reichsrechtslehrer** des 18. Jahrhunderts: GATTERER
(1727 – 1799), PÜTTER (1725 – 1807), SCHLÖZER (1735 – 1809) die
Reichsgeschichte gepflegt. Der oben geschilderte Grundcharakter
solcher Beschäftigung mit historischen Dingen schließt nicht aus,
daß in Einzelfragen der Quellenkritik Ergebnisse erzielt wurden, die
heute noch bedeutend sind. Das gilt zum Beispiel für die Urkundenlehre.

Mit den zuletzt erwähnten Autoren sind wir bis in die **Aufklärungszeit** gekommen. Das immer noch verbreitete Urteil über die
Geschichtsfremdheit dieser Epoche stammt aus dem deutschen Historismus. Es setzt dessen Geschichtsverständnis voraus, von dem
wir noch hören werden, und ist insofern zumindest mißverständlich. Immerhin haben auch Denker der Aufklärung sich mit der
Vergangenheit nicht nur theoretisch-kritisch auseinandergesetzt,
sondern Geschichte geschrieben. Von VOLTAIRE (1694 – 1778) besitzen wir eine „Histoire de Charles XII" und ein Buch „Le siècle de
Louis XIV". Was wir über die dienende Rolle der Historiographie
weiter oben feststellten, gilt durchaus auch für VOLTAIRE. Ein
grundlegender Unterschied gegenüber Autoren von der Art PUFEN
DORFS besteht allerdings: Das Amt eines königlichen Hofhistoriographen, das VOLTAIRE zeitweise innehatte, ist nicht mehr entscheidend für die Tendenz: Auftraggeber des Geschichtsschreibers VOL
TAIRE ist er selbst als Philosoph. Die Vergangenheit wird von einem
festen weltanschaulichen Standpunkt betrachtet und als Beispiel-

sammlung für moralische Urteile benutzt, wie wir das schon von den Humanisten kennen. Karl XII. von Schweden wird gemessen am Ideal des aufgeklärten Weisen; Voltaire bewundert an seinem Helden die Standhaftigkeit im Unglück; mit der Unabhängigkeit des Königs von Leidenschaften und Vorurteilen, vor allem mit seiner Fürsorge für das Wohl seiner Untertanen ist Voltaire sehr viel weniger zufrieden. Im „Zeitalter Ludwigs XIV." tritt demgegenüber Voltaires Sinn für politische Realitäten stärker hervor. Insgesamt ist jedoch auch für Voltaire die Vergangenheit ein Arsenal, gefüllt mit Belegen für die Richtigkeit der eigenen Auffassung. Nur haben wir hier nicht mehr die dogmatisch gebundene konfessionelle Position oder das vorgegebene politische Interesse des geschilderten Staates vor uns, sondern die ganz persönliche philosophische Überzeugung.

Auf das Verhältnis zum Stoff wirkt sich das kennzeichnend aus. Auch Voltaire arbeitet gern und viel mit wörtlich oder sinngemäß übernommenen Aktenstücken, aber er kann die Tendenz seiner Werke nicht mehr wie Pufendorf direkt aus seinen Quellen hervorgehen lassen; er muß sie kommentierend hinzufügen. Das bewirkt einen stärkeren subjektiven Einschlag in die Darstellung, aber auch ein distanzierteres, kritischeres Verhältnis zu den behandelten Quellen. Dieses letztere weist in die Zukunft.

Die Aufklärungszeit ist der letzte Bereich, dessen Historiographie wir unter den Traditionsquellen behandeln mußten. In der zeitlichen Nachbarschaft der Französischen Revolution vollziehen sich die großen geistigen Wandlungen, die wir für Deutschland mit **Sturm und Drang**, Idealismus, Romantik kurz bezeichnen und in denen sich die Voraussetzungen bilden für ein neues, in unserem Sinne wissenschafliches Verhältnis zur Geschichte. Diese Entwicklung im einzelnen zu betrachten, so faszinierend sie ist, gehört hier ebensowenig zu unserer Aufgabe wie die Darstellung der weiteren Entwicklung der Historiographie. Denn uns interessiert hier Geschichtsschreibung nicht um ihrer selbst willen als geistesgeschichtliches Phänomen, sondern als Gruppe der Traditionsquellen. Wenn wir aber diesen Begriff auf wissenschaftliche Geschichtsschreibung seit Ranke anwenden, dann verliert die eingangs gemachte Unterscheidung von Quellen und Literatur ihren Sinn. Soweit uns historische Fachliteratur zugleich auch Quelle für den geistesgeschichtlichen Standort ihrer Autoren ist, werden wir sie unter den Überresten behandeln.

Mit dem Auftreten wissenschaftlicher Literatur unseres Fachs erlischt unser Interesse an der Historiographie nicht völlig. Weiterhin gibt es eine Geschichtsschreibung, die wissenschaftliche Ansprüche nicht oder nur eingeschränkt macht oder machen kann. Die ganzen Werke bildenden, erziehenden und unterhaltenden Charakters gehören hierhin, vom Schulbuch bis zur popularisierenden, breite Leserkreise ansprechenden Biographie, vom **historischen Roman** im Stile Freytags (1816 – 1895) oder Dahns (1834 – 1912) oder vom Drama geschichtlichen Inhalts bis zum mehr oder minder stark romanhaft aufgemachten Fortsetzungsbericht heutiger Illustrierten über Themen aus der jüngsten Vergangenheit oder der Geschichte europäischer Dynastien: Auch Spielfilme oder Fernsehserien mit historischem Inhalt gehören hierhin. Als Traditionsquellen sind fast alle diese Dinge ohne praktische Bedeutung, da ihr bloßer Inhalt dem Historiker meist auf anderen Wegen zugänglich ist. Bedeutend sind sie als Überreste, als Bestandteile des geistigen, gesellschaftlichen und politischen Lebens ihrer Entstehungszeit. Inhalt und Publikumserfolg von Fernsehserien wie „**Holocaust**" oder „Heimat" werden späteren Historikern das Verhältnis unserer Generation zur Geschichte verdeutlichen.

Eine wichtigere Gruppe historiographischer Quellen, deren Erkenntniswert gerade für die jüngere Vergangenheit nicht unterschätzt werden darf, sind die **Memoiren**. Wir haben in ihnen eine Sonderform und die Fortführung der Geschichtsschreibung aus eigener politischer Erfahrung: Staatsmänner, Beamte, Militärs oder Männer anderer Bereiche des öffentlichen Lebens behandeln geschichtliche Ereignisse, an denen sie selbst beteiligt waren. Es kann sich um die Darstellung begrenzter Zeitabschnitte handeln oder um einen ganzen Lebenslauf, immer wird solchen Werken ein autobiographischer Zug eigen sein. Politiker von erstrangiger Bedeutung haben Memoiren verfaßt: Schon während seiner Regierungszeit hat Kaiser Karl V. (1500 – 1558) eine Autobiographie diktiert, deren Urschrift sich leider nicht erhalten hat. Friedrich der Grosse (1712 – 1786) schrieb die Geschichte der von ihm geführten Kriege, Bismarck (1815 – 1898) die „Gedanken und Erinnerungen", Churchill (1874 – 1965) sein memoirenartiges Werk über den Zweiten Weltkrieg. Für den Historiker nicht weniger interessant sind jedoch die Selbstzeugnisse der Randfiguren des historischen Geschehens wie etwa das Tagebuch von Buchs, des Kammerjunkers des Großen Kurfürsten von Brandenburg, oder die Memoiren des Chefdolmetschers im Auswärtigen Amt Paul Schmidt aus den Jahren der Weimarer Republik und des Nationalsozialismus. Gerade in Memoiren solcher Art schlagen sich Tatsachen und Wertvorstellungen nieder, die für die gesellschaftlichen und kulturellen Verhältnisse einer Zeit kennzeichnend sind.

Als literarische Gattung sind die Memoiren sehr alt; schon die „Antapodosis" des LIUTPRAND VON CREMONA (vor 931 – 972) können wir als ein solches Werk betrachten. Die Blüte der Memoirenliteratur liegt jedoch in der Neuzeit und hier gerade in den letzten Jahrhunderten. Dahinter steht der geistesgeschichtliche Vorgang der zunehmenden Wertschätzung der einzelnen Persönlichkeit, mit der ein wachsendes Interesse an der individuellen Leistung des Politikers einherging. Männer wie WILHELM VON HUMBOLDT (1767 bis 1835) oder der Reichsfreiherr VOM UND ZUM STEIN (1757 bis 1831) haben ihre Tätigkeit im Staatsdienst ganz bewußt als Mittel der Persönlichkeitsentfaltung verstanden in einer Weise, die sich ohne den Geniebegriff des Sturm und Drang nicht erklären läßt.

Der **subjektive, autobiographische Zug der Memoiren** wird hier deshalb so stark betont, weil er für den Aussagewert dieser Quellengruppe entscheidend wichtig ist. Halten wir es uns klar vor Augen: Memoiren sind Tradition, „erste Quelle" im oben geschilderten Sinne DROYSENS mit allen daraus hervorgehenden Eigenheiten. Wir sehen beim Lesen eines solchen Werkes alles Geschehen aus einem Blickwinkel, dem des Verfassers, wir teilen sein unmittelbares Verständnis, aber auch seine Einseitigkeit. Gerade die letztere Eigenschaft ist das Wesen der Memoirenliteratur. Daran können die in den Vorworten reichlich angebrachten Beteuerungen über die „Objektivität" des Schreibers ebensowenig etwas ändern wie die wörtliche Übernahme amtlicher Schriftstücke, gleichfalls eine bewährte Tradition der Memoiren. Es ist achtenswert, wenn ein Politiker bei der Niederschrift autobiographischer Notizen sein Gedächtnis auffrischt durch die Benutzung schriftlicher Überreste; wir dürfen uns aber mit wenigen Ausnahmen nicht zu dem Schluß verleiten lassen, wir hätten damit einen Ersatz vor uns für die kritische Arbeit eines auf umfassenden Quellenstudien fußenden Historikers. Das Wesen von Memoiren mit ihren Vor- und Nachteilen liegt gerade in der Sicht der Ereignisse aus dem Blickwinkel eines Beteiligten, des Schreibenden nämlich. Genaue Quellenanalyse wird dabei unterscheiden müssen zwischen den Standpunkten zur Zeit der Niederschrift und im Augenblick des Geschehens selbst. Wer sich zum Beispiel aus den Erinnerungen KONRAD ADENAUERS (1876 – 1967) unterrichten will über die Anfänge der Bundesrepublik und besonders über die Rolle LUDWIG ERHARDS in der Poltik der ersten

Nachkriegsjahre, der tut gut daran, sich vor Augen zu halten, wie
der Verfasser zur Zeit der Niederschrift zum damaligen Bundeskanzler ERHARD stand.

Im Vorwort seines Buches über den Zweiten Weltkrieg schreibt
CHURCHILL, er habe sich bemüht, die geschilderten Ereignisse immer so zu beurteilen, wie er zur Zeit des Geschehens darüber gedacht habe. Das ist ein Grundsatz, welcher dem Wesen der Memoiren als Zeugnis eines Beteiligten entspricht. Über die praktischen
Schwierigkeiten, das damalige Urteil über ein Ereignis bei der teilweise Jahrzehnte späteren Niederschrift zu rekonstruieren, müssen
wir uns klar sein. CHURCHILL half sich durch den Einschub eigener
Schriftstücke, andere Autoren haben ihre **Tagebücher** zugrunde
gelegt. In reiner Form haben wir das Urteil eines Mithandelnden in
den Tagebüchern selbst, wenn sie uns überliefert sind, wie etwa das
Tagebuch des Generalstabschefs des Heeres unter HITLER bis 1942,
HALDER, oder andere private Tagebücher von Politikern oder Militärs. Die amtlichen Geschäfts- oder Kriegstagebücher aus zivilen
und militärischen Behörden sind hiervon wohl zu unterscheiden;
wir werden sie bei den Akten behandeln.

Möglichkeiten und Grenzen der Interpretation von Memoiren
lassen sich, wie viele methodische Fragen, nur in der praktischen
Anwendung deutlich machen. Dazu kann hier allerdings nur der
Weg gewiesen werden; die Ausführung würde einen gesonderten
Aufsatz erfordern. Als **Modellfall** empfiehlt sich wegen der For-
schungs- und Quellenlage die **Entlassung BISMARCKS** 1890. Wie
BISMARCK selbst die Ereignisse sah, hat er in seinen „Gedanken und
Erinnerungen" niedergelegt. Andererseits haben wir eine wissen-
schaftliche Darstellung des Sachverhalts von ERNST GAGLIARDI:
„Bismarcks Entlassung" (Tübingen 1927/41, 2 Bände), von der
man sagen kann, daß sie die Forschung zu dieser Frage abschließend
zusammenfaßt. Gleichwohl sind wir in der Lage, die Arbeitsweise
GAGLIARDIS prüfen zu können: Wesentliche Teile seiner Quellen,
nämlich die Berichte der badischen, bayrischen und sächsischen
Vertreter beim Bundesrat, liegen gedruckt vor. Es ist also möglich,
das Bild der Ereignisse, wie es sich dem Betroffenen geboten hat, an
einer wissenschaftlichen Monographie und an anderen Quellen zu
messen. Wer das tut, wird feststellen, daß im rein Tatsächlichen das
Bild der „Gedanken und Erinnerungen" in manchem korrigiert
werden muß. Er wird andererseits erleben, wie es ihm beim Verständnis der Ereignisse hilft, daß er den Standpunkt und das Selbstverständnis eines Beteiligten aus dessen eigener Darstellung kennt.

Darüber hinaus wird sich herausstellen, daß auch die Schilderung GAGLIARDIS in Einzelheiten auf BISMARCKS Memoiren beruht. Es sind das vornehmlich solche Begebenheiten, die ihrer Natur nach sich in den anderen Quellen nicht finden, etwa Gespräche rein persönlich-gesellschaftlicher Art.

Der Historiker wird bei der Interpretation solcher Angaben auf Schritt und Tritt die kritische Frage nach der Glaubwürdigkeit seiner Quelle stellen müssen. Dennoch müssen wir gerade in Auskünften über solche Situationen zum wesentlichen Teil den **Quellenwert** von Memoiren begründet sehen. Geschichte und ihr Niederschlag in den Akten sind nicht dasselbe, das hat schon DROYSEN festgestellt. Ob es sich um barocke Hofintrigen handelt oder um Gespräche an den kalten Büfetts unserer Tage: Wichtige Entscheidungen wurden und werden gefällt, ohne daß ein schriftlicher Überrest davon bliebe. Wenigstens im einen oder anderen Fall wird eine solche Begebenheit in der Schilderung eines Beteiligten der Nachwelt überliefert.

Die unterschiedliche Wichtigkeit der Memoirenliteratur als Quelle für die einzelnen Jahrhunderte hängt mit dieser Tatsache zusammen. Denn die Wichtigkeit des nicht aktenkundig Gewordenen wechselt mit den politisch-gesellschaftlichen Gegebenheiten. Ein **Fürstenhof der Barockzeit** mit seinen Gerüchten und Intrigen bot reichliche Möglichkeiten, Entscheidendes außerhalb des amtlichen Geschäftsganges zu behandeln. Dagegen muß man von einem so rationalen und disziplinierten politisch-administrativen System wie dem späteren **aufgeklärten Absolutismus** etwa FRIEDRICHS DES GROSSEN erwarten, daß nur relativ wenige wichtige Entschlüsse keinen schriftlichen Niederschlag gefunden haben. Ähnliches gilt für die konstitutionellen Monarchien des 19. Jahrhunderts, soweit nicht eine „Kamarilla" von privaten Gesinnungsfreunden den Fürsten außerhalb des Geschäftsganges der Behörden in seinen Entscheidungen beeinflußte. Mit der zunehmenden Bedeutung von **Parlamenten** und politischen Parteien wurde dagegen neben der durchweg schriftlichen Tätigkeit der Behörden wieder ein Lebensbereich politisch wichtig, zu dessen inneren Bedingungen das formlose persönliche Gespräch gehört. Für die jüngste Vergangenheit schließlich erweitert der Gebrauch des Telefons noch den Umkreis des nicht schriftlich Fixierten; andererseits wird die Kontrolle an den geschriebenen Überresten erschwert durch die großen Aktenverluste des Zweiten Weltkriegs und die Unzugänglichkeit wichtiger Bestände aus politischen Rücksichten.

Ein Zweites hängt mit der Bedeutung der Memoiren als Quelle für nur mündlich Verhandeltes zusammen: Die zahllosen Einzelheiten des Geschehens, die zusammen seine **Atmosphäre** ausmachen, gehen in die Überreste geschäftlicher Art nicht ein, weil sie den Zeitgenossen selbstverständlich sind. Dem Historiker sind sie wichtig zur richtigen Deutung der Ereignisse. Wie sich beispielsweise HITLER (1889 – 1945) gegenüber CHAMBERLAIN (1869 bis 1940) benahm bei dessen Besuch auf dem Obersalzberg 1938, der Ton seiner Stimme, sein Mienenspiel, seine Gestik, ist wissenswert, weil es den Eindruck erklärt, den sich der britische Premier von seinem Gegenspieler machte. Daraus wieder läßt sich zum Teil die folgende Politik Großbritanniens verstehen. Ein dienstliches Protokoll wird kaum etwas zu solchen Fragen enthalten, aber in den Memoiren von Chefdolmetscher SCHMIDT haben wird den Erinnerungsbericht eines Augenzeugen. Auch hier dürfen wir nicht einfach der Quelle folgen, wir müssen kritisch lesen, uns aus anderen Stellen SCHMIDTS Bild von Hitler vor Augen führen und es vergleichen mit anderen Quellen und Autoren, um zu erkennen, in welcher Hinsicht SCHMIDTS Bild subjektiv gefärbt ist. Jedenfalls haben wir einen Ansatzpunkt für eine solche Interpretation.

Literatur

Historiographie: Aus der Sicht des deutschen Historismus schreibt H. v. SRBIK: Geist und Geschichte vom deutschen Humanismus bis zur Gegenwart. 2 Bde. 1950, 1951. − Materialreicher vor allem für den außerdeutschen Bereich E. FUETER: Geschichte der neueren Historiographie. [3]1936. Neudruck 1968. − G.P. GOOCH: History and Historians in the nineteenth century. London [2]1952. Dt. u. d. T. Geschichte und Geschichtsschreiber im 19. Jahrhundert. 1964. − Für das Eigentümliche neuerer Geschichtsschreibung charakteristisch die Behandlung der Frühzeit durch P. JOACHIMSEN: Geschichtsauffassung und Geschichtsschreibung in Deutschland unter dem Einfluß des Humanismus. 1910. Neudruck 1968.

Zu den genannten Autoren: Humanismus: AENEAS SILVIUS' „Germania" und J. WIMPFELINGS „Responsa et replicae ad Eneam Silvium", Hrsg. v. A. SCHMIDT. 1962. − J. WIMPFELING: Germania. 1501. Neu hrsg., übers. u. eingel. v. E.MARTIN. 1885. − Ders.: Epitome rerum Germanicarum usque ad nostra tempora. 1505. Andere Schriften in O. HERDING (Hrsg.): Jacobi Wimphelingi opera selecta. Bisher 2 Bde. 1965, 1970.

Italienische Renaissance: N. MACHIAVELLI: Geschichte von Florenz. Zürich [2]1987. − Kennzeichnend für die Verbindung von Geschichte und Politik auch die Beispiele im „Principe": Il Principe/Der Fürst. Hrsg. v. PH. RIPPEL. 1986

(Reclam Bibl. 1219). – F. Guicciardini: Storia d'Italia. A cura di L. Scarano. 2 voll. Torino 1980.

Kirchengeschichte: Ecclesiastica historia – secundum singulas centurias. Hrsg. v. M. Flacius u. a. 13 Bde. Basel 1559 – 1574. Sf. P. Pallavicino: Storia del Concilio di Trento ed altri scritti. Cur. M. Scotti. Torino ³1974. - G. Arnold: Unpartheiische Kirchen- und Ketzerhistorie. 4 Teile. Frankfurt, Leipzig 1699, 1700.

S.v.Pufendorf: Commentarii de rebus Suecicis ab expeditione Gustavi Adolphi in Germaniam ad abdicationem usque Christinae. Utrecht 1686 (Offiziöse Darstellung der schwedischen Geschichte), ebenso ders.: De rebus a Carolo Gustavo Sueciae rege gestis. Nürnberg 1696. – Das Gegenstück aus der brandenburgischen Sicht: De rebus gestis Friderici Wilhelmi Magni electoris Brandenburgici. Berlin 1695. – Zur historiographischen Arbeitsweise Pufendorfs vgl. E. Salzer: Der Übertritt des Großen Kurfürsten von der schwedischen auf die polnische Seite während des Ersten Nordischen Krieges in Pufendorfs „Carl Gustav" und „Friedrich Wilhelm".1904.

Weltgeschichte und deutsche Reichshistoriographie im 18. Jahrhundert: J.C.Gatterer: Allgemeine historische Bibliothek. 16 Bde. Halle 1767 – 1771. – J.S.Pütter: Vollständiges Handbuch der deutschen Reichshistorie. Göttingen 1762, ²1772. – A.L.v.Schlözer: Vorstellung der Universalhistorie. Göttingen 1772 – 1773. 3. Aufl. u.d. Titel „Weltgeschichte" 1785 – 1789, Neuaufl. 1792-1801.

Aufklärung: Voltaire: Œuvres historiques. Texte établi par R. Pomeau. Paris 1978.

Memoiren: Für die frühe Neuzeit lesenswert der posthum erschienene Teilband IV, 2 des monumentalen Werkes von G. Misch: Geschichte der Autobiographie. 1969. Auf die Edition von Memoirensammlungen hat man besonders in Frankreich viel Mühe verwandt. Wichtige Serie: Michaud et Poujoulat: Nouvelle collection de Mémoires sur l'histoire de France depuis le XIIIᵉ siècle jusqu'à la fin du XVIIIᵉ siècle. 32 voll. Paris 1836 – 1839. – Verzeichnisse von Memoiren: O. Westphal: Die besten deutschen Memoiren. Lebenserinnerungen und Selbstbiographien aus sieben Jahrhunderten. 1923. Keine scharfe Auswahl und Wertung, wie Titel vermuten läßt, sondern knappe Inhaltsangaben von ca. 1000 Werken, hauptsächlich aus dem 19. und 20. Jahrhundert bis 1923. – Deutsche Memoiren zur Zeitgeschichte analysiert mit grundsätzlicher Betrachtung ihres Quellenwertes W. Hubatsch: Deutsche Memoiren 1945 – 1955. 1956. – Verzeichnisse von neueren Memoiren enthalten die bei E II 2 genannten bibliographischen Hilfsmittel zur Zeitgeschichte.

Die im Text genannten Lebenserinnerungen: Karl V.: A. Morel-Fatio: Historiographie de Charles-Quint, I (mehr nicht erschienen), suivi des mémoires de Charles-Quint. Texte portugais et traduction française. 1913. Der portugiesische Text steht der verlorenen Urschrift am nächsten. – Friedrich der Grosse: Œuvres de Frédéric le Grand. Hrsg. v. J.Preuss. 30 Bde.. 1846 ff.

Bd. I-VII: Œuvres historiques, besonders Histoire de mon temps: Bd. I – II;
Histoire de la guerre de sept ans: Bd. IV – V. – O.v.BISMARCK: Seine Memoiren
haben aus dem Manuskript kritisch ediert G. RITTER U. R. STADELMANN unter
dem urspr. Titel „Erinnerung und Gedanke": Die gesammelten Werke Bd. 15.
1932. Hieran knüpft an die Ausgabe v. R. BUCHNER im Rahmen der Werke in
Auswahl, Bd. 8 a. 1975. B. berücksichtigt Konzepte und BISMARCKS Korrekturen. Der geläufige Titel „Gedanken und Erinnerungen" stammt vom Druck der
ersten beiden Teile aus BISMARCKS Lebzeiten. – W. CHURCHILL: Der Zweite
Weltkrieg. Deutsch 12 Bde. 1948 – 1954. Neudruck 1985. – „Zuschauer" der
Geschichte: F. HIRSCH (Hrsg.): Dietrich Sigismund VON BUCHS Tagebuch aus
den Jahren 1674 bis 1683. 1904, 1905. – P. SCHMIDT: Statist auf diplomatischer
Bühne. 1949. – Tagebuch eines hohen Offiziers: F. HALDER: Kriegstagebuch.
Tägliche Aufzeichnungen des Chefs des Generalstabes des Heeres 1939 – 42.
Bearb. v. H. A. JACOBSEN. 3 Bde.. 1962 – 1964. – Eindrucksvolles Bild der
höfischen Atmosphäre im Frankreich des 17. Jahrhunderts: J.F.P. DE GONDI,
CARDINAL DE RETZ: Mémoires. MICHAUD et POUJOULAT: Nouvelle collection
de Mémoires, III. Série, Tome 1ᵉʳ. 1837. – „Kamarilla" FRIEDRICH WILHELMS
IV.: Von der Revolution zum Norddeutschen Bund. Politik und Ideengut der
preußischen Hochkonservativen. Aus d. Nachlaß v. ERNST LUDWIG V. GER-
LACH. Hrsg. v. H. DIWALD. 2 Bde. 1970.

2. Die Zeugenaussage

Wir können grundsätzlich an viele unserer Quellen die Frage richten, ob ihr Urheber Zeuge der berichteten Ereignisse war, und
können daraus unsere Schlüsse über den Wert des Berichts ziehen.
Unter „Zeugenaussage" wollen wir dagegen etwas Spezielleres verstehen: die **Aussage eines noch Lebenden** über geschichtliche Begebenheiten, deren Zeuge er war. Diese Art von Quelle ist der Zeitgeschichte als der Beschäftigung mit der „Epoche der Mitlebenden"
(ROTHFELS) eigentümlich. Für den Zeitraum, den wir heute „Zeitgeschichte" nennen, sind Zeugenaussagen besonders wichtig, weil
ganze Gruppen amtlicher Quellen vernichtet sind oder aus den
verschiedensten politischen Gründen der Forschung noch nicht zur
Verfügung stehen. Darüber hinaus sind wichtige Entscheidungen in
mündlicher oder fernmündlicher Unterredung gefällt worden und
deshalb nicht aktenkundig geworden. Oft genug ist die Erinnerung
eines Menschen, der bei den Ereignissen zugegen war, unsere einzige
Hilfe, um Licht in das Dunkel zu bringen.
    Es hängt mit der ungünstigen Überlieferungslage zur Geschichte
des Nationalsozialismus und des Zweiten Weltkriegs zusammen,
daß die systematische Verwertung von Zeugenaussagen erst der
Nachkriegszeit angehört. Hier wie auch bei anderen Gelegenheiten

kam der erste Anstoß von außerhalb des Faches: Die Vernehmungs-
protokolle der **Nürnberger Prozesse** erwiesen sich schon bald als
bedeutsame Quelle für die Erforschung des nationalsozialistischen
Systems, obwohl diese Vernehmungen dem Zweck der Urteilsfin-
dung dienen sollten. Dies regte Politologen und Historiker an, für
viele Einzelthemen der Geschichte des Zweiten Weltkriegs Beteiligte
als Zeugen zu befragen.

Ein Sonderfall ist die große „Dokumentation der Vertreibung der
Deutschen aus Ostmitteleuropa". Sie wurde in den fünfziger Jahren
im Auftrag der Bundesregierung von einer Forschergruppe unter
Leitung von TH. SCHIEDER erarbeitet. Die Massenvertreibungen
waren ihrer Natur nach ein Vorgang, zu dem schriftliche Quellen
nur spärlich vorlagen. So wurden systematisch und in großem
Maßstab Zeugen befragt. Thema und methodische Probleme rük-
ken dies Vorhaben in die Nähe neuerer, am Alltagsleben der unteren
Bevölkerungsschichten interessierter Forschungsansätze, die ebenfalls in großem Umfang auf Aussagen von Zeugen beruhen und die
wir unter dem Stichwort **„Oral History"** in Kapitel D VI kennenlernen werden. Was im Folgenden zur **Methode** der Zeugenbefragung
gesagt wird, gilt eher für Themen aus der politischen Ereignisgeschichte.

Zeugenbefragungen setzen eine sorgfältige Vorbereitung voraus.
Der Befrager muß genaue Kenntnisse des Sachverhalts haben, in
den die erwartete Aussage hineingehört. Das betrifft nicht nur die
Ereignisse, von denen beim Befragten Kenntnis vermutet werden
kann, sondern auch dessen Person und seine Stellung im Geschehen, etwa im Aufbau der Behörde, zu der er gehörte. Nur so kann
der Frager wissen, was er von seinem Gesprächspartner erwarten
kann, Wichtiges und Unwichtiges in dessen Antworten unterscheiden, eventuell Zusatzfragen stellen, wo es notwendig ist. Ein „Fra-
gebogen" als Gesprächsgrundlage wird normalerweise notwendig
sein, damit nicht als Ergebnis einer langen Unterredung nur die
Auffassungen des Befragten über Dutzende von Dingen zutage
gekommen sind, über die wir aus anderen Quellen genügend wissen.
Andererseits darf der Befragte sich nicht ausgefragt oder gar ver-
hört vorkommen; das verstärkt allzuleicht die wahrscheinlich ohnehin vorhandene Neigung, das Dargestellte zu eigenen Gunsten zu
färben oder unangenehme Themen zu umgehen.

Das Ergebnis eines solchen Gesprächs wird in einem Protokoll
festgelegt, das der Befragte noch einmal durchsieht und unterschreibt. Beobachtungen des Fragenden über das Gespräch, etwa

über so aufschlußreiche Tatsachen wie zögerndes Antworten, sollten mit allem, was der Befrager für wichtig hält, gleichfalls möglichst bald, aber gesondert niedergeschrieben werden.

Was hier über die Einzelheiten der Zeugenbefragung gesagt
wurde, zeigt bereits, daß wir in der Zeugenaussage eine Form der
Quelle vor uns haben, deren **Verwertung** ein großes Maß an kritischer Vorsicht verlangt. Grundsätzlich gilt hier ähnliches, wie wir es
bei den Memoiren festgestellt haben: Wir müssen die grundsätzliche
Subjektivität der Aussage berücksichtigen, die selbst dort mitwirkt,
wo der Befragte sie bewußt überwinden will. Wir müssen ferner mit
dem mehr oder weniger klar bewußten Bedürfnis nach Selbstrecht-
fertigung rechnen; gerade bei Ereignissen aus der Geschichte des
Hitlerregimes ist das nur allzu verständlich. Wir werden dieses
Motiv bei Zeugenaussagen sogar noch stärker berücksichtigen müssen als bei Memoiren, denn der Memoirenschreiber verfaßt sein
Werk aus eigenem Antrieb, während der befragte Zeuge normalerweise um seine Aussage gebeten worden ist und selbst bei noch so
vorsichtiger Behandlung das Gefühl nie ganz verlieren wird, in
einem „Verhör" zu stehen. Mit dieser Frage der mehr oder weniger
beabsichtigten Verzeichnung hängt eine andere eng zusammen: Der
Befragte ist normalerweise völlig auf seine Erinnerung angewiesen,
und wir wissen alle aus unserem eigenen Leben, wie die Erinnerung
das Bild der Ereignisse in vielfacher Weise abwandelt. Alle diese
einschränkenden Hinweise werden uns jedoch nicht dazu veranlas-
sen, der Quellengruppe „Zeugenaussagen" mit generellem Mißtrauen gegenüberzustehen, sondern wir werden von Fall zu Fall
sorgfältig prüfen, in welcher Weise wir die Aussagen verwerten
können.

Literatur

Material zum größten der Nürnberger Prozesse: Der Prozeß gegen die Haupt-
kriegsverbrecher vor dem Internationalen Militärgerichtshof Nürnberg. 42 Bde.
1947–1949. – Dokumentation der Vertreibung der Deutschen aus Ostmittel-
Europa. Hrsg. v. Bundesministerium f. Vertriebene. Bearb. v. e. Kommission
unter Leitg. v. Th. Schieder. 5 Bde. u. 3 Erg.-hefte. 1953–1961. – Zu den
methodischen Problemen der Zeugenbefragung für die vorige Publikation vgl.

M. Broszat: Massendokumentation als Methode zeitgeschichtlicher Forschung. Vjhefte ZG 2/1954. – Grundsätzliches über die Befragung einzelner
wichtiger Zeugen bringt J. Schröder: Italiens Kriegsaustritt 1943. 1969.

III. Die Überreste

1. Die nichtschriftlichen Überreste

Das Feld der Gegenstände und Tatsachen, aus denen wir historische
Kenntnisse gewinnen können, ist unabsehbar weit. Von den großen
Bauten und berühmten Kunstwerken bis zu Dingen des alltäglichen
Gebrauchs, die uns überliefert sind, reicht die Zahl der Gegen-
stände, die wir zu unseren Quellen rechnen. Waffen, technische
Geräte, die Überreste des menschlichen Körpers selbst gehören
dazu.

Das letzte Beispiel mag den Leser unwillkürlich an Moorbestat-
tungen und Hünengräber und damit an den Bereich der Vor- und
Frühgeschichte erinnern. Daß wir aber bei der Erforschung der
jüngsten Vergangenheit auf grausige Weise mit vergleichbaren
Tatsachen konfrontiert werden, zeigen uns die **Massengräber**, die
an manchen Orten von der „Endlösung" der Judenfrage oder ähnlichen Aktionen zurückgeblieben sind, etwa das Massengrab polni-
scher Offiziere von Katyn. In diesem Falle tragen die Beschaffenheit
der Überreste oder die Aufzeichnungen, die darüber bestehen, direkt zur Klärung der Frage nach den Tätern bei. Auch der neuzeitliche Historiker kann also an den dinglichen Überresten des Geschehens nicht vorbeigehen. Normalerweise haben sie für ihn allerdings
geringere Bedeutung als für den Prähistoriker oder noch den Erforscher der mittelalterlichen Geschichte. Zu den dinglichen Überresten treten die Tatsachen. Erinnern wir uns an die Beispiele aus der
Sprache, die in Kapitel B I angeführt wurden. Oder ein anderer Fall:
Es kennzeichnet die Ausstrahlung der Französischen Revolution,
daß das heute geltende bürgerliche **Recht** der Niederlande in vielen
Stücken auf den französischen Code civil aufbaut.

Dieses Beispiel führt uns auf eine grundlegende Schwierigkeit des
Umgangs mit allen nichtschriftlichen Überresten: Die Tatsache, die
wir interpretieren wollen, liegt nicht offen zutage, sondern muß
ihrerseits erforscht werden. Um sicher zu wissen, welche Teile des
bürgerlichen Rechts der Niederlande wirklich dem Code civil entstammen, müssen wir auf juristische Arbeiten zurückgreifen.

Ähnliches gilt für viele Quellen. Wenn wir ein Gemälde als historischen Überrest betrachten, dann müssen wir wenigstens in Grundzügen das Urteil der Kunstgeschichte über dieses Bild wissen. Wir könnten sonst zu großen Fehlschlüssen verleitet werden, indem wir die Übernahme eines Motivs von einem anderen Maler nicht bemerkten oder gar einer Fälschung aufsäßen. Wir können allgemein sagen: Die Deutung der meisten nichtschriftlichen Überreste erfordert eine genaue **Sachkenntnis** des Lebensbereichs, aus dem die Überreste stammen. Manche dieser Lebensbereiche sind so wichtig für die Geschichte, daß sie Gegenstände eigener Hilfswissenschaften sind. Das gilt für die Siegel, mit denen sich die Sphragistik befaßt, oder für die Wappen, von denen die Heraldik handelt. In anderen Fällen befaßt sich eine Teildisziplin unseres Faches mit einer Gruppe von nichtschriftlichen Überresten, wie etwa die historische Geographie und Siedlungsgeschichte mit den Bau- und Siedlungsformen. Manche Lebensbereiche, aus denen uns dingliche Überreste vorliegen, bilden schließlich den Gegenstand selbständiger Wissenschaften. Die wichtigsten dieser Disziplinen, etwa die schon erwähnte Kunstgeschichte, werden wir im Kapitel D dieses Buches bei den Nachbargebieten aufführen.

Zur Quellenkritik der nichtschriftlichen Überreste insgesamt kann demnach hier nur das Allgemeinste gesagt werden, was sich aus ihrem Charakter als Überreste überhaupt ergibt. Denn die Haupteigenschaft dieser Quellengruppe tritt bei den nichtschriftlichen Überresten besonders deutlich in Erscheinung: der direkte Zusammenhang mit dem historischen Geschehen. Gewiß müssen wir auch hier in manchen Fällen fragen, ob ein Gegenstand das ist, was er zu sein vorgibt, ob etwa ein Geldstück wirklich aus einer Münze des 16. Jahrhunderts stammt und nicht aus der Werkstatt eines geschäftstüchtigen Fälschers späterer Zeit. Läßt sich aber die Echtheitsfrage positiv beantworten, dann brauchen uns alle weiteren Fragen nicht mehr zu interessieren, die wir an die Traditionsquellen immer wieder stellen mußten. Aus dem Überrest, der selbst stumm ist, sprechen unmittelbar die Verhältnisse zu uns, denen er entstammt.

Literatur

Über das Massengrab von Katyn zusammenfassend: Katyn forest massacre. Final report of Select Committee to conduct investigations and study of facts, evidence and circumstances. Washington 1952.

2. Das Geschäftsschriftgut

a) Definition und Einteilung

Wichtiger in ihrem Aussagewert für den Historiker als die nichtschriftlichen sind die schriftlichen Überreste. Unter diesen kommt
die größte Bedeutung einer Gruppe zu, die wir mit BRANDT Geschäftsschriftgut nennen wollen.

Seit die Menschen über die **Schrift** verfügen, haben sie dieses
Mittel benutzt, um gemeinsame Angelegenheiten aller Art zu behandeln. In unserer heutigen Welt führen die Organe des Staates
ebenso wie die Unternehmen der Wirtschaft, Parteien, Vereine und
in manchen Lebensbereichen sogar der einzelne Bürger ihre „Geschäfte" schriftlich. Daß auf diese Weise die Ereignisse des öffentlichen Lebens geschriebene Überreste hinterlassen, ist für den Historiker von unschätzbarem Wert.

Das gemeinsame Merkmal aller solcher geschäftlichen Schriftstücke liegt in der Tatsache, daß ihnen grundsätzlich rechtliche
Bedeutung zukommt. In allen oben angeführten Lebensbereichen
schlagen die Ergebnisse oder Voraussetzungen der Tätigkeit sich in
Rechtshandlungen nieder. An diesem Grundzug menschlichen Ge-
meinschaftslebens kann auch die Tatsache nichts ändern, daß der
Historiker auf Schritt und Tritt Rechtsbeugungen und Rechtsbrü-
chen begegnet. Gerade solche Erscheinungen setzen eine grundsätzlich anerkannte Rechtsordnung voraus, sind gewissermaßen ihr
Abbild im Negativ. Der Zusammenhang zwischen Rechtsakt und
Geschäften zeigt sich am deutlichsten bei einer besonders wichtigen
Form des Geschäftsschrifttums: der **Urkunde**. Unter Urkunde wollen wir mit BRANDT verstehen „ein unter Beobachtung bestimmter
Formen ausgefertigtes und beglaubigtes Schriftstück über Vorgänge rechtlicher Natur."

Der alltägliche Sprachgebrauch versteht unter „Urkunde" gelegentlich auch Dinge wie Bodenfunde oder altehrwürdige literarische Werke wie die Heilige Schrift. Dies erklärt sich aus der Wortge-
schichte: Mittelhochdeutsch *„urkunde"* heißt ganz allgemein Zeugnis, während eine Urkunde im heutigen juristischen Wortsinn damals *„brief"* heißt. Diese juristische Bedeutung des Wortes ist jedoch die einzig mögliche Grundlage für eine angemessene Quellenkritik. Die alltagssprachliche Wortbedeutung ist für unsere Terminologie unbrauchbar, weil sie uns zwänge, Dinge von ganz verschiedener Bedeutung als Quellen zusammenzufassen.

Die direkte rechtliche Bedeutung der Urkunde ist für ihren Quellenwert auch deshalb wichtig, weil sie eine Sonderstellung unter dem Geschäftsschriftgut begründet.

Weil die Urkunde einen Rechtsakt festhält, können wir sie selbständig als historisches Zeugnis verwenden. Es mag erwünscht sein, zum besseren Verständnis des Inhalts noch andere Quellen heranzuziehen; zuerst einmal ist es jedenfalls möglich, ein Gesetz oder einen Vertrag aus sich selbst zu interpretieren.

Das verhält sich ganz anders bei der Masse des übrigen Geschäftsschriftgutes, die wir als **Akten** bezeichnen. Hier läßt sich das einzelne Schriftstück nicht isolieren, ohne unverständlich zu werden oder Fehldeutungen auszulösen. Eine einzelne diplomatische Note verstehen wir nicht, wenn wir nicht die Instruktion des Botschafters kennen, die Berichte, die er verfaßt hat, und die Nachrichten, die ihm zugekommen sind.

Für das Verhältnis von **Urkunden und Akten** hat MEISNER einen guten bildhaften Ausdruck gefunden: *„Der Weg zur Urkunde ist mit Aktenstücken gepflastert"*. Akten geben die Vorbereitungen wieder, die zu einem Rechtsgeschäft geführt haben, oder auch die Folgen, die sich bei seiner Ausführung ergaben. Die beiden Begriffe lassen sich demnach auf zweifache Weise gegeneinander abgrenzen: Gehen wir vom Urkundenbegriff aus, dann sind Akten ganz klar etwas anderes; der schriftliche Niederschlag der Vorbereitung oder Durchführung eines Rechtsgeschäfts, die Urkunde dagegen der Rechtsakt selbst. Aus dem Blickpunkt der Akten dagegen bilden Vorbereitung des Rechtsgeschäfts, sein Vollzug und seine Verwirklichung eine Einheit; die Urkunde ist nur ein Aktenschriftstück, freilich ein besonders wichtiges. Daß dieser unnötig verwickelt scheinende Gedankengang seine Grundlage in den Tatsachen hat, zeigt sich an der Art der Überlieferung: Die vollzogenen Verträge machen in den Archiven normalerweise eine eigene Abteilung aus, in der jede Urkunde ein Stück für sich ist. In den Akten der Verhandlungen, aus denen solch ein Vertrag hervorging, finden wir aber häufig noch eine Abschrift der Urkunde, weil sie ja zum Verständnis der Akten erforderlich ist.

Literatur

Zur Einteilung des Geschäftsschriftgutes grundlegend H.O.MEISNER: Das Begriffspaar Urkunden und Akten, in: Forschungen aus mitteldeutschen Archiven. Zum 60. Geburtstag v. H.KRETSCHMAR. 1953. – Ders.: Archivalienkunde vom 16. Jahrhundert bis 1918. 1969.

b) Die Urkunde

Man hat die Neuzeit als das „Aktenzeitalter" bezeichnet und dem Mittelalter als „Urkundenzeit" gegenübergestellt. Wenn man damit die Wichtigkeit der beiden Quellengruppen für die Epochen kennzeichnen will, ist das sicher richtig. Dennoch ist die Urkunde in mehrfacher Hinsicht auch für die neuere Geschichte so wichtig, daß wir ihr hier ein eigenes Kapitel widmen müssen.

Für den Stil der Urkunde wie überhaupt grundsätzlich aller geschäftlichen Schriftstücke kennzeichnend ist die vorgegebene **Form**. Der gesamte Aufbau, aber auch einzelne Wendungen richten sich nach manchmal sehr altem Herkommen und dürfen nicht verändert werden, ohne der rechtlichen Bedeutung Abbruch zu tun. Diese Tatsache ist für die Interpretation aller geschäftlichen Schriftstücke entscheidend wichtig. Nur die Kenntnis der formalen Gepflogenheiten gestattet es uns, den individuellen Inhalt des Schreibens durch die formelhaften Bestandteile hindurch zu erkennen. Denn Formeln sind nicht bloße Zutat; es gehört zu den reizvollsten Aufgaben des Geschichtsforschers, die geistige Leistung eines fähigen Diplomaten nachzuvollziehen, der durch virtuose Verwendung der feinen Abstufungen seines überkommenen Sprachschatzes etwas ganz Persönliches ausgesagt hat. Ein einfaches Beispiel für mögliche Nuancen solcher Formeln: Im August 1754 schrieb Kaiser FRANZ I. (1708 – 1765) an Kurfürst KLEMENS AUGUST von Köln (1700-1761) und bat ihn „freund-, vetter- und gnädiglich" um Pferde zum Wechseln für seine in die Niederlande reisende Schwester (Stadtarchiv Bonn, Urkunden). Mit der Verbindung der zitierten Adverbien ist genau der rechtlich-politische Schwebezustand getroffen, der zwischen dem nominellen Reichsoberhaupt und einem auch formell souveränen Reichsfürsten bestand: „Gnädig" verhält sich grundsätzlich der Ranghöhere zum Rangniederen, während „Freund" und „Vetter" übliche Attribute gleichrangiger Fürsten sind.

Für das formale Verstehen neuzeitlicher Urkunden müssen wir oft genug zurückgreifen auf deren mittelalterliche Vorgänger, deren Aufbau in seinen Grundzügen noch die heutige Urkunde bestimmt, wenn auch die Bedürfnisse der modernen Industriegesellschaft vieles stark vereinfacht haben.

Aus dem Mittelalter stammt zum Beispiel die bis heute rechtlich bedeutsame Unterscheidung der deklaratorischen oder Beweisurkunde -lateinisch **notitia**- von der konstitutiven oder Verfügungsurkunde -lateinisch **carta**. Dahinter steht folgende Entwicklung: In der weithin schriftlosen Kultur des Mittelalters wurden Rechtsakte zunächst dinglich-bildhaft vollzogen, der Verkauf eines Hauses etwa durch Übergabe eines Schlüssels. Die Gültigkeit für die Zukunft sicherte man durch Zeugen. Zunehmende Verbreitung der Schrift schuf die Möglichkeit, über diese Zeugen und folglich über den Vorgang selbst eine Aufzeichnung – notitia – anzulegen. Sie wurde selbst zum Beweismittel für den Rechtsakt, zur deklaratorischen oder Beweisurkunde. Ihre wichtigste heute noch bestehende Verwendungsform ist die Quittung über einen gezahlten Geldbetrag.

Der nächste Schritt bestand darin, den Rechtsakt mit der Ausstellung der Urkunde zusammenfallen zu lassen. Dieser Typ der Urkunde – carta, konstitutive oder Verfügungsurkunde – ist der vorherrschende der Neuzeit.

Quellenkritisch wichtig ist der Unterschied der beiden Urkundentypen aus folgendem Grunde: Bei der Beweisurkunde liegt die Rechtshandlung vor der Beurkundung, wir können also unbesorgt annehmen, daß der Inhalt unserer Quelle **Wirklichkeit** war. Kaum jemand wird beispielsweise eine Quittung ausstellen, wenn er den genannten Betrag nicht wirklich erhalten hat. Bei der Verfügungsurkunde wird dagegen der **Rechtsinhalt** zwangsläufig nach der Ausstellung verwirklicht; wir werden immer fragen müssen, ob das tatsächlich geschehen ist. Die Maigesetze aus dem Kulturkampf von 1873 waren formal rechtsgültig; ihr Inhalt konnte aber niemals ganz durchgesetzt werden. Ähnlich ist es mit zahlreichen Bestimmungen internationaler Verträge.

Mischformen zwischen Beweis- und Verfügungsurkunde gab es in der frühen Neuzeit. Typisch sind Formeln wie *„haben verliehen und verleihen"*: Das Perfekt stammt aus der Beweis-, das Präsens aus der Verfügungsurkunde. Der Hintergrund ist, daß zum Beispiel bei Belehnungen vor der Ausstellung des Lehnbriefs die alte dinglich-symbolische Belehnungszeremonie noch stattfand und im Bewußtsein der Beteiligten zwar allein nicht mehr genügte, aber doch noch bedeutsam war.

Wie sich die formale Beschaffenheit neuzeitlicher Urkunden aus mittelalterlichen Vorbildern entwickelt hat, soll hier wenigstens in Grundzügen dargestellt werden. Dabei müssen wir von zwei Grundformen ausgehen, dem feierlichen **Diplom** und der weniger aufwendigen **Littera**, die im Mittelalter auch „mandatum" oder mittelhochdeutsch „brief" hieß. Das folgende Schema nennt die Bestandteile des mittelalterlichen Diploms; die eingeklammerten Begriffe fehlen schon bei der Littera häufig, bei der neuzeitlichen Urkunde meist.

Protokoll:	Kontext:	Eschatokoll:
(Invocatio)	(Arenga)	Subscriptiones
Intitulatio	Promulgatio	Datierung
(Inscriptio)	Narratio	(Zeugenliste)
	Dispositio	
	(Sanctio mit	
	Poenformel)	
	Korroboratio	

Das Diplom begann mit der **Invocatio**, einer kurzen Anrufung Gottes. Die **Intitulatio** nennt den Titel des Ausstellers; bei regierenden Fürsten durchweg mit der Devotionsformel „von Gottes Gnaden". Der Gedanke der devotio, der Verehrung Gottes, trat bei der Anwendung dieser Formel in der Neuzeit stark zurück gegenüber dem Motiv, den Träger als rechtmäßigen Inhaber der Staatsgewalt auszuweisen, seine Unabhängigkeit gegenüber Mitbestimmungsansprüchen ständischer oder parlamentarisch-demokratischer Art hervorzuheben. Die **Inscriptio** nennt den Adressaten der Urkunde, soweit sie sich nicht als „offener Brief" an die Allgemeinheit wendet. Bei weltlichen politischen Urkunden ist dies meist der Fall. Lediglich für Grußformel und Anrede des neuzeitlichen Kanzleischreibens, dem wir bei den Akten noch begegnen werden, wurde die Inscriptio des mittelalterlichen Mandats Vorbild.

An der Nahtstelle zwischen Protokoll und Kontext steht die **Arenga**, eine stark formelhafte, allgemeine Begründung für Rechtsakt oder Beurkundung. Sie kommt nur vereinzelt in neuzeitlichen Urkunden noch vor.

Wenn die Urkunde den Charakter eines „offenen Briefs" hat, wenn sie sich formal nicht an einen bestimmten Empfänger, sondern an die Allgemeinheit wendet, dann wird dies zu Beginn des Kontextes ausgesprochen in der **Promulgatio**. Daran schließt sich häufig direkt als Nebensatz der erste inhaltlich wichtige Teil der Urkunde, die **Narratio**. Sie erzählt den Hergang, der zum beurkundeten Rechtsgeschäft geführt hat. Für den Anfänger ist sie oft eine herbe Enttäuschung, weil sie statt der tatsächlichen Hintergründe nur allgemeine wohlklingende Redensarten enthält. Hier müssen wir bedenken, daß solche Texte nicht für spätere Historiker geschrieben wurden, sondern für die mithandelnden Zeitgenossen, die möglicherweise über die wahren Hintergründe nichts erfahren sollten. Wer die Umstände eines Vertragsschlusses kennt, dem wird auch eine rein formelhafte Narratio Aufschlüsse über die Absichten der Vertragspartner geben, etwa über die politische Stoßrichtung eines im Wortlaut rein defensiven Vertrages.

Auf die Narratio folgt der rechtlich entscheidende Teil der Urkunde, die **Dispositio** mit dem Rechtsinhalt. Wo dies notwendig ist, folgt die **Sanctio** mit der Poenformel, die Sicherung des Rechtsgeschäfts durch Androhung einer Straße für Verstoß dagegen. In modernen Gesetzestexten finden wir genau an dieser Stelle eine Wendung, die im Grunde die gleiche Aufgabe hat, zugleich aber Erfordernissen unserer rationalen und bürokratischen Rechtspflege entspricht: der Hinweis auf die Gesetze und Vorschriften, nach denen Zuwiderhandelnde bestraft werden.

Der Kontext schließt mit der Ankündigung der Beglaubigungsmittel, der **Korroboratio**. In neuzeitlichen Vertragstexten wird an dieser Stelle genau wie in älteren Urkunden ausgesprochen, daß die Aussteller die Gültigkeit der Urkunde durch ihre Unterschriften und Siegel beglaubigen werden. Gesetze unserer Zeit haben neben oder statt dieser Formel einen Passus, der einem vergleichbaren Zweck dient, zugleich allerdings den Gedanken der Promulgatio aufgreift: den Hinweis auf die erforderliche öffentliche Verkündung des Gesetzes, normalerweise in einem eigens dafür geschaffenen Publikationsorgan wie etwa dem Bundesgesetzblatt.

Der dritte Hauptteil, das Eschatokoll, besteht aus der **Datierung** und den Beglaubigungsmerkmalen. Wie bei der Littera folgt das Datum bei neuzeitlichen Urkunden gleich auf den Kontext. Lange noch hielt sich die einleitende Formel *„Geschehen und gegeben"*, eine Erinnerung an den Unterschied zwischen dem einst dinglichbildhaft vollzogenen Rechtsgeschäft und seiner Beurkundung.

Die **Unterschrift** als wichtigstes Beglaubigungsmerkmal von Urkunden wurde seit dem späten Mittelalter wieder allgemein üblich. Häufig wurde dem Namenszug der Vermerk *„manu propria"* oder *„mein hand"* zugefügt und ebenfalls handschriftlich individuell ausgestaltet. Da man ihn außerdem nach den Regeln der lateinischen Paläographie kürzte, entwickelte er sich zum Ornament, dessen Sinn schon im 18. Jahrhundert den Schreibenden selbst oft nicht mehr geläufig war. Noch bis in den Anfang unseres Jahrhunderts findet man gelegentlich einen solchen Schnörkel hinter Unterschriften. Statt des Namens wurde für die Unterschrift auch in der Neuzeit bisweilen eine andere Wortfolge verwendet, welche der

Unterzeichnende individuell ausgestaltete. Bekanntestes Beispiel ist das *„Yo el Rey"* (Ich, der König) der absolutistischen Herrscher Spaniens.

Eine wichtige Sonderform der Unterschrift ist die **Kontrasignatur** oder Gegenzeichnung. Ihre ursprüngliche Aufgabe war es, neben dem nominellen Urheber des Rechtsakts den tatsächlich Verantwortlichen zu kennzeichnen. Ansätze dazu gab es schon im Mittelalter; die Bedeutung des Verfahrens stieg mit zunehmendem Umfang der Verwaltung im frühneuzeitlichen Fürstenstaat: Der Herrscher konnte unmöglich alle die großenteils zweitrangigen Maßnahmen inhaltlich übersehen, die er als alleiniger Inhaber der Staatsgewalt durch seine Unterschrift rechtskräftig machen mußte. Durch eine oder mehrere zusätzliche Unterschriften wurde kenntlich gemacht, wer von den nominell nur beratend tätigen Verwaltungsbeamten der tatsächliche Urheber war und notfalls für Fehler zur Verantwortung gezogen werden konnte.

Die Bedeutung der Kontrasignatur erhöhte und verschob sich durch das Aufkommen der parlamentarischen Regierungsweise: Der Fürst war sakrosankt, ihn konnte das Parlament nicht zur Verantwortung ziehen. Wohl aber konnte sich ein Mißtrauensvotum des Parlaments gegen den Minister richten, dem die sachliche Verantwortung für eine Maßnahme zukam. Voraussetzung dafür war, daß dieser Minister durch seine Gegenzeichnung kenntlich war. Bekannt ist der Versuch des nationalliberalen Politikers Bennigsen (1824 – 1902), die Parlamentarisierung Deutschlands dadurch zu fördern, daß er schon in der Verfassung des Norddeutschen Bundes von 1866 und dann wieder in der Reichsverfassung von 1871 die Gegenzeichnungspflicht des Kanzlers bei Gesetzen verankern ließ. Dessen Bindung an eine Reichtagsmehrheit konnte er damit allein indessen nicht erreichen.

Zweites wichtiges Beglaubigungsmittel neben der Unterschrift war und ist das **Siegel**. Seine einzelnen Formen und Verwendungsweisen werden wir im Kapitel über die Hilfswissenschaften behandeln. Es stammt aus dem Mittelalter, hat sich aber zur Beglaubigung der Dokumente von Behörden bis heute gehalten, – wenn auch in der prosaischen Form des Gummistempels. Der Grund dürfte sein, daß angesichts der allgemeinen Schriftlichkeit von Verwaltung in unserer Zeit Unterschriften nur noch selten so bekannt sind, daß sie allein zur Beglaubigung genügen. Aus dem Mittelalter stammt auch der Brauch, Rechtsgeschäfte durch Eintrag in ein Buch öffentlichen Glaubens zu beurkunden. Daß noch heute Kauf und Verkauf von

Grundstücken auf diese Art dokumentiert werden, ist ein Restbestand davon.

Der **neuzeitliche Staat** konnte für die meisten Aufgabengebiete die überkommene Form der Urkunde weiterverwenden. Eine wichtige Ausnahme bildete jedoch die Regelung der **zwischenstaatlichen Beziehungen**. Die Ursache liegt in der Geschichte des politischen Denkens: Die mittelalterliche Vorstellung einer hierarchischen Ordnung der europäischen Fürsten mit Kaiser und Papst an der Spitze wurde seit dem späten Mittelalter zunehmend von der uns geläufigen Auffassung abgelöst, nach der souveräne, grundsätzlich gleichrangige Staaten nebeneinanderstehen. Die überkommene Urkundenform räumte dem Aussteller einen Vorrang ein und war deshalb schlecht geeignet, Beziehungen zwischen gleichgestellten Herrschern zu dokumentieren.

Die Lösung wurde aus dem Verfahren entwickelt, Verträge durch bevollmächtigte Unterhändler vereinbaren zu lassen. Diese verfaßten über das Ergebnis ihrer Verhandlungen ein Dokument, dem das gesamte Protokoll fehlt; es beginnt mit einer knappen Promulgatio oder setzt mit der Narratio ein. Diese nennt Namen und Titel der unterhandelnden Fürsten, nötigenfalls des Vermittlers und dessen Unterhändlers, und die Bevollmächtigten. Dabei steht der Vermittler zuerst, im übrigen nennt jede Partei in „ihrem", zur Übergabe an die Gegenseite bestimmten Exemplar sich selbst zuerst. Es werden das Zusammentreffen der Bevollmächtigten und die ordnungsgemäße Form ihrer Vollmachten erwähnt. Als Ergebnis der Verhandlungen folgt die Dispositio mit den Vertragsbestimmungen.

Das Eschatokoll unterscheidet sich nicht grundsätzlich vom üblichen Urkundenschema: Das Dokument wird beglaubigt durch Unterschriften und Siegel der Bevollmächtigten. Wieder unterschreibt jeder „sein" Exemplar zuerst. Gesiegelt wird mit den privaten Siegeln der Diplomaten, nicht mit den Staatssiegeln.

Diese Unterhändlerurkunde ist sachlich das Entscheidende, nach ihrer Vollziehung wird der Vertrag datiert; formell aber ist sie nur das Kernstück seines „Tryptichons" von Schriftstücken. Den Rahmen bilden auf der einen Seite die **Vollmacht**, auf der anderen die **Ratifikation**. Von der Vollmacht hörten wir bei der Behandlung der Narratio schon. Die Ratifikation wird normalerweise im letzten Punkt des Vertrages angekündigt. Sie ist ebenso wie die Vollmacht eine Urkunde unter dem Titel des ratifizierenden Fürsten und mit dessen Unterschrift und großem Siegel beglaubigt. Die beiden Ratifikationsurkunden werden zu einem vereinbarten Zeitpunkt gegeneinander ausgetauscht, erst damit ist der Vertrag rechtskräftig. Die Unterscheidung zwischen Unterzeichnung durch die Bevollmächtigten und Ratifikation hat sich bis in die Gegenwart erhalten, obwohl in unserem Jahrhundert viele Verträge ohne Ratifikation gültig wurden, weil diese gar nicht beabsichtigt war. In parlamentarisch regierten Staaten werden Verträge, bei denen dies vorgesehen ist, durch Parlamentsbeschluß ratifiziert.

Den einleitenden Passus von Verträgen und von stilistisch ähnlich gehaltenen Gesetzen pflegen wir heute **Präambel** zu nennen. Wir haben gesehen, daß sie genetisch auf die Narratio der mittelalterlichen Urkunde zurückgeht. Mit der Arenga, an die sie inhaltlich oft erinnert, hat sie nichts zu tun.

Gesetze sind überall dort nach dem stilistischen Vorbild der Unterhändlerurkunde aufgebaut, wo kein monarchisches Staatsoberhaupt vorhanden ist, unter dessen Titel das Gesetz beurkundet werden könnte. Denn in den Monarchien geschieht dies bis auf den heutigen Tag. Die Mitwirkung des Parlaments wird dabei in der Promulgatio erwähnt. Gesetze parlamentarischer Staaten dagegen beginnen mit einer ganz knappen Narratio, die nur besagt, daß das Parlament das folgende Gesetz beschlossen hat; dann beginnen die Bestimmungen. Die Rolle des Staatsoberhauptes bei der Beurkundung von Gesetzen in den meisten parlamentarischen Staaten zeigt sich im Eschatokoll: Durch die Unterschrift des Staatsoberhauptes und das Staatssiegel wird das Gesetz beglaubigt. Die sachliche Verantwortung der parlamentarisch gewählten Regierung zeigt sich in der Gegenzeichnung durch den zuständigen Minister.

Auf die Unterschrift des Staatsoberhauptes bezieht sich auch das Datum des Gesetzes. Entscheidend für das Inkrafttreten des Gesetzes ist dagegen ein anderes Datum; es ist heute meist als letzte Bestimmung im Gesetzestext erwähnt.

Die **Veröffentlichung** von Gesetzen hat sich schon in der frühen Neuzeit aus praktischen Erwägungen eingebürgert. Sie erfolgte häufig durch Kanzelabkündung in den Kirchen. Auch der Anschlag gedruckter Texte an den Rathaustüren war üblich. Das Rechtsdenken der Aufklärungszeit verhalf solchen Gepflogenheiten zu grundsätzlicher Bedeutung. Anknüpfend an den altrömischen Rechtssatz „nulla poena sine lege" sah man in der Bekanntmachung der Gesetze eine entscheidende Voraussetzung für die Strafbarkeit von Verstößen und damit für die Rechtsgültigkeit der Gesetze. So entstanden die heute noch üblichen amtlichen **Gesetzblätter**, eine wichtige Quellengruppe für unsere Disziplin.

Literatur

*Urkundenlehre:*Mit einem wichtigen neuzeitlichen Urkundentyp befaßt sich L. BITTNER: Die Lehre von den völkerrechtlichen Vertragsurkunden. 1924. – Für die Formen der neuzeitlichen Urkunde vgl. im übrigen die unter B III 2 a) genannte Archivalienkunde von H. O. MEISNER. – Zum Verständnis der Urkundenlehre wird häufig der Rückgriff auf die mittelalterlichen Ursprünge unerläßlich sein. – Standardwerk der mittelalterlichen Diplomatik ist immer noch H. BRESSLAU: Handbuch der Urkundenlehre für Deutschland und Italien. Bd. I u. II, 1. ^{2}1912, 1915; Bd. II, 2, bearb. v. H. KLEWITZ, 1931. Neudruck mit Register 1960. – Zur Unterscheidung von Beweis- und Verfügungsurkunde H. BRUNNER: Carta und Notitia, in: Gesammelte Abhandlungen. Hrsg. v. K. RAUCH. Bd. I, 1931.

Gesetzessammlungen: Die Verzeichnisse und Sammlungen internationaler Verträge sind wegen ihrer Bedeutung als allgemeine Hilfsmittel bei E III 5 behandelt.

Verfassungen: DARESTE: Les constitutions modernes. Recueil des constitutions en vigueur dans les divers États d'Europe, d'Amérique et du monde civilisé. 6 voll. Paris ^{4}1928 – 1934. Die Texte sind ins Französische übersetzt. – Nach 1914 neu entstandene Verfassungen bringt MIRKINE-GUETZÉVITCH: Les constitutions européennes. 2 voll. Paris 1951. – B. DENNEWITZ: Die Verfassungen der modernen Staaten. 4 Bde. 1947 – 1949. – G. FRANZ: Staatsverfassungen. ^{3}1975, historisch wichtige Texte in Ursprache und deutsch. – Für weitere Informationen über Verfassungen vgl. die bei D IV angegebenen Hilfsmittel.

Gesetzesblätter: Vorbild dieser Einrichtung war für die meisten Staaten das in Frankreich seit 1793 erscheinende Bulletin des Lois de la République. – Hinzu kam seit dem Jahre VIII der Republik = 1799 Le Moniteur Universel, seit 1869 unter dem Titel Journal officiel.
Für Deutschland sind bis 1806 die Reichstagsabschiede des alten Reiches wichtig, die für die Zwecke der Juristen schon von Zeitgenossen ediert wurden, so die Neue und vollständigere Sammlung der Reichs-Abschiede, welche von den Zeiten Kayser Conrads des II. bis jetzo auf den Teutschen Reichs-Tägen abgefaßt worden (Hrsg. v. J.J.SCHMAUSS u. (H. H. v. SENCKENBERG). Frankfurt 1747, Neudruck 1967. – Für die Beschlüsse des seit 1663 dauernd tagenden „ewigen Reichstags": J.J.PACHNER v. EGGENSTORFF: Vollständige Sammlung aller von Anfang des noch fürwährenden Teutschen Reichstages de anno 1663 bis anhero abgefaßten Reichsschlüsse. 4 Bde. Regensburg 1740 – 1777.
In der habsburgischen Monarchie erschienen erst seit der Zeit MARIA THERESIAS Gesetzessammlungen, zunächst aus privater Initiative, so die Sammlung

aller k.k. Verordnungen und Gesetze vom Jahre 1740 bis 1780. 1787. – Schon seit Regierungsantritt Leopolds II. 1790 wurde von der Hofdruckerei ein faktisch amtliches Gesetzblatt veröffentlicht: Politische Gesetze und Anordnungen für sämtliche Provinzen des Kaiserstaates mit Ausnahme von Ungarn und Siebenbürgen. Es erschien bis 1848. – Seit der Revolution hatte Österreich das erstmals 1849 veröffentlichte Reichsgesetzblatt.

In Preußen gab es seit 1737 eine grundsätzlich bis ins 15. Jahrhundert zurückreichende Sammlung: O. MYLIUS: Corpus Constitutionum Marchicarum. 6 Bde. Berlin 1737. – Seit 1751 trat an seine Stelle das Novum Corpus Constitutionum Borusso-Brandenburgensium. Es hatte dadurch amtlichen Charakter, daß es von der Berliner Akademie betreut wurde. Es erschien alle 5 Jahre bis 1810. – Gesetzessammlung für die königlich preußischen Staaten: amtliches Gesetzblatt Preußens seit 1810. – Gesetze des 1871 geschaffenen Deutschen Reiches abgedruckt im Reichsgesetzblatt, seit 1871, auch für die Weimarer Republik und das „Dritte Reich". – Bundesrepublik: Bundesgesetzblatt seit 1949; ehem. DDR: Gesetzessammlung 1949 – 1990.

c) Die Akten

α) Grundlagen der Terminologie

Eine wichtige Bedingung historischen Verstehens ist die Kenntnis der formalen Regeln bei der Arbeit an Akten. Die oft zitierte Frage RANKES (1795 – 1886), „wie es eigentlich gewesen", führt bei vielen Begebenheiten der neueren Geschichte immer wieder auf die andere Frage: Wer hatte welchen Anteil an der Verantwortung für das Handeln von Institutionen?

Das bedeutet aber, daß wir die innere Struktur dieser Institutionen kennen müssen: die Verteilung der **Zuständigkeiten** in Behörden, Verbänden und Firmen, das „Funktionieren" solcher nach rationalen Gesichtspunkten organisierten Menschengruppen bis in Detailfragen wie die Aufschlüsselung von Diktatzeichen. Verwaltungs- und Institutionsgeschichte und Aktenkunde gehören zu den wichtigsten methodischen Hilfsmitteln bei der Erforschung der neueren Geschichte.

Unter Akten wollen wir im Anschluß an die Erörterung vom Eingang dieses Kapitels Gruppen zusammengehöriger geschäftlicher Schriftstücke verstehen, die in der Vorbereitung oder Ausführung von Rechtsgeschäften entstanden sind. Rein sprachlich gehört das Wort „Acta" zum neuzeitlichen Behördenlatein und bezeichnet die Gesamtheit des in einer Sache Verhandelten. In der frühen Neuzeit war daneben die deutsche Benennung *„Handlungen"* üblich; die skandinavischen Sprachen verwenden das entsprechende Wort *„handlingar"* noch heute.

Alle diese Begriffe stehen im Plural; die Einzahl ist in der bisherigen Darstellung mit Bedacht vermieden worden, weil sie doppeldeutig ist. Der diplomatische Sprachgebrauch verwendet unter französischem und englischem Einfluß **„Akte"** zur Benennung eines einzelnen Schriftstücks von Urkundencharakter. Als Beispiele können gelten die „Wiener Schlußakte", der abschließende Vertrag des Wiener Kongresses von 1813 – 1815, oder die britische „Navigationsakte", das Gesetz über die Schiffahrt von und nach britischen Häfen aus der Zeit Cromwells (1599 bis 1658). In der Verwaltung dagegen bezeichnet „Akte" die Gesamtheit der Schriftstücke, die sich auf ein bestimmtes Amtsgeschäft beziehen und normalerweise auch äußerlich durch Umschlag oder Heftung als Einheit kenntlich gemacht sind. Solch eine Einheit wird in der Fachsprache der Behörden auch gern ein „Vorgang" genannt. Wir wollen nach dem Beispiel Meisners den Singular Akte überhaupt vermeiden. Eine sachlich zusammenhängende Gruppe von Schriftstücken wollen wir **Aktenheft**, -band oder -bündel nennen.

Die einzelnen Bestandteile dieser Einheiten nennen wir mit dem allgemeinen Ausdruck „Aktenschriftstück". Wo es möglich ist, wollen wir sie nach ihrer stilistischen Eigenart genauer bezeichnen mit Ausdrücken der aktenkundlichen Fachsprache, die wir noch kennenlernen werden.

β) Ein Aktenheft entsteht

Wie kommt es vom Einzelschriftstück zur Akte? Die Antwort auf diese Frage ist für den Historiker wichtig, weil er die Aussage eines Aktenschriftstücks nur dann richtig verstehen kann, wenn er sie in Zusammenhang setzt mit Zweck und Entstehen des Schreibens. Praktisch sind die Verhältnisse unterschiedlich je nach der Zeit und den Verhältnissen, aus denen Akten stammen. Die private Wirtschaft hat andere Formen des Geschäftsganges als eine Verwaltung, der Rat eines absolutistischen Herrschers „arbeitete" anders als ein modernes Parlament. Dennoch ergeben sich einige allgemeine Merkmale, die in zeitentsprechender Abwandlung immer wiederkehren. Als Normalfall einer Geschäfte führenden Institution wollen wir die Behörde betrachten, weil unter den Quellen der neueren Geschichte Behördenakten nach Umfang und Bedeutung an erster Stelle stehen. Außerdem ist das Geschäftsgebaren der Behörden verhältnismäßig am besten erforscht und war in vielen Dingen für andere Institutionen Vorbild.

Ein Schriftstück, ein „Eingang", kommt bei einer Behörde an. Das Öffnen der Eingänge war lange Zeit ein Vorrecht des Leiters oder der leitenden Beamtengruppe. Kurfürst FRIEDRICH WILHELM von Brandenburg (1620 – 1688) riet in seinem 1667 verfaßten politischen Testament dem Nachfolger, alle eingehende Post selbst zu öffnen. Das war wohl schon damals nicht mehr durchführbar, zeigt uns aber, daß die großen, vier- und fünfstufig gegliederten Zentralbehörden unserer Tage ein Extrem sind, neben dem noch das Auswärtige Amt BISMARCKS (1815 – 1898) sich winzig ausnimmt. In diesen heutigen großen Behörden ist die Posteingangsstelle ein gesonderter, der Spitze eigens verbundener Teil des Gesamtaufbaus. Ihre Wichtigkeit spiegelt sich auch im Rang ihres Leiters. Hier wird auf dem Eingang der Tag, bei wichtigen telegrafischen Stücken die Minute des Eintreffens vermerkt. Früher wurde diese Notiz eingeleitet mit einer gekürzten Form des lateinischen Wortes „*praesentatum*" und hieß danach **Präsentatvermerk**. In der absolutistischen Verwaltungspraxis stammte zuweilen der Präsentatvermerk erst von dem Sachbearbeiter, dem der Fürst das schon erbrochene Schreiben zugewiesen hatte.

Durch eine Notiz auf dem Schreiben wird der Eingang dem oder den zuständigen Bearbeitern zugewiesen. Bei Schriftstücken in bereits laufenden Geschäften ist dies eine Routineaufgabe. Bei neuen und wichtigen Aufgaben dagegen muß der Behördenleiter das Stück den Zuständigen „zuschreiben". Diesen Vermerk nennen wir **Aktenverfügung**. Sie legt grundsätzlich fest, in welcher Reihenfolge und mit welcher Aufgabe die einzelnen Bearbeiter das Schriftstück erhalten sollen. In den großen Fachministerien unserer Tage geht der Weg eines Eingangs über mehrere Stufen: Abteilungsleiter, Referent, Sachbearbeiter. Bemerkungen darüber, was in der Sache unternommen werden soll, werden als **„Marginalien"** auf den Rand des Schriftstücks gesetzt, normalerweise mit Tages- und Monatsdatum und der abgekürzten Unterschrift, der **Paraphe** des Urhebers. Solche Randbemerkungen können den Umfang eines Entwurfs zur Antwort annehmen; der Reichsfreiherr VOM STEIN (1757 – 1831) hatte zum Beispiel diese Gewohnheit. Der Leser eines so bearbeiteten Aktenschriftstücks wird sich allerdings vor Augen halten müssen, daß auch heute noch wesentliche Gedanken zur Entscheidung dienstlicher Angelegenheiten von den Beteiligten mündlich ausgetauscht werden.

Beim Sachbearbeiter nehmen die Überlegungen zur Antwort auf den Eingang selbständige schriftliche Form an. Er verfaßt entweder bei wichtigen Sachen selbst einen Entwurf, ein **„Konzept"**, oder läßt dies nach seiner mündlich oder in knappen Stichworten schriftlich geschehenen „Angabe" durch einen ihm unterstellten Beamten tun. Heute tritt an diese Stelle oft das Diktat ins Stenogramm, die Schreibmaschine oder auf Band. Der Sachbearbeiter sollte anschließend das Konzept „revidieren", das heißt durchlesen, in seinem Sinne korrigieren und durch seine Paraphe unter dem Text die Verantwortung übernehmen. Dieser Vorgang der **Revision** wiederholt sich in heutigen großen Behörden Stufe für Stufe aufwärts bis zum endgültig entscheidenden Beamten. Um Platz für die so entstehenden Korrekturen zu behalten, wird bei Konzepten meist nur die rechte Seite des Blattes beschrieben. Trotzdem kann der ursprüngliche Entwurf durch die Korrekturen in seiner Lesbarkeit so leiden, daß ein **„Reinkonzept"** hergestellt werden muß, eine Abschrift des bis dahin zustande gekommenen Wortlautes. In neuerer Zeit ist die Gewohnheit aufgekommen, Paraphen mit verschiedenen Farbstiften zu schreiben; dabei entspricht jeweils eine Farbe einer bestimmten Rangstufe. Die beteiligten Bearbeiter sind so auf einen Blick erkennbar. Nicht immer entspricht allerdings die Praxis den Vorschriften in den Geschäftsordnungen der Behörden.

Das Anbringen der Paraphe auf Konzepten geschah in der frühen Neuzeit nicht so regelmäßig, wie es der Historiker wünschen möchte. Bisweilen haben die konzipierenden Sekretäre am Kopf der Entwürfe vermerkt, wer das Schreiben **„angegeben"** hatte. Wo auch diese Notiz fehlt, verrät nur die Kenntnis der Handschrift eventuell vorhandener Korrekturen den Verantwortlichen.

Hat der letzte Verantwortliche das Konzept durch seine Paraphe gutgeheißen, wird eine Reinschrift angefertigt, das **„Mundum"**. Daß dies geschehen, das Konzept „mundiert" ist wird durch einen entsprechenden Vermerk angezeigt, häufig durch einen kräftigen, schräg durch die freie Linke Seite des Entwurfs verlaufenden Strich, den Mundierungsstrich. Gleichzeitig mit der Reinschrift wurden und werden normalerweise auch die Abschriften – heute Durchschriften oder Fotokopien – erstellt, die man im eigenen Dienstbetrieb oder zur Information Dritter benötigt. Die Reinschrift wird vom Verantwortlichen unterschrieben, „vollzogen". Auf den Tag dieser Unterschrift bezieht sich normalerweise das **Datum** der Reinschrift. Das setzt voraus, daß die einzelnen Daten im Werdegang des Konzepts auf diesem bei den Paraphen vermerkt sind. Es hat auch andere Regelungen der Datierungsfrage gegeben.

Gehören zur vollzogenen Reinschrift noch Anlagen, so steht bei vielen Behörden für jede **Anlage** ein kleiner Schrägstrich am Rand der Reinschrift. Das wird häufig dadurch notwendig, daß der Verantwortliche nur ein kurzes Begleitschreiben vollzieht, während das sachlich Entscheidende in einer Anlage steht, die inhaltlich oder gar formal das Werk eines Sachbearbeiters ist. Wenn es sich beim Empfänger um eine andere, eventuell vorgesetzte Behörde handelt, die diesen Sachbearbeiter kennen muß, so setzt er seine Paraphe hinter das letzte Wort.

Die vollzogene und abgesandte Reinschrift nennen wir „**Ausfertigung**". Das Datum ihrer Absendung wird in ein Ausgangsbuch eingetragen. Erreicht das Schreiben seinen vorgesehenen Empfänger, wird es dort zum „Eingang", so sprechen wir von einer „behändigten Ausfertigung", während wir „nicht behändigte Ausfertigung" solche Stücke nennen, die aus irgendeinem Grunde zum Absender zurückgelangen oder auch vollzogen, aber nicht abgesandt werden. Meist werden sie mit einem entsprechenden Vermerk zu den Akten genommen.

Der Begriff „Ausfertigung" wurde hier so ausführlich erläutert, weil uns seine sinngemäße Anwendung erlaubt, das mehrdeutige Wort „Original" zu vermeiden. Der genaue Gegenbegriff zu Original ist Kopie, für den Bereich der Aktenkunde also Abschrift. Die Versuchung ist aber groß, mit „Original" die Ausfertigung im Gegensatz zum Konzept zu bezeichnen, obwohl dieses seinerseits ein durchaus „originales" Schriftstück ist. Schließlich wird Original noch als Gegenbegriff zu Fälschung verwendet; Gründe genug, das Wort um der Klarheit willen überhaupt zu vermeiden.

Wenn die Ausfertigung die Behörde verläßt, werden normalerweise das Konzept und der Eingang, auf den es sich bezieht, „**zu den Akten**" gegeben. Anweisung dazu gibt mit einem entsprechenden, meist auf „z.d.A." gekürzten Vermerk der Verantwortliche, der die Reinschrift vollzogen hat.

Der hier geschilderte Weg eines Schriftstücks durch den Geschäftsgang einer Behörde muß durch einige Hinweise ergänzt werden: Der Aufbau der behandelten Behörde war „**monokratisch**". Das bedeutet, daß auf jeder Stufe die Verantwortung bei einem einzigen Beamten liegt. Man nennt diese Form auch „Bürosystem". Sie ist im reinsten ausgeprägt worden im napoleonischen Empire und heute die vorherrschende Form des Behördenaufbaus. Die Alternative ist die **„kollegialisch"** geordnete Behörde; hier trifft Entscheidungen nicht einer, sondern eine Gruppe von Beamten. Die klassische Zentralbehörde des Absolutismus, der „Geheime Rat", war häufig so aufgebaut, ebenso das Generaldirektorium und die Kriegs- und Domänenkammern im Preußen des 18. Jahrhunderts. Eingehende Schriftstücke wurden in solchen Behörden zunächst vor dem gesamten Kollegium behandelt, ehe sie an den oder die Zuständigen weitergegeben wurden. Denn auch die Ebene der Sachbearbeiter war beispielsweise im preußischen Generaldirektorium jeweils „kollegialisch" mit zwei Verantwortlichen für jede Abteilung besetzt. Bei den meisten als „consilium" aufgebauten Behörden bestand allerdings nur die Spitze aus einer Gruppe von Beamten, während jeder einzelne dieser Männer „monokratisch" sein Sachgebiet verwaltete. Ähnlich ist die Regierung der Bundesrepublik organisiert: Die Fachministerien sind nach dem Bürosystem aufgebaut, während das **Kabinett** grundsätzlich ein Kollegium darstellt. Der Bundeskanzler hat zwar durch seine Richtlinienkompetenz eine Vorrangstellung, ist aber nicht Vorgesetzter der übrigen Minister. Eine solche hervorgehobene Position eines Präsidenten kannten auch die „conseils" der absolutistischen Zeit. Der Aktenbenutzer findet die Spuren kollegialischer Geschäftsführung in Revisionsvermerken auf Konzepten, wie *„lectum in consilio"* mit Datum und Namen der Anwesenden, in fortlaufenden Protokollen des Rates; in den Reinschriften in vier bis fünf gleichrangig in einer Zeile stehenden Unterschriften.

Das „zu den Akten geschriebene" Konzept kommt in die Hände des **Registrators.** Er verwaltet die bearbeiteten Schriftstücke einer Behörde oder Behördenabteilung und hält sie für mögliche Rückfragen bereit. Zunächst trägt er jedes ihm zugegangene Schriftstück in ein chronologisch geführtes Buch, das Journal, ein und setzt die Signatur hinzu, unter der er es ablegt. Diese Signatur, das **„Aktenzeichen"**, ist normalerweise im Kopf des Schriftstücks bereits vermerkt. Sie ergibt sich aus dem „Vorgang", zu dem es gehört. Entsteht ein Vorgang neu, so soll sein Aktenzeichen schon zu Beginn festgelegt werden. Dies fällt praktisch mit der Bestimmung des Sachbearbeiters zusammen, denn die Gesamtheit der Aktenzeichen einer Registratur bildet ein System, den Aktenplan, in dem sich der Aufbau der zugehörigen Behörde spiegelt. Das macht die Interpre-

tation der Aktenzeichen zu einer lohnenden Aufgabe, vor allem bei
abschriftlich überlieferten Akten, bei denen die Möglichkeit aus-
fällt, Konzepte und Paraphen zu analysieren. Bei wichtigen Beständen aus der nationalsozialistischen Zeit ist dies der Fall. Die Erkenntnis, welcher Sachbearbeiter für ein bestimmtes Schriftstück
zuständig war, läßt sich hier normalerweise nur aus den Aktenzeichen gewinnen.

Dem Aktenzeichen vergleichbar ist in Schriftstücken der privaten
Wirtschaft der **Diktatvermerk**. Moderne Wirtschaftsunternehmen
speisen ihre Registraturen hauptsächlich mit Durchschriften ihrer
an Geschäftspartner abgesandten Briefe. Das ganze Verfahren ist
stärker als bei Behörden auf möglichst schnelles Arbeiten abge-
stimmt; die Vorstufen von Schriftstücken werden dadurch viel selte-
ner festgehalten. Dennoch besteht auch im privaten Geschäftsleben
oft das Bedürfnis, über den Unterschreibenden hinaus die Mitwirkung an einem Geschäftsbrief ermitteln zu können. Deshalb wird
im Briefkopf, oft in Verbindung mit dem Datum, eine paraphen-
ähnliche Buchstabengruppe niedergeschrieben, welche den Diktie-
renden und die Schreibkraft festhält, von der die Reinschrift
stammt. Diese maschinenschriftliche und deshalb auch in der
Durchschrift vorhandene Buchstabengruppe erlaubt dem Historiker auch hier, sich ein Bild vom Zustandekommen der Entschlüsse
innerhalb eines Betriebes zu machen.

Für den Aufbau einer Registratur gibt es zwei verschiedene Systeme: Man kann **Sachakten** (Dossiers) oder **Serien** bilden. Das
zweite Verfahren ist heute weniger häufig; es ist das ältere. Die
einfachste Form der Serie kommt zustande, wenn man alle anfallen-
den Schriftstücke einfach dem Datum nach aneinanderreiht und
nach Jahren oder kleineren Abschnitten zu Bänden zusammenfaßt.
Diese Methode führt schon bei sehr kleinen Beständen dazu, daß
man nach Material zu einem bestimmten Sachverhalt unzweckmä-
ßig lange suchen muß. Um das zu vermeiden, legte man zu den
Serien oft schon bei der Entstehung buchförmige Sachregister an,
die Indices.

Ein Beispiel bieten die **Akten der Generalstaaten** aus dem 16. bis
18. Jahrhundert im niederländischen Reichsarchiv. Hier wie in
vergleichbaren Fällen wählte man die Ablage in Serienform deshalb, weil als Kernstück des Archivs das fortlaufende Beschlußprotokoll, *„het Register"*, der Generalstaaten galt. Alle übrigen
Schriftstücke wurden als Anlagen zu diesem Protokoll aufgefaßt
und mußten deshalb in der Ordnung aufgereiht werden, wie die

betreffenden Sachen bunt durcheinander in den einzelnen Sitzungen behandelt worden waren.

Schon im Mittelalter verfiel man darauf, den Aktenbestand übersichtlicher aufzugliedern, indem man mehrere Serien bildete. Von den verschiedenen Gesichtspunkten der Einteilung hat sich am meisten der bewährt, für jeden **Korrespondenzpartner** eine Serie zu bilden. Wirtschaftsunternehmen bevorzugen diese Ordnung für ihren Briefwechsel mit anderen Firmen; die handelsüblichen Briefordner sind darauf eingerichtet. In der Verwaltung ist die Serie das ältere Ordnungsverfahren. Bewährt hat es sich für außenpolitische Akten. Hier wurde jeweils die Korrespondenz einer Botschaft mit der vorgesetzten Behörde chronologisch abgeheftet. Gelegentlich wurde auch bei solchen Korrespondenzen versucht, nach Sachgebieten zu gliedern. Kurfürst Friedrich Wilhelm von Brandenburg ließ beispielsweise seine Diplomaten für jede Sache, die sie in ihren Berichten behandelten, ein neues Blatt anlegen. Das erste Blatt war der eigentliche Bericht, alle übrigen wurden als Postskripte beigefügt und durchgezählt. Der Registrator konnte dann jedes Blatt in die entsprechende Sachakte einordnen. Bewährt hat sich diese Methode nicht; in der Diplomatie beeinflussen die Verhandlungen über sachlich ganz verschiedene Materien sich allzu oft untereinander und müssen deshalb dauernd gemeinsam betrachtet werden.

Das letzte behandelte Beispiel zeigt uns bereits das andere Prinzip, eine Registratur zu ordnen: die Bildung von Sachakten, in der Fachsprache auch „**Dossiers**" genannt. Entscheidend für die Zusammengehörigkeit von Aktenschriftstücken ist hier die behandelte Materie, der „**Betreff**", formelhafter Ausdruck dafür das Aktenzeichen. Alle Schriftstücke des gleichen Betreffs werden normalerweise rein chronologisch angeordnet. Die ganze Registratur muß nach einem Aktenplan, einer systematischen Sachgliederung aufgebaut sein. Diese Gliederung spiegelt die Verteilung der Zuständigkeiten innerhalb der Behörde.

Das Ordnungsprinzip der Sachakten wird von den eigentlichen Verwaltungsbehörden bevorzugt. Der fein differenzierte Aufbau großer Behörden in unserer Zeit bringt es mit sich, daß sich die Sachakte gegenüber der Serie immer stärker durchsetzt.

Für den Historiker bringt die **Benutzung** beider Aktenformen durchaus **verschiedene Aufgaben**. Für die Darstellung außenpolitischer Entwicklungen, für die Geschichte eines Staates oder einer Institution haben in Serien geordnete Akten ihre großen Vorzüge.

Sie kanalisieren den Strom der Ereignisse nicht nach Ressorts von Sachbearbeitern, sondern stellen die Begebenheiten in ihrem gewachsenen Zusammenhang vor uns. Mühsam ist es freilich, aus solchem Material Aufschlüsse über eine sachlich begrenzte Spezialfrage zu gewinnen, beispielsweise aus dem Ratsprotokoll einer Stadt die verstreuten Bemerkungen herauszusuchen, die sich auf das Schulwesen beziehen. Hier wird der Forscher nach Möglichkeit Sachakten der zuständigen Behörde benutzen. Kontrolle an anderen Quellen ist dann allerdings unerläßlich, sonst läuft der Historiker Gefahr, sich ebenso eng an Ressortgrenzen zu binden wie der Bearbeiter der Akten. Die geschichtliche Wirklichkeit bietet immer wieder Zusammenhänge zwischen Ereignissen, die für die Verwaltung zu ganz verschiedenen Aufgabenbereichen gehören. Wir finden etwa im Bericht einer Kirchenverwaltung die Aussage, die Mittel für Bauten und Reparaturen seien zu knapp bemessen. Über die Ursachen schreibt der Referent kein Wort, weil sie nicht in sein Ressort fallen. Der Historiker wird sich auf anderem Wege darüber unterrichten, daß in diesem Fall die außenpolitische Lage des Staates starke Rüstungen und deshalb Ersparnisse in allen anderen Verwaltungszweigen forderte.

Literatur

Zur Wichtigkeit der Aktenkunde als Hilfswissenschaft steht die Zahl der Darstellungen dieses Stoffes in einem auffallenden Mißverhältnis. Vieles Wichtige findet sich verstreut; so ist z. B. K.REPGEN: Die römische Kurie und der Westfälische Friede, Bd. I, Teil 1 u. 2, 1962, 1965, zugleich eine kenntnisreiche Darstellung der kurialen Verwaltung im 16. und 17. Jahrhundert. – Für den Quellentyp Protokoll grundlegend die Einleitung zu W. BECKER (Hrsg.): Acta Pacis Westphalicae III A: Protokolle, 1. Die Verhandlungen der kurfürstlichen Kurie, 1, 1645 – 1647. 1975.
   Grundlegend wichtig zur Aktenkunde: H.O. MEISNER: Archivalienkunde vom 16. Jahrhundert bis 1918. 1969. Ersetzt ältere Arbeiten MEISNERS. Schwerpunkt Hochabsolutismus. – Von der Praxis moderner Behörden geht aus R. SCHATZ: Behördenschriftgut. Aktenbildung, Aktenverwaltung, Archivierung. 1961. – Zu den Begriffen monokratisch-kollegialisch H. HAUSSHERR: Verwaltungseinheit und Ressorttrennung vom Ende des 17. bis zum Beginn des 19. Jh. 1953. – Wichtige Behördengeschäftsordnung: Gemeinsame Geschäftsordnung der Reichsministerien (GGO). 2 Teile, 1926, [2]1929. – Vgl. die bei D IV genannten verwaltungsgeschichtlichen Arbeiten, zum Sprachlichen der Akten die ger-

manistischen Nachschlagewerke bei D VII, generell die Literatur der nächsten Abschnitte.

γ) Das Archiv

In der Registratur der Behörde verbleiben die Akten nur, solange sie für die Verwaltung möglicherweise noch gebraucht werden. Dies sind normalerweise zwanzig Jahre, in einzelnen Fällen auch längere Fristen; etwa bei Akten von Prozessen, in die noch lebende Personen verwickelt waren. Jedenfalls bewahren die meisten Behörden ihre Akten nicht dauernd auf, sondern geben sie zu diesem Zweck an die Archive.

Das Wort Archiv stammt aus dem Griechischen und bedeutete in der Antike ganz allgemein das Gebäude einer Behörde. Die Einengung, welche der Begriff seitdem erfuhr, kennzeichnet die Wichtigkeit des Aufhebens entstehender Akten. Ansätze dazu gab es schon im Mittelalter; da es aber damals weithin noch keine festen Verwaltungssitze gab, beschränkte sich die Aufgabe der Archive zunächst auf das Aufbewahren eingehender Urkunden. Von den ausgehenden eigenen Urkunden fertigte man Abschriften in Büchern, den sogenannten Registern. Der Ort ihrer Aufbewahrung hieß **Registratur** und war noch bis in die Neuzeit hinein ein Bestandteil der Kanzlei. Das Verfahren, eigene Ausgänge abschriftlich in Büchern zu dokumentieren, behielt man auch dann noch bei, als es möglich und notwendig wurde, über die Urkunden hinaus auch andere eingehende Schriftstücke aufzubewahren. Dies geschah allerdings in der Registratur. Der Übergang zum neuzeitlichen Verfahren kündigt sich hier an.

Dieses Verfahren überwand die Trennung von Ein- und Ausgängen: Seit dem 16. Jahrhundert bewahrte man die eigenen Schriftstücke nicht mehr abschriftlich in Büchern auf, sondern in Form der auf einzelne Blätter geschriebenen Entwürfe. Diese wurden mit den Eingängen in chronologischer Folge räumlich vereinigt. So entstanden **Akten im modernen Wortsinn**, die man zusammenhängend lesen kann, weil die räumliche Abfolge der Schriftstücke der Abfolge ihrer Entstehung entspricht.

Aufbewahrt wurden diese neuen Akten zunächst in den Registraturen. Da diese dadurch beängstigend anschwollen, wurde meist schon im 16. oder 17. Jahrhundert die Fürsorge für diese Bestände besonderen Beamten übergeben, den gleichen, die auch die über-

kommenen Urkundenarchive verwalteten. So entstand die selbständige Behörde „Archiv" im modernen Wortsinn.

Nicht alle Akten werden dauernd aufgehoben; das verhindert
schon seit geraumer Zeit der Umfang des Schriftverkehrs. Das
„**Kassieren**", das heißt das Aussondern und Vernichten nicht über-
lieferungswürdiger Akten ist eine wesentliche Aufgabe der Archivare. In neuester Zeit sammeln sich so gewaltige Mengen von Akten
schon in den Registraturen der Behörden, daß diese dazu übergehen, in Zusammenarbeit mit den Archiven schon nach etwa fünf
Jahren große Mengen von Material an sogenannte Zwischenarchive
abzugeben oder auszusondern. Für die Akten, welche die Archive
endgültig behalten, werden **Findbücher** (Repertorien) angelegt. Sie
geben für einen einzelnen Aktenbestand in der Reihenfolge seiner
Aufstellung Signaturen, Inhalt und zeitlichen Umfang der Akten-
bände an. Moderne Repertorien geben ein recht genaues Bild von
den Beständen. Vielfach muß sich der Benutzer allerdings auch mit
Findbüchern behelfen, die noch aus der Entstehungszeit der Archive stammen. Schließlich gibt es immer noch (oder durch die
Folgen des Zweiten Weltkrieges wieder) Aktenbestände, zu denen
überhaupt keine Repertorien vorliegen und die daher faktisch nicht
benutzt werden können. Über die sämtlichen Bestände eines Archivs unterrichtet das häufig gedruckte, meist allerdings nicht sehr
detaillierte **Inventar**.

Archive gibt es in modernen Staaten auf allen Stufen öffentlicher
Verwaltung: eines für die Behörden des gesamten Staates, etwa das
Bundesarchiv für die Ministerien der Bundesrepublik. Darunter
stehen Archive der Provinzen, Länder oder ähnlichen regionalen
Einheiten für deren Behörden. Sie heißen in der Bundesrepublik
meist „**Staatsarchive**", und in manchen Bundesländern gibt es
außer dem Archiv der Landesministerien noch andere Archive dieses Namens. Hierin spiegelt sich die Entstehung des heutigen Archivwesens im 19. Jahrhundert, bei der vielfach ältere Archive
einstmals reichsunmittelbarer Territorien erhalten blieben.

Die unterste Stufe bilden die Stadt- und Kreisarchive für die
lokalen Behörden. Kleine **Kommunen** sind oft finanziell und perso-
nell nicht in der Lage, ein Archiv sachgerecht zu führen. Die Archivalien dieser Verwaltungen werden von staatlichen Archivbera-
tungsstellen betreut.

Einen Stufenbau der Archive wie im staatlichen Bereich finden
wir auch bei den **Kirchen**, besonders bei der katholischen Kirche mit
dem zentralen Archiv der Kurie im Vatikan, den Diözesan- und

Pfarrarchiven. Anders sieht es in der Wirtschaft und im privaten Leben aus. Hier herrscht Vielfalt. **Firmenarchive** großer Wirtschaftsunternehmen, Familien- und Gutsarchive adliger Geschlechter, schließlich **Privatarchive** bedeutender Politiker, Wissenschaftler oder Künstler, zum Beispiel das Freiherr-vom-Stein-Archiv auf Schloß Cappenberg in Westfalen oder das Weimarer Goethe-Archiv; das sind die Gruppen, mit denen der Historiker meist zu tun haben wird.

Nachlässe bedeutender Männer gelangen häufig als Deposita in die Verwaltung staatlicher Archive. Für Firmenakten kleinerer und mittlerer Betriebe, soweit sie überhaupt erhalten blieben, gibt es Sammelstellen.

Wirtschafts- und Privatarchive sind durchweg „**Einheitsarchive**"; ihr Schriftgut stammt von einer Stelle, Familie oder Person. Dagegen haben wir im staatlichen Bereich meist „**Vielheitsarchive**" vor uns, in denen die Aktenbestände jeweils mehrerer Behörden zusammengefaßt werden. Daraus ergibt sich die Frage nach der inneren Einteilung des gesamten Archivs. Heute hat sich dafür durchweg das „**Provenienzprinzip**" durchgesetzt: Man richtet sich nach der Herkunft, der Provenienz der Akten und beläßt das sämtliche Schriftgut einer Behörde grundsätzlich als Einheit, wie es aus der Registratur kam. Innerhalb dieser Einheit wird dann möglicherweise nach dem „freien Provenienzprinzip" ordnend umgruppiert; der Benutzer findet jedenfalls als oberste Gruppen, als „**Reposituren**" eines modernen Archivs die durch Kassieren gestrafften Registraturen der betreuten Behörden.

Das war nicht immer so. In der Entstehungsgeschichte der Archive hat das „**Pertinenzprinzip**" eine für den Historiker vornehmlich verhängnisvolle Rolle gespielt. Die Archive der frühen Neuzeit waren Einheitsarchive, identisch mit der Registratur der als Einheit arbeitenden zentralen Behörde. Wie eine heutige Registratur waren diese Archive nach einem Sachschema gegliedert, der Archivar ordnete die Akten nach ihrer „Pertinenz", ihrem Betreff ein. Diese Praxis wurde unglücklicherweise auch dann noch beibehalten, als sich die einzelnen Abteilungen der alten Zentralbehörde mehr und mehr zu selbständigen Institutionen mit eigenen Kanzleien und Registraturen entwickelten: Es wurden beispielsweise Akten der Rentkammer, der obersten Justizbehörde und des für Kirchensachen zuständigen Konsistoriums aus dem Zusammenhang ihrer Entstehung gelöst und miteinander vereinigt, weil sie sich auf die gleiche Stadt oder den gleichen Amtsbezirk bezogen. Dieses Verfah-

ren machte die Akten selbst für Verwaltungszwecke schlecht
brauchbar, sobald die einzelnen Behörden sich verselbständigt hatten. Für die historische Forschung ist die Ordnung eines Archivs
nach der Pertinenz erst recht ein Übelstand, weil die einzelnen
Aktenschriftstücke dadurch nicht mehr aus dem Zusammenhang
ihrer Entstehung heraus interpretiert werden können. Es ist in
Einzelfällen versucht worden, den ursprünglichen Provenienz-Zu-
sammenhang alter Archivalien wiederherzustellen.

Die grundlegenden Eigentümlichkeiten des Archivwesens lassen
sich deutlich machen an dem schon öfter durchgeführten Vergleich
von **Archiv** und **Bibliothek**. Bücher, ob geschriebene oder gedruckte, können grundsätzlich in beliebig vielen Exemplaren vorhanden sein. Akten dagegen entstehen in einer ganz bestimmten
einmaligen Lage und sind das Ergebnis verantwortlichen Handelns.
Jedes Aktenschriftstück ist grundsätzlich einmalig. Daraus erklärt
sich, daß wir irgendein Buch in vielen Bibliotheken finden können,
Akten dagegen nur in einem Archiv, nämlich demjenigen, das für
die betreffende Behörde zuständig ist. Entsprechend ist auch der
Ordnungszustand einer Bibliothek anders als der eines Archivs: Die
Anordnung von Büchern geschieht nach Zweckmäßigkeitsgesichts-
punkten, unter denen die Bedürfnisse der Benutzer einer Bibliothek
wichtig sind. Die Aufstellung von Akten dagegen muß den Zusammenhang wahren, in dem diese erwachsen sind. Die Auswirkungen
sind für den benutzenden Wissenschaftler deutlich fühlbar: In einer
Bibliothek wird es mittels des Sachkatalogs möglich sein, alles
Material zu einer bestimmten Frage bald zu übersehen. Die gleiche
Aufgabe erfordert im Archiv einen Überblick über den gesamten
Bestand und Kenntnisse von der Zuständigkeit der mit ihren Akten
vertretenen Institutionen; erst dann ist es möglich, sinnvolle Vermutungen darüber anzustellen, an welchen grundsätzlich sehr verschiedenen Stellen Archivalien über die behandelte Frage anzutreffen
sein könnten.

Nicht alles, was sich „Archiv" nennt, führt diese Bezeichnung zu
Recht. „**Pressearchive**", die Zeitungsausschnitte sammeln, oder
„**Bildarchive**", die für die Publizistik Fotomaterial zur Verfügung
halten, wollen wir der Klarheit halber als Sammlungen bezeichnen.
Von **Film-** oder **Tonarchiven** kann nur da die Rede sein, wo es sich
bei den Beständen um Überreste aus der Tätigkeit von Firmen oder
Behörden handelt, die Filme und Tonbänder produzierten.

Von den Idealforderungen, die sich aus dem oben skizzierten
System ergeben, zeigt die Wirklichkeit mancherlei Abweichungen.

Zunächst war es niemals selbstverständlich, daß Akten in vollem Umfang in die Registratur der Behörde wanderten, bei der sie erwuchsen. Bedeutende Staatsmänner neigten von jeher dazu, ihr politisches Werk und dessen schriftlichen Niederschlag als ihre ganz persönliche Sache und ihr geistiges Eigentum zu betrachten. Sie hoben ihre dienstliche Korrespondenz zu Hause auf, und nach ihrem Tode gelangte sie an die Erben. Im 16. und 17. Jahrhundert, als das Berufsbeamtentum erst entstand, war dergleichen weit verbreitet, aber noch in der Edition der Briefe und amtlichen Schriften des Freiherrn VOM STEIN (1757 – 1831) finden sich Schriftstücke, deren dienstlich-politische Bedeutung offensichtlich ist, deren Druckvorlagen aber aus dem privaten Stein-Archiv auf Schloß Cappenberg stammen. Die Ursache ist hier wie in ähnlichen Fällen, daß sich bei führenden Politikern dienstliche und private Tätigkeit nicht so sauber unterscheiden lassen, wie es für die Trennung der Schriftstücke erforderlich wäre. Wenn private **Nachlässe** von wichtigen Persönlichkeiten durch die Erben staatlichen Archiven zur Verwaltung übergeben wurden, dann waren dies oft nicht die Archive, in denen sich die Akten aus der dienstlichen Tätigkeit des Betreffenden befanden.

Eine zweite wichtige Ausnahme vom System sind die **behördeneigenen Archive**. Es gab und gibt staatliche Institutionen, die ihre Akten nie an die zuständigen Archive abgaben, sondern sie selbst aufbewahrten. Das Politische Archiv des Auswärtigen Amtes, das bis zur Gegenwart besteht, ist ein deutliches Beispiel, ein anderes das Archiv des französischen Außenministeriums. Hier spielen die Frage der Geheimhaltung und die Rücksicht auf die politischen Tagesverhältnisse eine Rolle. Das Politische Archiv des Auswärtigen Amtes ist allerdings grundsätzlich für wissenschaftliche Benutzer zugänglich.

Die allgemeine **Benutzbarkeit** staatlicher Archive ist seit der Französischen Revolution grundsätzlich anerkannt. Schwierigkeiten ergeben sich in der Praxis aus der Beschaffenheit schlecht erhaltener oder unzulänglich verzeichneter Akten, aber auch aus Versuchen politisch begründeter Geheimhaltung. Auch das richtige Verhältnis zwischen Datenschutz und Erfordernissen historischer Forschung ist noch nicht überall gefunden. Der Zugang zu privaten Archiven liegt grundsätzlich im Ermessen des Eigentümers. Das betrifft nicht nur kleine Familiennachlässe, sondern auch die Werksarchive großer Betriebe oder das Archivwesen von Verbänden und Kirchen.

Wir berühren hier eine letzte Ursache von Unregelmäßigkeiten aller Art im Archivwesen: die **Überlieferungsgeschichte** der Aktenbestände. Der Satz *„Habent sua fata libelli"* läßt sich sinngemäß auch auf Archivalien anwenden. Verluste durch Katastrophen, fahrlässige oder gewollte Vernichtung schlugen große Lücken: Das Stockholmer Schloß verbrannte 1697 mit wichtigen Beständen des schwedischen Reichsarchivs. Behörden und Parteistellen des „Dritten Reiches" vernichteten in den letzten Kriegswochen große Mengen von Akten. Wo Aktenbestände nicht vernichtet wurden, da gelangten sie durch oft eigenartige Umstände an Orte, wo man sie ihrer Entstehung nach nicht vermuten würde. Bei Erbteilungen von Territorien wurden auch die Archive auseinandergerissen, weil man in den Akten vornehmlich Hilfsmittel der Verwaltung erblickte. Im Erbgang konnten dann solche Bestände in Archive anderer Territorien gelangen. Von alters her bis in unsere Tage galten Archive als Kriegsbeute. Selbst wo solche Bestände zurückgegeben wurden, wie etwa die nach dem Zweiten Weltkrieg in die USA gelangten Akten, entstehen Schwierigkeiten für die Benutzer, weil durch die Transporte der alte Ordnungszustand der Akten verlorengegangen ist und die ganzen, oft riesigen Bestände neu verzeichnet werden müssen. Für das deutsche Archivwesen ergaben sich schließlich nach 1945 besondere Probleme: Zum Schutz vor Bomben wurden während des Zweiten Weltkrieges die Bestände vieler Archive ausgelagert in Bergwerkstollen und an andere relativ sichere Plätze. Viele Akten kehrten nach dem Krieg nicht in ihre heimischen Archive zurück, sondern blieben bis 1990 auf der Seite des „Eisernen Vorhangs", wo sie zufällig ausgelagert waren.

Literatur

Zur ersten Orientierung E. G. FRANZ: Einführung in die Archivkunde. [3]1989. – Grundlegend A. BRENNEKE/W. LEESCH: Archivkunde. 1953, Neudruck 1970, systematische Darstellung und Geschichte des Archivwesens der dt. Territorien seit seinem Beginn, der europäischen Staaten seit 1789. – G. ENDERS: Archivverwaltungslehre. [3]1968: Aufbau moderner Archive, auch für Benutzer wichtig. – Ähnlich TH. R. SCHELLENBERG: Akten- und Archivwesen in der Gegenwart. Deutsch 1961: Problem der Zusammenarbeit Behörden – Archiv am Beispiel der Lage in den USA. – Fachausdrücke in sieben europäischen Sprachen sind zusammengestellt bei P. WALNER (Hrsg.): Dictionary of Archival Terminology/Dictionnaire de terminologie archivistique. 1984. Verbindende Sprachen sind Englisch und Französisch.

Zeitschriften, wichtig auch für Archivkunde und andere Hilfswissenschaften:

Archivum. Revue internationale des Archives. Seit 1951. Hrsg.: UNESCO und internationaler Archivrat. – Archivalische Zeitschrift (Archival Z). Hrsg. v. Bayerischen Hauptstaatsarchiv München. Seit 1876. – Der Archivar. Seit 1947/48. Organ des Vereins deutscher Archivare, bringt Protokolle der Archivtage.

Wichtige Beiträge enthalten folgende Festschriften: Archivar und Historiker. Fs. H. O. MEISNER. 1956. – Forschung aus mitteldeutschen Archiven. Fs. H. KRETZSCHMER. 1953.

Zum Kassationsproblem bei modernen Akten: J. H. COLLINGRIDGE: The selection of archives for permanent preservation. Archivum 6/1956. – R. MORSEY: Wert und Masse des schriftlichen Quellengutes als Problem der historischen Forschung. Archivar 24/1971.

Kirchliches Archivwesen: Für die katholische Kirche A. PALESTRA/A. CICERI: Lineamenti di archivistica ecclesiastica. 1965. – W.F. LOUIS: Diocesan Archives. 1941. – Führer durch die Bistumsarchive der katholischen Kirche in der Bundesrepublik Deutschland und in Westberlin. 1977. Für die evangelische Seite: Handbuch des kirchlichen Archivwesens. I. Die zentralen Archive in der evangelischen Kirche. [3]1986.

Privatarchive: Grundlegend H. O. MEISNER: Privatarchivalien und Privatarchive. Archival Z 55/1959. – H. F. FRIEDERICHS: Familienarchive in öffentlichem und privatem Besitz. 2 Bde. 1977. – Von den vielen regionalen Verzeichnissen privater Archive rel. vollständig die Reihe: Inventare der nichtstaatlichen Archive der Provinz Westfalen. 1900 ff. – Über eine Vielzahl von Nachlässen unterrichtet das Verzeichnis der schriftlichen Nachlässe in deutschen Archiven und Bibliotheken. Bd. I, bearb. v. W. A. MOMMSEN, 2 Teile, 1971, 1983; Bd. II, bearb. v. T. BRANDIS, [2]1981. – Wirtschaft: Business Archives. Studies on international practices. 1983. – K. VAN EYLL u. a. (Hrsg.): Deutsche Wirtschaftsarchive. 3 Bde. 1978 – 1991. Seit 1967/68 erscheinen die Mitteilungsblätter für das Archivwesen der Wirtschaft. – Gewerkschaften: Labour and trade union archives/Les Archives des syndicats et mouvement ouvriers. New York, London, Paris 1980.

Internationale Archivverzeichnisse: P. WENTZCKE/G. LÜDTKE (Hrsg.): Handbuch der Archive. 2 Bde. [2]1974, bringt alphabetisch nach Orten Archive der baltischen und skandinavischen Staaten, der Niederlande, Luxemburgs und des deutschen Sprachraums. – D. H. THOMAS/L. M. CASE (Eds.): The New Guide to the Diplomatic Archives of Western Europe. Philadelphia/Pa. 1975. Auf die großen Archive beschränkt, aber viel weiterführende Literatur. – Minerva-Handbücher: Archive. Archive im deutschsprachigen Raum. 2 Bde. [2]1974.

Inventare wichtiger Archive. Literatur: W. LEESCH in den Bll. f. dt. LandesG. seit 1956, bis 1958 jährlich, danach in Mehrjahresabständen, zuletzt 1972, 1977, 1983, 1990. – F. P. KAHLENBERG: Deutsche Archive in West und Ost. 1972. – Österreich und altes Reich: L. BITTNER: Gesamtinventar des Wiener Haus-, Hof- und Staatsarchivs. 5 Bde. 1936 – 1940. Viel Verwaltungsgeschichte. –

Preußen: Übersicht über die Bestände des Geheimen Staatsarchivs zu Berlin-Dahlem. Bearb. v. E. MÜLLER u. a. 3 Bde. 1934 – 1936. Gilt noch für die heute größtenteils in Merseburg liegenden Bestände; Ausnahmen: Das im Krieg vernichtete Heeresarchiv (Abtlg. III) und die in Dahlem verbliebenen Teile. Für letztere: Übersicht über die Bestände des Geheimen Staatsarchivs in Berlin-Dahlem. Bearb. v. H. BRANIG u. a. 2 Bde. 1966, 1967. – Das Reich von 1871 brachte es erst nach 1919 zu einem Zentralarchiv. Über dieses H. ROGGE: Das Reichsarchiv. Archival Z 35/1925. – Der Großteil der erhalten gebliebenen Akten liegt heute in Postdam, Verzeichnis: H. LÖTZKE/H. BRATHER: Übersicht über die Bestände des Deutschen Zentralarchivs Potsdam. 1957. – Das Bundesarchiv und seine Bestände. [3]1977. Teile von Registraturen früherer Reichsbehörden, die außer den Akten der Bundesministerien im Bundesarchiv liegen. – Große Archivbestände des „Dritten Reiches" gelangten in die USA und wurden dort verfilmt. Verzeichnis: Guides to German records microfilmed at Alexandria, bisher 84 vols. Washington 1958 – (1985). Kopien der Filme sind käuflich. Die Akten liegen inzwischen im Bundesarchiv/Militärarchiv Freiburg. – Ähnlich erging es den Akten des Auswärtigen Amtes; es entstanden folgende Verzeichnisse: A Catalogue of files and microfilms of the German Foreign Ministry Archives 1867 – 1920. The American Hist. Assoc. Comm. for the study of War Documents. Oxford 1959. Nachdruck New York 1970. – G. O. KENT: A Catalogue of files and microfilms of the German Foreign Ministry Archives 1920 – 1945. 4 vols. Stanford 1962 – 1972. – Über den gegenwärtigen Zustand der Akten berichtet H. PHILIPPI: Das Politische Archiv des Auswärtigen Amtes. Rückführung und Übersicht über die Bestände. Der Archivar 13/1960.

Französische Archivinventare: Grundlegend CH. LANGLOIS/H. STEIN: Les Archives de l'histoire de France. Paris 1891. – Ministère des Relations extérieures. Les archives du Ministère des Relations extérieures depuis les origines. Histoire et guide. 2 voll. Paris 1984 – 1985. – Les Archives Nationales. 4 voll. Paris 1978 – 1980. – Großbritannien: Public Record Office Lists and Indexes. 55 vols. London 1892 – 1936. Dazu Supplementary Series. Nr. 13, bisher 28 vols. New York, seit 1963. Index to the Correspondence of the Foreign Office for the Year 1920 – 1952. Nendeln 1969 – 1982. Das P.R.O. ist das Zentralarchiv Großbritanniens. V. H. GALBRAITH: An introduction to the use of the Public Records. Oxford 1971. – Vatikan: K. A. FINK: Das Vatikanische Archiv. [2]1951. – USA: Den Aufbau der National Archives Washington und darüber hinaus des gesamten Archivwesens schildert E. POSNER: American State Archives. Chicago 1964. – D. R. MACCOY: The National Archives. Chapel Hill 1978. – Archivwesen der Sowjetunion: P. K. GRIMSTED: Archives and Manuscript Repositories in the USSR. 2 vols. Princeton 1972 – 1981. – Internationale Institutionen: Guide des archives de la Société des Nations 1919 – 1946. Genf 1977. – Guide to the archives of international organizations. Hrsg.: UNESCO. 3 vols. Paris 1984 – 1985.

δ) Stilmerkmale des Aktenschriftstücks

In welchem Sinne wir bei geschäftlichen Schriftstücken von Stil sprechen können, muß erläutert werden. Wir sind gewohnt, diesen

Begriff auf künstlerische und literarische Werke anzuwenden und
darin neben traditionsbedingten und zeittypischen Zügen hauptsächlich den persönlichen Ausdruck des Schaffenden zu sehen.
Alles dies läßt sich auf Akten nicht ohne weiteres anwenden. Wenn
wir uns erinnern, was wir über die Entstehung von Aktenschriftstücken erfahren haben, dann ist klar, daß wir bei ihnen nicht
einmal in der Weise vom geistigen Eigentum des Verfassers sprechen
können, wie wir es bei literarischen Werken tun. Wer ist der Verfasser eines zweimal revidierten Berichts?

Wir können demnach unter dem Stil geschäftlicher Schriftstücke
nur ganz allgemein ihre äußere und sprachliche Form verstehen.
Diese Form mag in hohem Grade zeittypisch und insofern „Stil" im
künstlerischen Sinne sein. Sie mag auch in manchen Fällen deutlich
das Bild ihres Urhebers zeigen; die „Nassauer Denkschrift" STEINS
vom Juni 1807 etwa ist ein wichtiges Zeugnis für Gedankenwelt und
Charakter dieses Mannes. Wesentlich für die Form geschäftlicher
Schriftstücke ist etwas anderes: Ihr Stil ist gebunden, ist bestimmt
durch Vorlagen und **Vorschriften**. Diese Bindung ist grundsätzlich
anderer Art als die Abhängigkeit eines Dichters von literarischen
Vorbildern: Die Einhaltung vorgegebener Formen hängt zwingend
mit dem geschäftlichen Zweck zusammen. Daß der russische Zar es
ablehnte, den französischen Kaiser NAPOLEON III. (1808 – 1873) in
Briefen mit *„frère"* anzureden, wie er es bei den anderen Herrschern
seiner Zeit tat, war nicht in erster Linie Ausdruck persönlicher
Empfindung, sondern politisches Programm: Für ALEXANDER II.
(1818 – 1881) gehörte NAPOLEON III. nicht zur *„famille des rois"*,
weil er seine Krone nicht ererbt, sondern durch Volksbefragung und
Putsch erworben hatte. Für diesen Wesenszug des Stils von Aktenschriftstücken ist es charakteristisch, daß neuzeitliche ähnlich wie
mittelalterliche Kanzleien ihre **Formularbücher** hatten, an denen
man sich im Einzelfall orientierte.

Die Form geschäftlicher Schriftstücke kann unter zwei Gesichtspunkten betrachtet werden. Wir können einmal die einzelnen Bestandteile auf ihre Stileigentümlichkeiten befragen. MEISNER bezeichnet dieses Vorgehen als **analytische Aktenkunde**. Quellenkundlich wichtiger ist das andere Verfahren, die **systematische Aktenkunde**: Wir betrachten das Aktenschriftstück als Ganzes, bestimmen aus den Stilmerkmalen einen Typ und ordnen es ein in ein
System solcher Typen. Die Erkenntnisse, die wir auf diesem zweiten
Wege gewinnen, haben direkten Wert für die Interpretation des
Inhalts von Aktenschriftstücken.

Leitender, weil praktisch wichtigster Gesichtspunkt der systematischen Aktenkunde ist das Rangverhältnis von Aussteller und Empfänger. Wir sprechen von Schriftstücken der **Überordnung**, wo der Aussteller im Geschäftsgang höher steht als der Empfänger. Beim umgekehrten Verhältnis ergeben sich Schriftstücke der **Unterordnung**. Schriftstücke der Gleichordnung richten sich an Empfänger, deren Rang demjenigen des Ausstellers gleich ist. Es verbleibt schließlich eine Gruppe von neutralen Schriftstücken, die sich in dieses System nicht eingliedern lassen: Schriftsätze ohne Empfänger wie etwa Protokolle.

Die systematische Aktenkunde im Sinne MEISNERS verwendet als weitere Einteilungsmöglichkeit die Person, in welcher der Aussteller von sich selbst spricht: Der Kanzleistil oder **stilus curiae** verwendet das feierlich distanzierte *„Wir"*, während *„Ich"* zum Briefstil, **stilus litterae** gehört. Der nüchtern-geschäftliche **stilus relativus** spricht vom Aussteller in der dritten Person: *„Seine fürstlichen Gnaden haben angeordnet…"*, oder modern: *„Der Hauptausschuß empfiehlt dem Stadtrat…"*. Gegenüber dem Gesichtspunkt der Rangordnung haben diese Unterscheidungsmerkmale jedoch nur dienende Aufgaben.

Schriftstücke der Überordnung pflegen wir mit einem allgemeinen Ausdruck **Verfügungen** zu nennen. Ihr ganzes Äußeres hat bis weit ins vorige Jahrhundert hinein den Zweck, den höheren Rang des Ausstellers sinnenfällig zu machen. Fürstliche oder auch behördliche Verfügungen der absolutistischen Zeit begannen mit dem Titel des Herrschers, der normalerweise in stark vergrößerter Zierschrift gegeben wurde. Der Text schloß sich dicht an den Titel an, er nahm bis auf einen mäßigen Rand die ganze Breite des Blattes ein. Die Unterschrift oder Unterschriften folgten in verhältnismäßig kurzem Abstand auf das Datum, mit dem der Text endete. Der untere Teil des Blattes blieb ganz frei.

Daß hier bewußte Absicht am Werk war, lehrt der Vergleich mit dem Gegenstück, dem Bericht **(Relation)** einer untergeordneten Dienststelle oder der Eingabe **(Supplik)** eines Privatmannes. Beide Formen beginnen mit der deutlich hervorgehobenen ehrerbietigen Anrede an den Fürsten, häufig eingeleitet durch eine Formel, welche die Dienste des Schreibenden anbietet, auch wo nur eine unter dem Titel des Herrschers schreibende Behörde angeredet wurde. Dann blieb erst einmal bis zu einem Drittel der Seite frei als „Respects-Spatium", wie man im 17. Jahrhundert sagte. Der Rand umfaßte die ganze linke Blatthälfte, um Platz für Marginalien zu lassen. Diese Gewohnheit hat sich wegen ihrer Zweckmäßigkeit bis in unser Jahrhundert erhalten. Die Unterschrift stand ganz am unteren Rand der letzten Seite, eingeleitet durch eine formelhafte Bekundung der Ehrfurcht, in der nie die Worte *„unterthänigster Diener"* fehlten. Um diese Stellung der Unterschrift, gewissermaßen die zu Papier gebrachte Verbeugung, deutlich ins Auge fallen zu lassen, blieb der untere Teil des letzten Blattes mindestens bis zum Drittel der Höhe unbeschrieben oder enthielt nur die **„Courtoisie"**, wie wir die einleitende Formel vor der Unterschrift nennen. Ihren Platz erhielt im 19. Jahrhundert der sogenannte **„Devotionsstrich"**. Er lief vom Schluß des Textes bis vor die Unterschrift. In der preußischen Verwaltung zog man ihn mit dem Lineal.

In der absolutistischen Zeit erließen auch Behörden ihre Verfügungen unter dem Titel des Fürsten, und zwar nicht nur die Zentralbehörden. Für das Selbstverständnis der Zeit ist dies kennzeichnend. Praktisch konnte ein damaliger Herrscher jedoch nicht alles unterschreiben, geschweige denn zur Kenntnis nehmen, was unter seinem Namen die Kanzlei verließ. Es entstanden verschiedene Formen der **stellvertretenden Unterschrift**. Die seltenste war die nicht angekündigte Unterschrift eines Beamten an der Stelle, wo man die Hand des Fürsten vermutete. Häufiger war die Einführung dieser Unterschrift durch einen Vermerk, der den Betreffenden als Beauftragten des Fürsten kennzeichnete. *„Auf Se. königl. Majestät allergnädigsten Specialbefehl"* lautete die Formel in Preußen. Das knappe *„i.A."* vor der Unterschrift auf geschäftlichen Schreiben unserer Tage ist der legitime Nachfahre solcher Vermerke. Die stellvertretenden Unterschriften konnten schließlich bei kollegialisch aufgebauten Behörden dadurch angekündigt werden, daß auf den Text der Verfügung als eigener Abschnitt der Titel der Behörde folgte.

Verfügungen konnten in der ersten Person Plural, der ersten Person Singular oder der dritten Person gehalten sein. Die erste Form war die feierlichste. Wir nennen sie **Reskript** oder Mandat. Der zweite Name deutet an, daß hier die Form der spätmittelalterlichen Urkunde weiterlebt. Deren Bestandteile findet man tatsächlich Punkt für Punkt im Reskript des absolutistischen Staates wieder mit einigen Änderungen, die sich aus dem Mitteilungscharakter des Reskripts ergeben. So ist aus der kurzen salutatio eine förmliche Anrede entwickelt worden, für deren Wortlaut es einen reichen Schatz an Formeln gab, damit je nach dem gesellschaftlichen und amtlichen Rang des oder der Empfänger die passende Anrede gewählt werden konnte. Die Poenformel kehrt wieder in Wendungen wie *„Wonach Ihr Euch bei Vermeidung Unserer höchsten Ungnade zu achten habt"*, kann aber auch positiv gewandt werden in eine Zusicherung der fürstlichen Gnade.

Weniger aufwendig in der Form und deshalb für Routineaufgaben bevorzugt war das **Dekret**. Es war stilo relativo, also in der dritten Person abgefaßt und sprach vom Fürsten, statt ihn selbst sprechen zu lassen. Das erlaubte es, den Formalitäten aus dem Wege zu gehen und sich auf das sachlich Wichtige zu beschränken. Dennoch gibt es Dekrete sowohl mit vertretender Unterschrift als auch vom Fürsten selbst unterzeichnet.

Dem Dekret formal ähnlich ist der **Registerextrakt**. Diese Verfügungsform wurde von kollegialischen Institutionen verwandt, die laufend ein Protokoll führten: Man sandte dem Empfänger eine Abschrift des ihn betreffenden Protokollpunktes; die Unterschrift stammte von einem Sekretär und hatte nur die Richtigkeit der Abschrift zu beglaubigen. Frühneuzeitliche Stadtmagistrate, die Generalstaaten der Niederlande, bei manchen Gelegenheiten auch das Conseil des absolutistischen Frankreich verwandten diese Form.

Die Merkmale des ursprünglich privaten Briefes, des fürstlichen „Handschreibens", wurden auch zu Verfügungszwecken angewandt. „Handschreiben" muß nicht notwendig ein eigenhändiges Schriftstück sein; dieser Ausdruck bezeichnet nur eine Form, bei der stellvertretende Unterschrift nicht möglich war wegen ihrer Herkunft aus der privaten Korrespondenz. Schon durch sein Format unterscheidet sich das Handschreiben von den üblichen Aktenschriftstücken: Während diese auf Foliobögen geschrieben wurden, nahm man für Handschreiben das merklich kleinere Quartformat. Noch heute falten viele Menschen für ihre privaten Briefe das handels- und geschäftsübliche DIN-A 4-Blatt und stellen sich so ein kleineres Format her.

Das Handschreiben beginnt nicht mit dem Titel des Ausstellers, sondern mit einer relativ knappen, unzeremoniösen, aber möglichst etwas persönlich getönten Anrede. Ihr entspricht am Schluß die **Courtoisie**, die vom Text zur Unterschrift überleitet. Sie wurde bei nicht eigenhändigen Briefen häufig mit der Unterschrift eigenhändig geschrieben. Der persönliche, weniger förmliche Charakter des Handschreibens zeigt sich vor allem darin, daß der Schreibende von sich selbst mit *„ich"*, nicht mit *„Wir"* spricht.

Handschreiben mit der Bedeutung von Verfügungen gab es gelegentlich immer schon in der halb privaten, halb dienstlichen Korrespondenz zwischen Fürsten und hochgestellten, hochadligen oder gar selbst fürstlichen Beamten. Ein regelmäßig verwandtes Instrument der Verwaltung machte daraus der preußische Hochabsolutismus seit FRIEDRICH WILHELM I. (1688 – 1740). Die **Kabinettsorder** – so nennen wir diesen Typ der Verfügung – ist das kennzeichnende Dokument der Kabinettsregierung. Ihre nüchterne, ganz auf das Sachliche konzentrierte Knappheit entspricht dem Stil von Fürsten, die mit ihren Zentralbehörden durchweg schriftlich verkehren, deshalb selbst wie Verwaltungsbeamte arbeiten und für Formalitäten weder inneres Verständnis noch Zeit haben. Dabei ist der Ton verbindlich, die Anrede *„Mein lieber…"* und die Courtoisie *„Euer wohlaffectionirter König"* sind gar nicht auf Distanz gestimmt. Als Schriftstück der Überordnung gibt sich die Kabinettsorder dafür durch ihre Schriftverteilung zu erkennen: Der meist sehr kurze Text beginnt dicht am oberen Rand des Blattes, die Unterschrift steht dicht unter dem Text, während unter ihr bis zu zwei Drittel des Blattes freibleiben.

Schriftstücke der Gleichordnung sind in den Akten der Verwaltung in der Minderheit, weil alle Verwaltungen ihrem Wesen nach hierarchisch aufgebaut sind. Von grundsätzlicher Gleichrangigkeit bestimmt ist demgegenüber seit seiner Entstehung der Lebensbereich der privaten **Wirtschaft**. Hier verhandeln nicht Vorgesetzte und Untergebene miteinander, sondern Lieferant und Kunde. Ein „höfisches" Stilmerkmal ist allerdings auch dem Geschäftsbrief selbst unserer Tage eigen: der **Briefkopf** mit dem Namen der eigenen Firma. Seine innere Verwandtschaft mit der Intitulatio fürstlicher Reskripte gibt sich deutlich zu erkennen in dem offensichtlichen Bestreben, repräsentativ und imponierend zu wirken. Im übrigen ist der Stil des **Geschäftsbriefs** aber vornehmlich durch Verbindlichkeit gekennzeichnet. Der Aussteller befindet sich eher in der Stellung des Rangniederen, wenn er dem *„sehr geehrten"* Geschäftspartner seine *„vorzügliche Hochachtung"* ausdrückt. Forderungen, auch wenn sie ganz unabweisbar und notfalls gerichtlich zu erzwingen sind, werden in die Form einer Bitte gekleidet.

Die wichtigste Form der Korrespondenz unter Ranggleichen im amtlich-politischen Bereich ist der unmittelbare Briefwechsel zwischen **Fürsten**. Vorherrschende Form ist seit dem 17. Jahrhundert das Handschreiben, auch für Aufgaben wie die Beglaubigung eines Botschafters. Es wird vorzugsweise französisch abgefaßt. Kennzeichnend für Anrede und Courtoisie solcher Schreiben ist die fiktive Verwandtschaftsbezeichnung für den Empfänger. Fürsten gleichen Ranges werden mit „*frère*", niedriger gestellte mit „*cousin*" angeredet. Es war ein eindeutiger diplomatischer Erfolg, daß es beispielsweise dem brandenburgischen Kurfürsten um die Mitte des 17. Jahrhunderts gelang, vom französischen König mit „*frère*" angeredet zu werden. Nichtfürstliche Staatsoberhäupter wurden „*Grand et bon ami*" genannt. Es sei in diesem Zusammenhang nochmals an das weiter oben über die Schreiben des russischen Zaren an Napoleon III. Gesagte erinnert; hier hieß die Anrede: „*Sire et bon ami!*".

Das 16. Jahrhundert verwandte für die Fürstenkorrespondenz eine charakteristisch abgewandelte Form des Kanzleischreibens: Der Titel wanderte vom Beginn an den Schluß des Textes, wo er als eigener Abschnitt stand. Das Schreiben begann so mit einer **Diensterbietung** ähnlich wie Relationen, nur verlor diese Formel ihren unterwürfigen Charakter: Nicht „*schuldige*", sondern „*freundliche*" Dienste bot man dem fürstlichen Briefpartner an. Im Text redete man den Empfänger nicht direkt an, sondern schrieb „*Euer Liebden*" (E.Ld.), mit der dritten Person Plural verbunden.

Diese Formel geht auf das „*Vestra caritas*" mittelalterlich-lateinischer Briefformelbücher zurück und ist ein Beispiel für die bis in unser Jahrhundert auftretenden verschiedenen Formen der **indirekten Anrede** in der dritten Person. Diese Sprech- und Schreibweise wirkt Distanz schaffend und ist meist ein Ausdruck von Ehrerbietung oder Höflichkeit. Fürsten wurden von niedriger Gestellten je nach ihrem Rang mit „*Eure fürstlichen Gnaden*" (E.f.Gn.) oder „*Eure Majestät*" angeredet; dazwischen gab es noch mancherlei Schattierungen. Auch als Höflichkeitsgeste unter Gleichgestellten gab es die indirekte Anrede. „*Der Herr Bruder wolle mich gütigst wissen lassen...*", das war der Ton, in dem etwa die Geheimen Räte eines Fürsten im 17. Jahrhundert untereinander korrespondierten. Das oft zitierte „*er*" der preußischen Verwaltungs- und Kommandosprache war ursprünglich ähnlich gemeint, verschob aber seine Bedeutung, weil es nur auf Untergebene angewandt wurde. Das führte zu der Gewohnheit, den Plural zu verwenden, wo man höflich sein wollte; so entstand die heute allgemein übliche Art der Anrede.

Mit der eben erwähnten Korrespondenz unter Geheimen Räten haben wir bereits ein weiteres Beispiel für Schreiben unter Gleichrangigen innerhalb der Verwaltung: das **„Anschreiben"** oder „Requisitional" eines Beamten oder einer Behörde an eine gleichgestellte Person oder Institution. Grundsätzlich auf der Ebene der Gleichberechtigung spielen sich auch Verhandlungen zwischen einem Außenminister und dem diplomatischen Vertreter eines anderen Landes ab. Ihre am weitesten ausgebildete Form ist die **Note**, sie wird vom Absender unterschrieben. Nicht unterzeichnet, sondern nur von einer Courtoisie abgeschlossen ist dagegen die Verbalnote, während beim **Aide-mémoire** oder Memorandum auch diese Höflichkeitsformel wegfällt. Das erklärt sich daraus, daß beide Arten von Schriftstücken nur ergänzend verwandt werden, um den Inhalt einer mündlichen Erklärung dem Verhandlungspartner auch schriftlich zukommen zu lassen. Daher werden diese Mitteilungen durchweg stilo relativo verfaßt: Der Absender spricht von sich in der dritten Person. Ergänzende Funktion hatte ursprünglich auch die Note, wie ihr älterer, bis ins 18. Jahrhundert üblicher Name Promemoria zeigt. Sonderformen der Note sind die **Zirkularnote**, mit denen eine Regierung sich auf dem Wege über ihre Diplomaten an mehrere Verhandlungspartner zugleich wendet, und die **Kollektivnote**, welche die Unterhändler mehrerer Staaten gemeinsam an eine Regierung richten. Weniger auffällig können mehrere Regierungen eine gemeinsame Absicht verfolgen, indem sie durch ihre diplomatischen Vertreter inhaltlich oder gar wörtlich **identische Noten** an einen Verhandlungspartner leiten.

Das **Protokoll**, dem wir in den bisherigen Ausführungen schon mehrmals begegneten, gehört zu den neutralen Aktenschriftstücken im Sinne der systematischen Aktenkunde: Wir können über das Verhältnis Aussteller – Empfänger nichts aussagen, weil Protokolle zum „Binnenlauf" der Institution gehören, bei der sie entstehen; einen „Empfänger" haben sie nicht. Zu ihren festen stilistischen Bestandteilen gehören Ort und Zeit der aufgezeichneten Verhandlung, Name der verhandelnden Institution, meist eine Anwesenheitsliste, oft auch die Tagesordnung.

Wir können daraus den Hauptzweck des Protokolls entnehmen: Es wird überall dort verwandt, wo mündliche Verhandlungen einer Gruppe von Personen schriftlich festgehalten werden müssen. Die Sitzungen eines Parlaments sind ebenso eine solche Gelegenheit wie die Tagung eines Verbandes, die regelmäßigen Konferenzen einer kollegialisch organisierten Behörde oder Mitarbeiterbesprechungen eines größeren Wirtschaftsunternehmens.

Inhaltlich müssen wir die wörtliche Verhandlungsmitschrift vom Ergebnis- oder **Beschlußprotokoll** unterscheiden. Die erstere Form gibt es praktisch erst seit der Wiederentdeckung der Kurzschrift im vorigen Jahrhundert. Die Sekretäre früherer Zeiten haben allerdings Erstaunliches darin geleistet, neben den Beschlüssen auch den Gang einer Debatte in den Hauptargumenten stichwortartig festzuhalten. Ein solches Protokoll oder gar eines, das nur die Ergebnisse verzeichnet, hat als Quelle einen geringeren Wert als die wörtliche Mitschrift. Wir erfahren wenig oder nichts über die Motive der Beschlüsse.

Das Begriffssystem Entwurf – Ausfertigung – Abschrift läßt sich auf Protokolle nicht anwenden; für eine Verhandlungsmitschrift gibt es kein Konzept. Wir werden den unmittelbar während der Verhandlung niedergeschriebenen Wortlaut „**Urschrift**" nennen, auch wenn er „konzeptweise" auf halbbrüchige Blätter geschrieben ist, großenteils aus Stichworten besteht und an formaler Sauberkeit zu wünschen übrig läßt. Alle späteren Fassungen müssen wir als Abschriften oder, wenn sie einen anderen Text bieten, als Bearbeitungen bezeichnen. Kompliziert werden die Verhältnisse jedoch durch die verbreitete Gewohnheit, Protokolle durch die Unterschrift des Verhandlungsleiters zu **beglaubigen**. Man nimmt dazu normalerweise eine nachträglich angefertigte Reinschrift, die oft eine Bearbeitung darstellt. Durch die Unterschrift wird sie jedoch zur authentischen Form des Protokolls und zur Grundlage der weiteren Geschäfte.

Zwischen den eigentlichen Protokollen, die wenigstens im Kern bei der Verhandlung selbst entstanden, und den **nachträglichen Niederschriften** aus dem Gedächtnis müssen wir grundsätzlich unterscheiden. Zum zweiten Typ gehört das berühmte sogenannte „Hoßbach-Protokoll" von 1937 mit programmatischen Äußerungen HITLERS über den geplanten Krieg.

Mit dem Protokoll verwandt ist die **Aktennotiz**, die meist kurze, unmittelbar anschließende Aufzeichnung von geschäftlich wichtigen Ereignissen, die selbst keinen schriftlichen Niederschlag gefunden haben. Gegeben hat es diese Form immer schon, etwa zum Fixieren mündlich erteilter Weisungen. In jüngster Zeit hat die Aktennotiz an Wichtigkeit gewonnen als Mittel, das Ergebnis wichtiger Telefongespräche schriftlich festzuhalten. Ihre formalen Merkmale sind schlicht, entsprechend dem rein internen Gebrauch: als Überschrift der Betreff, im Kopf oder auch unter dem Text das Datum, unten die Paraphe des Verfassers.

In ihrer Bedeutung und Form der Aktennotiz verwandt, aber auch dem Bericht ähnlich ist die **Denkschrift** oder, wie die ältere lateinische Behördensprache sie nannte, das Promemoria. Denkschriften enthalten die Beurteilung bestimmter Sachprobleme, die eine Behörde beschäftigen, durch einen Beamten dieser Behörde.

Zu den Akten des Binnenlaufs gehören die verschiedenen Formen der **Geschäftsbücher**. Soweit die Eintragungen in ihnen die Bedeutung von Urkunden haben, wie bei den Grundbüchern, haben wir sie im Kapitel über die Urkunde behandelt. Gemeinsame Eigenschaft fast aller Geschäftsbücher ist es, daß sie nicht verfaßt, sondern geführt werden, das heißt, daß ihr Inhalt im Laufe der Zeit aus einzelnen Eintragungen erwächst. Man kann das gesamte Buch mit einem Aktenband, die einzelnen Eintragungen mit den Aktenschriftstücken vergleichen.

Eine Quellengruppe, die wegen der Schwierigkeiten der Behandlung wenig Beachtung findet, obwohl sie besonders dem Wirtschaftshistoriker mancherlei Kenntnisse vermitteln kann, sind die Geschäftsbücher und -karteien des finanziellen Bereichs, die Hilfsmittel der Buchhaltung in Wirtschaft und Verwaltung. Eine sinnvolle Beschäftigung mit solchen Quellen setzt Grundkenntnisse in Buchführung voraus.

Geschäftsbücher spielen jedoch auch auf anderen Gebieten eine Rolle, namentlich in der Verwaltung. Die Ein- und Ausgangsbücher von Behörden interessieren hauptsächlich den Verwaltungshistoriker, dem sie Material über Umfang und Art der Geschäfte bieten. Um die Lücken eines bruchstückhaft überlieferten Aktenbestandes in ihrer Bedeutung abschätzen zu können, sind Ein- und Ausgangsbücher eine Hilfe.

Wo Protokolle regelmäßig entstehen, werden sie häufig in Bücher eingetragen. Tagebücher über ihre Missionen führten viele Diplomaten des 16. und 17. Jahrhunderts. Dies hängt damit zusammen, daß es damals noch kein ständiges Gesandtschaftswesen gab, sondern Gesandte von Fall zu Fall mit bestimmtem Auftrag reisten. Bei ihrer Rückkehr hatten sie normalerweise einen Schlußbericht zu erstatten, als Unterlage für diesen wurde das „Diarium" geführt. Solche Tagebücher enthalten meist mehr Details als die laufenden Relationen, oft geben sie uns ein Bild von den gesellschaftlichen Verhältnissen der Zeit.

Wichtige buchförmige Quellen sind schließlich die **Kriegstagebücher** militärischer Kommandobehörden. Bekanntes Beispiel ist das Kriegstagebuch des Oberkommandos der Wehrmacht aus dem Zweiten Weltkrieg. Es bietet Tag für Tag, seit 1944 stärker zusammenfassend, eine Schilderung des Kriegsgeschehens aus der Sicht der beim OKW eingehenden Berichte. Solche zur Orientierung für

die Befehlstätigkeit, aber auch als Unterlage späterer Kriegsge-
schichtsschreibung geführten Geschäftsbücher militärischer Organe müssen wir klar unterscheiden von den grundsätzlich privaten
Aufzeichnungen einzelner Kriegsteilnehmer, die häufig auch
„Kriegstagebuch" genannt werden. Ihr Quellenwert mag bedeutend
sein, wie es etwa beim Tagebuch HALDERS der Fall ist. Als General-
stabschef des Heeres von 1938 bis 1942 stand er inmitten der kriegerischen Ereignisse. Obwohl seine Aufzeichnungen stilistisch dem
Kriegstagebuch eines Stabes ähneln, müssen wir sie doch davon
unterscheiden und als persönliches Zeugnis nehmen.

Literatur

Vgl. die bei B III 2 c) β) genannten Werke, besonders MEISNER: Archivalienkunde; über Protokolle BECKER.
   Geschäftsbücher als Quellen, Kaufmännisches: B. PENNDORF: Geschichte
der Buchhaltung in Deutschland. 1913. − Gutes Beispiel eines Gesandten-
Tagebuchs: Diarium des kurbrandenburgischen Diplomaten WILHELM V. LÖ-
BEN über seine Gesandtschaft nach Wien 1657, in: Urkunden und Actenstücke
zur Geschichte des Kurfürsten Friedrich Wilhelm von Brandenburg, 8. Bd.,
hrsg., v. B. ERDMANNSDÖRFFER. 1884. − Geschäftstagebuch einer hohen Kom-
mandobehörde: Kriegstagebuch des Oberkommandos der Wehrmacht (Wehr-
machtsführungsstab) 1940 − 1945. Hrsg. v. P. E. SCHRAMM. 4 Bde. 1961 − 1965.
2 Nachträge: 1969, 1979.

ε) Gedruckte Verwaltungshilfsmittel

Bisher haben wir lediglich die hand- oder maschinenschriftlich ent-
standenen Akten im Auge gehabt. Daneben benutzte und benutzt
man aber im Geschäftsleben, vor allem in Justiz und Verwaltung,
vervielfältigte oder gedruckte Schriftstücke verschiedener Art.
   Vorweg müssen wir uns folgenden Unterschied vor Augen führen: Die Begriffe **Druck** und Vervielfältigung im technischen Sinne
besagen nicht dasselbe wie **Veröffentlichung** im verlagsrechtlichen
Sinne, die in der Alltagssprache oft gemeint ist, wenn das Wort
Druck verwandt wird. Für unsere Erörterung verwenden wir den
rein technischen Sinn der Begriffe, denn viele der Schriftstücke, die
wir behandeln werden, entstammen zwar der Druckerpresse, sind
oder waren aber nicht oder nur eingeschränkt für die Öffentlichkeit
bestimmt.
   Wichtigste Form der Druckschriften, die in öffentlichen und
privaten Geschäften benutzt werden, sind Gesetz und **Gesetzes-**

sammlungen. Normalerweise muß ein Beamter die Gesetzestexte
stets zur Hand haben, die für seinen Geschäftsbereich gelten. Neben
den offiziellen, für rechtlich notwendige Veröffentlichung von Gesetzen bestimmten Gesetzesblättern sind für die Praxis Zusammenfassungen der einzelnen Rechtsgebiete wichtig. Gedruckte Sammlungen der geltenden Gesetze kannte schon das 17. Jahrhundert. Sie
wurden meist von privaten Herausgebern, aber auf Grund eines
staatlichen Privilegs veröffentlicht.

Neben dem Gesetzestext werden Beamte und private Geschäfts-
leute häufig Schriften benötigen, die damit zusammenhängen und
zur juristischen Fachliteratur gehören: **Kommentare** und wichtige
Gerichtsurteile. Zum Verständnis bestimmter Sachverhalte der Ver-
fassungs- und Rechtsgeschichte, aber auch des politischen Geschehens wird der Historiker nicht ohne diese Hilfsmittel auskommen
können: ein einzelnes Beispiel für die Verbindungen unserer Disziplin zu anderen, in diesem Fall zur Jurisprudenz.

Ähnlich wichtig für die Arbeit von Behörden wie Gesetze sind
Verfügungen der vorgesetzten Instanz. Soweit diese über den Einzelfall hinaus galten, gingen schon im 18. Jahrhundert die Zentralbehörden dazu über, Verfügungen in „Intelligenzblättern" gedruckt
ihren Unterbehörden mitzuteilen. Unter dem Namen **Amtsblätter**
gibt es diese Einrichtung noch heute.

Eine wichtige Rolle spielen vervielfältigte Schriftstücke in der
Arbeit der **Parlamente**. Da sind zunächst die sinngemäß oder wörtlich veröffentlichten Texte der Debatten. Darüber hinaus muß aber
der einzelne Abgeordnete im Bundestag oder auch in einem Stadtrat
über die Sachen unterrichtet sein, zu denen Beschlüsse gefaßt werden sollen. Einen Antrag in einer möglicherweise verwickelten An-
gelegenheit, den Bericht eines Ausschusses muß er vor der parlamentarischen Debatte gelesen haben; zumindest muß ihm die Gelegenheit geboten werden. Das läßt sich je nach Größe des beschlie-
ßenden Personenkreises nur durch Vervielfältigung oder gar durch
Druck ausführen.

Eine Art gedruckter Verwaltungshilfsmittel, die für den Historiker eine erstrangige Quelle zu allen personalpolitischen Fragen
bedeuten, sind die **Organisationshandbücher**, wie wir sie zusammenfassend nennen wollen. Es handelt sich hier um periodisch,
meist jährlich erscheinende Bücher, welche den Aufbau einer oder
mehrerer Organsiationen darstellen und dabei deren Personal aufführen. Wichtigstes Beispiel dieser Quellengruppe sind die Staats-
handbücher wie das seit 1794 erschienene „Handbuch für den kö-

niglich preußischen Hof und Staat", das jährlich das Personal der Hofämter und Behörden brachte. Es änderte 1918 seinen Titel durch Auslassen der Bestandteile „königlich" und „Hof" und erschien bis 1938. Die alte Form des Titels ist charakteristisch für die Entstehung der Verwaltung in Preußen wie vielfach anderswo aus der Sphäre des absolutistischen Hofes. Auch für den militärischen Bereich gibt es ähnliche Bücherserien; sie heißen hier **Ranglisten**.

Für die Wirtschaft und andere private Lebensbereiche gibt es wegen ihres grundsätzlich unsystematischen Aufbaus nichts direkt Gleichartiges. Für einzelne Zweige können **Mitgliederverzeichnisse** von Verbänden eine ähnliche Bedeutung haben.

Gedruckte Hilfsmittel gibt es zum Glück auch für das Auflösen von **Abkürzungen**. Der Gebrauch, häufig verwandte Begriffe abzukürzen, ist im Geschäftsschrifttum sehr alt; wir werden uns bei der Behandlung der Paläographie noch damit befassen. Schwierigkeiten ergeben sich daraus nicht nur für den Historiker; in jüngster Zeit hat die Verwendung von Abkürzungen solche Ausmaße angenommen, daß auch das praktische Geschäftsleben ohne Nachschlagewerke nicht auskommt.

Literatur

Beispiele von Gesetzblättern haben wir schon bei B III 2 b) kennengelernt. – Amtsblätter gab es z. B. in Preußen unter diesem Namen seit 1811. Sie nannten sich nach den herausgebenden Behörden, etwa: Amtsblatt der Regierung Düsseldorf. – Parlamentsberichte, Deutschland: F. WIGARD (Hrsg.): Stenographische Berichte über die Verhandlungen der deutschen konstituierenden Nationalversammlung. 9 Bde. Leipzig 1848/49. – Stenographische Berichte über die Verhandlungen des Reichstages des Norddeutschen Bundes. Seit 1867. – Sten. Berichte über d. Verhandlungen d. deutschen Reichstages. Seit 1871. – Frankreich: Zeitgenössische Publikationen der Parlamente der Revolution u. d. T. procès-verbal, seit 1799 im moniteur universel nannten keine Redner, daher ergänzend die seit 1867 erschienene Serie: Archives Parlementaires dès 1787 à 1860.2 Serien: ab 1787 u. ab 1800, Paris 1868 – 1892 und 1862 – 1914, beide unvollständig. – Seit 1861 Annales de la Chambre des Députés resp. Ann. du Sénat, jährlich. – Großbritannien: Parliamentary Debates, London, seit 1803, aus privater Initiative entstanden. Häufig nach dem seit 1820 wirkenden Hrsg. HANSARD genannt. – USA: Congressional Record, seit 1873; vorher u. d. T. Congressional Globe.

Wegen ihrer Bedeutung als allgemeine biographische Hilfsmittel werden die Organisationshandbücher bei E III 3 c) aufgeführt.

Abkürzungsverzeichnisse: J. GREISER: Lexikon der Abkürzungen. [2]1955. –

H. Kirchner/F. Kastner: Abkürzungsverzeichnis der Rechtssprache. [3]1983.
– Ein Bild vom Abkürzungs(un)wesen des „Dritten Reiches" gibt E. Pfohl:
Kurzwortlexikon. 1934. – Für Abkürzungen der Aktensprache vgl. die bei C III
4, Paläographie genannten Werke.

d) Der Quellenwert des Geschäftsschriftgutes

Welchen Wert haben die vielen Formen des geschäftlichen Schrifttums, die wir kennenlernten, für die Forschung? Das Entscheidende
für die Interpretation solcher Quellen bleibt, daß sie zu den Überresten gehören, daß sich in ihnen geschichtliches Handeln direkt
niedergeschlagen hat. Die Praxis der Arbeit an Akten läßt diese
grundsätzliche Einsicht manchmal etwas verblassen, denn besonders ergiebig für den Benutzer sind die berichtenden Aktenschriftstücke. Sie geben uns aber die Tatsachen nur indirekt, aus dem
Blickwinkel des Berichtenden. Der Leser einer diplomatischen Relation wird sich immer wieder fragen müssen, wo der Verfasser sich
mehr vom Interesse seiner Regierung als von den Tatsachen leiten
ließ. Er wird darüber hinaus darauf achten müssen, wo persönliche
Interessen politischer oder privater Art am Werk waren. Es gab
manchen Botschafter vom Typ „verhinderter Außenminister", der
mit seinen Berichten systematisch auf einen Kurswechsel seiner
Regierung zusteuerte. Ihre Grenze haben solche Einwände an der
Tatsache, daß es auf die Dauer keinem Verfasser amtlicher Berichte
gelingen konnte, den Zeitgenossen bekannte und damit prüfbare
Tatsachen zu verschleiern. So zeigen geschäftliche Berichte doch
gerade in ihrer **Tendenz** die Eigenart der Überreste, die Gebundenheit an das Geschehen, aus dem sie erwachsen sind.

Urkunden und Akten sind ein wesentlicher Niederschlag der
Geschäfte. Sie sind nicht die Geschäfte selbst. Einmal hat selbst die
korrekteste Verwaltung nicht jedes Konzept und jede Rechnungsta-
belle aufbewahrt, zum anderen gab es immer wieder wesentliche
Begebenheiten, von denen keinerlei schriftliche Überreste entstanden. Die grundsätzliche **Lückenhaftigkeit** der Quellen betrifft auch
den mit Material so überreich gesegneten Erforscher der neueren
Geschichte.

Die Geschäfte sind schließlich nicht die Geschichte; das hat
Droysen bereits sehr richtig gesehen. Die Aufgabe des Historikers
reicht über das bloße Reproduzieren von Akten hinaus und umfaßt
die **Verdichtung** des erarbeiteten Stoffs auf das Wesentliche. Darin
liegt zwangsläufig auch ein Mitwirken subjektiven Urteilens. Dieses

Urteil darf aber nie willkürlich sein, es muß sich immer wieder seine Maßstäbe kritisch bewußtmachen und sie an den Überresten prüfen.

3. Publizistik

a) Allgemeine Probleme

Unter Publizistik wollen wir im folgenden alle Erzeugnisse und Formen verstehen, in denen Tatsachen und Meinungen der Öffentlichkeit mitgeteilt werden. In erster Linie geht es um die Massenmedien; wissenschaftliche und künstlerische Literatur sowie unterhaltende Werke in Buchform sollen im folgenden Kapitel gesondert besprochen werden.

Die Erzeugnisse der Publizistik können auch als **Traditionsquellen** betrachtet werden, soweit sie bewußt über Ereignisse berichten, die im Augenblick ihrer Schilderung schon vergangen sind und grundsätzlich auch spätere Leser noch interessieren. Vor allem für die relativ quellenärmere frühe Neuzeit kann vielfach die damalige Presse ebenso als Quelle benutzt werden wie die Historiographie, doch gibt es auch bis in unser Jahrhundert hinein Themen, bei denen zur Ermittlung des rein Tatsächlichen Berichte aus Zeitungen und Zeitschriften nützlich sind. Das gilt natürlich nur für Tatsachen, die schon den Zeitgenossen grundsätzlich bekannt waren. Für das klassische Thema der politischen Ereignisgeschichte, die internen Auseinandersetzungen um Entscheidungen, brauchen wir Archivalien.

Um die Glaubwürdigkeit publizistischer Berichte richtig einschätzen zu können, muß man sich bemühen, von den **Entstehungs- und Verbreitungsbedingungen** der Medien, ihren Möglichkeiten, selbst zu Informationen zu gelangen, und von den Absichten der Verantwortlichen bei der Weitergabe dieser Informationen ein möglichst genaues Bild zu bekommen. Die Stellung der Publizistik in ihrer Zeit, ihre Rolle als Überrest, ist also jedenfalls für die Quellenkritik wichtig. Sie gewinnt darüber hinaus an Eigenwert, je näher wir der Gegenwart kommen.

Dieser Eigenwert hat seinen Grund in der Beziehung der Medien auf Öffentlichkeit. Sie ist eine neuzeitliche Erscheinung. Zwar kannten schon Antike und Mittelalter Schriften, die sich der Absicht nach an ein „Publikum" wandten, aber die technische Möglichkeit, breitere Personenkreise tatsächlich zu erreichen, entstand erst mit der Erfindung des **Buchdrucks**. Bis in unser Jahrhundert blieb er die einzige solche Möglichkeit, dann traten Film, Rundfunk und Fernsehen hinzu.

Der Begriff **Öffentlichkeit** wird hier zunächst in einem recht allgemeinen Sinn verwandt. Der Grund ist, daß seine Bedeutung sich während der Neuzeit gewandelt hat. Zunächst rein zahlenmäßig: Die Fähigkeit des Lesens hat sich durch die Jahrhunderte hindurch immer weiter verbreitet und damit gedruckter Publizistik einen größeren Adressatenkreis verschafft. Damit verbindet sich eine qualitative Veränderung: die aktive Beteiligung immer breiterer Kreise der Bevölkerung am politischen und gesellschaftlichen Leben. Dieser Prozeß war einerseits Voraussetzung für Ausbreitung und zunehmendes Gewicht der Medien, er ist andererseits von ihnen mitgestaltet worden. In diesem Zusammenhang liegt hauptsächlich das Interesse des Historikers an publizistischen Quellen begründet: Sie sind ein wichtiges, bei manchen Themen das einzige Mittel, Informationen über politische und gesellschaftliche Massenvorgänge zu erhalten. Von den Problemen, die bei diesem Versuch auftreten, soll hier die Rede sein.

Beginnen wir mit einem unerfreulichen Aspekt: So alt wie die Macht des veröffentlichten Wortes sind Versuche der jeweils Herrschenden, den ihnen unerwünschten Gebrauch dieser Macht zu verhindern. Bücherverbote, **Zensur** alles Gedruckten zunächst durch kirchliche, später durch staatliche Stellen gibt es praktisch seit Erfindung des Buchdrucks. Wie sich dies auswirkte, muß jeder zu ermitteln versuchen, der mit publizistischen Quellen arbeitet. Das wichtigste praktische Problem ist die richtige Einschätzung der **Selbstzensur**, die überall eintritt, wo Menschen die voraussichtliche Wirkung von Zensur einzukalkulieren versuchen, um überhaupt die Öffentlichkeit zu erreichen.

Wichtiger ist der positive Aspekt: Die Rolle der Medien als **Bestandteil von Massenvorgängen** aller Lebensbereiche begründet die allgemeine Vermutung, der Inhalt publizistischer Quellen sage nicht nur über die Kenntnisse und Meinungen der jeweiligen Urheber etwas aus, sondern erlaube Schlüsse auf das Bewußtsein der Adressaten. In den Erzeugnissen von Presse oder Film „spiegle" sich die „öffentliche Meinung"; so oder ähnlich werden solche Erwartungen gern formuliert.

Ich verwende diese Metaphern mit Bedacht in der Absicht, durch ihre Kritik auf die Probleme aufmerksam zu machen.

Mißverständlich ist zunächst schon der Singular **„öffentliche Meinung"**: Er läßt eine Einheitlichkeit im Bewußtsein aller an der Öffentlichkeit Beteiligten erwarten, die in Wirklichkeit allenfalls in groben Grundzügen besteht. Für die Mentalitätengeschichte weiter zurückliegender Zeiten mag schon die Rekonstruktion dieser Grundzüge einen Wert haben; der „Zeitgeist", den man so zu entdecken glaubt, ist allerdings in Wirklichkeit nur das Bewußtsein der Bildungsschicht, die regelmäßig liest.

Darüber hinaus gilt grundsätzlich schon früh, daß „öffentliche Meinung" aus Meinungen in der Öffentlichkeit besteht und wir zu unterscheiden versuchen müssen zwischen den Meinungen einzelner Gruppen, den Interessen, die dahinterstehen, und den unterschiedlichen Möglichkeiten, die jeweilige Position öffentlich zur Geltung zu bringen.

Publizistische Quellen in dieser Hinsicht richtig einzuordnen, wird normalerweise nicht allzu schwierig sein. Schwieriger zu bewältigen ist der Sachverhalt, der hinter der Metapher „spiegeln" steckt: Das Verhältnis von Medien und Adressaten ist in Wirklichkeit eine **Wechselbeziehung,** von der im Medium selbst überwiegend die eine Seite zu Wort kommt; es kommt darauf an, möglichst genau zu ermitteln, welche Aussagen des Mediums von welchen Personengruppen in welcher Weise rezipiert wurden.

Soweit möglich, wird man dazu auf Quellen außerhalb des Mediums zurückgreifen, Unterlagen über die wirtschaftliche Situation von **Verlegern** oder Produzenten, über Preise, Leser-, Abonnenten- oder Besucherzahlen zu ermitteln versuchen, biographische Angaben über **Redakteure** und Mitarbeiter sammeln. Schon der Verkaufspreis einer Zeitung kann im Vergleich zu anderen Blättern einen ersten groben Hinweis auf die angepeilte Leserschicht geben. Wichtige Aufschlüsse zu Fragen dieser Art lassen sich bei manchen Zeitungen eigentümlicherweise aus den Akten der **Zensurbehörden** gewinnen. Für die Resonanz von Film, Funk und Fernsehen enthalten Besprechungen und Werbung in der Presse Hinweise.

Die deutlichsten Rückäußerungen von Adressaten bieten die **Leserbriefkästen** von Zeitungen. Personen, die sich hier äußern, sind zwar eher besonders interessierte und überdurchschnittlich gebildete Leser und dürfen nicht als repräsentativer Querschnitt genommen werden, lassen aber doch das Spektrum möglicher Resonanz erkennen. Rückschlüsse auf den Leserkreis einer Zeitung erlauben schließlich **Kleinanzeigen** und Werbung.

Das Bild, das sich aus alledem ergibt, wird vielfach immer noch so lückenhaft sein, daß man den Versuch unternehmen muß, aus dem **Medium selbst** auf seine **Rezeption** zu schließen. Das ist nicht einfach unmöglich, denn die Urheber des Mediums orientieren sich in der Regel an Vermutungen über die Möglichkeiten und Erwartungen ihres Adressatenkreises. Wo der Kontakt zu den Angesprochenen kommerziell ist, sorgen Auflage-, Besucherzahlen und Einschaltquoten dafür, daß solche Vermutungen mittelfristig einigermaßen mit der Wirklichkeit übereinstimmen. Lockerer ist dies Verhältnis in der Publizistik autoritärer Systeme, wo Ziele der Bewußtseinsbildung politisch vorgegeben werden. Auch hier ist es jedoch mit der nötigen Vorsicht möglich, aus der relativen Häufigkeit von Themen, ihrem Auftauchen und Verschwinden oder der Art ihrer Behandlung Schlüsse auf die Art der Rezeption zu ziehen. In welcher Art man das tut, muß man allerdings dem Leser deutlich sagen.

b) Die Presse.

Möglichkeiten und Probleme der Nutzung des ältesten publizistischen Mediums als Quelle unterscheiden sich durch die Jahrhunderte so erheblich, daß ein Minimum an **Pressegeschichte** unter dem leitenden Gesichtspunkt der Quellenkritik unerläßlich ist.

Eine Eigentümlichkeit der frühen Neuzeit ist es, daß zwei grundlegende Aufgaben von Publizistik sich in verschiedenen Formen darstellen: Wir können die publizistischen Erzeugnisse einteilen in vornehmlich **kommerzielle** und solche, bei denen der Verbreitende ein eigenes Interesse am Bekanntwerden des Inhalts hat. Schon im Anfang der Neuzeit waren Informationsbedürfnis und Sensationslust breiter Bevölkerungsschichten so lebhaft, daß es ein gutes Geschäft bedeutete, *„Newe und erschröckliche Zeitung"* um des Verkaufs willen zu drucken: Schlachten, Fürstenhochzeiten und festliche Staatsakte, Naturkatastrophen und aufsehenerregende Verbrechen, insgesamt also ein Themenkreis, wie wir ihn heute noch erstaunlich ähnlich auf der „bunten Seite" unserer Tagespresse finden, wurden so verbreitet. Entgegen dem heutigen Wortgebrauch von „Zeitung" handelte es sich dabei um selbständige Einzelerscheinungen, ausgelöst vom behandelten Ereignis. Auf das Interesse eines recht breiten Publikums stellten die Herausgeber sich ein durch reiche Bebilderung mit Holzschnitten, später Kupferstichen. So wurden auch diejenigen angesprochen, die nicht selbst lesen konnten; den Text mochten sie sich vorlesen lassen. Das ging so weit, daß im Typ des Bilderbogens der Text zum zweitrangigen Bestandteil wurde.

Der vorwiegend kommerzielle Zweck dieser Literatur brachte es mit sich, daß den Verlegern nichts daran liegen konnte, die Ereignisse mit einer bestimmten Tendenz darzustellen; darunter hätte ja möglicherweise der Absatz gelitten. Nur bei Begebenheiten wie einer Schlacht gegen die Türken, bei denen man eine einhellige Stimmung des Käuferkreises voraussetzen konnte, stellte man sich im Ton der Darstellung darauf ein. Ganz anders verhält es sich mit der zweiten Art der Publizistik, bei der am Anfang nicht das Interesse des Lesers, sondern des Verfassers am Bekanntwerden der dargestellten Dinge liegt. Hierhin gehören die **politischen Flugschriften** des 17. und 18. Jahrhunderts, grundsätzlich auch die volkstümlichen Schriften LUTHERS und anderer **Reformatoren** sowie ihrer Gegner.

Deutlicher lassen sich kommerzielle und propagandistische Presseerzeugnisse im 17. und 18. Jahrhundert unterscheiden. An Stelle der religiösen Themen tritt mehr und mehr die Politik in den Mittelpunkt des Interesses. Die Propaganda geht direkt oder indirekt vom Staat aus. Wo ein Fürst über federgewandte Räte verfügt, da vertreten diese das politische Anliegen ihres Fürsten in Flugschriften. Sonst versucht man einen jener selbständigen diplomatischen Agenten und politischen Publizisten wie AITZEMA (1600 – 1669) in seinen Dienst zu nehmen, deren Wirken für das geistige Leben des 17. Jahrhunderts so charakteristisch ist. Ein literarisch interessierter und begabter Fürst wie FRIEDRICH II. von Preußen hat selbst politisch-satirische Schriften verfaßt.

Namen und Stellung der Autoren sind für Stil und Anspruch solcher Publizistik typisch: Das „**Publikum**", an das man sich wandte, war ein kleiner Kreis von Kennern. Räte und Offiziere der großen und kleinen Fürsten und Gemeinwesen, Wissenschaftler und Geistlichkeit, Kaufleute mit weitreichenden Handelsinteressen waren die Leser, denen man den unveränderten Abdruck seitenlanger diplomatischer Schriftstücke zumuten konnte. Denn ähnlich, wie wir es bei der Historiographie eines PUFENDORF kennengelernt haben, ging auch in solchen offiziösen Flugschriften die massive Tendenz Hand in Hand mit der Verwendung von Aktenschriftstücken, mit denen man dem Leser seine Glaubwürdigkeit dokumentieren wollte.

In der vorwiegend kommerziellen Publizistik entwickelten sich **Flugblatt** und **Bilderbogen**, daneben auch Texte, die man auf verbreitete Melodien singen konnte, zu Formen für ein breiteres Publikum mit geringer formaler Bildung. Für den anspruchsvolleren Leser entwickelte sich seit dem späten 16. Jahrhundert mehr und mehr die periodisch erscheinende Nachrichtenübermittlung, **Zeitung** und **Zeitschrift** im heutigen Sinne. Namen mit den Bestandteilen „Postreiter" oder „Merkur" deuteten den Zusammenhang der Verbreitung mit den entstehenden regelmäßigen Postkursen und dem Handel an.

Im Stil ähnelten diese Blätter den oben beschriebenen politischen Flugschriften: Amtliche Texte wurden wörtlich übernommen, die Bebilderung trat zurück. Beherrschendes Thema war zunächst die politische Information im engen Sinne, das aufkommende Interesse an regelmäßigen Nachrichten auch aus anderen Lebensbereichen war eine Folge der Aufklärung. Die Grundgedanken dieser Geistesrichtung waren förmlich dazu angetan, popularisiert und auf alle Gebiete angewandt zu werden. Eigene Zeitschriften wie in England ADDISONS' **„Spectator"** oder in Deutschland die stärker literarisch orientierten „Bremer Beiträge" dienten diesem Zweck. Die bereits vorhandenen Zeitungen erweiterten ihren Themenkreis in der gleichen Richtung. Kein Geringerer als LESSING (1729 – 1781) war der erste berufsmäßige Literaturkritiker des deutschen Journalismus.

Den Historiker interessieren diese Änderungen, weil sich dadurch auch die kommerzielle periodische Presse vom nur informierenden zum meinungsbildenden Organ hin entwickelte. In der **Französischen Revolution** sehen wir vom „Ami du peuple" des Jakobiners MARAT (1744 – 1793) bis zum royalistischen „Journal politique et national" RIVAROLS (1753 – 1801) die ganze Skala der **Parteipresse** vor uns, eine Erscheinung, die in verschiedenen Formen der Verbindung von Politikern und Journalisten das Bild der Publizistik bis auf unsere Tage bestimmt. Ein Produkt unseres Jahrhunderts sind schließlich die auflagenstarken, auf Einzelverkauf berechneten Tageszeitungen, die wir **Boulevardpresse** nennen. Mit äußerster Verknappung und Vereinfachung und plakativer, teils fast nur noch aus Schlagzeilen bestehender Darbietung des Inhalts haben sie breite Bevölkerungsschichten überhaupt erst zu Zeitungslesern gemacht. Der Anteil der Politik an ihren Themen liegt unter demjenigen der übrigen Tagespresse; ausgeprägte politische Stellungnahmen werden normalerweise vermieden.

Das Zusammenwachsen der vornehmlich berichtenden mit der meinungsbildenden Publizistik seit dem 18. Jahrhundert hat dazu geführt, daß vor allem in der angelsächsischen Presse diese beiden

Aufgaben verschiedenen journalistischen Formen zugewiesen wurden: **Bericht und Meldung** für die Information, **Leitartikel und Glosse** zur Übermittlung von Meinungen und Urteilen. Für die Quellenkritik darf man den Wert dieser Unterscheidung nicht überschätzen: Die angestrebte Neutralität des Berichts wird allenfalls näherungsweise erreicht; mehr oder weniger deutliche Werturteile stecken meist in den verwandten Begriffen. Die Presse der autoritären Systeme unseres Jahrhunderts hat dies zum bewußt gehandhabten Verfahren ausgebildet und dabei die Trennung berichtender und meinungsbildender Formen aufgegeben. Wo sie besteht, kann sie dem Historiker helfen, mit der Überfülle des Materials fertigzuwerden, die ihm publizistische Quellen häufig bieten. Wo es darauf ankommt, die politisch-weltanschaulichen Ziele und Wertungen einer Zeitung zu ermitteln, ist die vorrangige Beschäftigung mit den Leitartikeln häufig angezeigt.

Die steigende Bedeutung der Presse seit der Französischen Revolution führte dazu, daß in vielen Staaten Europas das Instrumentarium der **Zensur** ausgebaut und verfeinert wurde. Daneben entwickelten die Regierungen neue Mittel, um ihre Sicht der politischen Begebenheiten in die Öffentlichkeit zu bringen: Amtliche und halbamtliche periodische **Regierungsorgane** wie der „Moniteur" in Frankreich seit der Revolution standen neben verschiedenen Formen publizistischen Wirkens in der kommerziellen Presse. Das reichte von der regelmäßigen Benutzung „offiziöser", nur noch nominell selbständiger Organe bis zur Zusammenarbeit mit verschiedenen Zeitungen von Fall zu Fall, wie besonders BISMARCK und sein Mitarbeiter BUSCH (1821 – 1899) sie pflegten. Dazu kam die indirekte Wirkungsmöglichkeit über Parteien und ihre Presse, welche der Regierung nahestanden. Die Teile dieses Instrumentariums, die sich mit dem Grundgedanken der Pressefreiheit vertragen, gibt es auch in heutigen parlamentarisch regierten Staaten. Die autoritären Systeme unseres Jahrhunderts haben die Zensur weiterentwickelt zur aktiven Lenkung der Presse über **„Sprachregelung"** und Vorgabe der grundlegenden Beurteilung wichtiger Begebenheiten durch Staats- oder Parteiorgane.

c) Bild, Film und Ton

Über das Bild als publizistisches Mittel in Flugblättern, Zeitschriften und Zeitungen haben wir auf den letzten Seiten bereits einiges erfahren. Das Bild als Quelle muß jedoch um seiner Eigenart willen hier gesondert behandelt werden. Daß das innerhalb des Kapitels Publizistik geschieht, hat den rein praktischen Grund, daß die meisten als historische Quellen verwertbaren Bilder aus diesem Bereich stammen. Die methodischen Probleme der Interpretation eines Gemäldes von Künstlerhand liegen grundsätzlich ähnlich.

Vorweg müssen wir uns hier mit einem naheliegenden Einwand auseinandersetzen: Uns ist in der Presse das Bild wesentlich als das Mittel der populären Darstellung begegnet. Auch die Illustration historischer Werke diente und dient häufig ähnlichen Zwecken. Uns geht es hier nicht um „Bebilderung", sondern um das **Bild als Quelle** geschichtlicher Erkenntnis. Es sollen nicht abstrakte Sachverhalte „veranschaulicht" und damit vergröbert werden, sondern wir wollen die Aussagekraft des Bildes interpretierend und darstellend verwenden, wo das im Wesen der Sache liegt. Wie viele Bauten hat nicht der Zweite Weltkrieg zerstört, deren Aussehen der Kulturhistoriker kennen muß, von denen aber Beschreibungen entweder gar nicht vorliegen oder aber die Wirklichkeit nicht so eindeutig wiedergeben können wie eine Fotografie. Oder ein anderes Beispiel, bei dem es nicht nur um das konkret Anschaubare geht: Wer sich einmal an der Charakteristik einer geschichtlichen Persönlichkeit versucht hat, dem wird sehr bald GOETHES Wort in den Sinn gekommen sein: *„Individuum est ineffabile".* Die Schwierigkeit, für sich und andere ein Bild vom Charakter eines Menschen früherer Zeiten zu gewinnen, läßt sich nie ganz überwinden. Nur zu oft wird sie, besonders in den frühen Jahrhunderten der Neuzeit, durch die Sprödigkeit der Quellen noch gesteigert. BRANDIS Biographie Kaiser KARLS V. gibt eine gute Vorstellung davon. Da können Bilder, etwa die großartigen **Portraits** KARLS V. VON TIZIAN (1489 – 1576), eine große Hilfe bedeuten.

Die Interpretation solcher Werke der bildenden Kunst wird uns bei anderer Gelegenheit noch beschäftigen, weil uns die Methoden der Kunstgeschichte dabei wichtige Hilfe leisten können. Hier geht es uns vornehmlich um das Bild in der Publizistik. Seine Bedeutung hat sich erheblich gesteigert, seit es die **Fotografie** und vor allem die chemigraphischen Verfahren gibt, die es erlauben, Klischees herzustellen und Fotos zu drucken. Der Fotograf kann ein Ereignis unmittelbar festhalten, während die gezeichnete oder gar gemalte Vorlage des Kupferstechers früherer Generationen ihre Zeit brauchte. Damit war sie zwangsläufig vom Geschehen selbst weiter entfernt als das Foto.

Nun weiß jeder, der einmal eine Kamera in der Hand hatte, daß auch die Fotografie nicht einfach ein Abklatsch der Wirklichkeit ist. Je nach Lichtverhältnissen, Blende und Belichtungszeit kann man vom gleichen Gegenstand ganz verschiedene Aufnahmen machen. Die Wahl des **Standortes** beeinflußt das Bild, bei Porträts kann eine Zehntelsekunde darüber entscheiden, ob man den normalen Gesichtsausdruck des Aufgenommenen wiedergibt oder den karikierenden Eindruck einer „Zwischenzeit" festhält, eine Übergangsphase des wechselnden Mienenspiels von der Dauer eines Sekundenbruchteils, in der das Gesicht sich fratzenhaft verzerrt. Darüber hinaus kann durch **Fotomontage** der Inhalt eines Bildes verfälscht werden. Die Kenntnis solcher Gestaltungsmittel des Fotografen ist für den Historiker unerläßliche Voraussetzung der Quellenkritik von Bildern, der Einsicht in ihre publizistische Tendenz.

Wir haben es da aber schon mit „höherer Kritik" zu tun. Für die Praxis des Arbeitens mit bildlichen Quellen wichtiger sind handfestere, aber womöglich noch mühsamere Fragen des rein sachlichen **Bildinhalts**. Wir werden immer wieder auf Fotografien stoßen, denen ein unvollständiger oder falscher Text beigegeben ist, wenn nicht gar die Erläuterung überhaupt fehlt. Da stellt sich die Aufgabe, den Bildinhalt räumlich und zeitlich einzuordnen. Das muß von Fall zu Fall mit ganz verschiedenen Mitteln geschehen, die sich aus der Eigenart des Abgebildeten ergeben. Bei Porträts wird es oft möglich sein, eine Hypothese über die dargestellte Person zu prüfen am Vergleich mit identifizierten Abbildungen von ihr. Um solche anderen Porträts zu finden, können Porträtkataloge helfen. Meist aber wird man ganz auf die eigene Phantasie und auf die Sachkenntnis des Bereichs angewiesen sein, in den die Aufnahme gehört. Bauten im Hintergrund können die örtliche, erkennbare Details an ihnen die zeitliche Einordnung ermöglichen. Der Betrachter einer undatierten Aufnahme der Silhouette von Manhattan wird sich sofort fragen, ob das nach dem Zweiten Weltkrieg entstandene Hochhaus der Vereinten Nationen im Bild ist oder noch nicht, und danach das Foto grob zeitlich einreihen.

Eine wichtige Gattung der bildlichen Quellen ist das bewegte Bild, der **Film**. Bildungsbürgerliche Ressentiments gegen die „unseriöse" Gattung, denen vor allem inhaltlich fragwürdige Spielfilme historischen Inhalts Nahrung verschafften, sind auch in Deutschland endlich soweit abgebaut, daß wir uns mit dem Quellenwert dieses Mediums unbefangen befassen können.

Die Zwischenstellung der Publizistik insgesamt zwischen Tradi-

tion und Überresten läßt sich auch beim Film feststellen, denn
neben dem **Spielfilm** gab es von Anfang an auch Streifen, die über
Wirklichkeit vor allem aus Politik und Gesellschaft berichteten;
zunächst selbständig und themenbezogen, wie es noch heute **Doku-
mentarfilme** sind; schon seit 1911 gibt es jedoch auch das filmische
Gegenstück zur Zeitung, die periodisch erscheinende, jeweils eine
Vielzahl von Themen behandelnde **Wochenschau**. Faktisch wird
kaum einmal der bloße Tatsacheninhalt eines Films als solcher den
Historiker interessieren; wir werden Filme aller Art vor allem im
Hinblick auf ihre Rezeption und damit ihre Rolle in Politik, Gesellschaft und Kultur ihrer Zeit untersuchen, als Überreste also. Dafür
bietet grundsätzlich der Spielfilm ebenso großes Interesse wie die
berichtenden Gattungen. Daß diese bisher größere Aufmerksamkeit fanden, liegt an der − wirklich oder vermeintlich − engeren
Beziehung ihres Inhalts zur politischen Geschichte; vielleicht auch
an äußerlichen Zweckmäßigkeitserwägungen: Filmanalyse ist ein
zeitaufwendiges Geschäft, bei dem eine Kleinform wie die Wochenschau eher Ertrag verspricht als ein abendfüllender Spielfilm.

Der Quellenwert der Aussage berichtender Filme liegt in der
Eigenart des bewegten Bildes begründet: Keine andere Quellenform
zeigt so konkret **menschliches Handeln**. Der Stil eines populären
Redners, das Zusammenspiel von Sprache, Gesichtsausdruck und
Gestik, das sich sonst nur beschreiben läßt, ist im Film beobachtbar.
Wichtiger noch ist dies für Gruppen- und **Massenerscheinungen** des
politischen und gesellschaftlichen Lebens, vor allem für jene For-
men öffentlichen Handelns wie Demonstrationen, Aufmärsche,
Versammlungen, die ein wesentliches Merkmal von Politik in unse-
rem Jahrhundert sind. Das Verhalten der Beteiligten bei solchen
Gelegenheiten folgt vor allem in autoritären politischen Systemen
Mustern, die man geradezu als Rituale bezeichnen kann. Für ihre
Analyse sind Wochenschau und Dokumentarfilm unentbehrliche
Quellen.

Wir müssen uns allerdings vor der Annahme hüten, wir hätten im
bewegten Bild unmittelbar die Wirklichkeit vor Augen, − obwohl
Filmdokumentaristen mit Formeln wie *„pictures cannot lie"* immer
wieder diesen Eindruck wachzurufen versuchen. In Wirklichkeit
sind die Aussagen des Films in mannigfacher Weise **gestaltbar** − bis
hin zur direkten **Fälschung**, typischerweise über den Kommentar,
der häufig den Bildinhalt erst verständlich macht.

Das Erfordernis, zur Quellenkritik eines Films erst einmal alles
zusammenzutragen, was sich über die Umstände seiner Herstellung

ermitteln läßt, ist bei einem technisch so komplexen und aufwendigen Medium besonders wichtig. Darüber hinaus erfordert auch die Analyse des Films selbst Kenntnisse seiner Gestaltungsbedingungen.

Diese veränderten sich in der Zeit: Die ersten vorführbaren Filme, die es seit 1895 gab, konnten nur mit praktisch unbewegter Kamera aufgenommen werden. Erst seit 1917 war eine so bewegliche Aufnahmetechnik erreichbar, wie sie der heutige Kinobesucher als selbstverständlich empfindet. Bis zum Ende der zwanziger Jahre blieb der Film stumm; **Tonfilm**, der seit 1928 in vorführbarer Qualität technisch möglich war, konnte lange Zeit nur unter Studiobedingungen aufgenommen werden; bei Wochenschau und Dokumentarfilm wurde er durchweg als Kommentar oder Musikkulisse nachträglich beigefügt. Die Verbreitung des Tonbandgeräts und seines Einsatzes synchron mit einer leichten Handkamera ermöglicht seit den frühen sechziger Jahren auch in berichtenden Filmen die Verwendung von **Originalton** in großem Maßstab.

Die Einzelheiten der Filmanalyse lassen sich an dem Verfahren studieren, mit dem Filmquellen für die Benutzung in der Forschung aufbereitet werden. Es erinnert in vielem an die kritische Edition alter Texte und wird geradezu als **Filmedition** bezeichnet. Am Anfang steht die Ermittlung der Überlieferungsgeschichte des Streifens, soweit sie noch feststellbar ist. Es geht darum, ob die vorliegende Fassung der ursprünglichen Aufnahme noch entspricht oder ob Teile entfernt, zugefügt oder in der Reihenfolge umgestellt worden sind. Es folgt eine möglichst genaue Beschreibung der kleinsten Aufnahmeeinheiten, der **Einstellungen**: Standort und Blickwinkel der Kamera, Einstellungsgröße von Großaufnahme bis Totale, eventuelle Bewegungen der Kamera, Lichtverhältnisse. Die Art der Verbindung zwischen den Einstellungen, Art und Inhalt des Tons werden angegeben. Häufig muß unter Benutzung von Bildern und Texten aus der Entstehungszeit geklärt werden, was überhaupt im einzelnen Bild zu sehen ist.

An die rein technische Beschreibung schließt sich die eigentliche Quellenkritik an: Die angewandten formalen Mittel werden gedeutet aus dem Zweck des Films und der Tendenz seiner Hersteller. Als Ergebnis kommt so ein Begleitheft zustande, das es dem Betrachter gestattet, den Film kritisch zu interpretieren, statt sich nur „berieseln" zu lassen.

Mancher Leser wird vielleicht in der Überschrift dieses Kapitels einen Hinweis auf das **Fernsehen** vermissen. Dieses Medium brau-

chen wir indessen nicht besonders zu behandeln. Die direkt gesen-
dete Aufnahme der Fernsehkamera ist ja nicht von Dauer; zur
Quelle für den Historiker kann also nur die Filmaufzeichnung
werden. Diese können wir aber methodisch grundsätzlich wie den
Film behandeln. Für die Rahmenbedingungen der Entstehung gilt
Ähnliches, wie es im folgenden für den Rundfunk ausgeführt wird.

Eigens betrachten müssen wir ein anderes wichtiges Medium der
modernen Publizistik, den durch Tonträger oder Rundfunk verbreiteten Ton. Quelle kann auch hier nur sein, was überdauert: die
Tonträger Schallplatte und Magnettonband. Soweit sie im Handel
erhältlich sind, dienen sie durchweg der Kunst und der Unterhaltung. Solche Zeugnisse sind für Kultur- und Geistesgeschichte im
weiten Sinne des Wortes ähnlich wichtig wie die Literatur, von der
im nächsten Kapitel die Rede sein wird.

Mit der akustischen Verbreitung politischer und anderer Nachrichten befaßt sich praktisch nur der **Rundfunk**. Er ist in den USA
und anderswo privat-kommerziell organisiert, in Europa überwiegend öffentlich; in den sozialistischen Ländern als direktes Staats-
medium, in den parlamentarisch regierten Staaten in einer indirekten Weise, die Meinungsfreiheit und parteipolitische „Ausgewogen-
heit" sichern soll und durch Kontrollgremien abgestützt wird. Ob
und in welcher Weise die Erzeugnisse eines solchen Systems gleichwohl standortbedingt sind, muß von Fall zu Fall geklärt werden.

Die Quellenkritik von Tonträgern ist ähnlich wie beim Film von
den **technischen Gegebenheiten** nicht zu trennen. Die ältere Form
der Aufzeichnung, die Schallplatte, erforderte zusammen mit den
damals noch sehr plumpen Mikrophonen erhebliche Vorbereitungen für eine Aufnahme. Daher ist uns beispielsweise die Rede Kaiser
WILHELMS II. (1859 – 1941), die er anläßlich der Mobilmachung
für den Ersten Weltkrieg vom Balkon des Berliner Schlosses hielt,
nur in einer eigens für das Mikrophon gesprochenen Fassung überliefert. Die Entwicklung immer handlicherer Mikrophone und vor
allem das Aufkommen des heute gebräuchlichen Magnettonbandes
als Tonträger erleichterten die Aufnahmebedingungen sehr. Die
Verfeinerung der technischen Mittel hat jedoch für den Historiker
auch die Folge, daß damit die Aufnahmen leichter manipulierbar
werden. Das beginnt bei der Art und Aufstellung des verwandten
Mikrophons und geht weiter mit den Möglichkeiten, das bespielte
Tonband nachträglich zu verändern durch Löschen und Schneiden
oder Überspielen einer zweiten Aufnahme. Akustische Effekte wie
der Hall eines großen Raumes lassen sich künstlich herstellen. Ap-

plaus kann von einem anderen Band eingeschnitten werden. Kurz: der Historiker benötigt Kenntnisse der technischen Möglichkeiten und Informationen über die Entstehung eines Tonbandes, dessen Aussage er kritisch interpretieren will.

Nach dem Inhalt können wir bei Tonaufnahmen unterscheiden zwischen dem Bericht über historische Begebenheiten und der Dokumentation des Geschehens selbst. Die erste Gruppe, zu der hauptsächlich die üblichen Nachrichtensendungen gehören, sind meist auch in schriftlicher Form überliefert und können ohne erwähnenswerten Verlust an Erkenntnis in dieser Gestalt benutzt werden.

Anders verhält es sich mit der direkten Wiedergabe von politischen Ereignissen. Die **öffentliche Rede** eignet sich für die Dokumentation durch Tonträger besonders. Von der bekannten Rede im Berliner Sportpalast, in der GOEBBELS (1897 – 1945) 1943 den „totalen Krieg" verkündete, kann die schriftliche Wiedergabe nur ein unzulängliches Bild geben: Tonfall und Rhythmus der Sprache, die Geräuschkulisse der Zuhörerschaft, deren auf- und abschwellender Ton dem Redner gewissermaßen antwortet, das alles kann uns nur der akustische Eindruck vermitteln. Hier wie anderswo müssen wir andere Quellen zur Kontrolle heranziehen. Man muß zum Beispiel für die Interpretation der Sportpalast-Rede etwas wissen über die Zusammensetzung der Zuhörerschaft, die großenteils aus Parteimitgliedern bestand.

Literatur

Bibliographie: CHR. HOLTZ-BACHA: Publizistik-Bibliographie. 1985. – G. HAGELWEI-DE: Literatur zur deutschsprachigen Presse. 8 Bde. u. 1 Reg.-Bd. geplant, seit 1985 Bde. 1–4 erschienen. – Ders.: Deutsche Zeitungsbestände in Bibliotheken und Archiven. 1974. – J. KIRCHNER (Hrsg.): Bibliographie der Zeitschriften des deutschen Sprachgebiets bis 1900. 4 Bde. 1969 – 1977. – Zeitschrift: Publizistik. Vierteljahreshefte für Kommunikationsforschung. Seit 1956.

Darstellungen: Zum Quellenwert der Presse grundlegend P. ALBERT: Remarques sur les recherches en histoire de la presse, in: Bulletin de la section d'histoire moderne et contemporaine 9 (1975). – E. DOVIFAT (Hrsg.): Handbuch der Publizistik. 3 Bde., 1. [2]1971, 2 – 3. 1968 – 1969. – Handbuch der Welt-Publizistik. Hrsg. v. Inst. f. Publizistik d. Univ. Münster. 2 Bde. 1970. – E. DOVIFAT/J. WILKE: Zeitungswissenschaft. [6]1976. – Geschichte der deutschen Presse. 4 Bde. 1969 – 1986. – H.D. FISCHER: Handbuch der politischen Presse in Deutschland 1480 – 1980. 1981. – H. BAUSCH (Hrsg.): Rundfunk in Deutschland. 5 Bde. 1980. – Nachschlagewerk: K. KOSZYK/K.H. PRUYS (Hrsg.): Wörterbuch zur Publizistik. [2]1970.

Einzelne Formen und Epochen: O. CLEMEN (Hrsg.): Flugschriften aus der
Reformationszeit in Faksimiledrucken. 1921. – A. LAUBE/H.-W. SEIFERT
(Hrsg.): Flugschriften der Bauernkriegszeit. Berlin/DDR 1975. – W.v.DIT-
FURTH: Die historisch-politischen Volkslieder des Dreißigjährigen Krieges.
1882. – An der Grenze von Tagesjournalismus und Historiographie steht
L.v.AITZEMA: Historie of verhael van saken van staet en oorlogh in ende
omtrent de Vereenigde Nederlanden. 12 Bde. 's Gravenhage 1657 – 1668. –
Ähnlich das Theatrum Europaeum, dessen 3. Aufl. seit 1662 M. MERIAN in
Frankfurt herausgab. Die Anfänge des Ereignisse seit 1618 schildernden Werkes
liegen bei dem 1633 als „Historiae Chronikon" erschienenen 2. Band. Das
Theatrum Europaeum erschien bis 1738. – Wirkungsvolle politische Flugschrift
eines kaiserlichen Rates: F. v. LISOLA: Bouclier d'État et de justice. Frankfurt
1667. Richtet sich gegen Frankreichs Hegemonialstreben. – Aufklärung: Vorbild der Wochenschriften erbaulich-„vernünftigen" Inhalts war J. ADDISON:
The Spectator. London seit 1711. – Bekanntestes deutsches Beispiel die stärker
literarisch interessierten „Bremer Beiträge": Neue Beiträge zum Vergnügen des
Verstandes und des Witzes. Seit 1744.

Bildquellen: B. TOLKEMITT/R. WOHLPFEIL (Hrsg.): Historische Bildkunde. Probleme
– Wege – Beispiele. 1991. – G. PLOETZ (Hrsg.): Bildquellen-Handbuch. 1961. – Zu
den wichtigsten Bildquellen gehören Porträts. Bestes Hilfsmittel: Library of Congress. A.L.A. Portrait Index. 1906. Weist Porträts aus über 1000 Büchern und
Zeitschriften nach, zur relativ schnellen Information wichtig. – Wissenschaftlich
grundsätzlich wertvoller, aber für die Benutzung schwieriger sind die Verzeichnisse von H. W. SINGER: Allgemeiner Bildniskatalog. 14 Bde. 1930 – 1936, Neudruck, 7 Bde. 1967, und Neuer Bildniskatalog. 5 Bde. 1937, 1938. Neudruck,
2 Bde. 1967. Ersterer beruht auf Graphik aus 20 deutschen Museen und Sammlungen, der zweite weist Gemälde und Plastik aus Museen der ganzen Welt nach;
der Benutzer müßte sich also an diese Museen wenden. – H. JANKUHN u. a. (Hrsg.):
Deutsche Geschichte in Bildern von der Urzeit bis zur Gegenwart. [2]1983. –
Sammlungen: Bildarchiv der Staatsbibliothek Preußischer Kulturbesitz, Berlin;
Ullstein-Bildarchiv, Berlin. Über Bildquellen vgl. auch D VIII zur Kunstgeschichte.

Film: Zeitschrift: Historical Journal of Film, Radio and Television, Oxford
seit 1981. Organ der International Association for Audio-Visual Media in Historical Research and Education (IAMHIST). Beispiele von Filminterpretation und
allgemeine methodische Erwägungen enthalten die Tagungsbände dieser Organisation G. MOLTMANN/K. F. REIMERS (Hrsg.): Zeitgeschichte im Film- und Tondo-
kument. Göttingen 1970. – K. R. M. SHORT/ST. DOLEZEL (Eds.): Hitler's Fall. The
Newsreel Witness. London 1988. – Filmeditionen veranstaltet das Institut für
den Wissenschaftlichen Film (IWF) in Göttingen. Veröffentlichungen dazu in
den Publikationen zu Wissenschaftlichen Filmen. Sektion Geschichte-Pädago-
gik-Publizistik. Seit 1967. –
Rundfunk: Vgl. oben bei den Handbüchern. Sammelstelle für Tondokumente ist
das Lautarchiv des deutschen Rundfunks in Frankfurt a. M. – D. LANCE (Ed.):
Sound Archives. IASA 1983. – Zu Goebbels Sportpalast-Rede, die als Wochen-

schau-Aufnahme vorliegt, vgl. Th. Volkmann u. K. F. Reimers: Josef Goebbels zum Totalen Krieg, in: Publikationen zu Wissenschaftlichen Filmen, Bd. 1 D, Heft 1, 1967.

4. Literarische Überreste aus Wissenschaft, Kunst und Unterhaltung

Geschäftsschriftgut und publizistische Erzeugnisse sind die Gruppen von schriftlichen Überresten, aus denen der Historiker den größten Teil seiner Kenntnisse gewinnt. Grundsätzlich kommt aber alles Geschriebene aus früheren Zeiten als Quelle in Frage. Wenigstens die wichtigsten Formen sollen kurz angesprochen werden.

Wenn hier von wissenschaftlicher, künstlerischer und unterhaltender Literatur die Rede ist, dann ist der letzte Begriff nur Aushilfe aus einer Verlegenheit. Das Wort „Kunst" hat auch im wissenschaftlichen Sprachgebrauch eine wertende Bedeutung. Für den Historiker besteht aber zwischen erstrangiger **Kunst** und **Trivialliteratur** nicht der grundsätzliche Unterschied, wie ihn der Literaturwissenschaftler machen muß. Er kann auch zwischen unterhaltender Literatur und Publizistik nicht immer eine scharfe Grenze ziehen. Daß die gleichen Gegenstände für verschiedene Fächer nur unterschiedlichen Erkenntniswert haben, wie es hier erkennbar wird, soll in D I noch näher erörtert werden.

Es werden normalerweise Themen der **Kultur- und Geistesgeschichte** sein, für deren Behandlung der Historiker literarische Überreste benötigt. Im entsprechenden Kapitel D VIII soll deshalb auf die Probleme näher eingegangen werden, die sich dabei ergeben. Schon hier muß jedoch gesagt werden, daß diese Zuordnung nur stimmt, wenn man einen weiten Begriff von Geistesgeschichte zugrundelegt. Vor allem für das Bewußtsein und die Verhaltensmuster der breiten unteren Bevölkerungsschichten, mit denen sich die **Mentalitätengeschichte** befaßt, ist Literatur eine wichtige Quelle. Das gilt besonders für jene vielgelesenen Werke, die durchweg etwas abwertend als Trivialliteratur bezeichnet werden.

IV. Allgemeines über den Umgang mit Quellen

1. Formale Textkritik und Editionstechnik

Wir haben die wichtigsten Quellengattungen und ihre Eigenheiten kennengelernt und können nun in einem abschließenden Überblick einige allgemeine Feststellungen treffen, die für die Behandlung von Quellen wichtig sind.

Die formale Kritik von Quellen, die Analyse ihrer äußeren und stilistischen Merkmale ist seit der Entstehung einer modernen Geschichtsforschung lange Zeit vornehmlich an literarischen Quellen geübt worden; bis in unsere Tage läßt das Wort „Quellenkritik" in erster Linie an Textkritik literarischer Werke denken, wie sie seit dem Humanismus von den Philologen entwickelt und mehr und mehr verfeinert wurde. Dies Verfahren hängt eng zusammen mit den Gepflogenheiten der wissenschaftlichen Editionstechnik.

Seit Erfindung des Buchdrucks wurden vorher handschriftlich überlieferte Texte, auch historische Quellen, für die Zwecke der Wissenschaft gedruckt. Das führte auf die Frage, wie man dabei verfahren solle. Häufig gab es von alten Autoren mehrere spätere Abschriften, die sich unterschieden. Welche kam dem ursprünglichen Text am nächsten? Wie verhielten sie sich zueinander? Welche sollte man als Druckvorlage nehmen? Aus den Antworten auf diese Fragen entwickelte sich das Verfahren der **kritischen Edition**. Ihre grundsätzliche Aufgabe ist es, dem Benutzer erkennbar zu machen, welche Probleme bei der Erstellung des Textes auftraten: Der Befund an überlieferten Schriften, ihr feststellbares oder vermutetes Verhältnis zueinander müssen dem Leser dargestellt werden. Auslassungen beim Druck, Einschübe oder erschlossene Fassungen unleserlicher Teile müssen kenntlich sein. Wo die Vorlagen mehrere „Lesarten" eines Textes bieten, müssen die nicht für den Abdruck benutzten als Anmerkungen wiedergegeben werden. Von den meisten Traditionsquellen der Neuzeit liegen uns genügend Drucke vor, um die textkritisch entscheidende **„Ausgabe letzter Hand"** einwandfrei ermitteln zu können. Damit haben wir die Sicherheit, den letzten Text vor uns zu haben, den sein Autor gutgeheißen hat, und brauchen uns also mit Überlieferungsgeschichte nicht weiter zu plagen. Dennoch lassen sich auch auf Editionen neuzeitlicher Quellen die Grundsätze des oben Angeführten anwenden.

Für die neuere Geschichte sind in diesem Zusammenhang am

wichtigsten die **Akteneditionen**. Technik der Herausgabe und Stil-
kritik hängen auch hier eng zusammen, nur handelt es sich dem
Gegenstand entsprechend nicht um literarischen Stil, sondern um
die formalen Eigentümlichkeiten geschäftlicher Schriftstücke, wie
wir sie kennengelernt haben. Eine kritische Aktenedition wird in der
Einleitung je nach Bedarf mehr oder weniger ausführlich berichten
über die Archive, aus denen ihre Druckvorlagen stammen, über
Ordnung und Überlieferungsgeschichte der Akten. Nähere Angaben gehen den einzelnen Schriftstücken voraus: Hier sollte angegeben werden, ob ein Konzept, eine Ausfertigung oder eine Abschrift
zugrunde liegt, die Archivsignatur der Vorlage sollte angeführt sein.
Gekennzeichnet werden sollten: Präsentatvermerk, Marginalien
und andere wichtige Bearbeitungsspuren, bei Konzepten die Paraphe und wichtige Korrekturen, bei eigenhändigen Schriftstücken
wichtiger Bearbeiter die Handschrift. Wertvoll ist ein Nachweis, wo
das Schriftstück schon früher abgedruckt wurde. Wo es notwendig
ist, müssen abweichende Lesarten der verschiedenen Vorlagen angeführt werden. Auch bei neuzeitlichen Texten kommt das gelegentlich vor; es kann etwa die Kanzlei stilistische Unebenheiten einer
Vorlage stillschweigend geglättet haben. Gekennzeichnet werden
müssen schließlich in einer kritischen Edition Auslassungen und
Zusätze.

Daß einige der obigen Bedingungen mit dem Wort „sollte" eingeführt wurden, geschah auf Grund der Tatsache, daß nur wenige
Editionen alle diese Forderungen erfüllen. In vielen Fällen ist das
sehr zu bedauern; es erklärt sich indessen aus dem Arbeitsaufwand,
den angesichts der Materialmassen die Herausgabe neuzeitlicher
Akten verursacht.

Man mußte sich daher bei vielen Quellenpublikationen entschlie-
ßen, eine **Auswahl** zu treffen. Das kann zunächst geschehen durch
das Weglassen von Teilen umfangreicher Aktenschriftstücke. Solche Auslassungen müssen gekennzeichnet werden. Eingebürgert
hat sich besonders das Fortlassen der **Kurialien**, der formelhaften
Eingangs- und Schlußwendungen der Schriftstücke. Dieses Verfahren ist für den Kenner offenkundig und wird deshalb normalerweise
nicht in jedem Einzelfall kenntlich gemacht. Für den Anfänger wäre
es wünschenswert, wenn die gelegentlich geübte Praxis sich verbreitete, wenigstens einigen Aktenstücken ihre Kurialien zu belassen
und dadurch den Stil der Zeit zu kennzeichnen.

Um aus den vorhandenen Aktenmassen tatsächlich alles weniger
Wichtige fortzulassen, wird man normalerweise ganze Schrift-

stücke übergehen müssen. Die entstehenden Lücken zu schließen, hat man auf verschiedene Weise versucht. Die Herausgeber der Jüngeren Reihe der Deutschen Reichstagsakten setzten an Stelle der fortgelassenen Stücke einen darstellenden Text und nannten darin Daten und Signaturen der benutzten Schriftstücke. Für die langatmigen, häufig Bekanntes wiederholenden Schriftsätze der Reichsdiplomatie des 16. Jahrhunderts ist das eine gute Methode. Häufiger hat man weniger wichtige Stücke nur im Regest wiedergegeben.

Der Begriff **Regest** hängt sprachlich mit dem lateinischen „res gestae" zusammen; sachlich bezeichnet er die kurze Zusammenfassung des Inhalts eines Aktenschriftstücks in einer bestimmten, auf Herkommen beruhenden Form. Das Regest beginnt mit dem Datum; häufig wird dabei umgekehrt wie in der alltäglichen Schreibweise zuerst das Jahr, dann der Monat und schließlich der Tag gesetzt. Es folgen der Ort des Datums, dann die Namen von Absender und Empfänger in der Formel „X an Y" oder statt dessen der aktenkundliche Name des Schriftstücks, wenn es sich etwa um ein Protokoll handelt. Ob der Aussteller eigenhändig schreibt oder nur ein Kanzleischreiben vollzieht, sollte man kennzeichnen. Schließlich wird in Stichworten der wesentliche Inhalt angegeben.

Die kurze Zusammenfassung des Inhalts ist verhältnismäßig einfach bei Urkunden. Normalerweise läßt sich der Inhalt in einen Satz bringen, der mit dem Aussteller als Subjekt beginnt. Auf die meisten Aktenschriftstücke läßt dies Schema sich schon wegen der Schwierigkeit nicht anwenden, den Empfänger an passender Stelle zu nennen. Überdies wird der Inhalt häufig mehrere Sätze erfordern, weil es sich um berichtende Schriftstücke handelt. Wir werden um der Knappheit willen in direkter Rede formulieren, falls nicht Satzfragmente oder Stichworte ausreichen. Auf Stichworte wird man sich vor allem da beschränken, wo das Regest nicht statt des zusammengefaßten Schriftstücks steht, sondern als **„Kopfregest"** vor diesem. Für den Benutzer einer dickleibigen Aktenpublikation ist das eine große Hilfe. Er kann sich auf einen Blick unterrichten, welche Sachverhalte das Aktenschriftstück behandelt. Ausführlicher werden Regesten sein müssen, wenn sie statt eines nicht abgedruckten Schriftstücks stehen. Hier genügt nicht der bloße Hinweis auf die behandelten Sachen, sondern es muß für den Leser wenigstens in Grundzügen erkennbar sein, was zu diesen Sachen mitgeteilt wird. Also beispielsweise nicht nur „Zeremonialfragen", sondern wenigstens „Französischer Bevollmächtigter bestreitet Vorrang Spaniens".

Kennzeichnend für die Notwendigkeit, bei der Publikation moderner Akten den Arbeitsaufwand für Benutzer wie Herausgeber einzuschränken, ist die häufig angewandte **Normalisierung** der Zeichensetzung und **Orthographie** nach unseren heutigen Regeln. Dagegen ist vom Standpunkt der Quellenkritik nichts einzuwenden, solange es sich um Schriftstücke aus Kanzleien handelt, denn bei diesen ist die Rechtschreibung lediglich zeittypisch, und in dieser Hinsicht kann der Benutzer sich aus anderen Quellen orientieren. Anders verhält es sich mit eigenhändigen Schreiben historischer Persönlichkeiten. Daß etwa die Verantwortlichen für die „Weimarer Ausgabe" der Werke LUTHERS dessen oft seltsame Rechtschreibung beibehalten haben, dürfte berechtigt sein; für unser Bild von LUTHER ist eben auch seine Orthographie wichtig. Man wird also modernisierte Rechtschreibung nicht förmlich zur Notwendigkeit moderner Quelleneditionen erklären können. Jedenfalls sollte der Leser darauf hingewiesen werden, daß er die Texte in der Rechtschreibung unserer Zeit vor sich hat. Im übrigen gibt es Vereinbarungen darüber, wie eine solche Normalisierung vor sich zu gehen hat.

Literatur

Grundsätze neuzeitlicher Aktenedition: J. SCHULTZE: Grundsätze für die äußere Textgestaltung bei der Herausgabe von Quellen zur neueren Geschichte. Mehrfach gedruckt, zuletzt Bll.f.dt.LdesG. 102/1966.

2. Grundzüge der Sachkritik

Formale Quellenkritik ist für den Historiker kein Selbstzweck. Das hat schon DROYSEN in seiner „Historik" ganz klar ausgesprochen. Anders als die Philologen interessieren uns die stilistischen Merkmale unserer Quellen nicht um ihrer selbst willen, sondern im Hinblick auf die Frage: Wie verhält sich der Wortlaut der Quelle zu den geschilderten Tatsachen?

Die entscheidenden Gesichtspunkte zur inhaltlichen Kritik von Quellen müssen wir im Einzelfall der Materie entnehmen, mit der sich die Quellen befassen oder aus der sie stammen. Es können folglich hier nur einige Grundgedanken gegeben werden; Binsenweisheiten vielleicht, solange man sie isoliert theoretisch nimmt. In der Praxis wird aber gegen solche elementaren Einsichten so oft verstoßen, daß es geraten scheint, sie dem Anfänger vorzutragen.

Sachkenntnis über die Verhältnisse, von denen uns Quellen berichten, können wir in der erforderlichen Dichte oft nur aus den Quellen selbst erhalten. Soweit unser Wissen aus der Literatur, womöglich gar aus Handbüchern stammt, ist es immer zusammengefaßt und vereinfacht in einer Weise, die sich nur auf Grund eigener Quellenlektüre durchschauen läßt. Für die Praxis ergibt sich daraus die unangenehme Forderung, daß wir häufig **viel mehr Material** zur Kenntnis nehmen müssen, als wir direkt benötigen. Nur so können wir Auffälliges von Selbstverständlichem, Verdächtiges von normalerweise Üblichem unterscheiden. Angenommen, wir hätten in einem Aktenpaket des 17. Jahrhunderts oder in einer Edition einen Plan für die Anlage eines Kanals gefunden. Von solchen „**Projecten**" wimmelt es in der Zeit des beginnenden **Merkantilismus**, und es war sehr viel Spreu unter dem Weizen. Haben wir nun in unserem Schriftstück einen soliden Plan mit Erfolgsaussichten vor uns oder ein Schwindelunternehmen? Hat der Landesfürst sicheres Urteil bewiesen, als er seine Zustimmung verweigerte, oder handelte er kurzsichtig? Einen ersten Anhaltspunkt haben wir im Urteil von Zeitgenossen, etwa in einem Gutachten fürstlicher Räte in der gleichen Akte. Aber die Gutachten können differieren, die Urteile mögen weniger auf Einsicht als auf den materiellen Interessen der Gutachter beruhen. Wir müssen in der Lage sein, uns über die Erfolgsaussichten selbst eine fundierte Meinung zu bilden. Dafür kann es uns nützlich sein, das eine oder andere ähnliche Vorhaben zu kennen. Aber auch Quellenlektüre über die Politik des betreffenden Fürsten und seiner Räte in ganz anderen Fragen kann uns weiterhelfen, indem sie uns ein Bild vermittelt von dem Grad an Initiative oder Vorsicht, mit dem diese Männer zu verfahren pflegten. Oder wir begegnen dem Urheber unseres „Projects" in einem anderen Zusammenhang, der ein Licht auf seine Zuverlässigkeit wirft. Aktenschriftstücke, aber auch andere Quellen ergänzen, erklären, stützen sich untereinander.

Hinreichend breite Kenntnisse des Sachzusammenhangs unserer Quellen benötigen wir vor allem deshalb, damit wir nicht schon beim Urteil über das rein Tatsächliche unkritisch **Maßstäbe** anlegen, die wir für allgemein menschliche halten, während sie wirklich unserer Zeit eigentümlich sind. Der gesunde Menschenverstand ist die Grundlage unserer Arbeit an den Quellen, aber auch nicht mehr. Wir neigen zum Beispiel dazu, die Wahrscheinlichkeit von Berichten zu messen an der inneren Glaubhaftigkeit der angeführten Motive. Dabei sind wir allzu leicht in der Versuchung, unser eigenes

Weltbild zugrunde zu legen. Selbst für einen persönlich frommen Menschen unserer Tage ist es schwer vorstellbar, in welchem Grade und in welcher Weise das alltägliche Leben und Denken der Menschen früherer Tage durch religiöse Vorstellungen geprägt war. Für Probleme wie zum Beispiel die Beurteilung BISMARCKS und seines Charakters ist dieser Sachverhalt entscheidend wichtig.

Für die Zuverlässigkeit einer Quelle ist normalerweise erstrangig bedeutend die Frage nach der **Tendenz** des Schreibenden. Diese zu ermitteln, wird überall dort verhältnismäßig leicht möglich sein, wo uns Informationen über den Verfasser oder auch nur seine Schriften in genügendem Umfang verfügbar sind. Hier werden also nur in seltenen Fällen Probleme bestehen.

Wichtiger ist es, daß wir aus der festgestellten Tendenz die richtigen Folgerungen ziehen: Wir neigen häufig dazu, an jedes geschriebene Wort die Forderung nach Wahrheit zu stellen, die uns vom Umgang mit wissenschaftlichen Werken geläufig und dort sinnvoll ist. Wenn wir dann in einem Memoirenwerk oder auch in einer diplomatischen Note auf bewußt parteilich verfärbte Schilderungen treffen, möchten wir am liebsten mit Ablehnung reagieren und das Buch zuklappen. Konsequent gehandhabt, würde uns dies Verfahren unserer meisten Erkenntnismittel berauben; schon dadurch erweist es sich als unbrauchbar.

Darüber hinaus würde sich aber ein Historiker grundsätzlich das Verhältnis zum Gegenstand seiner Disziplin verbauen, wenn er sich von dem verbreiteten Ressentiment gegen das „schmutzige Geschäft" Politik nicht lösen könnte. Nicht als ob wir uns ethisch **wertender Urteile** zu enthalten hätten; wir müssen sie lediglich wie alle unsere Aussagen kritisch durchdenken. Unrecht bleibt Unrecht, auch wo es sich aus den Verhältnissen verstehen läßt. Wir würden aber unserer Aufgabe als Historiker untreu, wollten wir auf dieses **Verstehen** verzichten.

Wir müssen deshalb die Frage nach der Tendenz von den Quellen auch auf uns ausdehnen. Wir alle wissen, wie leicht wir **Partei zu nehmen** geneigt sind, wo immer wir uns mit Geschichte befassen. Bei der jüngsten Vergangenheit veranlaßt uns schon deren Zusammenhang mit den politischen Fragen der Gegenwart dazu. Aber auch entferntere Zeiten werden wir kaum betrachten können, ohne uns spontan mit der einen oder anderen Partei zu identifizieren. Ohne diese Tatsache hätten die heutigen Menschen, auch wir Historiker, gar keine Beziehung zur Vergangenheit. Nur darf eine wissenschaftliche Betrachtung der Geschichte dabei nicht stehenbleiben und sich vor allem den Blick für die Quellen nicht trüben lassen. Die Gefahr, daß wir die Tendenz in den Quellen „unserer" Partei unbewußt übernehmen, ist größer, als manch einer zunächst glauben möchte. In Wirklichkeit müssen wir vorsichtig von Fall zu Fall entscheiden, was wir unserer Quelle glauben können und was nicht. Selbst eine durchweg wenig glaubwürdige Quelle verdient unsere volle Aufmerksamkeit, wo sie etwas berichtet, das ihrer Tendenz zuwiderläuft. Hierhin gehören etwa die seltenen positiven Urteile von Politikern über ihre Gegner.

Mißtrauisch gegen uns selbst zu sein, haben wir bei der Beschäftigung mit Quellen noch in anderer Hinsicht Anlaß: Die geschichtliche Wirklichkeit unterscheidet sich von einem Roman durch den auffallenden Mangel an Konsequenz im Handeln nahezu aller Beteiligten. Dies erschwert uns die Orientierung und setzt uns der **Gefahr** aus, **voreilig zu verallgemeinern**. Wir wollen Ordnung in das Durcheinander bringen, Zusammenhänge erkennen; wir bringen womöglich aus der Literatur schon Vorstellungen darüber mit, welches die wesentlichen Ereignisse und Kräfte seien. Allzu früh bilden wir uns ein Urteil und benutzen die weitere Quellenlektüre nur noch dazu, diese unsere Meinung zu untermauern; was nicht ins Bild paßt, wird umgedeutet oder fällt unter den Tisch. Das Ergebnis ist eine Darstellung, deren Geschlossenheit den Uneingeweihten fasziniert, den Fachmann eher mißtrauisch macht. Eine genaue Prüfung an den Quellen bringt die übertünchten Risse und Verwerfungen der Wirklichkeit wieder ans Tageslicht.

Unvoreingenommenheit gegenüber den Quellen und deren innerer Inkonsequenz, wie sie hier gefordert wird, ist gerade für Studenten dringend zu empfehlen. Ebenso falsch wie leider weit verbreitet ist nämlich die Auffassung, was in **Handbüchern** stünde, müsse grundsätzlich richtig sein, und wenn man durch eigene **Quellenlektüre** zu anderen Ergebnissen käme, müsse man sich zwangsläufig geirrt haben. In Wirklichkeit zwingt gerade bei Handbüchern die erforderliche Knappheit die Verfasser häufig zu einem Grad an Vereinfachung, der es nicht mehr gestattet, die Ergebnisse direkt auf einen Einzelfall anzuwenden. Die typischen Merkmale des Absolutismus, wie sie unter diesem Stichwort in Nachschlagewerken zu finden sind, hat nie und nirgends ein Staat rein und vollzählig aufgewiesen.

Noch in einer anderen Hinsicht müssen wir bereit sei, den Quellen unvoreingenommen gegenüberzustehen: Wer Geschichte erforscht, der wird von dem Bedürfnis angetrieben, Antworten zu finden auf die Fragen, die ihm dabei begegnen. Dem steht entgegen, daß bis hin zu den Ereignissen der jüngsten Vergangenheit die **Überlieferung unvollständig** ist. Wir richten Fragen an die Quellen, und die Quellen bleiben stumm, oft gerade da, wo wir die Fragen als besonders brennend empfinden. Die Versuchung ist groß, die Lücken mit Vermutungen zu stopfen und die Quellen zu überziehen. Es wird schwierig sein, hier eine verläßliche Richtschnur zu geben. Denn die **Hypothese** ist ein berechtigtes Hilfsmittel unseres Strebens nach Erkenntnis, solange sie als solche klar zu erkennen ist. Auf der anderen Seite sind „Ergebnisse" im alltäglichen Wortsinn für unsere Wissenschaft kein Selbstzweck. Wenn die Frage wichtig genug ist, kann ein methodisch wertvolles Ergebnis gerade in dem exakten Nachweis liegen, daß und warum die Frage nicht eindeutig beantwortet werden kann.

Literatur

Das Nützlichste zu diesem Thema steht immer noch bei J.G.DROYSEN: Historik (vgl. A I).

3. Der Umgang mit Serien von Daten

a) Allgemeine Überlegungen

Wo immer wir in unserem Fach Strukturen und Entwicklungen in diesen untersuchen, stoßen wir auf ein methodisches Problem, das schon MARC BLOCH auf den einprägsamen Satz gebracht hat: Wir müssen rechnen *(„Il faut compter")*. Die Fragen, auf die wir treffen, lassen sich nur dann hinreichend klar beantworten, wenn es uns gelingt, die verfügbaren Informationen in **Zahlen** auszudrücken und zwischen diesen Zahlen **Beziehungen** herzustellen. Ob es um den Vergleich der hergestellten oder transportierten Mengen bestimmter Güter in der Wirtschaft geht oder um steigende Teilnehmerzahlen einer Wallfahrt im religiösen Leben: Wir müssen rechnen.

Die **Bedenken**, die dagegen aus einem traditionellen Verständnis von Geschichtswissenschaft immer noch erhoben werden, verlieren in der Praxis stark an Gewicht, sobald man ins einzelne geht. Direkte oder indirekte Zahlenangaben, Aussagen über zu- und abnehmende Bedeutung von Sachverhalten und ähnliches hat es in der Geschichtsschreibung immer gegeben. Quantifizierende Methoden bezwecken ganz einfach, solchen Aussagen zur möglichen und nötigen Genauigkeit zu verhelfen. Sie können also die traditionelle Quellenkritik nicht ersetzen, sondern nur verfeinern, und wir dürfen folglich von ihnen keine Wunder erwarten.

Die Möglichkeiten und Grenzen quantifizierender Forschung zeigen sich an einem ersten wichtigen Problem: Die Überlieferung muß die Daten in der erforderlichen **Dichte** überhaupt hergeben. Wenn ich beispielsweise für eine Stadt des 16. Jahrhunderts innerhalb von dreißig Jahren nur für vier Jahre die Getreidepreise kenne, dann ist das für Aussagen über eine Entwicklung zu wenig, weil nach unserer allgemeinen Kenntnis der Epoche mit erheblichen Schwankungen in den Zwischenräumen zu rechnen ist. Die statistische Mathematik kennt Verfahren zu bestimmen, welcher Grad an **Ungenauigkeit** sich aus der größeren oder geringeren Vollständigkeit eines Datenbestandes ergibt. Diese Verfahren sind vor allem da nützlich, wo sich eine Überfülle von Informationen nur durch Untersuchung zweckmäßig ausgewählter Stichproben bewältigen läßt; bei strukturgeschichtlichen Arbeiten zur jüngsten Vergangenheit ist dies häufig der Fall. Wo aber umgekehrt Lücken bestehen, da kann meist nur geschichtliche Sachkenntnis ein Urteil darüber begründen, für was die verbliebenen Reste noch repräsentativ sind: Der vermeintliche Zufall der historischen Überlieferung bewirkt normalerweise nicht die gleichmäßige Streuung, die sich der Statistiker unter Zufallsverteilung vorstellt.

Traditionelle Quellenkritik ist auch überall da gefragt, wo die Quellen die Informationen nicht in der Form enthalten, die zur quantitativen Auswertung erforderlich ist. **Statistiken** gibt es für den größten Teil Europas erst seit dem späten 18. Jahrhundert. Unser heutiges Verständnis von deren Aufgabe bildete sich erst allmählich, es muß also gelegentlich erst geklärt werden, was die Begriffe bedeuten, ob etwa ein Wort wie „Fabricant" im vorigen Jahrhundert über Jahrzehnte hinweg wirklich den gleichen Personenkreis bezeichnet. Schwieriger ist es in der frühen Neuzeit. Zwar gibt es auch hier Quellen wie **Zollregister** oder **Steuerlisten**, die faktisch Serien von Daten enthalten, oder man kann solche Serien aus großen Mengen gleichartiger Schriftstücke erarbeiten, etwa Angaben über Personen aus notariellen Verträgen der frühen Neuzeit. Ob aber die so gewonnenen Informationen das Maß an Einheitlichkeit haben, das es erlaubt, mit ihnen zu rechnen, muß immer wieder erst geprüft werden.

Um Informationen in Daten umzuwandeln, das heißt vergleich- und verrechenbar zu machen, brauchen wir darüber hinaus eine Begrifflichkeit, die in sich systematisch aufgebaut ist und es erlaubt, den einzelnen Sachverhalt eindeutig einer bestimmten Stelle zuzuordnen, ihn zu **klassifizieren**. Wir müssen zum Beispiel die vielen Bezeichnungen eines Quellenbestandes für Berufe zu einer Systematik von Haupt- und Untergruppen von Tätigkeiten ordnen, um Zahlenbeziehungen zwischen diesen Gruppen untersuchen zu können. Es gibt keine allgemeingültige solche Begriffssprache, sondern die Systematik ergibt sich jeweils daraus, welche Fragen untersucht werden sollen. Sie setzt also ein Mindestmaß an Annahmen darüber voraus, was bei der Untersuchung herauskommen könnte: eine **Theorie**. Diese mag häufig aus vergleichsweise einfachen Annahmen des gesunden Menschenverstandes bestehen. Trotzdem sollte sie ins Bewußtsein gehoben werden. Nur so läßt sich nämlich vermeiden, daß solche Grundannahmen faktisch das Ergebnis vorwegnehmen und die Auswahl des Materials im Sinne dieses gewünschten Ergebnisses beeinflussen. Demgegenüber heißt der Auftrag einer brauchbaren Theorie nicht: „Beweisen, daß ...", sondern: „Prüfen, ob ...".

Die bestehenden Beispiele theoriegeleiteter historischer Forschung zeigen, daß dies leichter gefordert als geleistet ist. Die anspruchsvollen und methodisch durchdachten **Theorien der Sozialwissenschaften**, an denen sich strukturgeschichtliche Arbeiten zunehmend orientieren, enthalten zwar gewissermaßen einen eingebauten Schutz gegen methodische Naivität, sie verschaffen aber ihrem Benutzer nicht etwa eine unvoreingenommene, „neutrale" Ausgangsposition. Das Problem der **Standortgebundenheit**, der Unvermeidbarkeit allgemeiner außerwissenschaftlicher Vorgaben, das wir in A II kennenlernten, macht vielmehr auch den Sozialwissenschaften zu schaffen. Wenn wir etwa für die Untersuchung der Sozialstruktur einer frühneuzeitlichen Stadt in der soziologischen Literatur nach einem passenden theoretischen Rahmen suchen, werden wir feststellen müssen, daß es allgemein anerkannte Grundannahmen über das **Wesen sozialer Schichtung** nicht gibt. Umstritten ist vor allem, in welchem Grade gesellschaftliche Ordnung als funktionsbezogen und damit friedlich oder aber als Ausgestaltung grundlegender Konfliktlagen zu verstehen ist. Daß hinter solchen Unterschieden in Grundfragen politische Wertungen stehen, ist offensichtlich.

Darüber hinaus hat aber der Historiker noch fachspezifische

Schwierigkeiten mit der Begrifflichkeit der Wirtschafts- und Sozialwissenschaften. Diese Disziplinen entstanden mit dem Gegenstand,
dem ihr vorrangiges Interesse erklärlicherweise gilt, der modernen
Industriegesellschaft. Wie weit ihre Ergebnisse sich auf frühere
Epochen anwenden lassen, muß von Fall zu Fall geprüft werden.
Ein Beispiel: Die Menschen der erwähnten frühneuzeitlichen Stadt
hatten eine eigene Begrifflichkeit für ihre sozialen, politischen und
rechtlichen Beziehungen: Sie sprachen von Ständen. Darin liegt ein
Stück Statik, das unsere heutige Gesellschaft nicht mehr hat: Der
Platz des einzelnen in dieser Ordnung war durchweg ererbt. Das
Bewußtsein damaliger Menschen von ihrem „Stand" war sicher ein
Bestandteil der tatsächlichen sozialen Struktur und muß deshalb
ernstgenommen werden. Andererseits war dieses Bewußtsein erkennbar nicht immer angemessen. Es reagierte nur mit Verzögerung
auf den wirtschaftlichen Auf- oder Abstieg einzelner, und was uns
von dieser Begriffssprache überliefert ist, das ist vor allem im
Bereich der Unterschichten nicht so feingliedrig, wie wir es heute
bräuchten. Hier wie oft wird es notwendig sein, die **Terminologie**
moderner Sozialwissenschaft so abzuwandeln, daß sich die in den
Quellen vorfindbaren Sachverhalte mit ihr angemessen beschreiben
lassen, ohne daß die Eindeutigkeit und logische Geschlossenheit
verloren geht, die eine Voraussetzung der Anwendung mathemati-
scher Verfahren ist.

b) Grundzüge der Auswertung von Daten

Von den Voraussetzungen, Grundzügen und Anliegen dieser Verfahren soll jetzt die Rede sein. Mehr als das Notwendigste dürfen
allerdings die Leser nicht erwarten; dafür sorgen sowohl der verfüg-
bare Platz als auch die Grenzen meiner Sachkenntnis.
    Wer selbst datengestützte Forschung treiben will, wird über die
Literaturangaben am Schluß den Weg zu ausführlicheren Informationen suchen müssen. Er wird sowohl die mathematische Formel-
sprache der **Statistiker** als auch Anschauung über die Verfahren der
graphischen Darbietung von Daten brauchen. Auf beides verzichte
ich hier in der Hoffnung, auch rein verbal meine Leser soweit zu
bringen, daß sie datengestützte Fachliteratur mit Verständnis lesen
können, soweit sie nicht allzu speziell ist.
    Zunächst sind einige nur vermeintlich selbstverständliche Be-
griffe zu klären. Unter **Daten** verstehen wir vergleichsweise einfache

Grundbestandteile von Informationen, die sich eignen, untereinander verglichen, geordnet, zusammengefaßt und womöglich in rechnerische Beziehungen gesetzt zu werden.

Eine erste wichtige Unterscheidung ergibt sich daraus, in welcher Art Daten zueinander in Beziehung stehen können. Wenn wir zum Beispiel die arbeitende Bevölkerung einer Stadt nach Berufen ordnen, dann sind die Berufsbezeichnungen bloße Namen, deren Beziehung zueinander sich nicht in Zahlen angeben läßt. Es ist gleichgültig, in welcher Reihenfolge wir die Berufe in einer Liste aufeinanderfolgen lassen. Wir sprechen hier von **Nominaldaten**.

Anders verhält es sich, wenn uns die Quellen erlauben, Bürger einer frühneuzeitlichen Stadt ihrem „Stand", ihrem Platz in der sozialen Schichtung nach damaligem Verständnis, zuzuordnen. Diese Schichtung war grundsätzlich hierarchisch, und bei günstiger Überlieferungslage ist es möglich, die einzelnen so entstehenden Gruppen untereinander in eine Beziehung von „höher" und „niedriger" zu bringen. Die Reihenfolge der einzelnen Stände ist also nicht mehr beliebig, sondern kann nach ihrem Rang geordnet werden. Solche Informationen nennen wir **Ordinaldaten**.

Die besten Möglichkeiten für quantifizierende Forschung bietet die dritte Gruppe von Daten, bei denen nicht nur eine Rangordnung vorliegt, sondern sich die Abstände zwischen den Rängen in Zahlen ausdrücken lassen, wenn wir also beispielsweise die Betriebe eines Gewerbes nach der Beschäftigtenzahl oder die Bevölkerung eines Ortes nach Altersgruppen ordnen. Hier sprechen wir von **Intervalldaten**. Viele statistische Operationen lassen sich nur mit dieser Art von Daten ausführen.

Die oben angesprochene Notwendigkeit einer einerseits quellengerechten, andererseits logisch stimmigen Begrifflichkeit betrifft vor allem den Umgang mit Nominal- und Ordinaldaten. Um Angaben über Berufe aus den Quellen in Zahlen zu fassen, muß jeder Beruf so eindeutig definiert sein, daß man die einzelnen Informationen sicher zuordnen kann, und die Gesamtheit der Berufsbezeichnungen muß so vollständig sein, daß sie alle vorliegenden Angaben umfaßt. In manchen Fällen wird sich das nur mit dem Trick einer Restgruppe „Sonstige" erreichen lassen. Wo wir zur Erfassung der einzelnen Informationen eine große Zahl von Kategorien brauchen, ist es zweckmäßig nicht eine lange Liste von beispielsweise 47 Berufsbezeichnungen gleichrangig aneinanderzureihen, sondern die Berufe zu **klassifizieren**, also zu Haupt- und möglicherweise noch Untergruppen zusammenzufassen, etwa zunächst nach Landwirtschaft, Handel, Gewerbe, Dienstleistungen, dann innerhalb des Gewerbes nach der Art der verarbeiteten Rohstoffe. Wenn eine solche Begriffshierarchie logisch stimmig aufgebaut ist, dann läßt sie sich codieren, das heißt, mit mehrstelligen Ordnungszahlen ausdrücken, wie wir es auch bei der Gliederung einer gut geordneten schriftlichen Arbeit tun. In unserem Beispiel könnten die gewerblichen Berufe die Ziffer 3, darunter die holzverarbeitenden die Ziffer 3.4. erhalten; 3.4.2. könnte dann ein Bauzimmermann sein. Dies Verfahren ist vor allem dann von Nutzen, wenn im Lauf einer Untersuchung umfangreiche Rechenvorgänge notwendig werden, für die sich der Einsatz von EDV lohnt; eine solche codierte Klassifikation kann man nämlich einem **Computer** verständlich machen.

Die Gesamtheit der Daten, die für die Untersuchung eines Problems benötigt werden, heißt **Datensatz**. Von der Häufigkeitsverteilung, das heißt von der unterschiedlichen Zahl der einzelnen Werte, ergibt sich am einfachsten ein Bild, wenn man die Daten in Zeilen und Spalten anordnet. Wenn wir etwa eine Reihe von Städten einer Region im Hinblick auf ihre wirtschaftliche und gesellschaftliche Struktur vergleichen wollen, dann bilden wir für jede Stadt – für jede **Erhebungseinheit**, wie man allgemein sagt – eine Zeile. Wo Entwicklungen durch die Zeit verfolgt werden sollen, bilden die einzelnen Jahre die Erhebungseinheiten. Die einzelnen Merkmale, die wir vergleichen wollen – Bevölkerungszahl insgesamt, nach Geschlechtern, nach Zugehörigkeit zu Berufen und Berufsgruppen und ähnliches – erhalten je eine Spalte. Da sie verschiedene Ausprägungen, bei Intervalldaten verschiedene Zahlenwerte annehmen können, nennen wir sie auch **Variable**. Die gesamte Zusammenstellung heißt **Matrix**, die Zeilen und Spalten werden als Zeilen- beziehungsweise Spalten**vektoren** bezeichnet.

Häufig werden wir schon für eine solche erste Ordnung die Daten nicht in der Form verwenden, wie wir sie in den Quellen vorfinden, sondern sie stärker zusammenfassen. Die Zahlen für die Städte, die wir vergleichen wollen, müssen wir möglicherweise erst aus Verzeichnissen addieren, die sich auf die einzelnen Pfarrbezirke beziehen. Man spricht in solchen Fällen von **aggregierten Daten**. Daß mit solchen Daten gearbeitet wird, muß der Leser erfahren.

Normalerweise muß das Material je nach der Frage, um die es geht, unterschiedlich geordnet werden. Man wird die Erhebungseinheiten im Hinblick auf die jeweils wichtige Variable nach deren Größe aufreihen, also die Städte unseres Beispiels nach der Einwohnerzahl. Ist die Zahl der Erhebungseinheiten groß und treten viele verschiedene Werte auf, so läßt sich die Übersichtlichkeit dadurch erhöhen, daß man die Erhebungseinheiten entsprechend den Werten der Variablen zu **Klassen** zusammenfaßt, also etwa Städte mit bis zu 2 000 Einwohnern, dann von 2 001 bis 4 000, 4 001 bis 6 000 usw. Die Größe der Klassen muß sich nach dem Datenbestand und der Fragestellung richten: Zu kleine Klassen erreichen keine genügende Zusammenfassung der Daten; je größer die Klassen, desto weniger genau wird andererseits das Bild. Wichtig ist, daß die Klassen eindeutig abgegrenzt sind. Gleiche Größe ist nicht zwingend notwendig, aber meist zweckmäßig.

Häufig ergibt sich die Frage, wieviele Erhebungseinheiten unterhalb einer bestimmten Größe einer Variablen liegen. Als Antwort darauf kann man einen klassifizierten Vektor, wie wir ihn eben kennenlernten, in einer Weise zusammenfassen, die man **Kumulieren** nennt: Es werden von Stufe zu Stufe jeweils alle Erhebungseinheiten addiert, die darunterbleiben, in unserem Beispiel zuerst alle Städte bis zu 2 000, dann bis zu 4 000, dann bis zu 6 000 Einwohnern.

Noch häufiger ergibt sich die Notwendigkeit, eine oder mehrere andere Variable eines Datensatzes zu einer solchen Klassifikation eines Vektors in Beziehung zu setzen, also beispielsweise darzustellen, wieviele Fernhandelskaufleute es in den Städten mit weniger als 2 000 Einwohnern gab, wieviele in denen mit 2 001 bis 4 000 Einwohnern usw. Auch dies läßt sich tabellarisch darstellen. Man spricht von **Kreuzklassifikation**, wenn es sich um zwei Variablen handelt. Wenn mehrere Variable in dieser Art aufgelistet werden, also etwa in unserem Beispiel verschiedene Berufe, nennt man das Ergebnis eine **Kontingenztabelle**.

Bisher haben wir angenommen, daß die besprochenen Zuordnungsvorgänge mit absoluten Zahlen der Variablen durchgeführt würden. In Wirklichkeit geht es meist um die Proportionen zwischen den Werten, ihre relative Größe im Bezug zueinander. Diese werden normalerweise in **Prozenten** ausgedrückt. Dafür nimmt man die Gesamtsumme der Werte eines Spaltenvektors als 100 Prozent und errechnet die Prozentwerte der einzelnen Erhebungseinheiten oder bei einer klassifizierten Häufigkeitsverteilung der einzelnen Klassen. Wenn also von insgesamt 48 Städten unseres Beispiels 6 weniger als 2 000 Einwohner haben, dann sind das 12,5 Prozent. Entsprechend können wir mit einem kumulierten Vektor oder einer Kontingenztabelle verfahren. Im letzteren Fall kann man sowohl jede einzelne verglichene Variable – einen einzelnen Beruf

– als auch alle zusammen – sämtliche Berufe des Datensatzes – als 100 Prozent annehmen, je nachdem, was einen interessiert.

Das Beispiel mit 48 Städten ist insofern unglücklich, als hier für ein sinnvolles Arbeiten mit Prozentzahlen die Gesamtzahl fast schon zu klein ist. Dies führt überall da, wo den einzelnen Prozentwerten sehr niedrige absolute Zahlen entsprechen, beim Leser leicht zu Mißverständnissen. Hier wie überall, wo Daten umgeformt werden, müssen deshalb die Ausgangsdaten, also wenigstens die Gesamtzahl im absoluten Wert, mitgenannt werden.

Um die relativen oder prozentualen Veränderungen geht es meist auch, wo eine Reihe von Jahren als Erhebungseinheiten verwandt, also eine **Zeitreihe** gebildet wird. Dabei muß man zwei Verfahren unterscheiden:

Meist wird von Jahr zu Jahr jeweils der Wert des Vorjahres als 100 Prozent angesetzt und der Wert des folgenden Jahres darauf bezogen. Im idealtypischen Fall gleicher prozentualer Zunahme etwa eines Industrieprodukts über Jahre hinweg werden also die absoluten Zuwächse von Jahr zu Jahr größer. Den Prozentsatz pflegt man in diesem Fall die **Zuwachsrate** zu nennen. Dies Verfahren der Darstellung heißt **prozentualer Vergleich**.

Gelegentlich mag es jedoch auch zweckmäßig sein, für eine Reihe von Jahren die Werte einer Variablen immer wieder als Prozentsatz des Wertes für das gleiche Ausgangsjahr auszudrücken. Die Reihe, die auf diese Weise entsteht, heißt **Index**. Ein Anwendungsfall, den wohl jeder aus der Gegenwart kennt, ist der **Lebenshaltungskostenindex**. Hier werden für einen ganzen „Korb" bestimmter Waren und Leistungen unter Berücksichtigung ihres relativen Gewichts eine Vielzahl von Variablen zusammengezogen und für eine Reihe von Jahren in Prozenten des Ausgangsjahres ausgedrückt. Das Verfahren läßt sich auch auf die Vergangenheit anwenden, wenigstens für die letzten beiden Jahrhunderte, aus denen in genügender Dichte Daten vorliegen. Ein solcher Index ist ein Maßstab für die Entwicklung des Geldwerts und erlaubt es, für Zeitreihen von Preisen einzelner Güter und Leistungen die tatsächliche von der nominellen Entwicklung zu unterscheiden.

Oft lassen sich Zusammenhänge zwischen Daten graphisch anschaulich machen. So läßt sich die Häufigkeitsverteilung von Nominal- oder Ordinaldaten gut durch ein **Kreisdiagramm** wiedergeben. Als Form der Darbietung von Wahlergebnissen wird wohl jeder dieses Bild aus den Medien kennen: Die Gesamtmenge wird als Kreis abgebildet, die einzelnen Merkmale werden als Segmente

eingetragen, dabei muß der Winkel an der Spitze dieser „Kuchen-
stücke" dem prozentualen Anteil des dargestellten Merkmals entsprechen. Der Vergleich verschiedener Kreisdiagramme – etwa für
mehrere Jahre – wird dadurch möglich, daß sich unterschiedliche
Gesamtmengen durch verschiedene Radien der Kreise ausdrücken
lassen.

Die meisten Formen graphischer Darstellung sind so in ein **Koor-
dinatensystem** eingepaßt, daß von den beiden in Beziehung gesetz-
ten Variablen die eine auf der Abszisse, die andere auf der Ordinate
eingetragen wird. Wenn wir Nominal- oder Ordinaldaten so darstellen, bilden wir zweckmäßig für die einzelnen Erhebungseinheiten
Säulen oder Blöcke, deren Höhe den Wert der Variablen ausdrückt,
und ordnen sie nebeneinander auf der Abszisse an. Der Abstand ist
grundsätzlich gleichgültig, da ja zwischen den Erhebungseinheiten
als solche keine Zahlenbeziehungen bestehen. Man nennt eine solche Graphik **Block-** oder **Säulendiagramm**.

Anders ist es, wenn sich die Daten für beide Koordinaten in
Zahlen fassen lassen. Wenn wir etwa eine Kreuzklassifikation graphisch darstellen wollen wie die oben erwähnte Verteilung eines
Gewerbes auf eine Reihe von Städten, die wir zuvor nach Einwoh-
nerzahlen klassifiziert haben, dann können wir für jede Klasse von
Städten einen Block bilden und diese direkt nebeneinandersetzen.
Eine solche Graphik heißt **Histogramm**. Dabei wird die Größe der
dargestellten Variable durch die Fläche des Blocks ausgedrückt. Es
empfiehlt sich also, bei gleich großen Klassen die Blöcke gleich breit
zu wählen, weil sich dann der Wert der Variablen direkt an der Höhe
der Blöcke ablesen läßt.

Die äußere Form des Histogramms ähnelt sehr der Form graphischer Darstellung von Daten, die wohl am häufigsten angewandt
wird und vor allem für Zeitreihen üblich ist: dem **Kurvendiagramm**.
Hier werden die Erhebungseinheiten, etwa die Jahre, auf der Abszisse eingetragen und die dazugehörigen Werte der Variablen als
Ordinaten; die einzelnen Punkte werden dann meist durch eine
Kurve verbunden. Dies Verfahren ist aus zwei Gründen nicht unbe-
denklich. Zunächst müssen streng genommen alle durch die Kurve
wiedergegebenen Werte, also auch die Dezimalwerte zwischen ganzen Zahlen, für den dargestellten Sachverhalt auch etwas aussagen;
bei vielen Themen, mit denen wir es zu tun haben, geben aber nur
ganze Zahlen – etwa von Einwohnern einer Stadt – einen Sinn.
Schwerer wiegt das zweite Problem: Die Kurve erweckt den Eindruck einer geschlossenen Reihe wiedergegebener Daten, über die

der Historiker in Wirklichkeit nicht immer verfügt. Man kann durch einen gestrichelten Kurvenzug das Vorhandensein von **Lücken** andeuten. Wichtiger ist, daß man an geeigneter Stelle das Ausgangsmaterial und seine Lücken in anderer Form darstellt.

Wie bei einer Matrix, so lassen sich auch in einem Diagramm normalerweise sowohl absolute Werte als auch Prozentzahlen wiedergeben. Häufig ist das zweite aussagekräftiger, vor allem bei den Veränderungen einer Variablen in der Zeit, weil sich so beispielsweise bei einer Produktionssteigerung eines gewerblichen Erzeugnisses der prozentuale Zuwachs von Jahr zu Jahr, die **Zuwachsrate**, erkennen läßt. Zur graphischen Darstellung eines solchen Sachverhalts machen sich die Statistiker die mathematischen Eigenschaften der **Logarithmen** zunutze. Logarithmen sind die Werte, mit denen eine festgelegte Grundzahl – meist 10 – potenziert werden muß, um eine andere Zahl zu erhalten. Die Logarithmen aller Zahlen zwischen 10 und 100 liegen also zwischen 1 und 2. Für unser Thema ist wichtig, daß die absoluten Unterschiede zwischen Logarithmen sich so verhalten wie die verhältnismäßigen oder prozentualen Unterschiede zwischen den ihnen zugehörigen Zahlen. Wenn also in einer Zeitreihe die absoluten Unterschiede der Variablen stetig vergrößert werden, weil sie jeweils um den gleichen Prozentsatz wachsen, dann unterscheiden sich die Logarithmen dieser Zuwächse jedesmal um den gleichen Betrag. Um dies graphisch darzustellen, verwendet man vorgedrucktes Papier, das für die Ordinate logarithmisch unterteilt ist, also für 0 bis 10 die gleiche Entfernung aufweist wie für 10 bis 100. Wenn man absolute Zahlen an Hand einer solchen Skala einträgt, verwendet man in Wirklichkeit ihre Logarithmen. Gleiche prozentuale Veränderungen stellen sich dann von selbst als optisch gleich große Abstände dar. Die oben angenommene konstante Zuwachsrate eines Produkts wird als Gerade sichtbar.

Zur Einordnung in eine größere Darstellung müssen Datengruppen oft stärker zusammengefaßt werden, als es bisher dargestellt wurde. Wir brauchen Werte, mit denen sich Grundmerkmale einer ganzen Reihe von Ausprägungen eines Merkmals verdeutlichen lassen.

Die einfachste und vielseitigste Möglichkeit dazu, die sich auch auf Nominaldaten anwenden läßt, ist der **Modus**. Das ist das Merkmal, das am häufigsten vorkommt, also etwa unter einer Reihe von Handwerken das am meisten ausgeübte oder – auf Intervalldaten angewandt – das Lebensjahr, in dem von einer Gruppe verheirateter Frauen die meisten geheiratet haben.

Auf Ordinal- und Intervalldaten anwendbar ist der **Median**. Das ist das Merkmal, das innerhalb einer Rangskala genau auf dem mittleren Platz liegt. Wenn wir also Städte nach der Einwohnerzahl in sieben Klassen geordnet haben, dann ist die Zahl der Städte in der vierten Klasse der Median. Bei einer geraden Zahl von Klassen muß aus den beiden zentralen Klassen der Mittelwert gebildet werden.

Modus und Median sind zur Kennzeichnung ganzer Datengruppen nur begrenzt anwendbar. Für Nominal- und Ordinaldaten sind sie die einzig möglichen Verfahren; bei Intervalldaten wird man häufiger mit dem **arithmetischen Mittel** arbeiten, das im folgenden dargestellt werden soll. Gelegentlich werden allerdings Modus und Median auch für Intervalldaten angewandt, wenn sie einen eigenen Aussagewert haben. Welches Heiratsalter zum Beispiel innerhalb einer Bevölkerungsgruppe das häufigste war, kann mit den Wertvorstellungen und Verhaltensmustern zusammenhängen, die in der Gruppe galten.

Das eben erwähnte **arithmetische Mittel** erhalten wir, indem wir alle Ausprägungen eines Merkmals addieren und durch die Zahl der Erhebungseinheiten teilen. Wir zählen also beispielsweise aus den schon oft erwähnten Städten alle Schmiede zusammen und teilen die Summe durch die Zahl der Städte. Aus einer klassifizierten Reihe von Daten kann man das arithmetische Mittel gewinnen, indem man die Summe der Werte der einzelnen Klassen durch deren Zahl dividiert. Je kleiner die Klassen sind, umso geringer ist die Ungenauigkeit, die dabei entsteht. Den Alltagsausdruck Durchschnitt sollte man für das arithmetische Mittel nicht verwenden, weil er auch auf das in der Statistik gelegentlich benutzte **geometrische Mittel** paßt. Dies wird ermittelt, indem man alle Werte miteinander malnimmt und aus dem Produkt die sovielte Wurzel zieht, wie es die Zahl der Erhebungseinheiten angibt.

Ein Nachteil des arithmetischen Mittels ist, daß man ihm nicht ansieht, wie breit das Spektrum der Werte ist, aus dem es errechnet wurde. Es macht aber einen Unterschied, ob etwa in einer Bevölkerungsgruppe die Kinderzahl pro Ehepaar zwischen drei und sechs liegt oder zwischen null und acht, obwohl vielleicht beides auf den gleichen Mittelwert führt. Für die Streuung der einzelnen Werte um das arithmetische Mittel läßt sich ein Maß errechnen. Dafür muß man von der Tatsache absehen, daß die Abweichungen vom Mittelwert teils darüber, teils darunter liegen, also teils positiv, teils negativ sind. Wenn man sie ins Quadrat erhebt, nehmen sie alle einen positiven Wert an. Die Quadrate werden addiert und durch die Zahl der Erhebungseinheiten geteilt. Das Ergebnis, die **Varianz**, könnte als Maß für die Streuung gelten. Sie ist aber im Verhältnis zu den einzelnen Werten leicht eine sehr große Zahl und eignet sich außerdem nicht für benannte Größen, mit denen wir es meist zu tun haben, weil sie ja aus Quadraten der einzelnen Abweichungen gewonnen worden ist. FLOUD, dem ich hier folge, arbeitet mit einem Beispiel von Schweinebeständen und erklärt es zu Recht als nicht sinnvoll, die Streuung als eine Zahl von Quadratschweinen anzugeben. Man zieht deshalb aus der Varianz noch die Quadratwurzel. Das Ergebnis heißt **Standardabweichung**; ihr Wert ist umso höher, je größer die Streuung ist.

Gelegentlich stellt sich die Aufgabe, verschiedene Variablen daraufhin zu vergleichen, welche die größere Streuung um ihren Mittelwert aufweist. Die Standardabweichungen lassen sich nicht direkt zueinander in Beziehung setzen, weil sie ja aus verschiedenen Werten errechnet sind. Man beseitigt dies Hindernis, indem man die Standardabweichung als Prozentsatz des arithmetischen Mittels ausdrückt, zu dem sie gehört. Diese Größe heißt **Variationskoeffizient**; je höher ihr Wert ist, desto größer ist die Streuung im Vergleich zu einer anderen Variablen.

Zu den wichtigen, aber schwierigen Aufgaben der Interpretation von Daten gehört die Analyse von **Zeitreihen**, das heißt die Suche nach Regelmäßigkeiten in den Veränderungen, die ein Sachverhalt in der Zeit erfährt. Wir haben weiter oben schon mit der Möglichkeit gerechnet, daß etwa die Zunahme der Erzeugung eines Gewerbeprodukts sich über Jahre hinweg stetig vollzieht. Auch das Auf und Ab einer Entwicklung enthält in manchen Fällen eine solche Regelmäßigkeit, folgt einem Zyklus. Die Vermutung eines solchen Zusammenhangs gewinnt an Sicherheit, wenn die angenommene Regelmäßigkeit sich mathematisch beschreiben läßt.

Andererseits wird hier besonders deutlich, daß Mathematik keine Hexerei ist und die Anwendung von Formeln allein noch nicht die Sicherheit der Ergebnisse garantiert. Die angesprochenen Regelmäßigkeiten treten häufig nebeneinander auf, überlagern sich also, und werden zusätzlich verunklärt durch Zufälligkeiten, die sich nur individuell verstehen und in die Erklärung einbeziehen lassen, etwa Einbrüche in einer ansonsten stetigen Entwicklung auf Grund kriegerischer oder politischer Ereignisse. Hier wie anderswo kann also die statistische Analyse nur in Zusammenarbeit mit anderen Forschungsmethoden zu haltbaren Ergebnissen kommen.

Am leichtesten erkennbar und isolierbar sind **saisonbedingte**

Zyklen: das Auf und Ab der Brotpreise von Ernte zu Ernte oder die witterungsbedingt unterschiedliche Möglichkeit und Notwendigkeit der Arbeit in vielen Berufen bestimmten vor allem in der frühen Neuzeit, aber in Restbeständen noch in der jüngsten Zeit das Leben der Menschen auf vielen Gebieten. Um den Anteil einer solchen Schwankung an den Veränderungen einer Datenreihe zu errechnen, besinnen wir uns auf die Selbstverständlichkeit, daß saisonbedingte Faktoren zur gleichen Jahreszeit in gleicher Weise wirksam werden. Wenn wir also aus einer Zeitreihe, die aus Daten für Monate besteht, über alle Jahre hinweg die Werte für den März ins Auge fassen, dann müßte das arithmetische Mittel dieser Werte den Anteil bezeichnen, der auf die saisontypische Situation – etwa die Beschäftigungslage in einem Gewerbe – in diesem Monat zurückzuführen ist. Entsprechend können wir für die anderen Monate oder bei einer anderen Datenreihe für andere Zeitabschnitte verfahren.

Wenn wir die saisontypischen Mittelwerte von den tatsächlichen Werten unserer Datenreihe abziehen, erhalten wir einen neuen, „**saisonbereinigten**" Vektor; die Veränderungen, die sich an diesem beobachten lassen, müssen auf andere Weise erklärt werden. In der gleichen Weise können wir grundsätzlich mit den Werten für die anderen Regelmäßigkeiten verfahren, von denen jetzt die Rede sein soll.

Zyklische Veränderungen über eine Reihe von Jahren hinweg, wie sie die Wirtschaftswissenschaftler an der **Konjunktur** vor allem der industriellen Epoche beobachten, hat es – etwa im Auf und Ab guter und schlechter Ernten – auch in früheren Jahrhunderten gegeben. Ihre mathematische Bestimmung ist weniger einfach als diejenige von saisonalen Schwankungen. Man muß bereits eine Vermutung über die Länge des Zyklus haben, dann kann man das Verfahren der **gleitenden Mittelwerte** anwenden. Der Grundgedanke ist, daß innerhalb eines regelmäßigen Zyklus die Abweichungen nach oben und unten sich gegenseitig aufheben unabhängig davon, von welchem Anfangs- bis zu welchem entsprechenden Endwert man die Daten vergleicht. Wenn man also einen Fünfjahreszyklus vermutet, dann errechnet man nacheinander das arithmetische Mittel der Werte für das erste bis fünfte, danach für das zweite bis sechste, das dritte bis siebte Jahr und so weiter. Je näher der tatsächliche Datenverlauf einem Zyklus kommt, desto weniger unterscheiden sich diese Werte voneinander; wenn das Verfahren sich überhaupt als verwendbar erweist, dann sind diese Mittelwerte der

Anteil der Daten, der sich aus der Annahme eines mehrjährigen Zyklus erklärt.

Ob man die richtige Länge des Zyklus vermutet hat, ob überhaupt die Annahme eines Zyklus zur Erklärung des Sachverhalts beiträgt, hängt davon ab, in welchem Umfang unerklärte Restbestände der Daten übrigbleiben und welche Annahmen außerhalb der Berechnung diese Vermutung stützen. Oft ist auch der Rhythmus der Schwankungen nicht so gleichmäßig, daß man ihn wirklich berechnen könnte. Dann tut man besser, sich auf das Beschreiben der beobachtbaren Hoch- und Tiefpunkte zu beschränken. Praktisch sollte man die Suche nach einem mehrjährigen Zyklus erst aufnehmen, wenn man allen anderen Regelmäßigkeiten auf die Spur gekommen ist. Das betrifft vor allem die Erscheinung, von der jetzt erst die Rede sein wird: den Trend.

Daß die Zu- oder Abnahme der Werte einer Zeitreihe mit kleinen zufallsbedingten Abweichungen regelmäßig verläuft, läßt sich oft schon nach einem Blick auf ihr Kurvendiagramm vermuten. Das gilt sogar dann, wenn eine zyklische Bewegung diesen Gesamtverlauf, den **Trend**, „umspielt". Die nicht einfache Berechnung eines solchen Trends kann hier nur in den Grundzügen geschildert werden, zunächst für den relativ einfacheren Fall, daß der Verlauf sich mit der Annahme gleich großer jährlicher Zuwächse als **linearer Trend** erklären läßt. Es geht dann darum, eine Linie zu finden, von der die beobachtbaren Datenpunkte insgesamt möglichst wenig weit entfernt sind. Das Verfahren ähnelt dem, das wir bei der Berechnung der Standardabweichung kennenlernten: Die Summe der Abstände aller Datenpunkte von der gesuchten Linie muß möglichst klein sein. Da die Abstände teils positiv, teils negativ sind, muß man von ihren Quadraten ausgehen, um lauter positive Werte addieren zu können. Es läßt sich aus diesen Annahmen eine Formel entwickeln, mit der sich Ausgangspunkt und Steigung einer solchen Linie aus der gegebenen Datenreihe errechnen lassen.

Die stetige Zunahme der Werte einer Zeitreihe ist aber häufig dadurch gekennzeichnet, daß die absoluten Zuwächse nicht gleich sind, sondern von Jahr zu Jahr größer werden. Das Bild einer solchen Entwicklung, eine stetig steiler ansteigende Kurve, pflegt man **Wachstumskurve** zu nennen. Der Zuwachs des Vorjahres trägt im jeweils nächsten Jahr schon mit zur Vergrößerung des Wertes bei. Konstant ist der Prozentsatz, nach dem sich die Entwicklung vollzieht, die **Zuwachsrate**.

Daß der langfristige Trend einer Zeitreihe eine Wachstumskurve darstellt, ist durch die Streuung der Einzeldaten hindurch häufig schon auf Grund eines Kurvendiagramms zu vermuten. Für die Berechnung macht man sich wie bei der oben behandelten graphischen Darstellung prozentualer Zuwächse die Eigenschaft der Logarithmen zunutze, daß sie gleiche prozentuale Veränderungen ihrer Grundzahlen als gleiche absolute Werte wiedergeben: Wenn man bei einer Zeitreihe mit vermuteter konstanter Wachstumsrate die Datenwerte durch ihre Logarithmen ausdrückt und dafür einen linearen Trend errechnet, dann gibt die Steigung dieser Linie die Wachstumsrate wieder. Man kann dann die absoluten Werte der vermuteten Wachstumskurve errechnen und von den tatsächlichen Datenwerten abziehen, um den anderswie zu erklärenden Rest zu ermitteln.

Die Zahl der Rechenvorgänge und der dafür benötigten Zahlen ist bei der Auswertung von Daten für historische Forschungsvorhaben vielfach so groß, daß es sich lohnt, einen **Computer** einzusetzen; in dem Maße, in dem die Leistungsfähigkeit kleinerer, für den Einzelbenutzer gedachter Computer zunimmt, verbessern sich die Möglichkeiten dafür. Zwar sind die Rechenoperationen, die man ausführen muß, normalerweise schon mit einem etwas anspruchsvolleren Taschenrechner möglich, aber bei der Vielzahl der erforderlichen Rechnungen steckt eine erhebliche Fehlerquelle in der Wahrscheinlichkeit von Tippfehlern beim immer erneuten Eingeben der Werte in das Gerät. Für den Computer dagegen kann man einen umfangreichen Datensatz auf Diskette einspeichern und dann das Gerät von Fall zu Fall die Werte einlesen lassen, mit denen gerechnet werden soll. Die entscheidende Voraussetzung ist eine geeignete Aufbereitung der Daten, vor allem die logische Stimmigkeit, Eindeutigkeit im einzelnen und Vollständigkeit insgesamt der angewandten Begriffe, von der oben bei der Behandlung der Nominal- und Ordinaldaten schon die Rede war. Einen Computer für die erforderlichen Rechenvorgänge zu programmieren, kann man auch ohne größere mathematische Vorbildung lernen, seit es ganze Programmpakete gibt, die für die Bedürfnisse der Sozialwissenschaften entwickelt wurden und die statistischen Operationen enthalten, die auch der Historiker für die weniger einfachen Verfahren der Auswertung von Daten braucht. Auch hier gilt wieder der tröstliche Satz, daß Mathematik keine Hexerei ist.

Literatur:

R. FLOUD: Einführung in quantitative Methoden für Historiker. Aus d. Engl.
1980. – N. OHLER: Quantitative Methoden für Historiker. Eine Einführung.
(1980). – K.H. JARAUSCH/G. ARMINGER/M. THALLER: Quantitative Methoden in der Geschichtswissenschaft. Eine Einführung in die Forschung, Datenverarbeitung und Statistik. 1985. – H. BEST/W.-H. SCHRÖDER: Quantitative
historische Sozialforschung, in: CHR. MEYER/J. RÜSEN (Hrsg.): Historische Methode. Theorie der Geschichte 5. 1988.

C. Die Hilfswissenschaften

I. Die Bedeutung der Hilfswissenschaften

Die Erfahrung zeigt, daß die Bezeichnung Hilfswissenschaften im Anfänger nur allzu leicht die Vorstellung auslöst, es handle sich da um etwas neben dem eigentlichen Fach Geschichte Hergehendes, das für Spezialisten möglicherweise wichtig sei, den ohnehin reichlich beschäftigten Studenten aber nicht weiter zu interessieren brauche. In diesem Irrtum bestärkt die Betreffenden oft noch die Feststellung, daß die Vertreter der herkömmlichen historischen Hilfswissenschaften ihre Fächer durchaus als selbständige Disziplinen betreiben und sich dagegen verwahren, eine bloß dienende Rolle zu spielen.

In Wirklichkeit schließen diese beiden Funktionen einer Wissenschaft sich glücklicherweise nicht aus. Die Zusammenarbeit über die Fachgrenzen hinweg, welche auf verschiedenen Gebieten die jüngste Entwicklung der Wissenschaft kennzeichnet, läßt sich begrifflich am besten so fassen, daß eine Disziplin für die andere zur Hilfswissenschaft wird. Wir werden im nächsten Kapitel noch sehen, wie unser Fach sich Kenntnisse und Methoden einer ganzen Reihe von Nachbargebieten zunutze machen muß, ohne darüber seine eigentliche Fragestellung aus dem Auge zu verlieren. Auf der anderen Seite verwenden viele andere Wissenschaften in ihrer Arbeit Ergebnisse der Geschichtsforschung.

Bei den herkömmlich als historische Hilfswissenschaften betrachteten Fächern handelt es sich um solche Disziplinen, deren helfende Bedeutung wie auch ihr Eigenwert vornehmlich im Bereich der Geschichte liegen. Sie sind unser „Werkzeug", wie BRANDT es bildhaft, aber treffend genannt hat, das wir zur Analyse unserer Quellen benötigen. Ob wir bei den einzelnen Gebieten ihre Eigenständigkeit oder ihre Werkzeugfunktion in den Vordergrund stellen, ist eine Frage des Ermessens oder auch der Konvention. Dieses Buch behandelt beispielsweise die historische Geographie nicht unter den Hilfswissenschaften, wie es BRANDT tut, sondern als Teildisziplin.

Ein **Kanon** solcher Hilfswissenschaften bildete sich bereits im 18.

Jahrhundert; einige davon sind noch beträchtlich älter. Die meisten haben ihre größte Bedeutung für die Arbeit an mittelalterlichen Quellen. Das bedeutet nicht, daß der neuzeitliche Historiker ganz auf ihr Studium verzichten könnte, wohl aber, daß wir für den Zweck dieses Buches vieles sehr knapp behandeln können.

Der Bezug der Hilfswissenschaften zur geschichtlichen Methode ist unterschiedlich. Einige, wie die Paläographie oder die Chronologie, sind für die Behandlung verschiedener Arten von Quellen wichtig. Andere sind auf eine bestimmte Quellengruppe bezogen und geben uns deren Quellenkunde wie etwa die Heraldik für die Wappen. Das gilt vor allem von einem Gebiet, dessen Namen der aufmerksame Leser wahrscheinlich im Inhaltsverzeichnis dieses Kapitels vermißt: Urkunden- und Aktenlehre. Diese Fächer sind mit der Quellenkunde des Geschäftsschriftguts so völlig identisch, daß es ratsam schien, ihre Behandlung vorwegzunehmen im Kapitel über die Quellen.

Literatur

A. v. Brandt: Werkzeug des Historikers. Eine Einführung in die historischen Hilfswissenschaften (Urban-Bücher 33). [13]1992, bringt in der Konzentration des Taschenbuchs die wichtigsten Begriffe und Tatsachen in klarer, präziser Sprache und mit vielen treffenden Beispielen. – Zur Entstehung eines Kanons der Hilfswissenschaften K. Hunger: Die Bedeutung der Universität Göttingen für die Geschichtsforschung im Ausgang des 18. Jahrhunderts. 1933. – Zwei handbuchartige Reihen hilfswissenschaftlicher Lehrbücher: A. Meister (Hrsg.): Grundriß der Geschichtswissenschaft. 7 Abtlgen. 1906–1927, teils mehrere Aufl. – G. v. Below/F. Meinecke (Hrsg.): Handbuch der Mittelalterlichen und Neueren Geschichte. Abtlg. IV. Hilfswissenschaften und Altertümer. 1903–1926. – Die einzelnen Werke beider Reihen werden wir bei den entsprechenden Themen kennenlernen.

II. Chronologie

1. Grundlagen

Alles historische Geschehen ist in der Zeit, und seine exakte Beschreibung setzt ein Bezugssystem für die Einordnung der einzelnen Begebenheiten voraus: eine Zeitrechnung. Der Kalender, den wir zu diesem Zweck benutzen, ist aber seinerseits etwas geschichtlich

Gewordenes und muß als solches verstanden werden. Dies ist die Aufgabe der historischen Chronologie. Die islamische Welt beispielsweise benutzt bis auf unsere Tage einen anderen Kalender als wir. Wer Schriftstücke aus diesem Bereich in unsere Zeitrechnung richtig einordnen will, muß den arabischen Kalender kennen.

Grundlage aller Zeitrechnung bildeten von jeher bestimmte **astronomische Tatsachen**, die sich leicht beobachten ließen und in ihrer Regelmäßigkeit einen festen Maßstab setzten. Als Grundeinheit ergibt sich auf diese Weise der **Tag**, astronomisch genau der mittlere Sonnentag, der Zeitraum einer Erdumdrehung. Als Zeitraum von einem höchsten Sonnenstand am Horizont bis zum nächsten, das heißt von Mittag bis Mittag, läßt er sich durch Messen von Schatten schon unter einfachen Verhältnissen genau bestimmen. Seine Unterteilung macht uns heute keine Schwierigkeiten, weil sie rein rechnerisch erfolgt. Andere Verfahren haben für die Neuzeit kaum noch praktische Bedeutung.

Schwieriger ist bis in unsere Zeit die Zusammenfassung von Tagen zu größeren Einheiten. Die Natur bietet zwei Orientierungsmöglichkeiten, den Mondumlauf und den Umlauf der Erde um die Sonne. Ersterer ergibt, von Neumond bis Neumond gerechnet, den synodischen **Monat** von rund 29 Tagen, 12 Stunden und 44 Minuten. Letzterer führt auf das tropische **Sonnenjahr** von durchschnittlich 365 Tagen, 5 Stunden, 48 Minuten und 46 Sekunden. Die Schwierigkeiten aller Zeitrechnung beruhen darauf, daß sich keine dieser Einheiten durch die anderen ohne Rest teilen läßt.

Unser geltender Kalender baut grundsätzlich auf das Sonnenjahr auf und hat den Monat zu einer rein konventionellen Größe gemacht, die mit dem wirklichen Mondumlauf nicht übereinstimmt und nur alle 19 Jahre zur Wiederkehr der gleichen Daten für die Neumonde führt. Um ganze Jahre und ganze Tage zu vereinbaren, benötigt dieses System die uns allen bekannten Schalttage. Die umgekehrte Lösung bietet der islamische Kalender: Er hat ein **Mondjahr** aus zwölf annähernd synodischen Monaten von abwechselnd 29 und 30 Tagen; eine kleine Verschiebung zwischen Tag und Monat wird durch Schalttage ausgeglichen. Auf das Sonnenjahr nimmt dies Verfahren keine Rücksicht.

Weitere Schwierigkeiten verursachen die Zeiteinheiten, die rein auf Herkommen beruhen wie die aus dem jüdischen Kalender stammende **Woche**, die sich wiederum weder zum Monat noch zum Jahr in eine einfache rechnerische Beziehung bringen läßt, sowie die Jahreseinteilung nach dem **christlichen Festkalender**. Dieser ist bestimmt durch drei große Festkreise um Weihnachten, Ostern und Pfingsten. Das zentrale Datum der beiden letzteren, das Osterfest, ist innerhalb des Jahres beweglich. Es fällt auf den Sonntag nach dem ersten Vollmond im Frühling und folglich je nach der Verteilung der Vollmonde und der Wochentage innerhalb des Jahres auf einen von 35 möglichen Terminen.

Der christliche Festkalender hatte bis ins 17. Jahrhundert Einfluß auf eine andere auf Konvention beruhende Erscheinung: die Art, die **Tage innerhalb des Monats** zu bezeichnen. Die heutige Gepflogenheit des Durchzählens gab es zwar schon im Mittelalter, und im 16. Jahrhundert wurde sie vorherrschend, daneben hielt sich aber noch die Tagesbezeichnung an Hand der kirchlichen Feste, die wir noch behandeln werden. Daß auch die Bezeichnungen der Tage innerhalb der Woche und der Monate innerhalb des Jahres nach Ort und Zeit verschieden waren und sind, brauchen wir hier nur kurz zu erwähnen. Da es sich hier nicht um Zählung, sondern um Namen handelt, ist dies ein reines Sprachenproblem.

Rein geschichtlich gewordene Daten sind schließlich auch der Jahresanfang, die **Epoche**, und der Beginn der gesamten Zeitrechnung, die **Ära**. Von den verschiedenen Epochen spielt für die Neuzeit nur der heute noch angewandte Jahresbeginn am ersten Januar eine Rolle. Immerhin hat die Verwaltung in Deutschland noch bis 1961 für ihre Kassen ein vom Kalenderjahr abweichendes Rechnungsjahr beibehalten, das am 1. April begann. Diese Gewohnheit war entstanden aus einem der im Mittelalter üblichen Jahresanfänge, dem Marienjahr oder Annunciationsstil, bei dem das Jahr mit dem 25. März begann.

Von den früher üblichen **Ären** setzte sich schon im Mittelalter in West- und Mitteleuropa die **christliche** durch. Sie wurde im 6. Jahrhundert durch den römischen Abt DIONYSIUS EXIGUUS eingeführt. Das Jahr, das er dabei als Geburtsjahr Christi ansetzte, dürfte nach dem heutigen Forschungsstand sieben oder acht Jahre zu spät liegen. Für Quellen der frühen Neuzeit ist daneben noch die **byzantinische Weltära** wichtig, die in Rußland bis 1700 galt. Sie hatte als Beginn ein nach Angaben des Alten Testaments angesetztes Weltschöpfungsdatum, das 5508 Jahre vor dem Beginn der christlichen Ära liegt. Der heute noch übliche mohammedanische Kalender hat gleichfalls eine eigene Ära, die mit dem Jahre 622 unserer Zeitrechnung beginnt. Nach der damals erfolgten Übersiedlung MOHAMMEDS von Mekka nach Medina heißt sie **Hedschra**.

2. Alter und Neuer Stil

Von den vielen chronologischen Eigentümlichkeiten des Mittelalters haben sich nur wenige bis in die Neuzeit erhalten. Die wichtigste davon ist der **Julianische Kalender**. Er heißt nach C. JULIUS CÄSAR, der ihn einführte, und ist gekennzeichnet durch das alle vier Jahre wiederkehrende, um einen Tag längere Schaltjahr. Zweck dieser Einrichtung war der Ausgleich der rund sechs Stunden, um die das Sonnenjahr länger ist als das Normaljahr von 365 Tagen. Die Korrektur war indessen nicht genau genug: Das Sonnenjahr ist um 11 Minuten kürzer, als es für den Julianischen Kalender sein müßte. Diese kleine Differenz sammelte sich in etwa 128 Jahren zu einem Tag an. Die astronomisch festliegenden Daten des Sonnenjahres wie die Tagundnachtgleichen und damit die Anfänge der Jahreszeiten verschoben sich dadurch bis zum 16. Jahrhundert um 10 Tage. Die Osterberechnung nach dem Frühlingsvollmond und damit der ganze kirchliche Festkalender gerieten in Unordnung. Schon im 15. Jahrhundert regten NICOLAUS VON CUES (1401 – 1464) und KOPERNIKUS (1473 – 1543) eine Reform an. Durchgeführt wurde sie jedoch erst 1582 durch Papst GREGOR XIII. (1503 – 1585). Nach ihm heißt der neue, heute allgemein übliche Kalender der **Gregorianische**. Die Reform bestimmte, daß künftig von den Jahreszahlen, die sich durch 100 teilen lassen, nur noch die durch 400 teilbaren Schaltjahre sein sollten, also das Jahr 1600, nicht aber 1700, 1800 und 1900, die nach dem Julianischen Kalender Schaltjahre wären. Die bisher entstandene Unstimmigkeit beseitigte man durch einen Sprung von zehn Tagen, indem man nach dem 4. gleich den 15. Oktober 1582 schrieb.

Quellenkundlich wichtig wird diese Kalenderreform hauptsächlich dadurch, daß die evangelischen Staaten ihr zunächst durchweg nicht folgten. Eine Maßnahme, welche das Oberhaupt der alten Kirche aus liturgischen Gründen durchgeführt hatte, konnte man nicht übernehmen; dazu war noch auf lange Zeit hinaus das Mißtrauen der konfessionell bestimmten Parteien zu groß. Erst 1700 schlossen sich die evangelischen Territorien Deutschlands der Reform an, England erst 1752, Schweden 1753. Das orthodoxe Rußland blieb beim Julianischen Kalender; erst 1918 ersetzte die Sowjetunion ihn durch den Gregorianischen. Dadurch fallen die landläufig „**Oktoberrevolution**" genannten Ereignisse nach heutiger Rechnung in den November; die Sowjetunion hat das Jubiläum 1967 im November gefeiert.

Für die Zeit, in der beide Kalender nebeneinander galten, muß der Benutzer von Quellen auf die Datierungsgewohnheit des Ausstellers achten und nötigenfalls umrechnen. Häufig, aber nicht immer wurden die Daten durch Zusätze wie „stili veteris, st. v., alten kalenders" oder durch die entsprechenden Wendungen für den neuen Gregorianischen Kalender gekennzeichnet. Wo Empfänger und Aussteller verschieden datierten, mit der Zeit auch in anderen Fällen, wurden daneben auch doppelte Daten verwandt. Man schrieb Tage und nötigenfalls auch Monate als Bruch mit waagerechtem Bruchstrich. Das Datum alten Stils wurde meist als Zähler, gelegentlich von katholischen Kanzleien auch als Nenner gesetzt.

Die Differenz der beiden Datierungsstile beträgt bis 1700 zehn Tage, weil ja 1600 für beide Systeme Schaltjahr war. Seit 1700 macht der Unterschied elf Tage, seit 1800 zwölf und in unserem Jahrhundert schließlich 13 Tage aus.

3. Datierungen nach dem Festkalender

Wichtig für die frühen Jahrhunderte der Neuzeit ist auch eine andere aus dem Mittelalter überkommene Gewohnheit: die Tagesdatierung nach dem kirchlichen Festkalender. Sie hielt sich auch in evangelischen Gebieten bis ins 17. Jahrhundert. Das System bestand darin, einen Tag durch sein christliches Fest zu bezeichnen, etwa durch den Tagesheiligen. Dazu benutzte man aber nicht alle Heiligenfeste des Kalenders, sondern nur einzelne; die übrigen Tage bezog man auf diese. Der Tag vorher hieß lateinisch vigilia, eingedeutscht Vigil oder einfach deutsch Abend. *„Am Abend St. Johannis Baptistae"* zum Beispiel bezeichnet den 23. Juni, und zwar den ganzen Tag. Der Name des Wochentages Sonnabend ist ein Überbleibsel dieses Sprachgebrauchs. Tage nach einem Heiligenfest wurden meist mit ihrer Wochentagsbezeichnung genannt, etwa *„mittwochs nach Agnetis"*. Um ein solches Datum aufzulösen, muß man die Verteilung der Wochentage im betreffenden Jahr kennen. Das gängige chronologische Hilfsmittel, GROTEFENDS „Taschenbuch der Zeitrechnung", enthält zu diesem Zweck eine Tabelle, die alle Jahre mit der gleichen Verteilung der Wochentage je einem der Buchstaben A – G zuordnet, dem sogenannten **Sonntagsbuchstaben**. Im Schaltjahr verschiebt sich der Rhythmus durch den eingefügten 29. Februar, so daß bis zu ihm ein Sonntagsbuchstabe gilt, von da an der nächste. Zum Ermitteln des Wochentages für ein bestimmtes Datum dient eine weitere Tabelle. Bei der Anwendung dieser Hilfsmittel muß man beachten, daß Jahre des Gregorianischen Kalenders eine andere Wochentagsverteilung haben als solche alten Stils. Den „GROTEFEND" wird man auch zum Nachschlagen der Daten der Heiligenfeste benutzen. Diese waren in der frühen Neuzeit in manchen Fällen anders als heute.

Verwickelter wird es, wenn zur Datierung ein bewegliches Fest benutzt worden ist, wenn wir zum Beispiel die Angabe „*Freitag nach Quasimodogeniti*" vorfinden. Das lateinische Wort oder richtiger die drei Wörter bezeichnen den ersten Sonntag nach Ostern; es handelt sich um den Anfang des Introitus, des ersten besonders diesem Tag zugeordneten Gebetes der Messe. Das Datum läßt sich nur auflösen, wenn wir wissen, auf welchen Tag des betreffenden Jahres Ostern fiel. Wir stellten oben schon fest, daß es dafür insgesamt 35 Möglichkeiten gibt. Diese 35 Tage werden in chronologischer Reihenfolge mit ihren „**Festzahlen**" bezeichnet. Jeder Festzahl entspricht ein ganzer Kalender, weil ja mit dem Osterdatum auch die Verteilung der beweglichen Feste im Jahr sowie überhaupt der Sonntage gegeben ist. Allen Jahren mit gleichem Osterdatum und folglich gleichem Festkalender kommt die gleiche Festzahl zu. Die 35 Kalender sowie eine Tabelle mit den Festzahlen aller Jahre sind im „GROTEFEND" oder in anderen chronologischen Werken abgedruckt. Der Benutzer muß auch hier wieder beachten, daß das gleiche Jahr im Gregorianischen Kalender eine andere Festzahl hat als im Julianischen.

4. Neue Kalender der Neuzeit

Unter den chronologischen Eigentümlichkeiten, die erst in der Neuzeit entstanden, ist die bemerkenswerteste der **französische Revolutionskalender**. Schon 1790 begann man in Frankreich nach einer neuen Ära der „Jahre der Freiheit" zu zählen. Als 1793 der Kalender der französischen Republik offiziell eingeführt wurde, begann man das Jahr mit der Tagundnachtgleiche des Herbstes, dem 22. September. Von diesem Tag des Jahres 1792 an zählte man die neue Ära der Jahre der Republik. Die rationalistische Gesinnung, die sich schon in der Wahl der astronomisch bestimmbaren Epoche ausdrückt, bestimmte auch andere Einzelheiten dieses Kalenders: An die Stelle der Woche trat die Dekade. Drei Dekaden bildeten einen Monat; diese hatten dadurch alle 30 Tage. Der Ausgleich mit dem

Sonnenjahr wurde geschaffen durch fünf, in Schaltjahren sechs Ergänzungstage, die am Jahresschluß angefügt wurden. NA-POLEON schaffte diesen Kalender 1805 wieder ab. Zur Umrechnung von Daten des Revolutionskalenders in unsere Zeitrechnung bedient man sich zweckmäßig der Tabellen in chronologischen Handbüchern.

Eine zusätzliche neue Ära führte auch der italienische **Faschismus** ein. Sie begann mit dem Marsch auf Rom vom 28. Oktober 1922. Ihre Jahreszahlen wurden stets nur neben den Daten der christlichen Ära verwandt.

Literatur

Allgemeine Grundlagen der Chronologie: P. V. NEUGEBAUER: Astronomische Chronologie. 2 Bde. 1929. − K. F. GINZEL: Handbuch der mathematischen und technischen Chronologie. 3 Bde. 1906 – 1914. Nachdruck 1958. − Für chronologische Fragen unseres Faches grundlegend H. GROTEFEND: Zeitrechnung des deutschen Mittelalters und der Neuzeit. 2 Bde. 1891 – 1898. Nachdruck 1984. − Als Hilfsmittel der praktischen Arbeit wichtiger die Kurzfassung: H. GROTE-FEND: Taschenbuch der Zeitrechnung des deutschen Mittelalters und der Neuzeit. [12]1982. Regentenlisten, Heiligenkalender, kalendarische Tabellen zu allen gängigen Datierungsfragen, auch z. B. Revolutionskalender. − Daneben noch wichtig, weil auch der islamische Kalender aufgenommen ist: H. LIETZMANN: Zeitrechnung der römischen Kaiserzeit, des Mittelalters und der Neuzeit für die Jahre 1 – 2000 nach Christus (Sammlg. Göschen 1085). 4. Aufl., durchges. v. K. ALAND. 1984. − Zur Entstehung des heute geltenden Kalenders die Arbeiten von F. KALTENBRUNNER, besonders: Beiträge zur Geschichte der Gregorianischen Kalenderreform. Sitzgsberr. d. Ak. d. Wiss. Wien 97/1880.

III. Paläographie

1. Aufgaben

Die Schrift ist in ihrem Erscheinungsbild nicht nur vom individuellen Ausdruck des Schreibenden bestimmt, sondern auch von geschichtlicher Entwicklung. Das wird jedem von uns klar, der Briefe von merklich älteren Menschen erhält und zu lesen versucht: Das Schriftbild unterscheidet sich von der uns vertrauten Handschrift von Zeitgenossen. Besonders auffällig wird das heute, weil der Unterschied häufig auf einer sehr tiefgehenden Zäsur beruht: dem

Übergang von der „deutschen" zur „lateinischen" Schrift. Daß jedoch die Schrift sich entwickelt, neben der individuellen auch eine zeittypische Komponente hat, das kann der Historiker auch an Zeiten feststellen, die weniger vom abrupten Wechsel der Gewohnheiten bestimmt waren. Das Studium dieser Entwicklung ist die Aufgabe der Paläographie.

Der Sinn einer solchen Beschäftigung mit der Schrift ist ein doppelter. Zunächst ist die Schrift eines der wichtigen Gebiete der Kultur und spiegelt deren Geschichte. Es genügt, sich daraufhin einen barocken Buchtitel anzusehen: Wie hier Buchstabenformen und graphische Zierate, Aufbau der Druckseite und Schriftverteilung auf repräsentative, monumentale Wirkung angelegt sind, das ist für die Geistesgeschichte dieser Zeit in hohem Grade charakteristisch. Weniger anspruchsvoll, aber für die Praxis der historischen Forschung noch wichtiger ist eine zweite Aufgabe der Paläographie: Ohne Kenntnisse über die geschichtliche Entwicklung der Schrift sind wir nicht in der Lage, alte Schriften zu lesen, die uns in den Archivalien begegnen.

Literatur

Zum Problem Schrift- und Kulturgeschichte vgl. die Andeutungen bei BRANDT: Werkzeug des Historikers. – Wichtige Anregungen gingen auch zu diesem Thema aus von L. TRAUBE: Zur Paläographie und Handschriftenkunde. Vorlesungen und Abhandlungen. Hrsg. v. F. BOLL. Zum Thema Bd. 1. 1909. – K. BRANDT: Die Schrift. In: Ausgewählte Aufsätze. 1938, skizziert die Bedeutung der Schriftkunde für die Geschichtsforschung. – L. COELLEN: Die Stilentwicklung der Schrift im christlichen Abendland. 1922. Eine der wenigen Darstellungen dieser Art. Schwerpunkt Mittelalter. Im Gesamtergebnis mit Vorsicht aufzunehmen, aber gute Einzelbeobachtungen.

2. Grundtatsachen und -begriffe

Die Beschäftigung mit den Formen der Schrift setzt ein Mindestmaß an Kenntnissen voraus über die Stoffe, auf denen und mit denen geschrieben wurde. Wir wissen aus eigener Anschauung, daß unsere Handschrift sich mit dem Kugelschreiber anders ausformt als mit der Feder. Wenn wir uns in eine Schrift des 16. Jahrhunderts „hineinzulesen" versuchen, indem wir uns vorstellen, wie der Schreiber sein Werkzeug geführt hat, dann müssen wir wissen, daß dies Schreibwerkzeug ein Gänsekiel war.

Wenden wir uns zunächst den **Beschreibstoffen** zu. Die ältesten Schriften wurden in Holz geritzt, in Stein oder Metall geschlagen, in Ton gegraben. Mit ihnen befaßt sich ein Sonderzweig der Paläographie, die **Epigraphik**. Ihre Bedeutung liegt hauptsächlich auf dem Gebiet der alten Geschichte.

Von Schrift im alltäglichen Sinne kann man erst da sprechen, wo leichter bewegliche, aber auch weniger dauerhafte Beschreibstoffe angewandt werden. Der aus Markstreifen der gleichnamigen Sumpfpflanze hergestellte Papyrus der Antike kam schon im Mittelalter außer Gebrauch. Uns braucht nur zu interessieren, daß er sich von unserem Papier, dem er den Namen gab, in seiner Beschaffenheit merklich unterschied.

Wichtiger ist das **Pergament**. Dieser für das Mittelalter charakteristische Beschreibstoff hielt sich als Material für Urkunden und andere wichtige Schriftstücke bis weit in die Neuzeit. In England mußten bis 1956 manche Gesetze auf Pergament ausgefertigt werden. Pergament besteht aus Tierhaut, die in Kalkwasser gebeizt, mit Bimsstein geglättet und mit Kreideschlamm behandelt worden ist. Je nach Bearbeitung und Ausgangsmaterial ist es unterschiedlich fein.

Wo mehr als ein Blatt Pergament gebraucht wurde, wandte man neben der uns noch heute geläufigen Buchform auch die Rolle an, indem man an das beschriebene Blatt ein weiteres unten anheftete und von oben nach unten weiter beschrieb. Die englische Verwaltung kennt Bücher in Rollenform noch heute.

Der uns heute geläufigste Beschreibstoff, das **Papier**, verbreitete sich schon im späten Mittelalter von den Mittelmeerländern her in Europa, das diese ursprünglich chinesische Erfindung von den Arabern übernahm. Bis zur Mitte des vorigen Jahrhunderts stellte man Papier aus Lumpen her, seitdem wird mehr und mehr Holzschliff als Rohstoff verwendet. Das Ausgangsmaterial wird fein zerkleinert und mit Wasser zu einem dünnen Brei vermengt, dieser wird mit einem Sieb geschöpft und zu Bogen getrocknet. Früher schöpfte man von Hand aus einer Bütte, heute wird der grundsätzlich gleiche Vorgang maschinell ausgeführt. In beiden Fällen ist es möglich, auf das Sieb Gebilde aus feinem Draht aufzulegen, welche das Papier an dieser Stelle dünner werden lassen. Die so entstehenden Muster, die **Wasserzeichen**, sind wichtig für die Quellenkritik. Seit dem späten Mittelalter bis auf unsere Tage werden sie als Firmenzeichen der Papiermühlen verwandt. Sie erlauben daher, die Herkunft eines Papiers zu bestimmen, häufig sogar die Entstehungszeit, weil die

Papierhersteller ihre Wasserzeichen von Zeit zu Zeit änderten. Dies gilt besonders für die frühe Neuzeit mit ihrem noch recht gut überschaubaren Bestand an Papiermühlen.

Bei der Betrachtung der **Schreibstoffe** und **Schreibgeräte** wollen wir uns auf das Schreiben im alltäglichen Wortsinn beschränken. Seit dem frühen Mittelalter benutzte man neben dem Schilfrohr den zugeschnittenen Federkiel von Gänse- oder Rabenfeder. Jahrhundertelang blieb er das vorherrschende Schreibwerkzeug; metallene Schreibfedern gibt es seit dem Ende des 18. Jahrhunderts. Mit diesen Schreibgeräten benutzte man **Tinte**. Die „klassische" Tinte war die aus Galläpfeln hergestellte Eisengallustinte. Die heutige Chemie kann auf sehr verschiedene Weise Tinten herstellen; manche Ergebnisse erweisen sich indessen schon heute als weniger dauerhaft als Eisengallustinte.

Neben der Feder treffen wir seit Beginn der Neuzeit auch auf andere Schreibwerkzeuge und -stoffe. Der **Bleistift**, der seinen irreführenden Namen bis heute behalten hat, war in der frühen Neuzeit tatsächlich aus Blei oder Bleilegierungen, daneben aber zunächst vereinzelt, seit der Mitte des 16. Jahrhunderts vorwiegend aus Graphit. Im geschäftlichen Leben galt er immer als ein nur eingeschränkt verwendbares Gerät wegen seiner leichten Radierbarkeit. Anders verhält es sich mit dem im 19. Jahrhundert aufgekommenen Kopierstift. Farbstiftschrift finden wir in geschäftlichen Schriftstücken praktisch erst in unserem Jahrhundert, seit die Entwicklung von Chemie und Technik ihre leichte Herstellung ermöglicht hat. Lediglich der **Rötel**, ein Stift aus rotem Eisenocker, wurde seit seinem Aufkommen im 15. Jahrhundert nicht nur von Künstlern, sondern auch in der Verwaltung benutzt.

Schriften prägen sich je nach der Art ihrer Verwendung in verschiedenen Formen aus. Wir alle kennen den Unterschied zwischen den einzeln stehenden Druckbuchstaben und der durch Ligaturen verbundenen Handschrift, welche es gestattet, ein ganzes Wort in einem Zug, **kursiv** niederzuschreiben. Ähnliche Erscheinungen können wir auch in der Zeit vor der Erfindung des Drucks beobachten; wir sprechen hier von **Buchschrift** und **Geschäftsschrift**. Erstere ist älter, ihre Buchstaben orientieren sich an den klaren, gut lesbaren, aber nur langsam zu schreibenden Formen der Inschriften; Ligaturen enthalten Buchschriften nur in geringem Umfang. Die Geschäftsschrift entwickelte sich aus der Buchschrift. Sie neigt stärker zu Ligaturen und tritt in ihrer Endstufe als Kursive auf. Als Werkzeug der Tagesarbeit wandelt sich die Geschäftsschrift schnel-

ler mit dem Zeitstil als die Buchschrift; die Notwendigkeit, schnell
zu schreiben, läßt andererseits die eigentlichen Buchstabenformen
sich „abschleifen", während die Ligaturen in manchen Fällen zu
Schnörkeln überwuchern. Kursive Schriften müssen daher um der
Lesbarkeit willen von Zeit zu Zeit „gereinigt" werden; Vorbild sind
dabei meist die Formen der Buchschrift. Diese ihrerseits wird immer
wieder als „altmodisch" empfunden gegenüber der schneller sich
wandelnden Geschäftsschrift, nach deren Vorbild sie dann „erneu-
ert" wird. Seit Erfindung des Drucks hat diese Wechselwirkung
stark an Bedeutung verloren.

Für die Schriftgeschichte wichtig ist auch der Unterschied zwischen Groß- und Kleinbuchstaben, **Majuskel** und **Minuskel**. Bei
bekannten Schriften ist er uns selbstverständlich. Ob eine uns unbekannte Schrift eine Majuskel oder Minuskel ist, sehen wir auf einen
Blick daran, ob sie Ober- und Unterlängen hat oder nicht. Dies ist
nur bei Minuskeln der Fall, während Majuskelbuchstaben grundsätzlich alle gleich groß sind. Die Minuskel ist die bevorzugte
Grundlage der Geschäftsschriften.

Literatur

Beschreibstoffe insgesamt: W. AUF DER MÖLLENBURG: Kulturgeschichte der
Schriftträger. I. (Textband) 1960. – Auf breiten Leserkreis berechnet, aber
verläßlich und klar A. RENKER: Das Buch vom Papier. [3]1950. – Über die
Herkunft des Papiers in den großen Kanzleien der frühen Neuzeit unterrichtet V.
THIEL: Papiererzeugung und Papierhandel vornehmlich in den deutschen Landen von den ältesten Zeiten bis zum Beginn des 19. Jahrhunderts. Archival Z
41/1932. – Wasserzeichen: Einführend: G. PICCARD: Wasserzeichenforschung
als historische Hilfswissenschaft. Archival Z 52/1956. – K. TH. WEISS: Hand-
buch der Wasserzeichenkunde. 1962, schildert Anbringung und Formen der
Wasserzeichen; Verzeichnis v. Papiermühlen. – Nachschlagewerk mit ca. 16 000
systematisch und chronologisch geordneten Wasserzeichen bis 1600: C. M.
BRIQUET: Les filigranes. 4 voll. [2]1923. – Schrift und Schreibgerät: K. V.
LARISCH: Über Schreibwerkzeuge und ihren gestaltenden Einfluß auf die
Schriftentwicklung. Graph. Revue 1924. – Viele Beispiele mit Bildern aus allen
Kulturen bringt das Bändchen von R. BLANKERTZ: Schreibwerkzeug und
Schriftform. 1933.

3. Schriftgeschichte

Die Schriftgeschichte des Abendlandes ist eine Einheit: Alle Schriftformen West- und Mitteleuropas sind entstanden aus den lateinischen Schriften, wie sie beim Zusammenbruch des weströmischen

Reiches vorlagen. Der Osten Europas entwickelte unter dem kulturellen Einfluß von Byzanz die kyrillischen Schriften aus dem griechischen Alphabet.

Direkte Bedeutung für die neuzeitliche Schriftgeschichte hatte die Schriftreform KARLS DES GROSSEN. Dieser wesentliche Bestandteil der „karolingischen Renaissance" schuf aus den verschiedenen Buchschriften einen einheitlichen Typ, die **„karolingische Minuskel"**, den man auch für die Geschäftsschrift der Urkunden übernahm, um für die „zerschriebene", nur noch schwer lesbare Kursive der Merowingerzeit einen Ersatz zu haben. Aus dieser Schrift entstand im Laufe des Mittelalters das Schriftbild, das wir als „gotisch" empfinden und das in der Fachsprache **„Textura"** oder Gitterschrift heißt: Die Schäfte der Buchstaben wurden stärker betont, die Bogenlinien „gebrochen", ins Eckige umgestaltet. Zahlreiche Kürzungen und darauf beruhende Ligaturen bildeten sich, und mit zunehmender Schriftlichkeit entstanden im späten Mittelalter wieder Geschäftsschriften, die **gotischen Kursiven**. Sie sind die Grundlage der bis in unser Jahrhundert fortlebenden Schriftform, die wir **„deutsche Schrift"** nennen. Was davon heute noch vorhanden ist, steht in der Tradition der glatteren und schneller zu schreibenden **Kurrentschriften**. In der frühen Neuzeit gab es daneben noch die regelmäßigeren, stärker an die Buchschrift angelehnten **Kanzleischriften**. Unter dem Einfluß der Geschäftsschriften bildeten sich in der Buchschrift des Spätmittelalters die Formen heraus, die wir bis heute **Fraktur** nennen. Zu ihrem Überleben trug bei, daß der entstehende Buchdruck sie übernahm.

Der Leser dieser Zeilen wird sich fragen, warum hier von „deutscher" Schrift die Rede ist und wo in der skizzierten Entwicklung die „lateinischen" Buchstaben ihren Platz haben. Beide Ausdrücke, das muß uns zunächst klar sein, sind rein konventionell. Daß die „deutsche" Schrift aus dem lateinischen Alphabet entstanden ist, sahen wir schon. Die **„lateinische Schrift"** andererseits ist der Antike längst nicht so nahe, wie ihre Urheber glaubten. Diese Urheber, die Humanisten des 15. Jahrhunderts, fanden die von ihnen verehrten und wiederentdeckten antiken Autoren in relativ alten Handschriften von Klöstern vor, durchweg in karolingischer Minuskel. Die erfreuten Entdecker nahmen an, mit den antiken Texten zugleich auch die zugehörige „antike" Schrift vor sich zu haben. So wurde die karolingische Minuskel wiederbelebt, zunächst als Buch- und Druckschrift, die wir heute noch als **„Antiqua"** bezeichnen und benutzen. Schon bald wurde auch eine Antiquakursive daraus entwickelt, die Grundform der heutigen „lateinischen" Schrift. Mit ihr schrieb man zunächst Latein, dann überhaupt romanische Sprachen; schließlich verbreitete sie sich überall außer in Deutschland und einigen Nachbarländern. In unserer Zeit haben sich Antiqua und „lateinische" Schrift auch in Deutschland durchgesetzt, vorwiegend auf Grund von Zweckmäßigkeitserwägungen: Die Frakturbuchstaben sind für die Setzmaschine weniger geeignet als die Antiqua; die „lateinische" Kursive läßt sich leichter schreiben und lesen als die „deutsche". Den Anstoß zu dieser Entwicklung hat eigenartigerweise der Nationalsozialismus gegeben.

In Handschriften des 16. – 18. Jahrhunderts finden wir „deutsche" und „lateinische" Kursive in einer bemerkenswerten Art miteinander verbunden: Wo innerhalb eines „deutsch" geschriebenen Textes ein Fremdwort romanischer Herkunft auftritt, gibt der Schreiber dieses in „lateinischen" Buchstaben wieder. Die Überfremdung der deutschen Sprache im 17. Jahrhundert wird so im Schriftbild auf den ersten Blick erkennbar.

Für die Praxis des Historikers, der in Akten auf Schriften früherer Zeiten trifft, ist der innere Zusammenhang der europäischen Schriftgeschichte wichtig. Die entscheidende Aufgabe bei der **Lektüre unbekannter Schriften** besteht nämlich darin, deren Buchstabenformen auf das lateinische Alphabet zurückzuführen. Dem Anfänger können dabei die verschiedenen Abbildungswerke gute Dienste tun, die es gibt. Da sich die „lateinischen" Schriften und die Entwicklungsstufen der gotischen Kursive voneinander merklich unterscheiden, wird die Kenntnis irgendeines „deutschen" Alphabets dem Historiker bei der Arbeit an den Quellen sehr nützlich sein. Wer auf der Schule keine „deutsche" Schrift gelernt hat, sollte bei Archivarbeiten getrost eine Schreibvorlage des Sütterlin-Alphabets bei sich haben, die es im Schreibwarenhandel immer noch gibt.

Häufig wird die Entzifferung alter Schriften uns solche Schwierigkeiten machen, daß sie Buchstabe für Buchstabe erfolgen muß. Dafür gibt es folgende Hilfen: Der **häufigste Buchstabe** deutscher Texte ist meist das e, auch n und s kommen oft vor. Klarheit über die Form dieser Buchstaben ist also eine große Hilfe. Erkannte Formen zeichnen wir uns auf einem Zettel nach; so machen wir uns gleichzeitig den Duktus der Schrift klar. Anhaltspunkte zum Lesen geben uns formelhafte Wendungen, etwa der **Titel** über einem Reskript. Das setzt allerdings voraus, daß wir die Formel kennen. So wird unser Bestand an Bekanntem immer größer und bietet uns Vergleichsmaterial für das noch Unbekannte.

Literatur

Weiterführende Literatur: Laufende Angaben in der Zeitschrift Scriptorium. Revue internationale des études relatives aux manuscrits. International review of manuscript studies. Bruxelles. Seit 1946/47.

Darstellungen: H. HAARMANN: Universalgeschichte der Schrift. 1990. – H. DE-LITSCH: Geschichte der abendländischen Schreibschriftformen. 1928. Mit Abbildungen. – Französisches Standardwerk: J. FÉVRIER: Histoire de l'écriture. Paris ²1959. – Knapp, aber durch viele Abbildungen auch neuzeitlicher Schriften für den dauernden Gebrauch sehr nützlich H. STURM: Unsere Schrift, Einführung in die Entwicklung ihrer Stilformen. 1961. – Lateinische Schrift, Standardwerk: B. BISCHOFF: Paläographie des römischen Altertums und des abendländischen Mittelalters. ²1986. – Englische Aktenschriften: L. C. HECTOR: The Handwriting of English Documents. London ²1966. Nachdruck 1980. Anhang mit Abbildungen. – „Deutsche" und „lateinische" Schrift: B. L. ULLMANN: The Origin and Development of Humanistic Script. Rom 1960. – 58 Tafeln mit Beispielen bringt J. WARDROP: The Script of Humanism. Oxford 1963. – HITLER und die deutsche Schrift. A. J. WALTHER: Schriftentwicklung unter dem Einfluß der Diktaturen. MIÖG 68/1960.

Tafelwerke: Für die Neuzeit am wichtigsten K. DÜLFER/H.-E. KORN: Schrifttafeln zur deutschen Paläographie des 16.–20. Jahrhunderts. 1. Tafeln, 2. Transskriptionen ⁷1992. – Allgemeine Überblicke: H. DEGERING: Die Schrift. Atlas der Schriftformen des Abendlandes vom Altertum bis zum 18. Jahrhundert. ⁴1964. – J. TSCHICHOLD: Geschichte der Schrift in Bildern. ⁴1961. – F. STEFFENS: Lateinische Paläographie. ²1929. Nachdruck 1964, enthält entgegen dem Titel auch einige deutsche Tafeln der frühen Neuzeit. – Das französische Standardwerk von L. DELISLE: Album paléographique ou Recueil des documents ..., Paris 1887, reicht bis zum 17. Jh. – Als Hilfsmittel für Schriftstudien eignen sich auch die Vorlagebücher von Schreiblehrern früherer Zeit, so: Das Schreibbuch des URBAN WYSS. Libellus valde doctus. Zürich 1549. Hrsg. v. H. KIENZLE. 1927. Schriftproben und Alphabete vieler Schriften des 16. Jhs. – Bibliographie vergleichbarer Werke: W. DOEDE: Bibliographie deutscher Schreibmeisterbücher von Neudörffer bis 1800. 1958. NEUDÖRFFER war ein Schreiblehrer des 16. Jhs.

4. Abkürzungen und Geheimschriften

Im Geschäftsschriftgut aller Zeiten kommen Abkürzungen vor. Noch heute üblich ist ein System, das schon die Antike kannte: die **Suspension**. Dabei bleibt von dem abgekürzten Wort nur der erste Buchstabe übrig. Marken- und Firmenbezeichnungen, Namen von

Parteien und anderen Organisationen sind auf diese Weise gebildet, aber auch die Siglen wissenschaftlicher Zeitschriften. Das Mittelalter bevorzugte ein anderes System, dessen Hauptmerkmal die **Kontraktion** ist. Bei diesem Verfahren werden die Wörter jeweils durch einige Buchstaben, meist Konsonanten aus Anfang, Mitte und Schluß vertreten, wie wir es heute etwa tun, wenn wir Bhf. für Bahnhof schreiben. Die zahlreichen mittelalterlichen lateinischen Kürzel dieser Art waren meist durch den darüber geschriebenen Kürzungsstrich gekennzeichnet. Viele solcher Formen finden sich in den ja ohnehin stark mit Latein durchsetzten Aktenschriftstücken der frühen Neuzeit. Das *„manu propria"* hinter der Unterschrift, dem wir im Kapitel über die Akten schon begegneten, ist ein Beispiel.

Zur Erhöhung der Schreibgeschwindigkeit wird in der Neuzeit ein schon der Antike bekanntes Verfahren benutzt: die **Kurzschrift**. Ansätze finden sich bereits im 17. Jahrhundert; größere Verbreitung erreichte die Stenographie erst, seit um die Mitte des 19. Jahrhunderts die heute noch üblichen Systeme entstanden. Da es solcher Systeme recht viele gegeben hat, wären stenographierte Texte für den Historiker ein beträchtliches Problem, wenn sie nicht normalerweise schon bald nach ihrem Entstehen in normale Schrift übertragen worden wären.

In geschäftlichen Schriftstücken, namentlich in Akten zur Außenpolitik, stoßen wir nicht selten auf Texte in **Geheimschriften**. Im 16. Jahrhundert waren eigens erfundene Alphabete beliebt, die meist durch leichte Abwandlung griechischer Buchstaben entstanden und verhältnismäßig leicht zu durchschauen sind. Häufig wurden auch wichtige Begriffe, vornehmlich Namen, durch vereinbarte Phantasiezeichen ersetzt. Ein vor allem von der Diplomatie des 17. Jahrhunderts gern benutztes Verfahren war das Ersetzen von Buchstaben durch Zahlen. Um die Lesbarkeit zu erschweren, behandelte man auch hier Namen und häufige Begriffe gesondert und wies ihnen eigene, aus dem System fallende Zifferngruppen zu. Nach diesem Verfahren nennt man noch heute das Umsetzen eines Textes in Geheimschrift chiffrieren. In Wirklichkeit werden heute meist die Buchstaben durch andere ersetzt. Die Systeme, die **„Schlüssel"**, nach denen dies geschieht, sind mit der Zeit immer verwickelter geworden, um zu verhindern, daß Unbefugte den Text entziffern. Der wichtigste Anhaltspunkt zum Dechiffrieren von Geheimschriften besteht in der Tatsache, daß in allen Sprachen die Häufigkeit der einzelnen Buchstaben festliegt. Zum Glück für den Historiker fin-

den sich Entzifferungen geheimschriftlicher Texte in den meisten
Fällen in den Akten.

Eine Variante der Geheimschrift besteht im Abfassen eines auf
den ersten Blick klar verständlichen, in Wirklichkeit irreführenden
Textes. Auch hier sind entscheidend die Namen und häufig vorkommende Begriffe. Sie werden durch andere Wörter ersetzt. Im 17.
Jahrhundert liebte man es beispielsweise, Bündnisverhandlungen
den Anschein von wirtschaftlichen Unternehmungen zu geben.

Literatur

Alphabetisches Nachschlagewerk von Abkürzungen der Aktenschrift: P. A.
Grun: Schlüssel zu alten und neuen Abkürzungen (Grundriß der Genealogie,
Bd. 6). 1966. – Für das Kürzungswesen der lateinischen Paläographie A.
Cappelli: Lexicon abbreviaturarum. Von der urspr. italienischen Fassung er-
schien die 6. Aufl. Mailand 1961. Deutsche Fassung [2]1928. Ergänzend A.
Pelzer: Abréviations latines médiévales. Löwen [2]1966. – Abkürzungen der
neuzeitlichen Aktenschrift: K. Dülfer: Gebräuchliche Abkürzungen des
16. – 20. Jahrhunderts. Veröff. d. Archivschule Marburg, [6]1986. – Stenographie:
A. Mentz: Geschichte der Kurzschrift. [3]1981. – Grundsätzliches über
Geheimschriften: F. Stix: Geheimschriften als historische Hilfswissenschaft.
MÖIG, Erg.-Bd. 14/1939. – A. Meister: Die Anfänge der modernen diploma-
tischen Geheimschrift. 1902.

IV. Genealogie

Unter Genealogie verstehen wir die Wissenschaft von den verwandtschaftlichen Beziehungen unter den Menschen. Ihre Bedeutung für die neuere Geschichte insgesamt ist verschiedener Art.

Viele Menschen betreiben Genealogie um ihrer selbst willen, als
Familien- und **Ahnenforschung**. Die Förderung durch die Nationalsozialisten unter dem Schlagwort „Blut und Boden" hat dies Gebiet
in Mißkredit gebracht. Auch methodisch unzulängliche Arbeiten
von Amateuren schaden seinem Ansehen. Dennoch bleibt die Vergangenheit der eigenen Familie für jeden historisch Interessierten
der natürliche Zugang zur Geschichte. Nur sollte auch hier kritisch
und methodisch sauber gearbeitet werden. Es gibt darüber hinaus
genealogische Arbeiten namhafter Wissenschaftler über die Herkunft bedeutender Persönlichkeiten, deren Ergebnis direkt in die
allgemeine Geschichte gehört.

Wichtiger wird uns die Genealogie jedoch in ihrer hilfswissen-
schaftlichen Funktion sein. Die verwandtschaftlichen Beziehungen
unter historischen Persönlichkeiten interessieren uns unter verschiedenen Aspekten.

Da ist zunächst der rein biologische Gesichtspunkt der **Vererbung**
körperlicher und geistiger Eigenschaften. Die Handschriften Bismarcks (1815 – 1898) und seiner Söhne, besonders des Grafen
Herbert, ähnelten sich so sehr, daß nur ein guter Kenner sie unterscheiden kann. Bisweilen nutzte Bismarck dies aus und diktierte
seinen Söhnen Briefe, die dann anscheinend eigenhändig waren.
Deutlicher noch läßt sich die Wichtigkeit der Vererbung an der
Familie Bach zeigen: Der große Thomaskantor entstammte selbst
einer weitverzweigten und viele Generationen alten Musikerfamilie;
mehrere seiner Söhne komponierten.

Mit dem letzten Beispiel geraten wir bei genauer Betrachtung
bereits über das nur Biologische hinaus ins **Sozial- und Geistesgeschichtliche**: Die Sippe Bach lebte in einer erblich ständisch gegliederten Gesellschaft. Der Sohn erbte vom Vater Stand und Beruf und
wurde dadurch erst in die Lage versetzt, eine entsprechende Bega-
bung zu zeigen, er war darauf aber auch in jeder Hinsicht vorberei-
tet: Die Söhne Bachs beherrschten schon als Kinder mehrere In-
strumente. Wir haben es hier nicht direkt mit Biologischem zu tun,
sondern mit dessen Funktion im Selbstverständnis der Kultur. Daraus ergeben sich charakteristische Verschiebungen, deren wichtigste
in unserer patriarchalisch bestimmten Geschichte in der bevorzugten Berücksichtigung des Vatererbes liegt. Rein biologisch gehört
jeder Mensch ebensosehr zur Familie seiner Mutter wie zu der seines
Vaters. Für das Bewußtsein des einzelnen Menschen wird meist die
Zugehörigkeit zur väterlichen Familie wichtiger sein.

Der Zusammenhang zwischen Genealogie in diesem Sinne und
politischer Geschichte ist am deutlichsten bei Fürstenhäusern erkennbar. Die verschiedenen **Erbfolgekriege** der absolutistischen
Zeit zeigen ganz klar die Wichtigkeit dynastischer Erbansprüche für
die Politik dieser Zeit.

In einem weiteren Sinne gilt jedoch Ähnliches für alle Gesell-
schaftsschichten, jedenfalls für die ständisch gegliederte Gesellschaft bis zur Französischen Revolution. Privilegien der verschiedenen Adelsklassen, Beruf und soziales Ansehen innerhalb des Bür-
gertums bis hinunter zu der Außenseiterstellung „unehrlicher" Berufe: alle diese Dinge vererbten sich. Und auch nach der Beseitigung
oder Durchlöcherung der Privilegien sorgten erblicher Besitz, ge-

sellschaftliche und geistige Atmosphäre des Elternhauses und ähnliche Faktoren dafür, daß genealogische Tatsachen weiterhin für die Geschichte eine Rolle spielten. Für die prägende Kraft des Elternhauses ist ein deutliches Beispiel die oft schon beobachtete Schlüsselstellung evangelischer Pfarrerssöhne in der deutschen Geistesgeschichte des 19. Jahrhunderts. Wie sich Familientradition auf Besitz begründet, dafür braucht man nur auf die „**Dynastien**" moderner **Industriekapitäne** zu verweisen, die FORDS in den USA oder die KRUPPS in Deutschland.

Mit der Vererbung im biologischen, rechtlichen und kulturellen Sinn ist die Bedeutung genealogischer Tatsachen nicht erschöpft. Jeder von uns weiß, daß verwandtschaftliche Beziehungen in allen Lebensbereichen eine Rolle spielen. Das Schlagwort „**Vetternwirtschaft**" bezeichnet den negativen Aspekt dieses Sachverhaltes, den wir in seiner Gesamtheit jedoch weder verurteilen noch eindeutig positiv werten können. Denn die Erscheinungen können in der verschiedensten Weise geschichtlich bedeutsam sein. Die Jugendgeschichte FRIEDRICHS DES GROSSEN (1712 – 1786), Fluchtversuch und Prozeß müssen neben anderen Aspekten auch unter dem Gesichtspunkt des Verhältnisses von **Vater und Sohn** gesehen werden. Ähnliches gilt für die politische Rolle HERBERT BISMARCKS (1849 – 1904) bis zu seinem Ausscheiden aus dem Staatsdienst bei der Entlassung seines Vaters. Oder ein Beispiel anderer Art: NAPOLEONS (1769 – 1821) Versuch, in den Kreis der europäischen Fürsten als ebenbürtig einzutreten durch seine Heirat mit einer habsburgischen Prinzessin.

Ausgangspunkt aller genealogischen Betrachtungen ist die „genealogische Einheit" Elternpaar und Kind. Ob diese Einheit die Rechtsform der Familie hatte oder nicht, ist rein biologisch betrachtet unerheblich, sozialgeschichtlich jedoch wichtig.

Von der genealogischen Einheit gehen zwei Wege aus. Der eine wendet sich der Vergangenheit zu und fragt nach den Vorfahren; seine bevorzugte Darstellungsform ist die **Ahnentafel**. Die andere Richtung der Genealogie sucht die Nachkommen eines Elternpaares zu ermitteln und das Ergebnis darzustellen in einer **Nachfahrentafel**. Grundsätzlich berücksichtigt eine solche Tafel sowohl die Nachkommen der Söhne, Enkel, Urenkel usw., die **agnatische** Nachkommenschaft, als auch den entsprechenden weiblichen Nachkommenkreis, den Weibesstamm oder die **kognatische** Nachkommenschaft. Praktisch häufiger ist die Form der Stammtafel, welche nur den Mannesstamm über mehr als eine Generation weiterführt. Auch hierin spiegelt sich die bereits behandelte größere rechtliche und kulturelle Bedeutung der agnatischen Verwandtschaft. Gerade in strittigen dynastischen Erbfällen spielte jedoch oft auch die weibliche Erbfolge eine Rolle. In solchen Fällen begnügt man sich, aus dem Geflecht der Nachfahrentafel die Linie, den **Deszent** herauszulösen, den man zum Nachweis des Anrechts braucht. Das sieht etwa für den Anspruch der brandenburgischen Hohenzollern auf Jülich-Kleve zu Beginn des 17. Jahrhunderts so aus: Der letzte Herzog von Kleve, JOHANN WILHELM (1562 – 1609), hatte keine Nachkommen. Sein Vater hatte außer ihm nur Töchter hinterlassen. Deren älteste, MARIA ELEONORE (1550 – 1608), war vermählt mit Herzog ALBRECHT FRIEDRICH (1553 – 1618) von Preußen. Die älteste Tochter aus dieser Ehe namens ANNA (1576 – 1620) heiratete Kurfürst JOHANN SIGISMUND (1572 – 1619) von Brandenburg. Für den Übergang Kleves an die brandenburgische Kurlinie war also zweimal nacheinander die weibliche Erbfolge wichtig.

Das behandelte Beispiel zeigt uns deutlich, daß wir den landläufigen Begriff des „Aussterbens" normalerweise nur im rechtlich-kulturellen Sinne zu verstehen haben, nicht im biologischen. Die meisten „ausgestorbenen" Geschlechter sind ebenso wie die Herzöge von Kleve und Jülich nur im Mannesstamm erloschen.

Von der Nachfahrentafel, deren Aussehen sich durch große oder geringe Kinderzahl, mehrere Eheschließungen oder auch illegitime Nachkommen der Dargestellten sehr buntscheckig ausnehmen kann, unterscheidet sich die **Ahnentafel** durch ihren streng regelmäßigen Aufbau. Es wiederholt sich hier von Generation zu Generation die genealogische Einheit: Jede vorkommende Person hat zwei Eltern, diese wieder je zwei; vom Ausgangspunkt her bauen sich also die Generationen in Zweierpotenzen auf: vier Großeltern, acht Urgroßeltern usw.

Theoretisch ergeben sich auf diese Weise für einen beliebigen heutigen Menschen astronomische Zahlen von Vorfahren. Dem stehen unsere Kenntnisse über die geringe Zahl der Erdbevölkerung früherer Zeiten entgegen. Das scheinbare Problem löst sich durch eine Tatsache, die in der Genealogie **Ahnenschwund** oder Ahnenverlust heißt und die man besser Ahnengleichheit nennen sollte: Im Grunde sind alle Menschen näher oder ferner miteinander verwandt, in einer vollständigen Ahnentafel würden also in den höheren Generationen die gleichen Menschen an verschiedenen Stellen auftreten.

Wir wollen uns diesen Sachverhalt an einem vergleichsweise einfachen Beispiel klarmachen: König GUSTAV ADOLF (1594 – 1632) von Schweden erwog 1630, später einmal seine einzige Tochter CHRISTINE (1626 – 1689) mit dem brandenburgischen Kurprinzen FRIEDRICH WILHELM (1620 – 1688), dem späteren Großen Kurfürsten, zu vermählen. Es wäre dies eine der in Fürstenhäusern nicht seltenen Hochzeiten von Vetter und Cousine gewesen, denn die Gemahlin GUSTAV ADOLFS war eine Schwester von FRIEDRICH WILHELMS Vater, dem brandenburgischen Kurfürsten GEORG WILHELM (1595 – 1640). Das bedeutet, daß CHRISTINE von Schweden mütterlicherseits die gleichen Großeltern hatte wie FRIEDRICH WILHELM von Brandenburg väterlicherseits. Kinder aus der geplanten Ehe hätten also dieses Paar unter ihren Urgroßeltern zweimal gehabt; die rein rechnerisch zu erwartenden acht Urgroßeltern wären nur sechs Personen gewesen. Entsprechend wäre die Personenzahl der früheren Generationen hinter dem rechnerischen Ansatz zurückgeblieben.

Dieses Phänomen ist grundsätzlich für die Vorfahren aller Menschen bedeutsam. Es macht sich stärker da bemerkbar, wo Ehen zwischen relativ nahen Verwandten sich häufen. Bei Bevölkerungsinseln und Minderheiten sprachlicher, völkischer oder religiöser Art kann dies vorkommen, weil immer wieder innerhalb eines verhältnismäßig kleinen Personenkreises Ehen geschlossen werden. Ähnliches gilt für den Hochadel und die Fürsten. Die Gesamtzahl aller Ahnen aus zwölf Generationen beträgt zum Beispiel bei FRIEDRICH DEM GROSSEN nur 2549; rein rechnerisch müßten es 8190 sein. Mit dieser Tatsache hängt eine andere Erscheinung zusammen: das **Mehrfacherbe**. Unter den Ahnen von Fürsten tritt häufig die gleiche Persönlichkeit mehrfach auf.

In der politischen Geschichte der Neuzeit wird der Historiker auf genealogische Fragen am ehesten im Zusammenhang mit Fürstenhäusern stoßen. Hier helfen ihm die handbuchartigen Darstellungen der gängigen **Tafelwerke**. Wer sich mit sozial- oder personengeschichtlichen Fragen spezieller Art befaßt, wird häufig Hilfsmittel brauchen, die ihm genauere Auskünfte geben. Hier sind die genealogischen **Taschenbücher** zu nennen, für Deutschland vornehmlich die verschiedenen Reihen des „Gotha". Es handelt sich um jährlich erscheinende Taschenbücher, die in alphabetischer Reihenfolge adlige Familien aufführen und bei den jeweils neu aufgenommenen meist den Deszent des Mannesstammes angeben. Um diese vornehmlich für den praktischen Gebrauch der Hofgesellschaft geschaffenen kleinformatigen Bücher nicht zu sehr aufzuschwellen, wurde in großem Maße auf den Inhalt früherer Bände zurückverwiesen.

Die eigentliche genealogische Forschung über den Umfang der gedruckten Hilfsmittel hinaus ist ein mühevolles Geschäft, weil dafür grundsätzlich alle Arten von Quellen in Frage kommen, die meisten von ihnen jedoch nur hin und wieder einzelne Hinweise hergeben. Nur wenige Quellengruppen bilden eine Ausnahme.

Da sind zunächst die **Ahnenproben**, eine Form von Urkunden. Ihr Ursprung liegt in der Tatsache, daß schon seit dem späten Mittelalter die Aufnahme in manche Institutionen vom Nachweis des Adels abhing. Wer etwa in einen Ritterorden oder in ein Adligen vorbehaltenes Stift eintreten wollte, hatte eine Ahnentafel bis zur fünften Generation beizubringen. Beglaubigt wurden diese Urkunden meist durch „Aufschwörung", d. h. durch die Garantie für ihre Richtigkeit, die eine Reihe von Standesgenossen des Bewerbers durch Unterschrift und Siegel übernahmen.

Eine andere, wichtige Gruppe von Quellen zur Genealogie sind die **Kirchenbücher** mit ihren Eintragungen über Geburten und Taufen, Hochzeiten und Beerdigungen. Staatliche Behörden mit Personenstandsregistern wie unsere Standesämter gab es ja in keinem Lande Europas vor der Französichen Revolution. Kriege, Katastrophen, in manchen Fällen auch unsachgemäße Aufbewahrung haben in diesen Quellenbestand leider große Lücken gerissen. Das Interesse an solchen Quellen verbindet die Genealogen mit den Bevölkerungshistorikern. Das gilt auch für die häufig gedruckt überlieferten **Leichenpredigten** auf Persönlichkeiten der frühneuzeitlichen Führungsschicht. Von diesen bestehen große Sammlungen.

Literatur

Zur grundsätzlichen Bedeutung der Genealogie A. Hofmeister: Genealogie und Familienforschung als Hilfswissenschaft der Geschichte. HV 15/1912. – Überblick über die Entwicklung des Faches: F. v. Klocke: Die Entwicklung der Genealogie vom Ende des 19. bis zur Mitte des 20. Jahrhunderts. 1950. In den Wertungen z. T. sehr subjektiv.

Literaturnachweis: Familiengeschichtliche Bibliographie. Hrsg. v. d. Zentralstelle f. Deutsche Personen- und Familiengeschichte. Bd. 1 (Titel aus den Jahren 1900 – 1920). 1928. Seitdem in Mehrjahresbänden, zuletzt Bd. 16 (über 1975 – 1977). 1979. Bde. 12 – 15 noch nicht erschienen. Nachdruck der Bde. 1 – 6. 1969. – Zeitschrift: Familiengeschichtliche Blätter. Hrsg. v. d. Zentralstelle f. dt. Pers.- u. Fam.-Gesch. 1903/05 – 1944, Neue Folge seit 1962.

Für genealogische Fragen sind oft auch Zeitschriften und Nachschlagewerke der Heraldik (C VII) mit Nutzen heranzuziehen.

Darstellungen: W. Ribbe/E. Henning: Taschenbuch für Familiengeschichtsforschung [10]1990. – Brauchbarste Einführung: O. Forst De Battaglia: Wissenschaftliche Genealogie. Eine Einführung in die wichtigsten Grundprobleme (Sammlg. Dalp.). 1948. – W. K. Prinz zu Isenburg: Historische Genealogie. 1940, behandelt die Probleme weniger gleichmäßig.

Tafelwerke: Zweckmäßigstes Hilfsmittel: W. K. Prinz zu Isenburg: Stammtafeln zur Geschichte der europäischen Staaten. 2. Aufl. Hrsg. v. F. Baron Freytag v. Loringhoven m. d. Obertitel Europäische Stammtafeln. 4 Bde. 1953 – 1957. Neudruck bzw. -aufl. 1975 – 1976. Bd. 5, aus d. Nachlaß hrsg. v. D. Schwennicke. 1978. – Neue Folge. Hrsg. v. D. Schwennicke, bisher 12 Bde., seit 1978. – Westeuropa: H. F. Schwarz (Ed.): Genealogical tables to illustrate the history of Western Europe. 6 vols. London 1984.

Ahnentafeln: St. Kekule v. Stradonitz: Ahnentafelatlas. Ahnentafeln zu 32 Ahnen der Regenten Europas und ihrer Gemahlinnen. 1898 – 1904. Für dynastische Erbfragen. – Ahnentafeln berühmter Deutscher. Hrsg. v. d. Zentralstelle f. dt. Personen- und Familiengeschichte. 6 Bde. 1929 – 1944. Behandelt z. B. Goethe und die Brüder v. Humboldt. – H. Banniza v. Bazan: Deutsche Geschichte in Ahnentafeln. 2 Bde. 1929, 1942. Reicht bis Mitte 19. Jh. Verläßlich, im Ton des 2. Bandes stark an der damals offiziellen „Weltanschauung" orientiert. – Gutes Einzelbeispiel geistesgeschichtlich wertvoller Verwandtschaftsforschung: K. Rösch: Goethes Verwandtschaft. Versuch einer Gesamtverwandtschaftstafel mit Gedanken zu deren Theorie. 1956.

Genealogische Taschenbücher: Verzeichnis: G. Saffroy: Bibliographie généalogique, héraldique et nobiliaire de la France des origines à nos jours. Imprimés et manuscrits. 4 voll. Paris 1968 – 1979. – J. D. Koehler: Der Durchläuchtigen Welt curiöser Geschichts-, Geschlechts- und Wappenkalender. Nürnberg, seit 1723. Seit 1759 fortges. v. J. Ch. Gatterer u. d. T. Handbuch der neuesten Genealogie und Heraldik. Bis 1765. – Für die Fürstenhäuser schließt an: Gothaischer Genealogischer Hofkalender. 1763 – 1943. Bringt auch Verzeichnisse der Hofbeamten, für die absolutistische Zeit auch der obersten Staatsbeamten. – Die übrigen Reihen des „Gotha": Gothaisches Genealogisches Taschenbuch. Gräfliche Häuser, seit 1825. Freiherrliche Häuser, seit 1866. Adlige Häuser, seit 1900; zeitweise getrennt in Ur- und Briefadel. Alle Serien bis 1943. Seit 1951 mit gleichem Aufbau das Genealogische Handbuch des Adels. – Entsprechend für den bürgerlichen Bereich B. Körner (Hrsg.): Deutsches Geschlechterbuch. Seit 1889. Regional geordnet.

Lexika: Neues allgemeines deutsches Adels-Lexikon. Hrsg. v. E. H. Kneschke. 1859 – 1870. Nachdruck 1973 in 9 Bden. – In der Häufigkeit des Erscheinens mit den Taschenbüchern vergleichbar, im Umfang ein Lexikon ist das seit 1826 bestehende Standardwerk über den britischen Adel: Burke's Genealogical and Heraldic History of the Peerage, Baronetage and Knightage. London [10]1970, seitdem Einzelauszüge.

Quellen: Kirchenbücher: Kirchenbuchverzeichnisse in: Ribbe/Henning (s. o.). – Leichenpredigten: Katalog der Leichenpredigtsammlungen der Niedersächsischen Staats- und Universitätsbibliothek in Göttingen. Bearb. v. M. v. Tiedemann. 3 Bde. 1954 – 1955. – Katalog der Fürstlich Stolberg-Stolberg'schen Leichenpredigten-Sammlung. 4 Bde. 1927 – 1935.

V. Numismatik und Geldgeschichte

Die beiden Gebiete, die wir hier behandeln wollen, hängen zwar sachlich eng zusammen, sind aber für die neuere Geschichte ganz unterschiedlich wichtig: Die Numismatik im engeren Sinne befaßt sich mit den Münzen selbst und ihrem Quellenwert. Sie kommt als Hilfswissenschaft hauptsächlich den historischen Gebieten zugute, für die uns nur wenig Geschäftsschriftgut überliefert ist: Vorgeschichte und frühes Mittelalter, aber auch die Antike. Wohl kann die Prägung der Münzen auch für die neuere Geschichte Quellenwert haben: Zu allen Zeiten lag es nahe, die Bilder und Inschriften auf Zahlungsmitteln in den Dienst eines politischen Programms zu stellen, weil sie in die Hände aller Menschen kamen. Neben den gängigen Formen wurden und werden dazu besondere Prägungen verwandt, sogenannte **Schaumünzen**. Die Interpretation solcher Stücke gehört in den Zusammenhang der Kunstgeschichte.

Von der Münzkunde lassen sich die Umstände, unter denen Geld entsteht und umläuft, praktisch nicht trennen. Daß dieser Stoff für die Wirtschaftsgeschichte entscheidend wichtig ist, wird jedem einleuchten. In der Einrichtung des Geldes greift aber darüber hinaus das Wirtschaftliche tief in alle Lebensbereiche ein, besonders in die Politik.

Zu den Grundbegriffen des Geldwesens gehören die Begriffe **Kurantgeld** und **Kreditgeld**. Der zweite Ausdruck bezeichnet die uns heute geläufige Form der Zahlungsmittel, bei denen der Wert nicht in den Münzen und Geldscheinen liegt, sondern durch eine Garantie des Ausgebenden festgelegt ist. Diese Garantie kann verschiedenster Art sein. Bis in unsere Zeit wird das System der Golddeckung verwandt: Die Zentralbank, welche die Geldscheine ausgibt, hält eine Goldreserve, deren Wert im Idealfall dem gesamten Geldumlauf entspricht. Faktisch entscheidend für den Wert von Kreditgeld sind wirtschaftspolitische Tatsachen: das Verhältnis von Sozialprodukt und Geldumlauf, die Zahlungsbilanz gegenüber dem Ausland, ausgeglichener oder defizitärer Staatshaushalt.

Das Kreditgeld als bewußt geschaffene Einrichtung gehört der jüngeren Neuzeit an; charakteristisch für sein Aufkommen waren die Assignaten der Französischen Revolution. Vorher gab es jahrtausendelang als entscheidendes Zahlungsmittel Münzen aus Edelmetall, die grundsätzlich ihren Wert in sich tragen sollten und die wir Kurantgeld nennen. Münzmetall in diesem Sinne war hauptsächlich das Silber, daneben das Gold; bis zum 19. Jahrhundert war dies Metall zu selten, um allein zur Herstellung von Kurantmünzen zu dienen. Auch Kupfer wurde gelegentlich nach seinem Metallwert ausgemünzt. An ihrem Wert gemessen, müssen wir die Silbermünzen praktisch aller Jahrhunderte großenteils als Kreditgeld betrachten. Das Verfahren, zugunsten der Staatskasse den Geldumlauf zu erhöhen, ohne daß entsprechend neue Werte entstanden, wurde nämlich auch vor dem Aufkommen der Banknoten geübt in der Form der **Münzverschlechterung**. Dabei verringerte man sowohl das Gewicht als auch den Anteil an Edelmetall in der Münzlegierung, den Feingehalt. Dieser Praxis kam die Art entgegen, wie bis ins 18. Jahrhundert das Münzwesen in vielen europäischen Ländern organisiert war: Der Landesfürst übte sein Münzrecht nicht direkt aus, sondern verpachtete es an einen berufsmäßigen **Münzmeister**. Diese Männer stammten meist aus der Lombardei, sie bildeten einen untereinander versippten Stand. Der Münzmeister mußte bei seiner Tätigkeit Gewinn erzielen, schon um die Pacht aufzubringen. War das neue, schlechtere Geld erst einmal im Umlauf, so verdrängte es das bessere, weil jeder die wertvolleren Münzen hortete, die geringeren auszugeben strebte. Diese Tatsache nennen wir nach ihrem Entdecker GRESHAMSCHES GESETZ.

Zum Verständnis des europäischen Geldwesens bis in unsere Tage müssen wir bis auf KARL DEN GROSSEN (742 – 814) zurückgehen, dessen Münzreform für die weitere Entwicklung die Fundamente legte. Diese Reform fixierte den Wert der damals und noch lange Zeit allein geprägten Münze, des Pfennigs, in ihrem Verhältnis zu den damals üblichen Silbergewichten. Dies ist charakteristisch für das Kurantgeld, dessen Wert in seinem Feingehalt liegt. Das **Pfund** Silber wurde in 20 solidi oder **Schillinge** geteilt, reine Recheneinheiten, die erst im späten Mittelalter als Münzen geprägt wurden. Der Schilling zerfiel in zwölf **Denare**. Neben dem Pfund gab es als Gewichtseinheit des Silbers noch die **Mark**, die 16 Schillinge umfaßte.

Die Abkürzungen der Geldeinheiten in Rechnungsbüchern richteten sich bis weit in die Neuzeit, ja bis in unser Jahrhundert nach der lateinischen Bezeichnung: Der Schilling wurde mit sol., der Pfennig mit ₰ abgekürzt.

Das **Münzrecht** galt im Mittelalter als Regal. Wie andere ähnliche Rechte gelangte es in Deutschland und Italien in die Hände der Territorialfürsten. Theoretisch sollten alle ihre Prägungen gleiches „Schrot und Korn", d. h. gleiches Gewicht und gleichen Feingehalt haben. Praktisch entfernten sie sich immer mehr voneinander. Schließlich kamen die **„Landmünzen"** auf, die auch offiziell nach eigenem Münzfuß bemessen waren. Versuche, die zunehmende Zersplitterung durch Reichsgesetze oder freiwillige Konventionen zu überwinden, hatten bis ins 18. Jahrhundert nur begrenzten Erfolg.

Hintergrund dieses Wirrwarrs war die Münzverschlechterung. Die Münzen wurden immer leichter; 192 Denare, die ursprünglich eine Mark ausmachten, wogen schließlich kaum noch die Hälfte einer gewogenen Mark Silber. Der Kupfergehalt der Legierung nahm zu. Dazu sank die Kaufkraft der Münzen, weil Silber seit dem späten Mittelalter in mehreren Ländern Europas in großen Mengen gefördert und seit der Entdeckung Amerikas auch von dort importiert wurde. Vor allem als einigermaßen stabiles Zahlungsmittel für den Fernhandel brauchte man neue, größere Münzen.

Diese kamen seit dem 13. – 14. Jahrhundert auf. Zum Unterschied von den blättchendünnen Pfennigen hießen sie „dicke" Münzen, grossi oder **Groschen**, lateinisch argentei, abgekürzt gr. oder arg. Ihr Wert betrug meist 12 Pfennige. Ein anderer Ausweg waren die schwerer fälschbaren Goldmünzen, die man **Gulden** oder nach einer der wichtigsten Münzstätten, Florenz, Florenen nannte. Die Abkürzung fl. ist für den niederländischen Gulden heute noch üblich. Der relativ hohe Wert dieser Münze wurde schließlich seit dem späten 15. Jahrhundert auch in Silber geprägt. Diese „Guldengroschen" nannte man auch Joachimsthaler oder kurz **Thaler** nach dem Herkunftsort des anfangs viel für sie verwandten Silbers. Sie verbreiteten sich in großen Teilen Europas; der jüngste, heute noch gültige Abkömmling der Familie ist der US – „Dollar".

In Deutschland wurde durch mehrere Reichsgesetze des 16. Jahrhunderts der **„Reichstaler"** zur amtlichen Reichswährung. Obwohl die Ausprägung bei den Territorien lag, erhielt sich der Wert des Reichstalers relativ fest. Viele minderwertige Prägungen gab es dagegen bei den Bruchteilwerten des Talers, die je nach Territorien verschieden gemünzt wurden. Kennzeichnend dafür ist die Entwicklung des Wertverhältnisses zwischen dem Taler und der Hauptmünze des alltäglichen Gebrauchs, dem Groschen: Im 16. Jahrhun-

dert war der Taler 21 Groschen wert; von den minderwertigen
Groschen der „Kipper und Wipper" aus den zwanziger Jahren des
Dreißigjährigen Krieges gingen dagegen bis zu neunzig auf einen
Reichstaler. Auch nach der Einziehung dieser Münzen blieb der
Taler bei einem Wert von 24 Groschen. Um die Mitte des 18.
Jahrhunderts gingen sowohl Österreich als auch Preußen zu einem
neuen Münzfuß über; der Taler wurde etwas leichter. Dies geschah
jedoch in einer für das Publikum erkennbaren Weise. Die Zeit der
geheimen Münzverschlechterung zugunsten der Staatskasse war
vorbei; die minderwertigen **„Ephraimiten"**, Preußens stark mit
Kupfer legierte Münzen aus dem Siebenjährigen Krieg, bedeuteten
einen letzten Rückfall; sie wurden nach dem Krieg wieder durch
vollwertiges Geld ersetzt.

Wichtiger als die Frage nach dem Edelmetallwert einer Münze
wird dem Historiker normalerweise sein, welche **Kaufkraft** das
Geld hatte, das er in seinen Quellen erwähnt findet. Eine bündige
Antwort auf diese Frage wird sich auch für die Neuzeit nur in
günstig liegenden Einzelfällen geben lassen; normalerweise wird es
ganz einfach in den Quellen an hinreichenden Mengen von Preisan-
gaben fehlen. Denn mit Analogieschlüssen müssen wir sehr vorsichtig sein. Erst unter den Verkehrsbedingungen der jüngsten Vergangenheit, frühestens seit dem Aufkommen der Eisenbahnen im vorigen Jahrhundert ist der Warenaustausch so einfach geworden, daß
sich Preise über Raum und Zeit hinweg einander angleichen. Noch
im 18. Jahrhundert konnte je nach Ernte der Getreidepreis innerhalb weniger Jahre um mehrere hundert Prozent steigen oder fallen
oder auch in nahe benachbarten Gebieten stark unterschiedlich
sein, weil Massengüter wie Getreide praktisch nur auf dem Wasser-
weg zu einigermaßen erträglichen Frachtsätzen befördert werden
konnten. Mit dem Getreidepreis stiegen und fielen aber alle anderen
Preise. Eine andere Tatsache beeinflußt in der frühen Neuzeit das
Preisgefüge in einer uns schwer vorstellbaren Weise: die extremen
Unterschiede im Einkommen innerhalb der ständisch gegliederten
Gesellschaft. Das Gehalt eines adligen Geheimen Rates konnte das
Dreißigfache von dem betragen, was ein Kanzlist verdiente. Wo sich
die Menschen mit relativ hohen Einkommen zusammenfanden, in
den Städten, vor allem in den Residenzen, stiegen alle Preise auf das
Mehrfache dessen, was auf dem flachen Lande üblich war. Aussa-
gen über Kaufkraft des Geldes werden also normalerweise nur für
räumlich und zeitlich begrenzte Situationen möglich sein.

Literatur

Kulturgeschichtliche Bedeutung der Münzen: W. GRAMBERG/G. HATZ: Das Buch vom Geld. Kulturgeschichte der Münzen und des Münzwesens. 1957. Überblick.

Bibliographie: PH. GRIERSON: Bibliographie numismatique. Bruxelles [2]1979. – E. CLAIN-STEFANELLI: Numismatic Bibliography. 1985. – Zeitschriften: Hamburger Beiträge zur Numismatik. Seit 1947. – Jahrbuch für Numismatik und Geldgeschichte. Sei 1949; knüpft an die Mitteilungen der Bayerischen Numismatischen Gesellschaft an, die 1882 – 1937 erschienen.

Nachschlagewerke: FR. V. SCHRÖTTER: Wörterbuch der Münzkunde. [2]1970. Artikel teils sehr umfang- und materialreich. – H. KAHNT/B. KNORR: Alte Maße, Münzen und Gewichte. Ein Lexikon. 1987. – Zum Technischen: F. SCHLÖSSER: Die Münztechnik. 1884.

Darstellungen: R. GÖBL: Numismatik. Grundriß und wissenschaftliches System. 1987. – Aus Below-Meineckes Handbuch: A. LUSCHIN V. EBENGREUTH: Allgemeine Münzkunde und Geldgeschichte. [2]1926. 4. Nachdruck 1976. – E. u. V. CLAIN-STEFANELLI: Münzen der Neuzeit. 1978. – Frankreich bis zur Revolution: A. BLANCHET/A. DIEUDONNÉ: Manuel de Numismatique Française. 4 voll. Paris 1912 – 1936. – Für die Neuzeit A. ENGEL/R. SERRURE: Traité de numismatique moderne et contemporaine. 2 voll. Paris 1897 – 1899. Noch nicht überholt. – England: English Coins from the Seventh Century to the Present Day. London [3]1950. Schwerpunkt Mittelalter, aber auch neuzeitl. Münzen. – Deutschland: H. RITTMANN: Deutsche Geldgeschichte 1484 – 1914. 1975. Ders.: Deutsche Geldgeschichte seit 1914. 1986.

Kaufkraftproblem: E. J. HAMILTON: Art. „Prices: Price History" in Internat. Enc. of the Social Sciences, vol. 12, 1968. – Eine der wenigen umfassenden Darstellungen ist J. M. ELSAS: Umriß einer Geschichte der Preise und Löhne in Deutschland vom ausgehenden Mittelalter bis zum Beginn des 19. Jahrhunderts. 1936 – 1949. – Mit der Entwicklung in der Zeit der großen spanischen Silberimporte befaßt sich F. C. SPOONER: L'économie mondiale et les frappes monétaires en France 1493 – 1600. 1956.

VI. Sphragistik

Sphragis ist griechisch und bedeutet Siegel; mit dieser wichtigen Gruppe von Überresten befaßt sich die Sphragistik.

Als Siegel bezeichnen wir einen Abdruck in geeignetem Material oder mit einer Farbe, der mit einer entsprechenden Form hergestellt ist, ferner auch die Form selbst, das Typar oder **Petschaft**, in neuerer Zeit den Gummistempel. Das Siegel kann ein Bild, eine Schrift oder beides zeigen und dient immer einem rechtlichen Zweck. Für die neuere Geschichte sind zwei solcher Zwecke wichtig: der **Verschluß** einer Sache zur Sicherung gegen unbefugtes Öffnen und die **Beglaubigung** eines Schriftstücks.

In der ersten Funktion finden wir Siegel schon an Büchern der Antike. Das „Buch mit den sieben Siegeln" aus der Apokalypse ist ein zur Redensart gewordenes Beispiel dafür. Die Aufgabe des Siegels als Beglaubigungsmittel stammt aus dem Mittelalter, als man ein sinnenfälliges Mittel brauchte, um den Willen schriftunkundiger Herrscher auf geschäftlichen Schriftstücken zu bekunden. Die zunehmende Schriftlichkeit seit dem späten Mittelalter konnte jedoch das Siegel aus seiner Beglaubigungsfunktion nicht verdrängen. Neben der Unterschrift hielt es sich bis in unsere Tage, in denen es neue Bedeutung gewann: Wo in der Massenhaftigkeit modernen Geschäftsschriftgutes die Unterschrift allein anonym bleibt, da tritt die handelnde Institution durch ihren Firmenstempel oder ihr gleichfalls als Farbstempel erscheinendes Amtssiegel ans Licht. Mit zunehmendem Umfang des Schriftverkehrs wurde in der Neuzeit auch die Funktion des Siegels als Verschluß wieder wichtiger: Briefe mußten auf diese Weise gegen unbefugtes Öffnen gesichert werden. Noch heute gibt es im Betrieb der Post das „versiegelte Wertpaket". Auf einem ganz anderen Gebiet führten gerade die Bedingungen des modernen technisierten Lebens dazu, eine alte Form des Siegels für eine neue Aufgabe einzusetzen: das Bleisiegel, die **Plombe**, als Verschluß von Gas-, Wasser- und Elektrizitätszählern zum Schutz gegen unerlaubte Entnahme.

Das Recht, ein Siegel zu führen, verbreitete sich im Laufe des Mittelalters auf einen immer weiteren Personenkreis; in der Neuzeit kann faktisch jeder ein Siegel führen. Die **Firmenstempel** moderner Geschäftsbetriebe werden wir trotz ihrer manchmal ähnlichen Funktion nicht als Siegel im strengen rechtlichen Sinn betrachten. Darauf deutet schon die Vielfalt ihrer Anwendungsformen und die Tatsache, daß sie meist nicht besonders gesichert werden. Die Dienstsiegel heutiger Behörden dagegen werden immer noch unter Verschluß gehalten.

Heutige Siegel sind Farbabdrücke von Gummistempeln. Dies ist ein sehr junger Zustand. Vorher, auch im größten Teil der Neuzeit, benutzte man geprägte oder geschnittene Petschafte aus Metall, Stein, Elfenbein und drückte sie in ein **Material**, welches das Siegelbild aufnahm: Wachs, Siegellack oder Metalle. Von den Metallsiegeln des Mittelalters aus Gold, Silber und Blei, die man nach der Kugelform der benutzten Metallstücke lateinisch **„bulla"** nannte, sind für die Neuzeit nur die bleiernen wichtig. Die Kurie verwandte sie, aber auch andere geistliche Institutionen, zum Beispiel der Johanniterorden auf Malta bis zu seiner Vertreibung 1798.

Häufiger wurde bis weit in die Neuzeit hinein das Wachs verwandt, das man zum Aufbringen des Typars erhitzte. Neuzeitliche Wachssiegel sind durchweg gefärbt, meist rot. Wo sie nur der Beglaubigung dienten, befestigte man sie in der Weise, die in der Fachsprache „anhängendes Siegel" oder **„sigillum pendens"** heißt: Eine Schnur wurde durch zwei Löcher der Urkunde gezogen und mit ihren freien Enden in den Siegelklumpen eingeknetet. Häufig wurde dieser in eine schützende Kapsel aus Metall oder Holz eingepaßt, ehe man das Typar aufbrachte. Nur so ließen sich große und reich ausgestaltete Siegel vor dem Zerbrechen schützen. Die Farben der **Siegelschnur** waren nur selten beliebig. Oft nahm man die Wappenfarben des Territoriums; ein Siegel eines bayerischen Kurfürsten beispielsweise wurde an eine weiß-blau gedrehte Schnur gehängt. Urkunden mit umfangreichem Text schrieb man gern auf heftförmig geordnete Blätter, heftete mit der Siegelschnur und brachte das Siegel unten an den heraushängenden Enden an.

Ganz andere Aufgaben stellte die Benutzung des Siegels als **Briefverschluß**. Hier mußte das Wachs mit dem Papier direkter verbunden werden und außerdem den Versand unbeschädigt überstehen. Dafür ist Wachs nur begrenzt geeignet. Schon aus dem späten Mittelalter stammt eine Aushilfe, die bis weit ins 17. Jahrhundert angewandt wurde: Man bedeckte das weiche Wachs mit einem dünnen, weichen Papier, ehe man das Petschaft aufdrückte. Das Papier schützte das Wachs gegen das Zerbröckeln. In den Akten findet man heute diese Deckblätter häufig noch lose: Das Wachs unter ihnen ist zerbrochen und teils weggerieselt, das Blättchen zeigt jedoch noch deutlich das Siegel.

Eine Variante dieses Verfahrens sind die **Oblatensiegel** des 16. Jahrhunderts. Bei ihnen wurde unter das Deckblättchen eine angefeuchtete dünne Scheibe aus ungesäuertem Weizenbrot gelegt und nahm das Siegel auf. Ein sehr ähnliches Bild ergibt sich bei der Blind- oder Trockenprägung von Siegeln: Hierbei wurde das Petschaft direkt auf das Papier aufgedrückt. Das Verfahren ist nur begrenzt anwendbar, weil es verhältnismäßig weiches und dickes Papier vorausetzt.

Als praktisch brauchbarste Möglichkeit erwies sich der Ersatz des

Wachses durch ein besser geeignetes Material, den Siegellack, der schon im 16. Jahrhundert aufkam; „spanisches Wachs" hieß er damals.

Besondere Schwierigkeiten ergaben sich aus dem doppelten Zweck neuzeitlicher Siegel als Verschluß und Beglaubigungsmerkmal von Briefen: Das Siegel durfte beim Öffnen des Briefes nicht zerstört werden, sondern mußte ganz mit diesem zusammenhängend bleiben. Daraus erklärt sich, daß sich erst im 19. Jahrhundert der **Briefumschlag** heutiger Form allgemein durchsetzte. Vorher faltete man Briefe so, daß ihr unbeschriebener Teil die Außenseite bildete. Das Siegel wurde dabei zunächst auf zwei aneinanderstoßende Kanten aufgebracht. Auf diese Weise mußte man aber den Brief „erbrechen", um ihn zu öffnen. Schon im Mittelalter erfanden deshalb die Kanzlisten eine Variante des anhängenden Siegels als Briefverschluß: Durch kleine Schlitze des gefalteten Briefes zogen sie einen Pergamentstreifen und setzten das Siegel auf dessen freies Ende. Wer das Schreiben lesen wollte, mußte das Siegel brechen oder den Streifen durchschneiden. Das zweite tat der Empfänger, befestigte aber gleich darauf das Siegel mit dem Streifen wieder am Brief. In der Neuzeit wurde durch geschicktes Falten der Briefe Ähnliches erreicht: Man konnte sie durch zwei Schnitte öffnen, ohne das Siegel zu zerbrechen oder vom Blatt zu entfernen und ohne den Text zu beschädigen.

Manche Schriftstücke sollten den Empfänger verschlossen und versiegelt erreichen, vorher aber einen Teil ihres Weges offen zurücklegen. Ein Gesandter sollte zum Beispiel eine Note seines heimatlichen Außenministeriums noch selbst lesen, ehe er sie seinen Verhandlungspartnern überreichte. Solche Schriftstücke verließen die Kanzlei „unter fliegendem Siegel", **sub sigillo volante**. Das Siegel war auf einem gesonderten Blatt angebracht, das zum Teil mit dem Brief zusammengeklebt war. Um das Schriftstück zu verschließen, verklebte man den freien Teil des Blattes mit dem gefalteten Brief. Über die so verbundenen Teile wurde dann meist die Außenanschrift hinweggeschrieben.

Für die **Form** von Siegeln gibt es grundsätzlich sehr verschiedene Möglichkeiten. Runde Siegel waren von jeher am häufigsten. Daneben kam in den ersten Jahrhunderten der Neuzeit häufig die Schildform vor. Es hängt dies mit den **Siegelbildern** zusammen: Auch hier bestand grundsätzlich große Vielfalt; praktisch wurden bestimmte Bildtypen bevorzugt. Dazu gehörte seit dem späten Mittelalter das Wappen des Siegelinhabers, diesem kam die Schildform sehr entge-

gen. Für das feierliche „große" Siegel der Fürsten hielt sich ein
schon im hohen Mittelalter aufgekommenes Bild: das idealisierte
Porträt des thronenden Fürsten. Es gab den Anlaß zu dem Namen
„Majestätssiegel". Zum Siegelbild kommt bei neuzeitlichen Siegeln
praktisch immer eine parallel zum Rand verlaufende Umschrift mit
dem Namen des Siegelinhabers, häufig lateinisch.

Majestäts- und ähnliche Siegel konnten zwölf und mehr Zentime-
ter Durchmesser haben. Für die Bedürfnisse einer wachsenden Verwaltung benötigte man schon in der frühen Neuzeit kleinere Siegel.
Man ordnete sie schon bald bestimmten Aufgaben zu, verwandte
beispielsweise für die Vorladungen des Hofgerichts ein eigenes, das
zwar noch den Namen des Fürsten trug, faktisch aber schon Früh-
form eines **Behördensiegels** war.

Dies führte zu dem Bedürfnis, auch in der Besiegelung den persönlichen Anteil des Herrschers an den Geschäften auszudrücken.
Im Absolutismus geschah dies durch das verhältnismäßig kleine,
oft als Siegelring ausgestaltete **Signet**. Es wurde für Schriftstücke an
der Grenze zwischen „privater" und politischer Korrespondenz
verwandt, einer Grenze, die sich gerade für den Absolutismus nicht
scharf ziehen läßt. Das Signet wurde auch als sogenanntes **„Contra-
sigillum"** verwandt, das heißt als zusätzliche Beglaubigung in ein
anderes, vor allem das Majestätssiegel zusätzlich eingedrückt.

Literatur

Bibliographie: M. Tourneur-Nicodéme: Bibliographie générale de la sigillographie. Besancon 1934. Supplément. Bruxelles 1959. – Laufende Literaturberichte
über Sphragistik in den Bll. f. dt. LandesG. von E. Kittel 1957, 1959, 1962, 1964,
1967, 1971 und E. Henning 1983, 1989.

Darstellungen: Th. Ilgen: Sphragistik (Meisters Grundriß). 1912. Knap-
per, klar formulierter Abriß. – Ausführlicher W. Ewald: Siegelkunde (Below-Meineckes Handbuch). 1914. 3. Nachdruck 1975. – Frankreich: J. Roman: Manuel de sigillographie française. Paris 1912.

Abbildungswerke: Bilder und Text gleich gut bei F. Philippi: Siegel, in: W.
Seeliger: Urkunden und Siegel in Nachbildungen für den akademischen Ge-
brauch, Heft 4. 1914. Auswahl. – E. Kittel: Siegel. 1970, mit umfänglicher
Bibliographie, gliedert nach Bildinhalten. Auch neuzeitl. Siegel. – O. Posse:
Die Siegel der deutschen Kaiser und Könige von 751 bis 1806. 4 Tafelbände, 1
Textband. 1909 – 1913. Nachdruck 1984. Durch die thematische Beschränkung
läßt sich die Entwicklung gut beobachten. – Zu den wenigen vollständigen
regionalen Sammlungen gehört W. Ewald: Rheinische Siegel. 6 Bde.

1906 – 1942. Nachdr. 1989. Bd. 4,1: Text u. Nachträge, 1972. Bd. 4,2, 1975. –
Vielfältige Sammlung mit reichem mittelalterlichem, aber auch neuzeitlichem
Material: P. SELLA: Sigilli dell' Archivo Vaticano, 2 voll. Vatikanstadt 1937 –
1946.
    Mit Siegelurkunde befassen sich auch die Werke zur Urkunden- und Aktenleh-
re, die unter B III 2 genannt sind.

VII. Heraldik

Die Heraldik führt ihren Namen nach den Herolden, die bei den
mittelalterlichen Turnieren die Rangordnung der Teilnehmer wahr-
ten und dafür genaue Kenntnisse des Wappenwesens brauchten.
Auf diese Zeit gehen die Anfänge der Wappenkunde zurück.
    Wappen sind **Abzeichen einer Familie oder Institution.** Sie ent-
standen im hohen Mittelalter aus Zweckmäßigkeitserwägungen des
damaligen Kriegswesens: Ein Ritter in vollem Harnisch war nicht
mehr erkennbar, er mußte sich durch einfache, deutlich sichtbare
Zeichen kenntlich machen, wollte er nicht von Kämpfern der eigenen Partei angegriffen werden. Zunächst gab es nur die Wappen der
großen Lehnsherren, die von deren sämtlichen Vasallen getragen
wurden. Die immer feinere Ausbildung der Lehnspyramide sowie
das Fehdewesen brachten es jedoch mit sich, daß schließlich jeder
Ritter sein eigenes Wappen hatte.
    Durch Vererbung vom Vater auf den Sohn wurde dieses Wappen
zum bleibenden Zeichen der Familie. Bleibende Wappen ergaben
sich andererseits, wo eine Institution ein Wappen führte, etwa eine
Stadt. Die Territorialwappen des Mittelalters, die sich in den Monarchien bis auf unsere Tage erhalten haben, stehen dazwischen.
Ursprünglich Familienwappen des Herrscherhauses, entwickelten
sie sich zum Territorialwappen: Wenn der Mannesstamm der Dyna-
stie ausstarb, brachten die neuen Erben ihr Wappen mit und verbanden es mit dem alten. Neue Erwerbungen oder auch nur Ansprüche
wurden bekundet, indem man das Wappen des Gebietes in den
eigenen Schild aufnahm; andererseits wurden die Wappen verlore-
ner Besitzungen beibehalten, um den **Rechtsanspruch** symbolisch
darzutun, auch wenn man ihn politisch längst nicht mehr verfocht.
So hielten sich im Wappen der englischen Krone bis 1802 die Lilien
der französischen Könige, eine Reminiszenz an den Hundertjähri-
gen Krieg des 14. Jahrhunderts. Wir werden hier gleich auf eine
Bedeutung der Wappen als Quelle aufmerksam: In den vielfeldrigen
Wappen der großen Territorien und Staaten spiegelt sich deren

geschichtlicher Werdegang, Ausdehnung und Verluste, Rechtsansprüche und dynastische Entwicklung.

Das setzt voraus, daß sich die Funktion der Wappen mit der Zeit änderte. Ein Wappen von 62 Feldern, wie es die habsburgische Monarchie zuletzt hatte, ist als militärisches Kennzeichen unbrauchbar. Tatsächlich büßte im späten Mittelalter mit dem geharnischten Ritter auch das Wappen seine militärische Funktion ein. Es war aber inzwischen als Zeichen für Besitz und andere rechtliche Zusammenhänge oder auch als bloßer Schmuck so fest im Bewußtsein der Menschen verankert, daß es blieb und sich auf immer weitere Schichten ausdehnte: Bürger, auch freie Bauern, wo es sie noch gab, legten sich Wappen zu. Dabei verschmolz mit dem Wappenwesen eine Gruppe von Zeichen, die ähnliche Bedeutung hatten, die **Hausmarken.** Sie entstammen nicht dem ritterlich-kriegerischen, sondern dem bäuerlichen Bereich und waren ursprünglich dazu bestimmt, zum Zeichen des Besitzes in Giebelbalken des Hauses geschnitzt oder geschlagen zu werden.

Für den **Quellenwert** der Wappen ist es wichtig, daß sie über den ursprünglichen militärischen Zweck hinaus zu anderen Aufgaben und von einem größeren Personenkreis verwandt wurden. Von den Staatswappen als bildlichem Niederschlag der politischen Geschichte sprachen wir schon. In ähnlicher Weise können Familienwappen Kenntnis genealogischer Tatsachen vermitteln. Ob zum Beispiel zwei Familien gleichen Namens urspünglich miteinander verwandt sind oder nicht, dafür ist Ähnlichkeit oder Verschiedenheit des Wappens ein deutlicher Hinweis. Aus Institutionswappen können wir rechtlich-politische Zusammenhänge ablesen. Städte führen in ihrem Schild häufig das Hauptwappenbild des Gründers. So zeigen beispielsweise die Wappen vieler pommerscher Städte das Wappentier des alten Herzogshauses, den Greif, zusammen mit anderen Figuren oder in anderer Farbe.

Von Nutzen sind heraldische Kenntnisse ferner dafür, Bauten, Kunst- und Gebrauchsgegenstände dem früheren Besitzer oder Auftraggeber zuzuordnen und damit zu identifizieren. Es findet sich etwa in einer Bibliothek eine Handschrift, deren Herkunft nicht bekannt ist. Ein Wappen auf dem Einband bezeichnet den früheren Besitzer. Für den genauen Kenner ist es sogar möglich, Wappen auf Grund stilistischer Eigenarten zu datieren und auf diese Weise beizutragen zur zeitlichen Einordnung der Gegenstände, an denen sie sich befinden.

Wichtigste Bestandteile des Wappens sind Schild und Helm. Bei

Institutionswappen treffen wir sogar häufig nur den Schild an. Für seine **Beschreibung**, das „Blasonieren", gibt es eine Fachsprache, die in ihren wesentlichen Bestandteilen aus dem späten Mittelalter stammt. Wichtigste, für den Anfänger vielleicht verblüffende Grundregel: Die Begriffe rechts und links werden aus dem Blickpunkt dessen angewandt, der den Schild vor sich trägt. Heraldisch links ist die Seite des Wappens, die sich vor der linken Körperseite des Trägers befindet, für den Betrachter also rechts! Heraldisch rechts heißt auch „vorne", heraldisch links „hinten", erklärlich aus der Gewohnheit, den Schild etwas schräg zu halten. Der Ausdruck paßt sich auch der Rangordnung der Teile an: Vorn oder heraldisch rechts ist nämlich die vornehmere Seite des Schildes, so wie auch der obere Teil im Rang höher steht als die untere.

Einfachste Form der Gestaltung eines Wappenschildes sind die „Heroldsbilder", die verschiedenen Arten, einen Schild zu unterteilen. Wir sprechen vom geteilten Schild, wenn die Trennlinie waagerecht verläuft, bei senkrechter Trennlinie ist der Schild gespalten. Beide Verfahren können mehrmals angewandt werden, so daß sich waagerechte oder senkrechte Streifen ergeben. Die ersteren heißen Balken, die letzteren Pfähle. Wird der Schild mehrmals geteilt und gespalten, so daß sich ein Muster von Quadraten wie auf einem Schachbrett ergibt, spricht man vom geschachten Schild. Gewecht heißt ein ähnliches Muster, bei dem sich die Linien nicht senkrecht, sondern im spitzen Winkel treffen, so daß Rauten entstehen. Bekanntestes Beispiel ist der bayerische weiß-blaue Weckenschild.

Eine häufige Form, einen Schild aufzugliedern, ist das **Quadrieren**: Der Schild wird einmal gespalten und einmal geteilt, so daß sich vier Felder ergeben. Man zählt die Felder in der Reihenfolge vorne oben, hinten oben, vorne unten, hinten unten. Grundsätzlich genauso zählt man auch die Felder eines noch stärker unterteilten Schildes. Das Quadrieren ist eine häufige Form der Verbindung zweier Wappen, von denen dann das eine in die Felder 1 und 4, das andere auf 2 und 3 gesetzt wird. Ein weiteres Wappen kann auf den quadrierten Schild in der Mitte als „Herzschild" aufgesetzt werden, dies ist dann der ranghöchste Platz.

Die einzelnen Flächen eines durch Heroldsbilder aufgeteilten Schildes haben **Farben**. Die Heraldik kennt vier Farben im engeren Sinne: Schwarz, Rot, Blau und Grün; dazu kommen die **Metalle** Gold und Silber, praktisch meist durch die Farben Gelb und Weiß wiedergegeben. Um Wappen auch im Druck wiedergeben zu können, führte man schon im 16. Jahrhundert bestimmte Schraffuren für die Farben ein: Silber bleibt weiß, Gold wird punktiert, Rot senkrecht, Blau waagerecht schraffiert. Die **Schraffur** für Grün verläuft schräg von heraldisch rechts oben nach links unten, Schwarz wird kreuzweise schraffiert.

Die meisten Wappenschilde weisen auch Darstellungen von Gegenständen auf, die sogenannten **„gemeinen Figuren"**. Dafür kommen grundsätzlich alle Gegenstände in Frage. Beliebt waren manche wehrhafte Tiere: Löwe, Panther, Adler, aber auch Fabelwesen wie Einhorn und Greif. Städtewappen zeigen häufig Mauern, Tore und Türme. Die Symbolik solcher Wappenfiguren leuchtet ein. Damit sind aber die Möglichkeiten fast schon erschöpft, solchen Bildern einen Sinn zu unterlegen. Lediglich die **„redenden Wappen"** stellen einen Zusammenhang her zwischen Namen des Trägers und Wappenfigur, etwa das Stadtwappen von Bern, ein schwarzer Bär im goldenen Schrägrechtsbalken auf rotem Schild. Alle gemeinen Figuren werden der Erkennbarkeit zuliebe stark stilisiert und rein flächig wiedergegeben; die Farbe hat meist, die Form oft mit der Wirklichkeit nichts zu tun.

Bei Familienwappen im weitesten Sinn finden wir über dem Wappenschild den **Helm** oder eine andere Kopfbedeckung. In der Neuzeit haben sie die Funktion, den Rang des Wappeninhabers anzuzeigen: Über bürgerlichen Wappen finden wir den aus einem Stück bestehenden geschlossenen Stechhelm, während der Spangenhelm mit seinem beweglichen Visier die unterste Klasse der adligen Wappen kennzeichnet. Die Helmzier wiederholt meist die Hauptfigur des Schildes, kann aber auch davon abweichen. Bei den höheren Stufen traten an Stelle der Helme die verschiedenen **Rangkronen**. Die Systeme ihrer Unterscheidung variieren örtlich und zeitlich sehr, deshalb können hier nur die Grundzüge gegeben werden. Kaisern und Königen kam die Bügelkrone zu; die oben offenen Zackenkronen wurden von den verschiedenen Rängen des hohen Adels verwendet. Die Zacken wurden mit Perlen besetzt; je höher der Rang, desto mehr Perlen. Über den Wappen der deutschen Fürsten, die zwar souverän waren, im Rang aber hinter den Königen standen, finden wir den Kurfüsten-, Herzogs- oder Fürstenhut. In der Darstellung ähnelt er meist einer Krone, nur ist er mit Purpur und Hermelin ausgekleidet und besetzt.

Kopfbedeckungen als Rangbezeichnung über den Wappen kennt auch die **kirchliche Heraldik**. Neben der Tiara des Papstes und der Mitra des Bischofs spielt hier der flache, breitkrempige Klerikerhut die wichtigste Rolle. Bei den Wappen der Kardinäle ist er rot, bei

den Bischöfen grün, bei Äbten schwarz, bei Prälaten violett. Feinere Abstufungen können durch die „fiocci" ausgedrückt werden,
die symmetrisch angeordneten Quasten an den Befestigungsschnü-
ren.

Für die sonstigen Bestandteile der Wappen wie Helmdecken oder
Wappenzelte, Schildhalter und die verschiedenen Beizeichen müssen Interessenten sich auf die unten genannte Literatur verweisen
lassen. Nur die **Devisen** wollen wir hier noch erwähnen: Wahlsprü-
che, die meist auf Bändern unter oder neben dem Wappenschild zu
lesen sind. Das bekannteste Beispiel dürfte das *„Plus ultra"* KARLS
V. und der ihm folgenden spanischen Herrscher sein.

Literatur

Bibliographie: E. HENNING/G. JOCHUMS: Bibliographie zur Heraldik. Schrift-
tum Deutschlands und Österreichs bis 1980. 1984. – Zeitschrift: Der Herold.
Vierteljahresschrift für Heraldik, Genealogie und verwandte Wissenschaften.
Seit 1959/61 = Jg. 4. Jgg. 1 – 3 erschienen mit anderem Untertitel 1940 – 1943.
Vorher erschien der „Herold" als Organ d. gleichnamigen Vereins u. d. T.
Vierteljahresschrift für Heraldik, Sphragistik und Genealogie (1873 – 1889)
bzw. Vjs. f. Wappen-, Siegel- und Familienkunde. 1890 – 1931.

Entstehung des Wappenwesens: E. v. BERCHEM/D. L. GALBREATH/O. HUPP: Beiträge zur Geschichte der Heraldik. 1941. Nachdr. 1972. – Hausmarken: K. K.
RUPPEL: Die Hausmarken. 1939.

Nachschlagewerke: G. OSWALD: Lexikon der Heraldik. 1985. – Sehr materialreich, alphabetisch geordnet: J. B. RIETSTAP: Armorial général. 2 voll. Gouda
1883, 1886. Neudruck 1950. Dazu 6 Tafelbände, hrsg. v. H. ROLLAND. La Haye
1904 – 1925. Neudruck 1950 – 1951. – Gemeine Figuren: T. DE RENESSE: Dictionnaire des figures héraldiques. 7 voll. Bruxelles 1894 – 1903. – Hilfsmittel für das
Übersetzen heraldischer Termini: G. STALINS et al.: Vocabulaire – Atlas héaldique
en six langues. Paris 1952.

Darstellungen: C.-A. v. VOLBORTH: Heraldik. Eine Einführung in die Welt der
Wappen. 1989. – Wappenfibel. Handbuch der Heraldik. Hrsg. vom „Herold".
[18]1991. Knapp u. straff systematisch, mit gut gewählten und leicht verständlich
erklärten Bildbeispielen. – Standardwerke: W. LEONHARD: Das große Buch der
Wappenkunst. [3]1984. – O. NEUBECKER: Heraldik. Wappen – ihr Ursprung, Sinn
und Wert. [2]1982. – D. L. GALBREATH: Lehrbuch der Heraldik. 1978. – M. GRITZ-
NER: Handbuch der heraldischen Terminologie. 1890. Systematisch geordnet. Teil
des weiter unten angeführten „Siebmacher". – A. R. WAGNER: Heraldry in England. Oxford [2]1956. – H. J. v. BROCKHUSEN: Redencé Wappen. Nassauische Anna-
len 62/1951.

Kirchliche Heraldik: B. B. Heim: Heraldry in the catholic church. Its origin, customs and laws. Gerrads Cross 1978.

Wappenrecht: E. Beck: Grundfragen der Wappenlehre und des Wappenrechts. 1931.

Abbildungen: Für einen ersten Überblick geeignet ist H. Hussmann: Deutsche Wappenkunst (Insel-Bücherei). 1940. − Umfangreichstes, trotz sehr unterschiedlicher Qualität unentbehrliches Werk ist J. Siebmacher: Großes und allgemeines Wappen-Buch. 7 Abtlgen. mit Unterabtlgen., regional und nach Rang der Wappenträger geordnet. Besteht seit 1596! 7. Aufl., Nürnberg sei 1856. Nachdrucke der Ausgabe von 1701/05 mit Erweiterungen bis 1772: 1975, der Supplemente 1753 – 1806: 1979. − Zur Orientierung im Siebmacher erforderlich H. Jäger-Sunstenau: Generalindex zu den Siebmacherschen Wappenbüchern 1605 – 1967. 1984. − O. Neubecker: Großes Wappen-Bilder-Lexikon der bürgerlichen Geschlechter Deutschlands, Österreichs und der Schweiz. [2]1992. – Moderne Wappen: K. Stadler: Deutsche Wappen. 8 Bde. 1964 – 1972. Landkreis- und Gemeindewappen der Bundesländer. Gute Einführung.

VIII. Symbolgeschichte

1. Aufgaben

Die Überschrift dieses Kapitels ist eine Verlegenheitslösung; eine Disziplin dieses Namens gibt es bisher nämlich allenfalls für die mittelalterliche Geschichte in Gestalt der Forschung über Herrschaftszeichen. Was wir hier Symbolgeschichte nennen wollen, ist methodisch vergleichbar, bezieht sich aber auf andere Gegenstände und Einrichtungen, vornehmlich auf **Fahnen und Flaggen, Orden, Abzeichen und Uniformen**. Allen diesen Dingen ist der Charakter von Symbolen gemeinsam: Über ihren Zweck als Kennzeichen hinaus haben sie eine irrationale Bedeutung als Darstellungsformen von Gemeinschaften und ihrem inneren Gefüge. Daraus erklärt sich ihre Wichtigkeit für die Sozial- und Geistesgeschichte. Andererseits benötigt der neuzeitliche Historiker Kenntnisse über diese Dinge, weil er ihnen in den Quellen begegnet und sie darstellerisch bewältigen muß. Ob auf einem Wochenschaustreifen aus dem Zweiten Weltkrieg Pioniere oder Flaksoldaten zu sehen sind, das zu unterscheiden müssen wir grundsätzlich in der Lage sein. Die Beschäftigung mit diesen Fragen hat also hilfswissenschaftliche Bedeutung. Unter diesem Gesichtspunkt wird auch die Gemeinsamkeit der verschiedenen angesprochenen Bereiche deutlich.

Um ihrer selbst willen sind die einzelnen Bereiche bisher durchaus behandelt worden, wenn auch insgesamt recht stiefmütterlich. Dabei trat das Unterscheidende stärker ins Blickfeld als das Gemeinsame. Uniformen und militärische Ehrenzeichen wurden von heeresgeschichtlichen Werken mitbehandelt, Flaggen von den Marinehistorikern. Die Ordensgeschichte stand in naher Beziehung zur Genealogie und zur Heraldik. Auf allen diesen Gebieten pflegten sich neben Fachleuten auch interessierte Laien zu betätigen; für diese und für den Gebrauch der Praxis waren auch die Sammelwerke von Beschreibungen oder Abbildungen geschaffen; auf eine einführende Behandlung der Grundlagen konnte man da getrost verzichten. Gerade darum soll es uns im folgenden gehen.

Literatur

Grundsätzliche Einsichten in das Wesen politischer Symbole vermittelt das inhaltlich in erster Linie dem Mittelalter zugewandte Buch von P. E. SCHRAMM: Herrschaftszeichen und Staatssymbolik. Beiträge zu ihrer Geschichte vom 3. bis zum 16. Jahrhundert. Schriften der Monumenta Germaniae Historica 13. 3 Bde. 1954 – 1956. – Frühe Neuzeit: A. HENKEL/A. SCHÖNE (Hrsg.): Emblemata. Handbuch zur Sinnbildkunst des XVI. und XVII. Jahrhunderts. 1978. – Militär: H.-P. STEIN: Symbole und Zeremoniell in deutschen Streitkräften vom 18. bis zum 20. Jahrhundert. 1984.

2. Fahnen und Flaggen

Bei der Betrachtung von Fahnen und Flaggen können wir an die Heraldik anknüpfen: Schon die mittelalterlichen Heere führten Banner als Feldzeichen, welche das Wappen des Lehnsherrn zeigten. Die Farben moderner Flaggen hat man häufig aus alten Wappenfarben abgeleitet; so wurde das Schwarz-Weiß-Rot des Norddeutschen Bundes von 1867, das 1871 zur Reichsflagge wurde, als Zusammenstellung des preußischen Schwarz-Weiß mit dem Rot-Weiß aus den Wappen der Hansestädte gedeutet.

Grundlegend für alles Weitere ist eine klare Abgrenzung der Begriffe **Fahne** und **Flagge** gegeneinander. Eine Fahne gibt es grundsätzlich in der gleichen Form nur einmal, sie ist ein Individuum; eine Flagge dagegen Exemplar eines Typus. Der Symbolwert der Fahne liegt auch in ihrem Material; wo eine alte Fahne durch eine gleichaussehende neue ersetzt wird, da beginnt etwas Neues, die neue Fahne ist auch in ihrer Bedeutung von der alten verschieden. Deshalb werden alte Fahnen aufbewahrt und in Ehren gehalten als Bild der geschichtlichen Tradition der Gemeinschaft, der sie gehören. Solch eine Gemeinschaft kann eine militärische Einheit sein, aber ebensogut die deutsche Sozialdemokratie. Von einer Flagge dagegen kann es grundsätzlich mehrere Exemplare geben; die Bedeutung haftet am Bild. Eine unansehnlich gewordene Flagge kann man ohne weiteres durch eine neue ersetzen.

In der äußeren **Form** unterscheiden sich Fahnen und Flaggen nicht grundsätzlich: Beides sind rechteckige Stoffstücke, die mit einer Schmalseite an einer Stange befestigt werden. Ihrem individuellen Charakter entsprechend können Fahnen aus wertvollerem **Material** sein als Flaggen und reich ausgestaltet werden, etwa durch Stickereien. Es gibt jedoch auch Fahnen aus einfachem Tuch, deren Einmaligkeit sich äußerlich gar nicht oder nur in einer Kleinigkeit zu erkennen gibt.

Für Fahnen und Flaggen gibt es noch andere Bezeichnungen, die zum Teil in beide Kategorien hineinreichen. Das gilt zum Beispiel für den **Wimpel**. Wir verstehen darunter ein dreieckiges Tuch, dessen schmale Seite an der Stange befestigt wird. Zu den Flaggen müssen wir den Wimpel in seinen verschiedenen Funktionen in der Seefahrt rechnen; die Wimpel von Jugendgruppen dagegen müssen normalerweise als Fahnen angesehen werden.

Zu den Fahnen gehört auch das **Banner**. Es ist quadratisch und oft prächtig ausgestaltet. Eine kleinere Form des Banners, die häufig nicht direkt am Schaft befestigt wird, sondern von einer Querstange herabhängt, nennen wir **Standarte**. Sie war die bevorzugte Fahnenform der Kavallerie. Standarten heißen aber auch die quadratischen Flaggen vieler Staatsoberhäupter. Sprachlich verwandt, aber nach Form und Zweck ganz anders einzuordnen, ist der **Stander**. In der Seefahrt werden Wimpel in bestimmten Funktionen so genannt. Eine Variante ist hier der Doppelstander, eine schmale rechteckige Flagge, deren freies Ende zu zwei Spitzen ausgezackt ist. In jüngster Zeit wird aber der Ausdruck Stander auch für die quadratischen, meist versteiften Flaggen an Personenwagen benutzt, mit denen man Staatsangehörigkeit oder Amt der Insassen kennzeichnet.

Fahnen als militärische Feldzeichen gab es schon in Antike und Mittelalter. Die zunehmende Bedeutung der Infanterie seit dem Übergang zur **Neuzeit** erhöhte ihre Wichtigkeit. Kennzeichnend ist der Name „Fähnlein" für die kleinste taktische Einheit der Landsknechtsheere. Für das einheitliche Wirken der Truppe war die Fahne nicht nur als Zeichen wichtig, sondern stärker noch in ihrer symbolischen Bedeutung. Auf keinen Fall durfte sie an den Feind verlorengehen. Mit dem Aufkommen der stehenden Heere im 17. Jahrhundert ergab sich die Möglichkeit, daß einzelne militärische Einheiten und damit auch ihre Fahnen mehrere Generationen bestanden. Dies steigerte ihren irrational-symbolischen Wert. Der praktischen Verwendbarkeit von Fahnen setzten dagegen die kriegstechnischen Bedingungen unseres Jahrhunderts ein Ende: Mit der starken Zunahme der Feuerkraft und der dadurch erzwungenen Tarnung im Gelände ließ sich das Vorantragen von Fahnen nicht mehr vereinbaren. Der Kriegsausbruch 1914 war der letzte Anlaß, bei dem noch Fahnen mit ins Feld genommen wurden.

Fahnen gab es auch im zivilen Bereich in allen Jahrhunderten der Neuzeit. In den Gebräuchen der ständisch-korporativen Gruppen, der **Zünfte, Gilden und Bruderschaften**, hatten auch die Fahnen ihren Platz als Mittel der Selbstdarstellung bei festlichem Auftreten. Auf einzelnen Gebieten, etwa bei Schützenvereinen, setzt sich diese Tradition bis in die Gegenwart fort. Das Vereinswesen des 19. Jahrhunderts verwandte Fahnen besonders da, wo ein ausgesprochener oder stillschweigend zugrunde gelegter poltischer Zweck verfolgt wurde. In der Propaganda moderner **Massenparteien**, vor allem bei den totalitären Bewegungen, wirkt dieses Motiv weiter, verbunden mit der Anknüpfung an militärische Formen. Die Fahnenweihen nationalsozialistischer Parteitage sind ein Beispiel hierfür. Insgesamt ist für den Propagandastil totalitärer Parteien die Flagge eher noch wichtiger. In der Aufreihung Dutzender, ja Hunderter gleicher Flaggen zum streng geometrischen Gesamtbild repräsentiert sich die gleichgeschaltete Masse, während die Fahne den unentbehrlichen, aber auch störenden inneren Zusammenhalt einer relativ kleineren Gruppe symbolisiert.

Flaggen waren bis ins vorige Jahrhundert nur für die Seefahrt wichtig. Als Kennzeichen der **Nationalität von Schiffen** kamen sie in der Neuzeit auf im Zusammenhang mit der Verbreitung des Rechtsgrundsatzes von der Freiheit der Meere, den der niederländische Rechtsdenker HUGO GROTIUS (1583 – 1645) formulierte. Wenn das Meer grundsätzlich allen seefahrenden Staaten offenstand, dann mußte das einzelne Schiff kenntlich machen, welchem dieser Staaten es angehörte. Die waagerecht gestreifte rot-weiß-blaue niederländische Trikolore wurde im 17. Jahrhundert als erste Flagge dieser Art bekannt.

Aus den entstehenden Gepflogenheiten des Seerechts, vor allem des Seekriegs, ergab sich schon bald die Notwendigkeit, Kriegsschiffe gesondert zu kennzeichnen. Zunächst geschah dies durch eine zusätzliche, meist rote Flagge am Heck. Gegen Ende des 17. Jahrhunderts bildete sich die Gewohnheit aus, statt der Handelsflagge eine **Kriegsflagge** zu führen, die sich von dieser unterschied. Oft wurde das freie Ende zu zwei oder drei Zipfeln ausgezackt, häufig auch das Staatswappen in die Mitte oder die obere Ecke zum Flaggenstock hin eingesetzt.

Weitere Flaggen gab und gibt es für verschiedene Zwecke. Bei Kriegsflotten kennzeichnete man schon früh das Schiff des Admirals. Mit der zunehmenden Größe und reicheren inneren Gliederung der Flotten genügte dies nicht mehr, man mußte auch die Schiffe anderer hoher Ränge bezeichnen und entwickelte zu diesem Zweck ein System von **Kommandozeichen**. Sie heißen Stander. Der einfache Stander ist ein schmaler dreieckiger Wimpel; der im Rang höhere Doppelstander eine schmale rechteckige Flagge, deren freies Ende zu zwei Zipfeln augezackt ist. Welchen Rang der Stander bezeichnete, ließ sich in der Zeit der Segelschiffe durch den Platz andeuten: Der Großmast war „vornehmer" als die anderen, der Platz an der Mastspitze, im Topp, stand über den Rahen, den Querhölzern an den Masten. Auf Dampf- und Motorschiffen ließ sich das nicht mehr durchführen. Deshalb mußten die Stander selbst Bilder erhalten, aus denen der Rang hervorging, den sie bezeichneten.

In der Handelsschiffahrt sind als zusätzliche Flaggen die **Reedereiflaggen** üblich, welche den Eigentümer des Schiffes kennzeichnen. Statt ihrer findet sich oft auch das gleiche Flaggenbild auf den Schornstein gemalt.

Seit ein Schiff häufig mehrere Flaggen führt, hat sich eingebürgert, die Handels- oder Kriegsflagge möglichst weit achtern zu setzen. Für offizielle Anlässe besteht ein genau festgelegtes Flaggen- und Salutzeremoniell.

Ein wichtiger Verwendungszweck der Flaggen auf See war das Signalwesen. In jüngster Zeit ist es durch modernere Verständigungsmittel in seiner Bedeutung herabgesetzt worden, aber noch längst nicht entbehrlich. Die bis in unser Jahrhundert vorherrschende Gefechtsformation von Kriegsschiffen, die Kiellinie, hatte nicht zuletzt den Zweck, die Weitergabe von Befehlen durch **Flaggensignale** zu ermöglichen. Das Flaggschiff des Admirals segelte an der Spitze und setzte die Signale zuerst. Darüber hinaus dienten

Flaggensignale der Verständigung zwischen Schiffen auch im Handelsverkehr. Es gab ganze Flaggen-Alphabete zu diesem Zweck. Das heutige international einheitliche System für die zivile Seefahrt trat 1934 an die Stelle älterer Vereinbarungen. Die normale Form der Signalflagge ist der Wimpel.

Die Gewohnheit, auch zu Lande die **Nationalflagge** zu zeigen, verbreitete sich im Laufe des 19. Jahrhunderts. Meist wurde die Handelsflagge benutzt. Stärker noch als in der Seefahrt bedeutete die Flagge zu Lande ein Mittel der Demonstration politischer Gesinnungen. Charakteristisch dafür ist etwa der Flaggenstreit aus der Zeit der Weimarer Republik: die an 1848 anknüpfend eingeführte schwarz-rot-goldene Flagge wurde von den politisch rechts orientierten Bevölkerungskreisen nicht anerkannt.

Behörden führen als **Dienstflagge** in manchen Fällen eine Sonderform der Handelsflagge. So enthält in mehreren Ländern der Bundesrepublik die Flagge der Landesbehörden zusätzlich zur Landesflagge noch das inmitten des Tuches angebrachte Landeswappen.

Literatur

Entwicklung und verschiedene Interpretation der Nationalflagge: P. Wentzcke: Die deutschen Farben. 1927, Neuaufl. 1955. – O. Neubecker: Fahnen und Flaggen. 1939. Abriß. – Zur Entstehungsgeschichte P. E. Schramm: Beiträge zur Geschichte der Fahnen und ihrer Verwandten. Herrschaftszeichen und Staatssymbolik, Bd. 2. 1955. – Militärische Fahnen: Geschichte der königlich preußischen Fahnen und Standarten seit dem Jahre 1807. Hrsg. v. Preuß. Kriegsministerium. 2 Bde. u. Nachtrr. 1889, 1895. Sehr materialreich. – Über ältere preußische Fahnen vgl. das bei D VII angeführte Werk von C. Jany: Geschichte der königlich preußischen Armee. 4 Bde. 1928 – 1933. – Frankreich: M. Vérillon: Les trophées de la France. Paris 1907.

Flaggen allgemein: R. Siegel: Die Flagge. Geschichte der Entwicklung der auf Kriegs- und Handelsschiffen zur Verwendung kommenden Flaggen. 1912. Auch Signalwesen. – Verzeichnisse und Abbildungswerke: Flaggenbuch. Hrsg. v. Oberkommando d. Kriegsmarine. 1939, Nachtr. 1941. Für die Praxis gedacht, gibt den Stand des 2. Weltkriegs. – Chr. F. Pedersen (Text) / W. Petersen (Abb.): Internationales Wappen- und Flaggenlexikon in Farben. (Aus d. Dänischen). 1970. – E.M.C. Barraclough/W.G. Crampton (Eds.): Flags of the world. London [2]1981. – G. Campbell/J.O. Evans: The Book of Flags.

Oxford [7]1981. – Wappen und Flaggen der Bundesrepublik Deutschland und ihrer Länder. [3]1981.

3. Uniformen

Uniformen als mehr oder weniger deutlich einförmige Kleidung einer zusammengehörenden Menschengruppe entstammen dem militärischen Bereich; ihre **Bedeutung** für den Historiker reicht jedoch weit darüber hinaus. Die Uniformen von Parteiformationen, wie wir sie vom Nationalsozialismus oder von den italienischen Faschisten kennen, sind für den Stil der Führung und Propaganda dieser Systeme in hohem Grade kennzeichnend. Aber schon früher gab es Uniformen auch außerhalb der Armeen. Bei Zweigen des öffentlichen Dienstes wie Polizei, Post, Zoll oder auch beim Personal öffentlicher Verkehrsmittel ist es zunächst einmal das Ergebnis einer Zweckmäßigkeitserwägung, wenn Uniformen getragen werden; in den Einzelheiten des äußeren Bildes drückt sich aber auch Zeittypisches aus. Ein preußischer Gendarm des vorigen Jahrhunderts gibt sich schon in Auftreten und Erscheinung als Repräsentant des Staates und seiner Autorität zu erkennen, viel stärker als ein Verkehrspolizist unserer Tage.

Zeittypisch für das 19. Jahrhundert ist vor allem die Funktion der Uniform in den führenden Kreisen des gesellschaftlichen Lebens. Das gilt nicht nur für den preußischen Staat, dessen „militaristischer" Charakter bisweilen mit dieser Beobachtung belegt wird. Wohl war die Gewohnheit der Fürsten, meist die Uniform ihrer Armee zu tragen, im 18. Jahrhundert in Preußen aufgekommen; im 19. Jahrhundert verbreitete sich dieser Brauch jedoch auf alle europäischen Länder; direktes Vorbild war das Empire NAPOLEONS (1769 – 1821). Als bevorzugte Kleidung der **Höfe und der vornehmen Gesellschaft** wurde die Uniform unabhängig von der größeren oder geringeren Wertschätzung des Militärs beliebt. Typisch ist die Gewohnheit verbündeter Fürsten, sich gegenseitig zu „Chefs" von traditionsreichen Regimentern ihrer Armeen zu ernennen. In der dezentralen Heeresverwaltung des frühen Absolutismus hatte dieses Amt immerhin wirtschaftliche Bedeutung gehabt; im 19. Jahrhundert war seine Verleihung nur noch eine Geste der Höflichkeit: der so Geehrte durfte die Uniform des betreffenden Regiments tragen. Mit der Kenntnis solcher Tatsachen läßt sich beispielsweise die Aufgabe lösen, auf Gemälden oder frühen Fotografien die Dargestellten zu identifizieren.

Die **Entstehung** der Uniformen fällt praktisch zusammen mit dem Aufkommen der stehenden Heere im 17. Jahrhundert. Vorstufen in Gestalt einheitlich gekleideter Garden hatte es schon im späten Mittelalter gegeben. Die Söldner der großen geworbenen Heere trugen dagegen noch im Dreißigjährigen Krieg individuelle Kleidung; lediglich farbige Feldbinden kennzeichneten die Zugehörigkeit zu einem Regiment. Wenn wir vom „blauen" oder „gelben" Regiment im Heere des Schwedenkönigs GUSTAV ADOLF (1594 – 1632) lesen, dann bezieht sich das auf solche Schärpen.

Zweckmäßigkeitserwägungen rein technischer Art, wie sie sich bei allen modernen Heeren in der Verwendung von Tarnfarben zeigen, gehören erst unserem Jahrhundert an. Vorher sollte die Uniform vornehmlich den Soldaten **kennzeichnen**, im Gefecht als Angehörigen seiner Armee, im übrigen als Mitglied seines Truppenteils. Für die Disziplin in den mechanisch gedrillten Heeren des Absolutismus war dieser zweite Zweck besonders wichtig. Ein gefälliges und farbenprächtiges Aussehen der Uniform war erwünscht und wirkte sich günstig auf Zusammenhalt und Selbstbewußtsein der Truppen aus; die Kennzeichen der einzelnen Regimenter bildeten geradezu deren besonderen Stolz. Charakteristisch hierfür ist die Ansprache FRIEDRICHS DES GROSSEN (1712 – 1786) an seine Offiziere vor der Schlacht bei Leuthen 1757: Der König droht an, wenn ein Regiment nicht mutig angreife, werde er ihm die Borten von den Monturen schneiden lassen. Einzelheiten der Uniformen konnten einen „psychologischen" Zweck haben: Die hohen Blechhauben der preußischen Grenadiere ebenso wie die Bärenmützen der gleichen Truppe unter Napoleon sollten ihre ohnehin großgewachsenen Träger beim Ansturm noch größer und kräftiger erscheinen lassen.

Neben solchen Gesichtspunkten der Zweckmäßigkeit spielen jedoch in der Geschichte der Uniformen Erscheinungen eine große Rolle, die wir heute zur **Mode** rechnen würden. Bei manchen Waffengattungen halten sich im Aussehen der Uniform Anklänge an ursprüngliche Volkstrachten, am deutlichsten bei den Husaren mit ihrer ursprünglich ungarischen Tracht. So ergab sich alles in allem ein sehr vielfältiges Bild. Besonderheiten in den Uniformen der einzelnen Wehrmachtteile, am auffälligsten bei der Marine, haben sich bis in unsere Zeit erhalten.

In früheren Jahrhunderten unterschieden sich nicht nur die Uni-

formen der Waffengattungen erheblich, zum Beispiel durch ganz
verschiedene Kopfbedeckungen, es hatte darüber hinaus bis weit ins
19. Jahrhundert jedes Regiment seine eigene Uniform. Die Haupt-
farbe der Waffenröcke war für das ganze Heer gleich; in Farbe und
Form abwandeln ließen sich jedoch die **Aufschläge**, d. h. die Stellen, an denen ursprünglich das Futter zutage trat. Auch die Borten
und Schnüre, mit denen manche Teile der Uniform zur besseren
Haltbarkeit oder zum Zierat besetzt waren, unterschieden sich bei
den einzelnen Regimentern. Schon im Laufe des 19. Jahrhunderts
wurden diese vielfältigen und und bisweilen sehr farbenprächtigen
Erscheinungen reduziert. Schmale farbige Paspeln oder unterschiedlich gefärbte Kragenspiegel als Kennzeichen der verschiedenen Waffengattungen gibt es noch heute.

Ein wichtiger Zweck mancher ins Auge fallender Details der
Uniformen war und ist die Unterscheidung der **Dienstgrade**. Sie ist
durch die feinere Verzweigung im Aufbau militärischer Verbände
mit der Zeit immer wichtiger geworden. Im 17. und 18. Jahrhundert
trugen die Offiziere Schärpen. Bis in den ersten Weltkrieg hinein
erkannte man den Offizier am Degen, den er trug. Die heute noch
gebräuchlichste Kennzeichnung der Rangstufen durch Sterne oder
andere Zeichen auf den Schulterklappen kam im Laufe des 19.
Jahrhunderts auf. In unserem Jahrhundert traten noch Zeichen auf
dem Rockärmel und andere Unterscheidungsmerkmale hinzu.

Schon im 18. Jahrhundert bildete sich der Unterschied zwischen
der dauernd getragenen und der **Paradeuniform** heraus. Diese Trennung verschiedener Arten von Uniform verfeinerte sich im Laufe
der Zeit: Man paßte die Kleidung der Soldaten der Witterung an
und schuf **Sommer- und Winteruniformen**. Die zunehmende Bedeutung technischen Geräts und seiner Betreuung brachte den Ar-
beitsanzug mit sich; die taktischen Erfahrungen des zweiten Weltkriegs führten zum Entstehen des Kampfanzuges, bei dem im Interesse der Tarnung alle herkömmlichen äußeren Merkmale der Uniform, selbst die Rangabzeichen, auf ein Mindestmaß gebracht sind.

Außerhalb des militärischen Bereichs wurden Uniformen in unserem Jahrhundert bedeutend als Mittel der inneren Organisation und
des demonstrativen oder gewaltsamen öffentlichen Wirkens rechts-
oder auch linksradikaler **politischer Parteien**. Die „Schwarzhem-
den" der italienischen Faschisten, SA und SS der Nationalsozialisten sowie der kommunistische Rote Frontkämpferbund aus der
Zeit der Weimarer Republik gehören hierhin; in gewissem Sinne
auch die Jugendorganisationen totalitärer Staaten. Obwohl die

Uniformierung wie überhaupt das Auftreten solcher Formationen sich mehr oder weniger deutlich am militärischen Vorbild orientierte, war der Zweck doch sehr stark politisch: Einförmigkeit und zur Schau getragene mechanische Disziplin sollten innere Geschlossenheit und Einheit der Gesinnung sichtbar dartun. Daneben bestand freilich auch der Gedanke einer direkten militärischen Verwendung.

Wenn die Jugendorganisationen totalitärer Staaten in der Kleidung ihrer Mitglieder uniformähnliche Elemente verwenden, dann spielt dafür nicht nur das militärische Vorbild eine Rolle, sondern auch die Anknüpfung an die Formen der **Jugendbewegung** und verwandter Erscheinungen. Dabei hatte gerade der deutschen Jugendbewegung eine uniformierende Tendenz anfangs ferngelegen. Die Auflehnung gegen die Konventionen der Erwachsenenwelt führte allerdings dazu, daß eine Vorliebe für bestimmte Formen der Kleidung sich verbreitete. Deutlicher war die Tendenz zur Uniform bei den Pfadfindern, deren Organisation sich von den angelsächsischen Ländern her verbreitete. Gerade die uniformähnlichen Bestandteile ihrer Tracht wie das Halstuch als Verbandsabzeichen oder die je nach Rang anders gefärbte Schnur fanden auch bei anderen Verbänden Anklang. Solche Formen äußerer Disziplinierung griffen Organisationen wie die Hitlerjugend bewußt auf.

Literatur

Grundsätzlich benutzbar die unter D VIII angeführten militärgeschichtlichen Werke. – Allgemeiner Überblick: Farbiges Handbuch der Uniformkunde. Die Entwicklung der militärischen Tracht bis 1937. 2 Bde. 1985, 1987. – P. MARTIN/H.-J. ULLRICH: Der bunte Rock. Le costume militaire. Military costumes. 1963. Rel. wenige charakteristische Uniformen. – Einzelne Heere: Preußen: H. BLECKWENN: Das altpreußische Heer. Erscheinungsbild und Wesen 1713–1807. Teil III: Übersicht altpreußischer Uniformgestaltung. 5 Bde. 1971–1984. – Deutsches Reich: H. KNÖTEL JR /P. PIETSCH u.a. (Hrsg.): Uniformenkunde – Das Deutsche Heer. Friedensuniformen bei Ausbruch des Weltkriegs. 1 Textbd., 2 Tafelbde. ²1982. – P. WACKER: Deutsche Uniformen aus 2 Jahrhunderten. 1961. Hauptsächlich 19. Jh. – England: C.C.P. LAWSON: A history of the Uniforms of the British Army, from the beginnings to 1760. Mehrere Aufl., zuletzt 5 vols. London 1961–1971. – W.Y. CARMAN: British military Uniforms from contemporary pictures. Henry VIII. to present day. London 1957; Reprint Feltham 1968. Wertvoll wegen des erfaßten Zeitraums. – R. SIMPKIN: Uniforms of the British Army. Ed. by W.Y. CARMAN. 2 vols. Exeter 1982, 1985. – Helme: H. MÜLLER/F. KUNTER: Europäische Helme. Berlin/DDR 1972. An Arbeiten über das äußere Auftreten moderner politischer

Formationen fehlt es weithin. Zum Aufbau der NS-Gliederungen: Rang- und Organisationsliste der NSDAP. 1946. – Organisationsformen der Jugendbewegung: H. E. Schomburg / W. Geissler: Das Wandervogelbuch. [2]1923. Zeitgenössische Selbstdarstellung mit Quellenwert. – W. Kindt (Hrsg.): Dokumentation der deutschen Jugendbewegung . 3 Bde. (1963 – 1975).

4. Orden und Abzeichen

Mit dem Wort „Orden" verbindet der heutige Mensch hauptsächlich zwei Vorstellungen: Zunächst denkt er an Dekorationen, wie sie zur Anerkennung militärischer, politischer oder anderer Verdienste um die Allgemeinheit verliehen werden. Zum anderen läßt uns das Wort Orden an die kirchlichen Gemeinschaften denken, die ein gemeinsames Leben auf Grund von Gelübden führen. Zwischen beiden Bedeutungen des Begriffs besteht ein historischer Zusammenhang. Bindeglied sind die **Ritterorden** der Kreuzzüge. Sie wurden wie andere geistliche Gemeinschaften mit dem lateinischen Wort ordo bezeichnet. Zu den Gelübden, die allen Orden gemeinsam waren, kam bei ihnen die Pflicht zum Kampf gegen die Heiden. Sie trat gegenüber den anderen Verpflichtungen stark in den Vordergrund.

Für die Entwicklung der Orden von ritterlich-geistlichen Lebensgemeinschaften zu Dekorationen im heutigen Sinne sind nicht die großen Ritterorden mit europäischer Verbreitung wichtig, sondern die regionalen. Diese hatten sich vor allem in **Spanien** gebildet und waren über die Zeit der Kreuzzüge hinaus wichtig geblieben durch den Kampf gegen die Maurenreiche der Iberischen Halbinsel. Die Aufweichung der alten Mönchsgelübde, die sich unterschiedlich stark bei allen Ritterorden im Lauf des Mittelalters vollzog, trat hier am deutlichsten zutage. Verheiratete Ritter wurden zunächst als angegliederte, dann als vollberechtigte Mitglieder aufgenommen. Die gemeinsame Lebensform lockerte sich, die Orden wurden faktisch zu weltlichen Institutionen. Entscheidenden Einfluß auf sie gewann statt der Kirche das Königtum. Es bedeutete den Abschluß dieser Entwicklung, daß am Ende des 15. Jahrhunderts Ferdinand II. von Aragon (1452 – 1516) und Isabella von Kastilien (1451 – 1504) die Großmeisterwürden der drei spanischen Ritterorden mit der Krone Spaniens vereinigten. Aus den Ritterorden waren Gemeinschaften von Adligen geworden, die sich dem König besonders verbunden fühlten. Sie waren ein Instrument des entstehenden spanischen Absolutismus.

Diese weltliche Form des Ritterordens, die sich in Spanien fast unmerklich entwickelt hatte, entstand anderswo durch bewußte Gründung. Wichtigstes Beispiel ist der **Orden vom Goldenen Vlies**, den 1430 Herzog PHILIPP (1396 – 1467) der Gute von Burgund stiftete. Der Bezug auf die griechische Argonautensage in Namen und Abzeichen statt auf ein religiöses Thema ist kennzeichnend für das Neue, das hier beginnt. Die Verbindung der Ordensritter untereinander und zum Fürsten sollte sich in Zusammenkünften ausdrücken, den Ordenskapiteln. Diese Einrichtung kam jedoch außer Gebrauch; üblich blieb lediglich das äußere Zeichen der Zugehörigkeit, die Kette mit dem Goldenen Vlies. Unter den spanischen und österreichischen Habsburgern, die es von den Burgunderherzögen erbten, war das Goldene Vlies eine selten verliehene und deshalb begehrte Dekoration für Mitglieder alter, angesehener Geschlechter oder auch für verdiente Offiziere und Beamte.

Weltliche Orden, die sich mit dem Goldenen Vlies vergleichen lassen, entstanden in der frühen Neuzeit in vielen Ländern. Der Gedanke der Verbundenheit der Mitglieder untereinander spielte dabei nur noch theoretisch eine Rolle. Mehr und mehr wurde der Ausdruck „Orden" nicht mehr auf die Institution bezogen, sondern auf die Insignien. Bei deren Verleihung hatte von Anfang an der Gesichtspunkt eine Rolle gespielt, Verdienste zu belohnen. Der 1693 in Frankreich für das Militär gestiftete Orden des heiligen Ludwig machte dies zu seinem erklärten Zweck und wurde damit der älteste der seitdem vorherrschenden **Verdienstorden**. Die zahlreichen ähnlichen Stiftungen waren zunächst für den militärischen, dann auch für den zivilen Bereich oder für beide bestimmt. Daneben gab es jedoch weiterhin Orden, die auch nach anderen Gesichtspunkten vergeben wurden, etwa die **Hausorden** vieler Fürsten. Dies war schon deshalb erforderlich, weil sich im Laufe der Neuzeit die bis in unsere Tage bestehende Gepflogenheit bildete, Orden als Geste diplomatischer Höflichkeit zu verleihen.

Anknüpfend an die Gliederung der mittelalterlichen Ritterorden wurden viele Orden in **Klassen** eingeteilt. Der Unterschied im Rang zeigte sich in der Art, wie die Insignien getragen wurden. Die ranghöchsten Mitglieder, die Großkreuze, trugen den Orden an einem breiten Schulterband. Die nächste Klasse, deren Angehörige nach dem Commendator der mittelalterlichen Ritterorden Kommandeur hießen, trugen den Orden am Band um den Hals, die dritte Klasse der Ritter schließlich an einem schmaleren Band an der linken Brustseite oder im Knopfloch. Dazu gehörte meist noch ein

Ordensstern, den man auf dem Mantel trug. Nach dem Vorbild der 1802 von NAPOLEON gestifteten **Ehrenlegion** haben neuere Orden meist fünf Klassen. Es erklärt sich aus der Entstehungsgeschichte der Orden, daß republikanische Staaten lange Zeit nichts dergleichen hatten. In der Schweiz ist das bis heute so. An Stelle der Orden traten dann zuweilen **Medaillen**: In den Niederlanden des 16. und 17. Jahrhunderts entstanden Gedenkmedaillen an die bedeutenden militärischen Ereignisse des Kampfes gegen Spanien, etwa an die Verteidigung von Leiden. Sie wurden an Teilnehmer dieser Kämpfe verliehen, die sich ausgezeichnet hatten. Daneben wurde auch eine Medaille geprägt, die auf kein bestimmtes Ereignis Bezug nahm. Im alltäglichen Sprachgebrauch hieß sie „Ambassadeurspenning", ein Hinweis auf ihre Verwendung als Ehrengabe für abreisende fremde Diplomaten. Als Ehrenzeichen für bestimmte Anlässe haben sich Medaillen bis in unsere Tage erhalten und in neuerer Zeit auch auf Bereiche außerhalb des Militärischen und Politischen verbreitet. Jeder kennt Medaillen als Anerkennung sportlicher Leistung, aber auch die Qualitätsmedaillen für Nahrungs- und Genußmittel gehören hierhin.

Bei der Entstehung der heute üblichen militärischen Ehrenzeichen kam der Medaille eine Aufgabe zu: Als Nachfahren der Ritterorden waren die neuzeitlichen Orden zunächst nur für Adlige gedacht. Dies lockerte sich schon im 18. Jahrhundert; immerhin mußte man wenigstens Offizier oder Rat sein, um auch nur die unterste Klasse eines Verdienstordens zu erhalten. Sollte ein niedriger Gestellter ausgezeichnet werden, etwa ein Soldat im **Mannschaftsrang**, so verlieh man ihm eine nach dem Vorbild des Ordens gestaltete Medaille.

Mit dem 1813 in Preußen gestifteten **Eisernen Kreuz** entstand erstmals ein militärisches Ehrenzeichen, das unabhängig vom Rang verliehen wurde. Die neuen Züge im gesellschaftlichen Selbstverständnis der Menschen seit der Französischen Revolution zeigen sich darin deutlich. Der einzelne Träger wurde nicht mehr „Ritter" genannt, damit fiel zugleich der Gedanke einer besonderen Zusammengehörigkeit aller Ausgezeichneten. Zu den Orden gehört also das Eiserne Kreuz ebensowenig wie vergleichbare militärische Ehrenzeichen anderer Länder. Auch das Ritterkreuz des Zweiten Weltkrieges ist kein Orden, obwohl sein Name an die Klassen älterer Orden erinnert.

Die kriegerischen Ereignisse unseres Jahrhunderts haben in allen Ländern eine Vielzahl von **militärischen Ehrenzeichen** hervorgebracht. Neben allgemeinen Tapferkeitsauszeichnungen entstanden Abzeichen für bestimmte Waffengattungen oder Leistungen, beispielsweise das Infanterie-Sturmabzeichen der deutschen Wehrmacht aus dem Zweiten Weltkrieg oder die Spangen für Teilnehmer an einzelnen wichtigen Schlachten, wie sie in der britischen Armee üblich sind. Abstufungen in der Wichtigkeit der Auszeichnungen wurden ausgedrückt durch die – meist nur nominelle – Verwendung der Metalle Bronze, Silber und Gold. Getragen werden militärische Ehrenzeichen häufig in verkleinerten Ausführungen auf einem schmalen Bandstückchen, das mit anderen seinesgleichen zu einer Spange verbunden wird.

Zu den Ehrenzeichen müssen wir auch die landläufig oft „**Orden**" genannten Dekorationen der **Sowjetunion** und ihrer Verbündeten rechnen. Es ist bei der weltanschaulichen Orientierung dieser Staaten selbstverständlich, daß irgendwelche Zusammenhänge mit der mittelalterlich-christlichen Tradition weder erkennbar noch gar beabsichtigt sind. Eine Eigentümlichkeit des Auszeichnungswesens in der Sowjetunion war es, daß eine Person das gleiche Ehrenzeichen mehrmals erhalten konnte. Mit manchen sowjetrussischen Auszeichnungen waren für die Träger materielle Vorteile verbunden.

Abzeichen kennen wir aus dem Alltagsleben hauptsächlich als Anstecknadeln, wie sie die Mitglieder von Vereinen und Gruppen aller Art, auch von Parteien am Rockaufschlag tragen. Diese Form gehört im wesentlichen unserem Jahrhundert an, Abzeichen anderer Art gab es jedoch auch früher, um die Zugehörigkeit einer Person zu einer meist politisch bestimmten Gruppe sichtbar zu machen. Die politischen Gruppen der Französischen Revolution verwandten als Abzeichen die am Hut getragene **Kokarde**, eine Rosette aus farbigem Band. Gehalten haben sich aus dieser Zeit in vielen Ländern Kokarden in den Nationalfarben an den Kopfbedeckungen von Uniformen. Für die Massenparteien, die in der zweiten Hälfte des vorigen Jahrhunderts entstanden, ist die Anstecknadel als Parteiabzeichen charakteristisch. In totalitären Staaten, wo die herrschende Partei ein Instrument der Machtausübung ist, können die Parteiabzeichen zum Ausdruck von Rangstufen werden, wie zum Beispiel das goldene Parteiabzeichen der Nationalsozialisten.

Literatur

Die folgenden Darstellungen haben durchweg den Charakter von Nachschlage-werken. F. v. BIEDENFELD: Geschichte und Verfassung aller … Ritterorden, nebst einer Übersicht sämtlicher Militär- und Zivil-Ehrenzeichen, Medaillen etc. etc. und einem Atlas. Weimar 1841. Wichtig für die frühe Neuzeit durch die Aufnahme vieler schon damals erloschener Orden. − M. GRITZNER: Handbuch der Ritter- und Verdienstorden aller Kulturstaaten der Welt innerhalb des 19. Jahrhunderts. 1893. Umfassendes, verläßliches Hilfsmittel. − K. G. KLIET-MANN/O. NEUBECKER: Ordens-Lexikon. 3 Bde. 1951 − 1961. − P. O. HIE-RONYMUSSEN: Handbuch europäischer Orden in Farbe. 1966. (Aus d. Däni-schen). − Neueste Zeit: F. SEDLATZEK: Orden beider Weltkriege. 1959. „Or-den" ist hier in dem ungenauen Sinn v. Kriegsauszeichnung gebraucht. − Preußen und Deutsches Reich: F. HEYDE: Die altpreußischen Orden, Ehrenzei-chen, Ehrenmedaillen, sonstigen Auszeichnungen und ihre brandenburgischen Vorläufer (1701 − 1809). 1 Bild-, 1 Textteil. 1980. Teil von H. BLECKWENN: Das altpreußische Heer. 8 Teile. 1970 − 1984. − H. K. GEEB/H. KIRCHNER/H. W. THIEMANN: Deutsche Orden und Ehrenzeichen. [4]1985. − H. DOEHLE: Die Auszeichnungen des Großdeutschen Reiches. 1943. − Britische Auszeichnun-gen: H. T. DORLING: Ribbons and medals. London [20]1983.

D. Teildisziplinen und Nachbargebiete

I. Vielheit und Einheit

Das geschichtliche Handeln der Menschen spielt sich grundsätzlich auf allen Lebensbereichen ab. Zum Gegenstand unserer Disziplin gehören also eine Vielzahl von Sachgebieten. Viele von ihnen haben eine deutlich ausgeprägte Eigenart, die ihre gesonderte Behandlung rechtfertigt. Eine Geschichte der organischen Chemie beispielsweise wird mit Aussicht auf Erfolg nur ein Chemiker schreiben können: Das behandelte Gebiet hat zwar einen historischen Aspekt, gehört aber zuerst einmal in den Arbeitsbereich einer anderen wissenschaftlichen Disziplin. Dies gilt für viele Teilgebiete der Geschichte und führt auf das grundsätzliche Problem des **Verhältnisses von Wissenschaften**, welche die gleichen Wirklichkeitsbereiche bearbeiten.

Die Schwierigkeiten, die sich hier ergeben, sind von Fach zu Fach verschieden. Grundsätzlich können wir eine Lösung finden, wenn wir uns klarmachen, daß „**Wirklichkeit**" nicht einfach etwas Vorgegebenes ist. Je nach der **Methode**, mit der wir an die Erscheinungen herangehen, sind sie für uns jeweils etwas anderes. Die befragten Tatsachen sind die gleichen; verschieden sind die Fragestellungen. Der Historiker wird zum angemessenen Verständnis seiner Quellen vielfach auf die Hilfe anderer Fächer angewiesen sein und sich deshalb deren Begrifflichkeit und Arbeitsweise im notwendigen Maße vertraut machen müssen. Sein Interesse an den Sachverhalten ist aber ein anderes.

Wo sich andere Fächer mit der Vergangenheit befassen, geschieht das meist nur im Hinblick auf die Entwicklung ihres Gegenstandes, während den allgemeinen Historiker immer wieder die Querverbindungen zu anderen Gebieten interessieren werden. Daher haben die Ergebnisse unterschiedlicher Disziplinen ihren Erkenntniswert in sich. Für den grundsätzlichen Aspekt dieses Themas sei auf A III verwiesen.

An der gleichen Stelle ist auch die Frage behandelt, wie das **Verhältnis der historischen Teilgebiete** zueinander zu bestimmen ist. Einen grundsätzlichen Vorrang können weder die herkömmliche politische Geschichte noch die sozialgeschichtliche Strukturanalyse beanspruchen; beide müssen vielmehr die gleichberechtigte Zusammenarbeit untereinander und mit den anderen Teilsdisziplinen anstreben. Daß sich als chronologische Leitlinie größerer Darstellungen und als Grundlage der Periodisierung häufig die politische Geschichte am besten eignet, ist eine bloße Zweckmäßigkeitserwägung. Im Aufbau dieses Buches wirkt sie sich dahin aus, daß unter den Kapiteln über Teilgebiete keines der politischen Geschichte gilt, weil auf sie praktisch alles das paßt, was anderswo unspezifisch über unser Fach insgesamt gesagt ist.

Für das Verhältnis der Teilgebiete zueinander ist eine starke Spannung zwischen Wünschenswertem und Tatsächlichem kennzeichnend. Die meisten Disziplinen führen ein zum Teil schon sehr altes, aus der Eigenart von Gegenstand und Methoden in gewissem Grade erklärliches **Eigenleben**. Das Aufkommen der strukturgeschichtlichen Fragestellung hat demgegenüber den grundsätzlich berechtigten Anspruch auf enge **Zusammenarbeit** und angemessene Berücksichtigung fachübergreifender Themen aufgebracht bis hin zu der Tendenz, unter Firmenbezeichnungen wie „historische Sozialwissenschaft" möglichst viele Teilgebiete in ein weit gefaßtes Verständnis von Sozialgeschichte einzubeziehen. Sicher setzen sich Themen wie der noch zu behandelnde Komplex **„Oral history"-Alltagsgeschichte** über traditionelle Grenzen hinweg. Andererseits hat gerade strukturgeschichtliche Forschung durch den intensiven Einsatz vergleichsweise aufwendiger statistischer Verfahren die Verfachlichung und relative Vereinzelung von Teilgebieten noch verstärkt. Für den Aufbau dieses Kapitels ergibt sich hieraus eine pragmatische Orientierung an den herkömmlichen, in der Wissenschaftsorganisation verfestigten „Ressorts", auch wenn dies vereinzelt zu Verlegenheitslösungen führt.

Das letzte muß deshalb so deutlich gesagt werden, weil die Tendenz zur Isolierung von Teilaspekten unseres Fachs nicht das letzte Wort sein darf. Der Wirtschafts-, Kirchen-, Militärhistoriker kann die Bedeutung seines Gebietes schließlich doch nur richtig sehen, wenn er die Beziehungen zur allgemeinen Geschichte herstellen kann. Der politische Historiker ist andererseits auf Kenntnisse über die Geschichte aller Lebensgebiete angewiesen. Wer könnte den Wormser Reichstag von 1519 ohne kirchengeschichtliche Kenntnisse, den Zweiten Weltkrieg ohne Einblick in die Befehlsgliederung der kämpfenden Heere behandeln? Wir werden noch sehen, daß die methodischen Schwierigkeiten sich überwinden lassen. Die Ver-

pflichtung, uns nicht in Teilgebiete einzukapseln, besteht nicht nur
vor unserem Fach, sondern vor der Wissenschaft überhaupt. Wenn
Zuammenarbeit über die Fachgrenzen hinaus zustande kommen
soll, dann hat das Fach Geschichte dabei eine wichtige Aufgabe:
Brücken zu schlagen zwischen allen Disziplinen, deren Gegenstand
einen geschichtlichen Aspekt hat.

II. Historische Geographie, Siedlungsgeschichte, Bevölkerungsgeschichte

Ob die Wissenschaft von den geographischen Gegebenheiten früherer Zeiten ein Bestandteil des Nachbargebietes Geographie ist oder
eine Teildisziplin der Geschichte, das müssen wir hier offenlassen.
Für beides lassen sich Argumente anführen; für die Wichtigkeit
dieses Faches innerhalb der Geschichte ist die Antwort im Grunde
unerheblich. Auf jeden Fall ist historische Geographie eine bedeutende Hilfswissenschaft für uns: Alle geschichtlichen Begebenheiten tragen sich im Raume zu.

Die Frage, wie der Raum das Handeln des Menschen bestimmt,
ist der Gegenstand der historischen **Topographie** und Landschaftskunde. Sie ist besonders nahe der Geographie verwandt, deren
Darstellungsmethoden sie auf Verhältnisse früherer Zeiten anwendet. Für die Wichtigkeit der Ergebnisse auch für die neuere Geschichte hier nur ein Beispiel: In einem Schlachtbericht des 18.
Jahrhunderts stoßen wir auf die Tatsache, daß die Truppenbewe-
gungen ein Gelände aussparen, welches heutige Karten als niedrig
gelegenes Weideland wiedergeben. Genauere Untersuchung führt
zu dem Ergebnis, daß sich im späten Mittelalter dort ein Weiher
befand. Der heute abgeschlossene Verlandungsprozeß war zur Zeit
der Schlacht noch im Gange, das Gelände wahrscheinlich sumpfig
und ungangbar. Nicht immer wird es uns möglich sein, die genauen
topographischen Umstände eines Geschehens so gut zu ermitteln.
Oft werden wir uns damit begnügen müssen, erst einmal an Hand
allgemeiner geographischer Hilfsmittel den heutigen Zustand fest-
zustellen und vorsichtig zu fragen, welche Gegebenheiten schon zur
Zeit des Ereignisses bestanden haben dürften. Leider verleitet die
vorwiegende Beschäftigung mit Geschriebenem und Gedrucktem
nur allzu leicht dazu, solche eigentlich selbstverständlichen Maßnahmen zu vernachlässigen.

Bei der langen Dauer erdgeschichtlicher Vorgänge werden wir in den wenigen Jahrhunderten der Neuzeit selten einschneidende Änderungen der geographischen Verhältnisse antreffen, die auf Naturvorgängen beruhen. Häufiger werden wir dem Menschen als Urheber solcher Änderungen begegnen. Damit treffen wir auf die zweite Hauptfrage der historischen Geographie: Wie wirkte und wirkt der Mensch auf den Raum?

Antwort auf diese Frage gibt die **Siedlungsgeschichte**. Sie steht methodisch der Geschichte näher als die historische Landschaftskunde, weil sie zunächst am Menschen und seinem Handeln interessiert ist. Grundsätzlich ist sie ein wichtiger Zweig der Kulturgeschichte. Daß wir sie hier behandeln, liegt an ihrer engen Verbindung mit der Geographie.

Welche Bedeutung das Einwirken des Menschen auf den Raum für die Geschichte erlangen kann, dafür sind Unternehmungen wie der Bau des Suezkanals mit allen wirtschaftlichen und politischen Folgen ein eindrucksvolles Beispiel. Das gleiche gilt von Vorgängen, deren Träger eine anonyme breite Schicht von Menschen war. Die Aufsiedlung der nordamerikanischen Prärie hat gewaltige Anbaugebiete neu geschaffen, aber auch die Probleme der Staubstürme und der Flächenerosion hervorgebracht, die ihrerseits in großem Maßstab geplante Gegenmaßnahmen erforderten.

Nicht nur tatsächlich, auch begrifflich spielt sich das Handeln des Menschen im Raum ab: Gemeinschaften grenzen sich nicht nur im Bewußtsein, sondern auch regional gegeneinander ab. Politische und Verwaltungsgrenzen sind für den Bereich der neueren Geschichte selbstverständlich; auch andere Lebensbereiche zeigen mehr oder weniger deutlich vergleichbare Tatsachen. Alle diese **Grenzen** sind in besonderem Maße dem geschichtlichen Wandel unterworfen. Ihre Erforschung und Darstellung ist das Gebiet der historisch-politischen Geographie.

Methodisch fußt die historische Geographie grundsätzlich auf den gleichen **Quellen** wie die Geschichte. Tatsächlich können wir ja Kenntnisse über die geographischen Verhältnisse früherer Zeit aus allen Quellen gewinnen. Dabei treten bestimmte Quellengruppen in den Vordergrund, beispielsweise die Darstellungen geographischer Tatsachen in Büchern früherer Zeiten. Die Werke der Humanisten enthalten viele Angaben dieser Art; aus der Erdbeschreibung von A.F. Büsching können wir uns über die Verhältnisse des 18. Jahrhunderts informieren. Durch die Französische Revolution und ihre

Folgen sind diese Gegebenheiten vielfach stark verändert worden. Vorher dagegen bestanden sie jahrhundertelang; es bietet sich uns also die Möglichkeit zu Rückschlüssen.

Erstrangige Quellen der historischen Geographie sind **alte Karten**. Daß zum Beispiel im 16. Jahrhundert Herzog ALBRECHT in Preußen (1490 – 1568) durch KASPAR HENNENBERGER (1529 – 1600) eine Karte seines Landes herstellen ließ, bereichert unsere Kenntnisse von der Beschaffenheit des Preußenlandes in jener Zeit erheblich. Mit dem bloßen Betrachten ist es bei einer solchen Karte allerdings nicht getan; wir müssen sie kritisch lesen können. Abweichungen vom heutigen Kartenbild können eine Folge der damals verwandten Vermessungsmethoden sein, diese müssen wir kennen. Praktisch berührt sich hier die historische Geographie sehr eng mit einer Disziplin, die wir grundsätzlich von ihr unterscheiden müssen: der Geschichte der Wissenschaft Geographie und ihrer Vorformen. Eine Folgerung daraus für die Terminologie: Karten aus früheren Epochen wie die soeben erwähnte, die zu den Quellen gehören, pflegt man **historische Karten** zu nennen. Heutige Darstellungen geschichtlicher Sachverhalte, wie wir sie unten kennenlernen werden, kann man als kartographische Form wissenschaftlicher Literatur betrachten; sie heißen **Geschichtskarten**.

Für topographische Detailfragen aus der Geschichte von Städten können auch **alte Abbildungen** Quellenwert haben, so etwa die Stiche aus MERIANS (1593 – 1650) „Topographia".

Wertvolle Informationen über siedlungsgeschichtliche Fragen können wir von allen Verwaltungakten erwarten, die sich mit Grund und Boden befassen, **Katastern** und dergleichen. Gerade für die frühe Neuzeit schließen solche Akten manche Lücke. Die Besteuerung von Grund und Boden, ein bis heute geübtes Verfahren, hatte vor der Industrialisierung größere Bedeutung. Daher fehlt es nicht an Akten über die Besitzverhältnisse, Gemarkungsgrenzen und ähnliches.

Aus dem Rüstzeug der Geographen stammt ein wichtiges methodisches Hilfsmittel der historischen Geographie: der **Rückschluß** vom gegenwärtigen Zustand auf frühere Verhältnisse. Erdgeschichtliche Vorgänge erfolgen sehr langsam und häufig mit innerer Folgerichtigkeit, die es gestattet, frühere Zustände zu erschließen. Das weiter oben verwandte Beispiel der Verlandung eines Gewässers gehört hierhin. Zwar bewegen wir uns hier grundsätzlich auf dem Boden von Hypothesen, deren Wahrscheinlichkeitsgrad von Fall zu

Fall zu prüfen ist; die Geographie hat jedoch in vielen solchen Fällen einen hohen Grad an Sicherheit erreicht.

Das Verfahren des Rückschlusses erweist sich vielfach auch in der Siedlungsgeschichte als brauchbar. Städte und Dörfer, Straßen, Brücken, Gemeindegrenzen haben ihre Lage im Lauf der Jahrhunderte erstaunlich oft beibehalten, wie sich in vielen Fällen durch Grabungen oder schriftliche Quellen zeigen läßt. Mit Ausnahmen muß allerdings auch hier gerechnet werden. Die Siedlungsgeschichte hat die Methode des Erschließens früherer Verhältnisse weit entwickelt und verfeinert. Orts- und **Flurnamen,** Flureinteilungen, Dorf- und Hausformen, Geräte und ihre Namen, Mundart und Brauchtum, alle diese Tatsachen werden dabei beobachtet und interpretiert. Bekanntestes Beispiel aus diesem Bereich sind die unterschiedlichen Dorfformen Mittel- und Ostdeutschlands. Die Wald- oder Moorhufendörfer, lockere, langgestreckte Straßensiedlungen, bei denen hinter jedem Hof der ganze Grundbesitz oder doch sein größter Teil liegt, sind offenbar „aus wilder Wurzel", das heißt auf vorher unkultiviertem Boden, von deutschen Siedlern angelegt. Ob andererseits eine runde oder ovale Dorfanlage ursprünglich ein wendischer Rundling ist oder ein deutsches Angerdorf, das läßt sich oft nur aus anderen Merkmalen erschließen.

Die Darstellung der Ergebnisse historisch-geographischer Forschungen kennt verschiedene Formen. Zum Teil sind es die gleichen, in denen sich auch andere historische Sachverhalte uns darbieten. Wir kennen Nachschlagwerke, aus denen wir uns beispielsweise über frühere Formen von Ortsnamen unterrichten können. Es gibt Beschreibungen von Erdteilen, Ländern und Gegenden unter dem Gesichtspunkt der Entwicklung ihrer geographischen Verhältnisse. An Anschaulichkeit bleiben sie meist hinter der Karte zurück; darin liegt indessen auch ein Vorzug: Entwicklungslinien und Beziehungen verwickelterer Art lassen sich im Text besser darstellen.

Das klassische Mittel zur Darbietung geographischer Sachverhalte ist die **Karte**. Ihr entscheidender Vorzug ist die direkte, mit Worten nicht erreichbare Wiedergabe des Räumlich-Anschaulichen. Andererseits hat die historische Karte auch ihre Nachteile. Da ist zunächst die Schwierigkeit der Wiedergabe zeitlicher Abläufe. Im Wesen einer Karte liegt es, die Zustände zu einem bestimmten Zeitpunkt zu zeigen. Das ist aber bei Geschichtskarten mit politischem Inhalt nur in Ausnahmefällen sinnvoll. Gibt zum Beispiel eine Karte die politischen Grenzen Europas vom Jahre 1648, dann bedeutet das einen Grenzverlauf zwischen Dänemark und Schwe-

den, der einerseits erst drei Jahre besteht und sich andererseits zehn
beziehungsweise zwölf Jahre später wieder ändern wird. Es liegt
nahe, dem Rechnung zu tragen durch Flächen- und Randfarben der
betroffenen Gebiete, hinzugesetzte Daten und ähnliches. Der Textteil der Karte, die **Legende**, wird dadurch allerdings belastet, das
Verständnis erschwert.

Verwandt hiermit ist das Problem der Darstellung von Zusammenhängen, die nicht oder nicht in erster Linie räumlich sind.
Flächenfarbe hat sich bewährt zur Bezeichnung von Staaten, auch
zur Darstellung von Bündnissen wird sie kartographisch benutzt.
Wo aber konfessionelle oder ideologische Zusammenhänge darzustellen sind oder überkommene Lehns- und Vogteirechte, wie sie
für die frühe Neuzeit noch durchaus Bedeutung haben, da werden
die Möglichkeiten der Karte leicht überfordert. Man kann sich
helfen, indem man zusätzliche Karten herstellt oder zur Flächenfarbe noch Zeichen hinzunimmt, die in der Legende erklärt werden.
Dennoch werden sich solche Tatsachen mit Worten besser darstellen
lassen.

Ein Vorzug und Nachteil der Karte zugleich ist es, daß sie eindeu-
tige Aussagen fordert. Die Linie eines Grenzverlaufs, das Zeichen
für die Bewohnerzahl einer Stadt müssen eingetragen werden. Bei
Fragen wie den Bevölkerungszahlen der frühen Neuzeit kann dies
Problem auch für die neuere Geschichte auftreten. Einerseits
zwingt die geschilderte Tatsache zur Präzision; andererseits kann sie
leicht dazu verleiten, mehr darzustellen, als wir sicher wissen. Mehrere Hypothesen nebeneinanderzustellen ist nicht möglich, man
muß sich für eine entscheiden und die Tatsache, daß es sich um eine
Hypothese handelt, in der Legende der Karte erwähnen. Bei Karten
zur allgemeinen neueren Geschichte treten zum Glück Probleme
dieser Art nur selten auf. Wer aber ein siedlungs- oder landesge-
schichtliches Kartenwerk zur Hand nimmt, muß sich diese Tatsache
vor Augen halten, damit er die Karte richtig sieht und von der meist
sehr umfangreichen Legende den richtigen Gebrauch macht. Überhaupt geben von den Problemen wie von den Möglichkeiten historischer Kartographie eher die regionalen Kartenwerke eine Vorstellung als die Atlanten zur allgemeinen Geschichte.

Es entspricht der wissenschaftsgeschichtlichen Tradition, daß die
Bevölkerungsgeschichte an dieser Stelle behandelt wird, weil zwischen Siedlungsgeschichte und Bevölkerungswachstum tatsächlich
enge Zusammenhänge bestehen. Andererseits hat die Bevölkerungsgeschichte in den letzten Jahrzehnten eine deutliche Eigenent-

wicklung genommen. Kennzeichnend für die Tendenz ist die Selbst-
bezeichnung als **historische Demographie:** vom bloßen Auf und Ab
der Bevölkerungszahl hat das Interesse sich ausgeweitet auf die
gleichen Themen, wie die Demographen sie für die Gegenwart
untersuchen, auf die Bevölkerungsstruktur. Welcher Zahlenanteil
der Bevölkerung überhaupt an der Fortpflanzung Anteil hat, wie er
sich auf die sozialen Gruppen und Schichten verteilt; welche gesellschaftlichen Strukturen und Verhaltensmuster die natürliche Ver-
mehrung in welcher Weise beeinflussen, wie zum Beispiel das durch-
schnittliche Heiratsalter in den verschiedenen Gruppen aussieht
und wie es sich auf die Kinderzahl auswirkt; solche und ähnliche
Fragen werden behandelt. Es ist klar, daß hier zur Sozialgeschichte
vor allem der Familie enge Zusammenhänge bestehen. Die statistische Auswertung großer Mengen von Informationen in Zahlen-
form, wie sie in Kapitel B IV 3 behandelt wird, spielt für diese Art
Forschung eine große Rolle.

Literatur

Forschungsprobleme, Bibliographie: A. R. H. BAKER (Ed.): Progress in Historical
Geography. Newton Abbot 1972. – H. JÄGER: Entwicklungsprobleme europäischer Kulturlandschaften. Eine Einführung. 1987. – D. H. DENECKE/K. FEHN
(Hrsg.): Geographie in der Geschichte. 1989. – Literaturberichte erscheinen im
Abstand von 2 – 3 Jahren in den Bll. d. dt. Landesgesch., bis 1967 v. H. AMMANN,
1969 – 1972 v. G. FRANZ, seit 1976, zuletzt 1989 v. K. FEHN. – L. ZÖGNER:
Schulatlanten in Deutschland und benachbarten Ländern vom 18. Jahrhundert
bis 1950. Ein bibliographisches Verzeichnis. 1982. – L. ZÖGNER/E. SCHULTE: Bibliographie zur Geschichte der deutschen Kartographie. 1984.

Gesamtdarstellungen H. KRETSCHMER: Historische Geographie von Mitteleuropa (BELOW-MEINECKES Handbuch). 1904. Neudruck 1962. – H. JÄGER: Historische Geographie. [2]1973. – N. J. G. POUNDS: An Historical Geography of Europe.
1990. – Frankreich: L. MIROT: Manuel de géographie historique de la France.
Paris [2]1980. – England: H. C. DARBY: A New Historical Geography of England
Before 1600. Cambridge 1978.- Ders.: . . . After 1600. Cambridge 1986.

Siedlungsgeschichte: G. SCHWARZ: Allgemeine Siedlungsgeographie. [3]1966.
Von den vielen räumlich u. zeitlich begrenzten Arbeiten relativ umfassend W.
KUHN: Geschichte der deutschen Ostsiedlung in der Neuzeit. 2 Bde. 1955, 1957.
– Direkten Zugang zu einem charakteristischen Gebiet neuzeitlicher Siedlungs-
tätigkeit vermittelt die Quellenedition von R. STADELMANN: Preußens Könige in

ihrer Tätigkeit für die Landeskultur. 4 Bde. 1878 – 1887. Neudruck, bisher Bd. 1, 1965. Umfaßt die Regierungszeiten FRIEDRICH WILHELMS I. bis FRIEDRICH WILHELMS III. – Wichtige, auch methodisch informative Nachschlagewerke: E. SCHWARZ: Deutsche Namensforschung. Bd. 2: Orts- und Flurnamen. 1950. – F. WREDE u. a.: Deutscher Sprachatlas. Reihe: Wortatlas. 22 Bde. 1951 – 1980. Reihe C: Regionale Sprachatlanten. Seit 1961. Bisher 5 Bde. Thematisch bestimmte Karten zur Dialektgeographie.

Bevölkerungsgeschichte: W. KÖLLMANN/P. MARSCHALCK (Hrsg.): Bevölkerungsgeschichte. (Neue Wiss. Bibl. 54). 1972. – A.E. IMHOF: Einführung in die historische Demographie. 1977. – Nachschlagewerk im Stil eines älteren Verständnisses von Bevölkerungsgesch.: Raum und Bevölkerung in der Weltgeschichte. (Bevölkerungs-Ploetz). 4 Bde [3]1965 – 1968. – Beispiele der neueren Auffassung bringt W. CONZE (Hrsg.): Sozialgeschichte der Familie in der Neuzeit Europas. Neue Forschungen. 1976. – Vgl. auch die Literatur zur Mentalitätengeschichte bei D VIII.

Kartographie, Nachschlagewerk: Lexikon zur Geschichte der Kartographie. Von den Anfängen bis zum Ersten Weltkrieg. Bearb. v. I. KRETSCHMER u. a. 2 Bde. 1986. Abbildungswerk: F.C. WIEDER:Monumenta Cartographica. Reproductions of unique and rare maps, plans and views. 5 vols, 's-Gravenhage 1925 – 1933. – Die historisch topographischen Werke der frühen Neuzeit behandelt G. STRAUSS: Sixteenth-Century Germany. Its Topography and Topographers. Madison/Wisc. 1959. – M. HANKE/H. DEGENER: Geschichte der amtlichen Kartographie Brandenburg-Preußens bis zum Ausgang der friderizianischen Zeit. 1935. Schildert die Bemühungen des absolutistischen Merkantilismus um die geographischen Grundlagen seiner Arbeit. – A.H.W. ROBINSON: Marine Cartography in Britain. A History of the Sea Chart to 1855. Leicester 1962. In der Entwicklung der Seekarte waren nach u. neben den großen Mittelmeerhäfen und den Niederlanden die Engländer führend. – Die erwähnte Karte v. K. HENNENBERGER: Prussia, das ist des Landes zu Preußen... Beschreibung. Königsberg 1576. Nachbildung der Auflage von 1629 erschien 1863. – M. MERIAN: Topographia. 30 Bde. Frankfurt a.M. 1642 – 1688. Nachdruck d. Ausg. 1642 – 1654. 16 Bde. 1963 – 1986. – SEBASTIAN MÜNSTER: Cosmographia universalis. Basel 1544. Nachdruck d. Ausg. v. 1588: 1988. Wertvoll, viele Abbildungen. – A.F. BÜSCHING: Erdbeschreibung. 13 Bde. Hamburg 1787 – 1807. (3. – 8. Aufl.).

Nachschlagewerke: RITTERS Geographisch-Statistisches Lexikon. 2 Bde. [9]1910. F. d. ganze Welt, viele meist sehr knappe Artikel. – H. RUDOLPH: Vollständigstes geographisch-topographisch-statistisches Ortslexikon von Deutschland. 2 Bde. 1859, 1868. Umfaßt auch Österreich. Für Verhältnisse d. 19. Jahrhunderts. – F. SIEFERT (Hrsg.): Das Lexikon der deutschen Städte und Gemeinden. 1973. – Lateinische Ortsnamen: J.TH. GRAESSE/BENEDICT/ PLECHL: Orbis Latinus. [4]1971. Nennt nur die wichtigsten Ortsnamen. Für lat. Quellen auch für die Neuzeit brauchbar. – Das gilt wegen der langen Lebensdauer von Namen trotz des Titels sinngemäß auch für H. OESTERLEY: Historisch-geographisches Wörterbuch des deutschen Mittelalters. 1881, 1883. Neudruck 1962. Ö. geht von den modernen Namensformen aus, nimmt jedoch Formen des MA. bzw. d. frühen Neuzeit mit Verweis auf.

Atlanten und Karten: WESTERMANNS Großer Atlas zur Weltgeschichte. [10]1978. Neudruck 1985. – F. W. PUTZGER: Historischer Weltatlas. [10]1991. – Großer Historischer Weltatlas. Hrsg. v. Bayerischen Schulbuchverlag. 3 Bde. Bd. 3: Neuzeit. [4]1981; Erläuterungen 1984. – The New Cambridge Modern History Atlas, ed. by. H.C. DARBY and H. FULLARD. London 1970. – Frankreich: Atlas historique de la France. Paris 1985. – USA: C.O. PAULLIN: Atlas of the Historical Geography of the United States. Washington, New York 1932, Reprint 1975. – Methodisch wertvolles Werk: TH. KRAUS u. a.: Atlas östliches Mitteleuropa. 1959. – Osteuropa: P. KOWALEWSKY / dt. Ausg. v. E. WEDEL: Bildatlas der Kultur und Geschichte der slawischen Welt. 1964. – Kirchen: H. JEDIN u. a. (Hrsg.).: Atlas zur Kirchengeschichte. [3]1988.

III. Kirchen- und Religionsgeschichte

Zu den Faktoren des geistigen, kulturellen und gesellschaftlichen Lebens, an denen der Historiker nicht vorübergehen kann, gehören die Religionen und Religionsgemeinschaften. Dabei müssen und dürfen wir uns hier auf die Behandlung des Christentums beschränken.

Wir dürfen die historische Bedeutung von Religion und Kirchen nicht ohne weiteres nach den uns heute vertrauten Verhältnissen beurteilen. Die gegenwärtige Lage ist das Ergebnis eines jahrhundertelangen **Säkularisierungsprozesses**. Seine geistesgeschichtlichen Voraussetzungen liegen zwar schon in Renaissance und Reformation, er hat jedoch bis in unsere Tage immer weitere Bereiche ergriffen. Wie sehr noch im 18. Jahrhundert religiöses und alltägliches Leben ineinander verwoben waren, zeigt zum Beispiel die Tatsache, daß wir von BEETHOVEN (1770 – 1827) kein Geburtsdatum, sondern nur den Tauftag wissen. Von dem Maße, in dem bis ins vorige Jahrhundert theologische Fragen das kulturelle Leben bestimmten, machen wir uns heute keine rechte Vorstellung mehr, aber die bloße Zahl der Bücher zu solchen Themen gibt ein deutliches Bild davon. Daß noch in unserem Jahrhundert die Religion eine bedeutende Kraft ist, zeigt sich an der Rolle von Christen aller Bekenntnisse im **Widerstand** gegen den Nationalsozialismus.

Gegenüber der Kirchengeschichtsschreibung von Antike und Mittelalter ist die neuzeitliche Situation gekennzeichnet durch die

Auswirkungen der **Reformation**. Beide Seiten bemühten sich, den bisherigen Verlauf im Sinne ihrer Lehre zu deuten und das Ergebnis polemisch zu verwenden. Zur dieser Absicht trat seit der **Aufklärung** eine andere: Kirchengeschichte wurde von weltanschaulich Außenstehenden betrieben mit dem Ziel einer Kritik an der historischen Erscheinung des Christentums, die dies in seinem Wesen treffen sollte. Mit solchen polemischen oder apologetischen Zielsetzungen ging jedoch ein unbestreibarer Fortschritt im Methodischen Hand in Hand. Kirchengeschichtliche Fragen waren es zum wesentlichen Teil, an denen die Humanisten die Grundsätze der Textkritik entwickelten. Die Anfänge der historischen Hilfswissenschaften gehören in den gleichen Zusammenhang, man braucht nur an den Benediktiner MABILLON (1632 – 1707) und sein grundlegendes Werk zur Urkundenlehre zu denken. Schließlich hat auch der **Historismus** des 19. Jahrhunderts auf die Kirchengeschichtsschreibung vielfältig eingewirkt.

Das grundsätzliche Problem der Kirchengeschichte liegt im Verhältnis von **Geschichte und Theologie**, von unbefangener Forschung und institutionell verfestigter Lehrmeinung. Kirchengeschichte wird bis in unsere Tage von Theologen und als theologische Disziplin getrieben. Sie hat ihren festen Platz innerhalb eines Lehrgebäudes. Das gilt nicht nur für die katholische Kirche grundsätzlich, sondern tatsächlich in großem Maße auch für die evangelischen Konfessionen: Die Notwendigkeit, als Institutionen aufzutreten, veranlaßte sie im 16. und 17. Jahrhundert zur Ausbildung einer Orthodoxie, deren Auffassungen bei allen inzwischen eingetretenen Wandlungen doch bis in unsere Zeit nachwirken.

Die Frage, wie sich diese Tatsachen auf die Objektivität kirchengeschichtlicher Forschung auswirken, bildet nur einen Sonderfall der Frage nach den Möglichkeiten und Grenzen historischer Erkenntnis, mit denen wir uns im ersten Kapitel befaßten. Der Anteil an subjektiver Auffassung, der jedem Geschichtsbild notwendig anhaftet, muß nicht rein individuell sein, er kann auch im **Bekenntnis** zu einer vorgegebenen Lehrmeinung liegen. Entscheidend ist, daß dieses Bekenntnis als subjektiv im hier verwandten Sinne verstanden wird, daß Raum bleibt für das Bemühen, Tatsachen zu ermitteln und zuerst einmal aus ihren eigenen Bedingungen zu verstehen, daß die Möglichkeit einer weltanschaulich anders begründeten Geschichtsdeutung offengelassen wird.

Ob das der Fall ist, dafür gibt es ein einfaches Kennzeichen: den methodischen Fortschritt. Wo neben der dogmatisch festgelegten

Überzeugung das Bemühen um historische Erkennntnis am Werk ist, da muß sich mit der Zeit ein verfeinertes, abgewogeneres, stärker auf die Quellen bezogenes Bild der Tatsachen ergeben. Die Geschichte der Lutherforschung in allen konfessionellen Lagern, auch auf katholischer Seite, ist im ganzen ein positives Beispiel

Die Stellung der Kirchengeschichte zwischen Theologie und Geschichte müssen wir auch unter dem Gesichtspunkt Schwerpunktverteilung betrachten. Für den Theologen ist das Interesse an der Geschichte der Kirche Selbstzweck. Um geschichtliche Tatsachen aus anderen Lebensbereichen wird er sich nur soweit kümmern, als er sie zum Verständnis der kirchengeschichtlichen Entwicklung braucht. Die allgemeine Geschichte wird meist geradezu umgekehrt fragen. Für sie sind Kirche und Religion nur einer von vielen Lebensbereichen, deren Erscheinungen betrachtet werden müssen, um zu einem Gesamtbild zu kommen.

Die Kirchengeschichte läßt sich wie die Profangeschichte als ein Gefüge von **Teildisziplinen** auffassen. Man kann das Hauptaugenmerk auf die Entwicklung der Glaubenslehren, auf den geistesgeschichtlichen Gesichtspunkt richten. Man kann die Geschichte der kirchlichen Institutionen verfolgen und so Verfassungs- und Verwaltungsgeschichte der Kirche treiben. Die Betrachtung des Verhältnisses von Kirchen und Staat führt in die politische, die Beschäftigung mit der gesellschaftlichen Stellung der Religionsgemeinschaften in die Sozialgeschichte.

Die methodische Eigenart der Kirchengeschichte tritt dem Studenten hauptsächlichen in der stark theologisch bestimmten **Terminologie** entgegen. Unter den Quellen nehmen die theologischen Schriften einen bedeutenden Rang ein, das färbt deutlich auch auf die Literatur ab. Zum Glück verfügen die Theologen der großen Konfessionen über umfangreiche und moderne Nachschlagewerke, mit deren Hilfe auch der Anfänger einen Zugang zur Materie findet. Sich diesen Zugang von Grund auf und systematisch zu schaffen, womöglich durch ein theologisches Studium, wird häufig mehr Zeit erfordern als sich erübrigen läßt. Hier hilft nur autodidaktisches Arbeiten vom einzelnen Problem aus: eine Quelle oder Darstellung lesen und für jeden unklaren Begriff das Nachschlagewerk zu Rate ziehen. Dieses methodisch anspruchslose, unbequeme, aber höchst wirksame Verfahren empfiehlt sich nicht nur bei der Theologie, sondern bei allen Sachbereichen, mit denen der Historiker in seiner Arbeit zu tun bekommt.

Literatur

Einführung, Selbstverständnis: K.-V. Selge: Einführung in das Studium der Kirchengeschichte. 1982. – G. Laczkowski: Einführung in die Religionsgeschichte. [2]1991. – Geschichte der Kirchenhistoriographie: vgl. B II 1.

Zeitschriften, Quellenkunde, Bibliographie: Revue d'histoire ecclésiastique. Louvain, seit 1900. Rezensionsteil und gesonderte Bibliographie. Katholisch. – Zeitschrift für Kirchengeschichte. Seit 1877. – Wichtiges Teilthema: Archiv für Reformationsgeschichte. I. A. d. Vereins f. Reformationsgesch. u. d. American Society for Reformation Research. Seit 1903; seit 1972 Beihefte mit Bibliographie. W. Schnabel: Grundwissen zur Theologie- und Kirchengeschichte. Eine Quellenkunde. Bisher 3 Bde., seit 1988. – K. Schottenloher: Bibliographie zur deutschen Geschichte im Zeitalter der Glaubensspaltung. 6 Bde. [2]1956–1958. Stand v. 1937. Dazu Bd. 7.: 1938–1960. Hrsg. v. U. Thürauf. 1962–1966.

Darstellungen, katholisch: J. Lenzenweger u. a.: Geschichte der katholischen Kirche. Ein Grundkurs. 1990 (Studienausgabe). – A. Fliche/V. Martin (Eds.): Histoire de l'Église. 21 Bde. Paris 1934 – 1952, z. T. in 2. Aufl. Neuzeit ab Bd. 15. – H. Jedin/K. Repgen (Hrsg.): Handbuch der Kirchengeschichte. 7 Bde. 1962 – 1979. Sonderausg. in 10 Bden. 1985. – F. X. Seppelt/G. Schwaiger: Geschichte der Päpste. Von den Anfängen bis zur Gegenwart. 1964. – Evangelisch: K. Heussi: Kompendium der Kirchengeschichte. [18]1991. – K. D. Schmidt/E. Wolf/B. Moeller (Hrsg.): Die Kirche in ihrer Geschichte. Seit 1961 in Lieferungen. – E. Hirsch: Geschichte der neueren evangelischen Theologie . . . 5 Bde. [5]1975. – R. Kottje/B. Moeller (Hrsg.): Ökumenische Kirchengeschichte. 3 Bde. 1989 in teils 4., teils 5. Aufl.

Nachschlagewerke, katholisch: Lexikon für Theologie und Kirche. 10 Bde. [2]1957 – 1965. Reg.-Bd. 1967. 3 Erg.-Bde: Das Zweite Vatikanische Konzil. 1966 – 1968. Sonderausg. 1986. – Dictionnaire de Théologie Catholique. 15 voll. + 3 voll. Rég. Paris 1951-1972. – Systematisch aufgebaute Personalverzeichnisse: P.B. Gams: Series episcoporum ecclesiae catholicae. 1873 – 1886. Neudruck 1957. Nach Kirchenprovinzen geordnet. – C. Eubel (Hrsg.): Hierarchia catholica medii et recentioris aevi. Bisher 3 Bde. 1913 – 1978, teils 2. Aufl. Reicht bis 1903. – M. Heimbucher: Die Orden und Kongregationen der katholischen Kirche. 2 Bde. [3]1933-1934. Lexikonartig, aber systematisch gegliedert. – Evangelische Nachschlagewerke: Die Religion in Geschichte und Gegenwart (RGG). 6 Bde. + 1 Reg.-Bd. [3]1957 – 1965. Studienausg. 1987. – Theologische Realencyklopädie (TRE). Hrsg. v. G. Krause u. G. Müller. Berlin/New York seit 1976. Bisher 21 Bde., bis „Malachias von Armagh"; Reg. zu Bd. 1 – 17. 1990.

Wichtige Quellenausgaben: Konzilsakten: G.D. Mansi: Sacrorum Conciliorum nova et amplissima collectio. 1. Aufl. 1759 – 1798, 2. Aufl. in 53 Bden. Paris, Arnheim 1901 – 1927; Nachdruck 1960 – 1962. – Corpus Reformatorum. Hrsg.

v. K. BRETSCHNEIDER u. a. Seit 1834; Nachdruck d. Bde. 1 – 87 (Melanchthon, Calvin) 1963 – 1964. – E. SEHLING (Hrsg.): Die evangelischen Kirchenordnungen des 16. Jahrhunderts. Seit 1902, seit 1955. hrsg. v. Institut f. evangel. Kirchenrecht d. EKD. Bisher 15 Bde., regional geordnet. – Actes et documents du Saint Siège relatifs à la Seconde Guerre Mondiale. 11. Bde. Vatikanstadt 1965 – 1981. – K. D. SCHMIDT/H. BRUNOTTE/E. WOLF (Hrsg.): Arbeiten zur Geschichte des Kirchenkampfes. 30 Bde., 15 Erg.-Bde. 1958 – 1990. Forschungen, Dokumentensammlungen und memoirenartige Werke. – K. REPGEN (Hrsg.): Veröffentlichungen d. Kommission f. Zeitgeschichte b. d. Kath. Akademie in Bayern. Reihe A: Quellen, Reihe B: Forschungen. Seit 1965. Bisher 50 Bde.

IV. Rechts- und Institutionsgeschichte

Der Titel dieses Kapitels hieß in den ersten beiden Auflagen des Buches noch „Rechts-, Verfassungs- und Verwaltungsgeschichte". Auf die Begründung dieser Änderung komme ich zurück.

Das Thema des Folgenden ergibt sich aus der Tatsache, daß das geschichtliche Leben der Menschen sich im Rahmen von Normen und Institutionen abspielt. Dies ist rein beschreibend gemeint. Daß gegen Normen immer wieder verstoßen wurde, zwischen und in Institutionen **Konflikte** an der Tagesordnung sind, spricht nicht dagegen, es gehört im Gegenteil dazu. Denn diese Tatsachen haben eine Ursache darin, daß auch die rechtlich-institutionelle Ordnung menschlichen Zusammenlebens dem historischen Wandel unterliegt.

Eine erste Bedeutung unseres Teilgebiets wird hier deutlich: Die Geschichte von **Recht, Verfassung** und verwandten Erscheinungen ist ein wichtiger Aspekt der Geschichte insgesamt und hängt mit anderen Gebieten eng zusammen. Die Wiederentdeckung der antiken Kultur in Renaissance und Humanismus führte auch zur Rezeption des römischen Rechts. Der verfassungsgeschichtliche Aspekt der Reformation besteht in der Frage, wie das Institutionengefüge des Alten Reiches auf den Zerfall der Glaubenseinheit antwortete; zu Recht gilt der Augsburger Religionsfriede von 1555 auch als Dokument der – ungeschriebenen – Reichsverfassung. Und wer sich mit dem Nationalsozialismus befaßt, stößt auf die Frage, in welchem Sinne die Nürnberger Rassegesetze als Recht gelten können. Das Problem von **Recht und Macht**, das hier besonders deutlich wird, zieht sich durch die ganze Rechtsgeschichte.

Die zweite Bedeutung der Rechts- und Institutionsgeschichte ist uns bei der Behandlung des Geschäftsschriftgutes schon begegnet. Sie ist hilfswissenschaftlicher Art: Das geschichtliche Handeln von Menschen spielt sich gemeinsam ab, es ist bestimmt durch die Strukturen von Gemeinschaften aller Art und erst aus deren Beschaffenheit verständlich. Wie weit ein Fürst des Absolutismus den Anspruch, alleiniger Träger der Staatsgewalt zu sein, tatsächlich ausfüllte, das hing von seiner Persönlichkeit ab, aber auch davon, wie er die Zusammenarbeit seiner Räte organisierte. Aber das gleiche gilt für die innere Ordnung einer Partei oder einer religiösen Gemeinschaft, eines Verbandes oder einer Gewerkschaft: Wir **verstehen** das Handeln solcher Personengruppen erst, wenn wir es **aus der institutionellen Struktur** erklären. Es scheint mir notwendig, die Fragen der traditionellen Verfassungs- und Verwaltungsgeschichte auch auf Institutionen außerhalb des staatlichen Bereichs auszudehnen. Faktisch geschieht das überall da, wo die politische Ereignisgeschichte der genannten Gruppen behandelt wird; als eigenes Thema wird es zu wenig gesehen.

Innerhalb der herkömmlichen Forschung hat sich eine Arbeitsteilung herausgebildet: **Rechtsgeschichte** wird meist von Juristen betrieben, während die Behandlung staatlicher Institutionen in **Verfassungs- und Verwaltungsgeschichte** organisatorisch vielfach ein Teilgebiet der Geschichte ist. Rein inhaltlich überschneiden sich die Gebiete: auch Verfassungen und Gesetze über den Verwaltungsaufbau sind ja Recht. Dennoch hat diese doppelte Behandlung ihren Sinn in einer Nuance des methodischen Ansatzes. Den Juristen interessiert vornehmlich die Geschichte seiner Disziplin. Er untersucht Rechtsverhältnisse früherer Zeiten unter dem Blickpunkt, wie sich das Recht von damals bis zum heutigen Standpunkt entwickelt hat. Für den Historiker sind Verfassung und Verwaltung stärker Teilaspekte der gesamten Situation einer früheren Zeit, er wird diese Aspekte mit anderen aus Politik, Kultur und Geistesleben vereinigen zu einem Gesamtbild, das er zunächst aus seinen eigenen Bedingungen deuten muß, ehe er Entwicklungslinien zur Gegenwart zieht.

Verfassungsgeschichte beschränkt sich nicht auf die Analyse geschriebener Staatsgrundgesetze. Von der **ungeschriebenen Verfas-**

sung des Alten Reiches war oben schon die Rede; auch anderswo können wir von der Verfassung eines Staates sprechen, ohne daß eine Urkunde dieses Namens besteht. Das bekannteste Beispiel unserer Zeit ist Großbritannien.

Die Verfassungsgeschichte der absolutistischen Zeit hat es meist mit einem Geflecht von überkommenen Privilegien und neuen Rechtsvorschriften zu tun. Letztere haben häufig die äußerlich unscheinbare Form von Behördeninstruktionen; ihr Verhältnis zum überlieferten Recht ist nirgends grundsätzlich geregelt, sondern ändert sich fortwährend: Das Alte verliert an Bedeutung, das Neue dringt vor. Es ist eine faszinierende Aufgabe, diese Entwicklung im einzelnen zu erforschen. Mit der Analyse von Gesetzes- und Instruktionstexten allein läßt sich dies allerdings nicht bewältigen; der Forscher muß in die Verwaltungspraxis der Behörden hineinsehen und prüfen, welche Bedeutung die Gesetze und Verfügungen in ihrem Vollzug annehmen. Verfassungs- und Verwaltungsgeschichte lassen sich nicht trennen.

Diese Einsicht gilt auch da, wo uns Staatsgrundgesetze vorliegen. Wer zum Beispiel die **Verfassungwirklichkeit der Sowjetunion** oder eines ihrer Verbündeten nur nach dem Wortlaut ihrer Verfassungen beurteilen wollte, der erhielte ein unvollständiges Bild. Er würde die Bedeutung der parlamentarischen Institutionen überschätzen und auf die tragende Rolle gar nicht aufmerksam werden, die auch institutionell der Parteiapparat spielte. Ähnliches gilt grundsätzlich auch in anderen Fällen: Was eine Verfassung geschichtlich bedeutet, zeigt sich erst an der Art, wie sie verwirklicht wird.

Es wurde bereits erkennbar, daß zwischen dem Thema dieses Kapitels und der Rechtswissenschaft enge Verbindungen bestehen. Die Kenntnis grundlegender **Rechtsbegriffe** und der Systematik ihrer Beziehungen, die auch für andere Bereiche unseres Fachs ihren Nutzen hat, ist für die Rechts- und Institutionsgeschichte sicher unentbehrlich.

Die andere wichtige Nachbardisziplin ist die **Politikwissenschaft**. Die grundsätzlichen Fragen der Beziehungen zwischen diesem Fach und der Geschichte sind in Kapitel A III behandelt: Die Politikwissenschaft befaßt sich systematisch und mit dem Ziel von Verallgemeinerungen mit den Strukturen des politischen Lebens. Daß die Ordnung und Arbeitsweise von Institutionen dabei eine Rolle spielen muß, liegt auf der Hand. Dabei fassen die Politologen den Bereich ihres Interesses weiter als die herkömmliche Verfassungs-

und Verwaltungsgeschichte und beziehen **Parteien und Verbände**
mit ein, aber auch solche Regelhaftigkeiten politischen Lebens, die
sich nicht in rechtlichen Normen darstellen. Schließlich erfaßt die
Politikwissenschaft auch den strukturellen Aspekt **internationaler
Beziehungen.**

Von allen diesen Ansätzen können vor allem Zeithistoriker profi-
tieren. Andererseits ist der Politologe angesichts des weithin doch
sehr raschen historischen Wandels der Erscheinungen, die er untersucht, in hohem Grad auf die historische Forschung angewiesen. In
der Praxis verschwimmen gelegentlich die methodischen Grenzen
zwischen Politikwissenschaft und Zeitgeschichte. Die gemeinsamen
Bemühungen, Begriffe wie „**Faschismus**" oder „Totalitarismus" in
einer wissenschaftlich verwendbaren Weise zu definieren und mit
Inhalt zu füllen, können als positive Beispiele von Zusammenarbeit
gelten.

Literatur

Methodenfragen, Bibliographie, Zeitschriften: W. MAIHOFER (Hrsg.): Begriff und
Wesen des Rechts. (Wege d. Forschung 79). 1972. Auch f. Rechtsgesch.
wichtig. − E.W. BÖCKENFÖRDE/R. WAHL (Hrsg.): Moderne deutsche Verfas-
sungsgeschichte (1815 − 1918). (Neue Wiss. Bibl. 51).[2] 1980. − H. PLANITZ/TH.
BUYKEN: Bibliographie zur deutschen Rechtsgeschichte. 2 Bde. 1952. − G.
KÖBLER/J.H. KUMPF: Bibliographie der deutschen Hochschulschriften zur
Rechtsgeschichte (1885 − 1945). 1975. − G. KÖBLER: Bibliographie d. dt. Hoch-
schulschrr. z. Rechtsgesch. (1945 − 1964). [2]1972. − Zeitschrift der Savigny-
Stiftung für Rechtsgeschichte (ZSRG). 3 Serien für die großen Rechtssysteme
und -entwicklungen: Germanistische Abteilung (GA) und Romanistische Abtei-
lung (RA) seit 1880 für germanische Rechtsüberlieferung bzw. römisches Recht;
Kanonistische Abteilung (KA) seit 1911 für Kirchenrecht. − Der Staat. Zeitschrift für Staatslehre, öffentliches Recht und Verfassungsgeschichte. Seit 1962.
− Vgl. auch die Zeitschriften bei D V. − *Quellen:* Verfassungen vgl. bei B III 2 b).
Zur ungeschriebenen Verfassung des Alten Reiches Staatsrechtler wie J. J. MOSER:
Neues Teutsches Staatsrecht. 24 Bde. 1766 − 1782. Nachdruck
1967 − 1968. − H. DUCHHARDT (Hrsg.): Quellen zur Verfassungsentwicklung
des Heiligen Römischen Reiches deutscher Nation (1495 − 1806). 1983. −
19. − 20. Jh.: E.R. HUBER (Hrsg.): Dokumente zur deutschen Verfassungsgeschichte. 4 Bde., [3]1978 − 1992. Quellen zur Geschichte des Parlamentarismus
und der politischen Parteien. 1. Reihe: Von der konstitutionellen Monarchie zur
parlamentarischen Demokratie: 4 Reihen seit 1959. − Beispiel einer verwaltungsgeschichtlichen Edition: Acta Borussica. Denkmäler der preußischen Staatsverwaltung im 18. Jahrhundert. Die Behördenorganisation und die allgemeine
Staatsverwaltung Preußens im 18. Jh. 15 Bde. 1894 − 1936, Bd. 16, 2 Teile 1970,
1982.

Darstellungen: Erste Orientierung in der juristischen Begriffswelt: K. EN-
GISCH: Einführung in das juristische Denken (Urban-Bücher 20). [8]1983. – H.
MITTEIS: Deutsche Rechtsgeschichte, 19. Aufl., bearb. v. H. LIEBERICH. 1992. Knapp,
lehrbuchartig straff. – K. KROESCHELL: Deutsche Rechtsgeschichte. 3 Bde. 1983 –
1989. H. PLANITZ / K. A. ECKHARDT: Deutsche Rechtsgeschichte. [4]1981. – Verfas-
sungs- u. Verwaltungsgeschichte: H. BOLDT: Deutsche Verfassungsgeschichte. Politische Strukturen und ihr Wandel. 2 Bde. 1990 (dtv 4424, 4425). – D. WILLOWEIT:
Deutsche Verfassungsgeschichte vom Frankenreich bis zur Teilung Deutschlands.
1990. – D. STERNBERGER u. a. (Hrsg.): Die Wahl der Parlamente und anderer Staats-
organe. Ein Handbuch. Bisher Bd. I u. II, je 2 Halbbde: Europa, 1969; Afrika,
1978. – 19. u. 20. Jahrhundert: E. R. HUBER: Deutsche Verfassungsgeschichte seit
1789. 8 Bde. 1957 – 1990. – Für die Zusammenhänge zwischen Verfassung und
Verwaltung lehrreich die Arbeiten von O. HINTZE: Staat und Verfassung. Gesammelte Abhandlungen, Bd. 1. Hrsg. v. G. OESTREICH. [3]1970. – Regierung und Verwaltung. Ges. Abhh., Bd. 3. Hrsg. v. G. OESTREICH. [2]1967. H. geht vom preußischen
Staat aus, zieht aber andere Verhältnisse vergleichend heran. – K. G. A. JESERICH/
H. POHL/G.-CHR. v. UNRUH (Hrsg.): Deutsche Verwaltungsgeschichte. 6 Bde. 1983 –
1988. – W. HUBATSCH/TH. KLEIN (Hrsg.): Grundriß zur deutschen Verwaltungsgeschichte 1815 – 1945. 3 Reihen, geograph., seit 1975.
    Frankreich: P.-CL. TIMBAL/A. CARTALDO: Histoire des institutions publiques et
des faits sociaux. Paris [8]1989. – R. MOUSNIER: Institutions de la France sous la
monarchie absolue. 2 voll. Paris 1990, 1992. – England: D. L. KEIR: The Constitu-
tional History of Modern Britain since 1485. [9]1969.

Nachschlagewerke: E. HABERKERN/J. F. WALLACH: Hilfswörterbuch für Historiker. 2 Bde. [7]1987. Vorwiegend rechts- und verfassungsgeschichtliche
Termini. Rel. viele, knappe Stichworte. – Für alle Fragen aus Recht, Verfassung
und Verwaltung noch nützlich das Handwörterbuch der Staatswissenschaften.
4. Aufl., 1923 – 1929; vgl. auch die unter E III 3 b) genannten Staatslexika und
die sozialwissenschaftlichen Nachschlagewerke bei D V. – Für die juristische
Terminologie F. STIER-SOMLO/A. ELSTER (Hrsg.): Handwörterbuch der Rechtswissenschaft. 1926 – 1929. – A. ERLER/E. KAUFMANN (Hrsg.): Handwörterbuch zur
deutschen Rechtsgeschichte. Seit 1964, 4 Bde. geplant, bisher 34 Lieferungen bis
„Strafprozeßordnung". – Frankreich: M. MARION: Dictionnaire des Institutions
de la France aux XVIIe et XVIIIe siècles. Paris [3]1984. – Dictionnaire diplomatique. Publié par l'Académie diplomatique internationale. 6 voll. Paris 1933 –
1957.

Politikwissenschaft: Einführungen u. Überblicksdarstellungen: I. FET-
SCHER/H. MÜNKLER (Hrsg.): Politikwissenschaft. Begriffe-Analysen-Theo-
rien. Ein Grundkurs. 1985. – W. RÖHRICH/W.-D. NARR: Politik als Wissen-
schaft. Ein Überblick. 1986. – K. v. BEYME u. a. (Hrsg.): Politikwissenschaft.
Eine Grundlegung. 3 Bde. 1987. – Bibliographie und Zeitschriften: K.-D. BRA-
CHER u. a.: Bibliographie zur Politik in Theorie und Praxis. Neubearb. v. H.
TYRELL. 1982. – Politische Vierteljahresschrift. Seit 1960. – Zeitschrift für

Politik. Seit 1907/08 – 1945, wieder seit 1954. – Nachschlagewerke: R. BECK: Sachwörterbuch der Politik. ²1986. – D. NOHLEN (Hrsg.): Pipers Wörterbuch zur Politik. 6 Bde. 1983 – 1987.

V. Wirtschafts- und Sozialgeschichte

Die Überschrift dieses Kapitels ergibt sich vor allem aus der überkommenen Organisation der Wissenschaft: In Wirklichkeit hat jedes der beiden Gebiete ein kräftiges Eigenleben; das an sich richtige Argument des engen Zusammenhangs zwischen ihnen läßt sich andererseits leicht auf Bevölkerungs-, Kulturgeschichte und andere „Ressorts" ausdehnen.

In Deutschland entstand die moderne Wirtschaftsgeschichte in der zweiten Hälfte des vorigen Jahrhunderts als „historische Schule" der **„Nationalökonomie"**, wie die Wirtschaftswissenschaften damals hießen; wichtigster Vertreter war GUSTAV SCHMOLLER (1838 – 1917). Im Mittelpunkt dieser Betrachtungsweise stand staatliche Wirtschaftspolitik. Schon früh waren auch die entstehenden Großunternehmen an Firmengeschichte als historischer Selbstdarstellung interessiert.

Bei den Forschungen der Schmoller-Schule kamen auch sozialgeschichtliche Fragen ins Blickfeld. In die gleiche Richtung wirkte die Auffassung von **Kulturgeschichte**, die LAMPRECHT vertrat. Eine historische Richtung hatte um die Jahrhundertwende auch die Soziologie, am deutlichsten bei MAX WEBER (1864 – 1920). Ein anderer wichtiger Ansatzpunkt für Sozialgeschichte war die Selbstbesinnung der entstehenden **Arbeiterbewegung** auf ihre Ursprünge und geschichtlichen Voraussetzungen. Hier entstand eine eigene Historiographie, deren Begrifflichkeit vom „historischen Materialismus" bestimmt war, wie ihn KARL MARX (1818 – 1883) und FRIEDRICH ENGELS (1820 – 1895) entwickelt hatten. Die Tradition dieser Geschichtsschreibung, in deren Mittelpunkt die politische Ausgestaltung der Arbeiterbewegung steht, wurde in den sozialistischen Ländern fortgesetzt; Ansätze zur Rezeption marxistischer Gedanken vor allem in der sozialgeschichtlichen Forschung gibt es aber auch in den westlichen Ländern. Daß sich unterschiedliche politische Grundeinstellungen gerade auf diesem Forschungsgebiet bemerkbar machen, kann niemanden verwundern.

Gemeinsam war den älteren Ansätzen ein relativ starkes Interesse an der politischen Gestaltung von Wirtschaft und Gesellschaft. Demgegenüber ist heutige Wirtschafts- und Sozialgeschichte stärker **strukturhistorisch** orientiert: Es geht vor allem um das innere Gefüge von Wirtschaft und Gesellschaft früherer Epochen, um die Wechselbeziehungen ihrer Bestandteile und die Veränderungen in ihnen. Bezeichnend ist das Interesse, das die Wirtschaftshistoriker dem Verlauf der Konjunktur früherer Jahrhunderte entgegenbringen, oder das Bemühen der Sozialgeschichte um die gesellschaftliche Schichtung im historischen Wandel. Welche Folgerungen sich daraus für die Zusammenarbeit mit den Wirtschafts- und Sozialwissenschaften ergaben, wurde in A III und B IV 2 bereits behandelt. Ein anderes kennzeichnendes Ergebnis ist die Durchlässigkeit der Grenzen zu benachbarten Gebieten. Soziale Schichtung zum Beispiel ist immer auch im Bewußtsein der darin lebenden Menschen verankert und damit ein Gegenstand der **Mentalitätengeschichte**. Sozialgeschichte der Familie hängt eng mit Bevölkerungsgeschichte im heutigen Verständnis zusammen. Die Beispiele ließen sich vermehren. Für Querverbindungen zur politischen Geschichte auch bei strukturbezogenen Fragen sorgt die Quellenlage: Wirtschaftliche und gesellschaftliche Gegebenheiten größerer Bereiche in den Blick zu bekommen, gestatten häufig nur **staatliche Akten**. Bemühungen um die politische Gestaltung von Wirtschaft und Gesellschaft reichen bis in die frühe Neuzeit zurück. Kennzeichnend ist der **Merkantilismus** der absolutistischen Staaten, der in großem Maßstab Wirtschaft einheitlich und nach rationalen Gesichtspunkten zu lenken und zu fördern versuchte. Dem sehr bewußten und geplanten Charakter dieser Maßnahmen verdanken wir Akten von relativ hohem Aussagewert. Im Einzelfall ist allerdings immer wieder die kritische Frage nach dem Verhältnis von Plan und Verwirklichung vonnöten. Je mehr wir uns der Gegenwart nähern, desto dichter wird quantitativ und qualitativ das Netz an Informationen. Für die jüngste Vergangenheit stellt sich auch hier das Problem einer Überfülle von Akten.

Literatur

Einführungen: W. ZORN: Einführung in die Wirtschafts- und Sozialgeschichte des Mittelalters und der Neuzeit. [2]1974. – W.A. BOELCKE: Wirtschafts- und Sozialgeschichte. Einführung, Bibliographie, Methoden, Problemfelder. 1987. – E. M. WALLNER: Soziologie. Einführung in die Grundbegriffe und Probleme. [6]1979. – Einen Überblick über das theoretische Denken bietet: J. STABATTY

(Hrsg.): Klassiker des ökonomischen Denkens. 2 Bde., 1989. – Zu den grundsätzlichen Fragen vgl. A III.

Entstehungsgeschichte: Zu SCHMOLLER dessen Preußische Verfassungs-, Verwaltungs- und Finanzgeschichte. 1921 (Vorlesungsmanuskript). – MAX WEBERS Herrschaftstypen: Staatssoziologie. Hrsg. v. J. WINCKELMANN. 1956. – Literatur zu LAMPRECHT bei A IV. – Arbeiterbewegung und Sozialgeschichte: F. MEHRING: Geschichte der deutschen Sozialdemokratie. Gesammelte Schriften, hrsg. v. TH. HÖHLE u. a., Bd. 1 u. 2. Berlin/DDR ³1980.

Bibliographie und Zeitschriften: Bibliographie der Sozialwissenschaften mit besonderer Berücksichtigung der Wirtschaftswissenschaften. Seit 1905. 1937 – 1943 u. d. T. B. d. Staats- und Wirtschaftswissenschaften. Seit 1950 wieder unter d. urspr. Titel. – Zeitschriften: Seit 1877 erscheint d. Jahrbuch für Gesetzgebung, Verwaltung und Volkswirtschaft im Deutschen Reich. Hrsg. seit 1881 G. SCHMOLLER, danach (seit 1914 auch im Titel) „Schmollers Jahrbuch". Bis 1944, neu seit 1949. – Vierteljahrsschrift für Sozial- und Wirtschaftsgeschichte (VSWG). Seit 1903. – Annales d'histoire économique et sociale. Fondées par M. BLOCH/L. FÉBVRE. Seit 1929; seit 1946 u. d. T. Annales; économies, sociétés, civilisations. Deutet die gesamte Geschichte stark vom Wirtschaftlich-Gesellschaftlichen her. – Journal of Economic History. Seit 1941. Über die USA hinaus wichtig. – Firmengeschichte: Zeitschrift für Unternehmensgeschichte. Seit 1977; vorher u. d. Titel Tradition, seit 1956.

Statistische Quellen: Überblick bei G. VERWEY / R. C. RENOOIJ (Eds.): The Economist's Handbook. A manual of statistical sources. Amsterdam 1934, Nachtr. 1937. – Nachdruck Ann Arbor 1971. – Frühe Veröffentlichungen: J. A. REMER: Tabellen zur Aufbewahrung der wichtigsten statistischen Veränderungen in den vornehmsten europäischen Staaten 1786 – 1792. Braunschweig 1787 – 1794. – P.E. HERBIN DE HALLE (Ed.): Statistique générale et particulière de la France et de ses colonies. 7 voll. + Atlas. Paris 1803. – Statistisches Jahrbuch für das Deutsche Reich. Hrsg. v. Statistischen Reichsamt. 1880 – 1942. Entsprechende Veröffentlichungen seit 1952 f. d. BRD, 1956 – 1990 f. d. DDR. – Bulletin de la Statistique Générale de la France. Seit 1911. – Großbritannien: Annual Abstract of Statistics, Central Statistical Office. Seit 1947. Davor nur Statistiken einzelner Verwaltungen; die britische Statistik ist stark dezentralisiert. – Statistical Abstract of the United States. Seit 1877. –

Darstellungen: The Cambridge Economic History. 7 vols. Cambridge 1941 – 1978. – C.M. CIPOLLA (Ed.): The Fontana Economic History of Europe. 6 vols. London 1972 – 1977; dt. Übers.: K. BORCHARDT (Hrsg.): Europäische Wirtschaftsgeschichte. 5 Bde. 1976 – 1980. – W. FISCHER u. a. (Hrsg.): Handbuch der europäischen Wirtschafts- und Sozialgeschichte. 6 Bde. 1980 – 1991. – W. FISCHER (Hrsg.). Geschichte der Weltwirtschaft im 20. Jahrhundert. 6 Bde. geplant, Bd. 2 – 6 (ab 1914). 1973 – 1984. – H. AUBIN/W. ZORN (Hrsg.): Handbuch der deutschen Wirtschafts- und Sozialgeschichte. 2 Bde. 1971, 1976. – F.-W. HENNING: Wirtschafts- und Sozialgeschichte. 1. Das vorindustrielle Deutschland 800 – 1800. ⁴1985. 2. Die Industrialisierung in Deutschland 1800 – 1914.

[7]1989. 3. Das industrialisierte Deutschland 1914 – 1986. [7]1991. (UTB 398, 145, 337). – Ders.: Handbuch der Wirtschafts- und Sozialgeschichte Deutschlands. 3 Bde., bisher 2 Bde., 1991, 1992. – H.-U. WEHLER: Deutsche Gesellschaftsgeschichte. 4 Bde. geplant, bisher 2 Bde. erschienen. Seit 1987, [2]1989. – J. KOCKA (Hrsg.): Sozialgeschichte im internationalen Überblick. Ergebnisse und Tendenzen der Forschung. 1990.

Nachschlagewerke: Zur ersten Orientierung H. OTT/H. SCHÄFER (Hrsg.): „Wirtschafts-Ploetz". Die Wirtschaftsgeschichte zum Nachschlagen. Chronologisch-tabellarisch. [2]1985. – International Encyclopedia of the Social Sciences. 16 vols., 1 vol. Regg. 1968; Bibliogr. Suppl. 1979. – Für den dt. Sprachbereich grundlegend das Handwörterbuch der Sozialwissenschaften (HdSW). 12 Bde., 1 Reg.-Bd. 1956 – 1968. – Neuauflage, stärker wirtschaftsbezogen: Handwörterbuch der Wirtschaftswissenschaften. 9 Bde., 1 Reg.-Bd. 1977 – 1983. Studienausg. 1988. – Münze, Maß, Gewicht: R. KLIMPERT: Lexikon der Münzen, Maße, Gewichte, Zählarten und Zeitgrößen aller Länder der Erde. 1896. Damaliger Stand sowie vieles Ältere; viele knappe Stichworte. – Technisch orientiert ist H.J. V. ALBERTI: Maß und Gewicht. Geschichtliche und tabellarische Darstellung von den Anfängen bis zur Gegenwart. 1957. Als Hilfsmittel brauchbar die Tabellen metrischer/nichtmetrischer Maße. – F. VERDENHALVEN: Alte Maße, Münzen und Gewichte aus dem deutschen Sprachgebiet. 1968. – Vgl. auch die bei C V genannten Werke zur Geldgeschichte.

VI. Oral History – Alltagsgeschichte

Die beiden Bestandteile dieses Titels bezeichnen zwei Gesichtspunkte eines Sachverhalts, der mir zwar nicht in seinen Bestandteilen, aber insgesamt etwas vergleichsweise Neues zu sein scheint und den ich deshalb gesondert behandle, statt ihn etwa an die Sozialgeschichte anzugliedern. Deswegen verzichte ich auch auf den Versuch, „Oral History" zu übersetzen: Der Begriff ist mit der Sache aus den USA zu uns gekommen und hat sich in der Fachsprache der damit beschäftigten Historiker ziemlich fest eingebürgert.

Ein erster vorläufiger Definitionsversuch: Es geht um das **alltägliche Leben** der breiten unteren Bevölkerungsschichten unserer industriellen Zivilisation vor allem in der jüngsten Vergangenheit und um das **Bewußtsein** der Menschen, die dieses Leben führten.

Das Interesse an diesem Themenbereich entstand zuerst in den USA der sechziger und frühen siebziger Jahre hauptsächlich aus einem politischen Impuls, zu dem es auch in Europa Vergleichbares gab und gibt: Das Anliegen, Demokratie neu und breiter zu begründen, **politische Mitwirkung** breiter Bevölkerungsschichten nicht nur formal zu garantieren, sondern tatsächlich wirksam werden zu lassen, führte zur Kritik an der Rolle traditioneller historischer Kenntnisse in der politischen Bildung und im öffentlichen Bewußtsein. Ähnlich wie schon bei der Entstehung der Strukturgeschichte kam das Anliegen auf, sich von der überkommenen „Geschichte von oben" zu lösen und einer demokratischen Gesellschaft ein besser geeignetes Verständnis ihrer Vergangenheit zu vermitteln, einer Vergangenheit, wie sie sich in den Köpfen der einfachen Menschen darstellte.

Das Neue an dieser Konzeption ist die Bedeutung, die hier dem menschlichen **Bewußtsein** beigemessen wird. Die Lebensbedingungen der Unterschichten waren an sich ein klassisches Thema innerhalb der Geschichtsschreibung der Arbeiterbewegung schon seit FRIEDRICH ENGELS. Aber hier standen die materiellen Gegebenheiten im Vordergrund des Interesses; bezüglich des Bewußtseins wurde ausdrücklich oder stillschweigend vorausgesetzt, daß es mit den Ideen und Zielen der politischen Führung übereinstimme oder diese jedenfalls als Richtschnur gelten lasse.

Mit diesem Problem hängt auch der Name „Oral History" zusammen: Das typische Verfahren, die jüngste Vergangenheit so kennenzulernen, wie sie sich im Denken und Erinnern einfacher Menschen darstellt, ist das Interview, die **Zeugenbefragung**, die normalerweise mittels Tonband festgehalten wird. Was unter B II 2 über diesen Quellentyp ausgeführt ist, paßt in einem sehr allgemeinen Sinne – vor allem im Hinblick auf die Wahrung der Rechte der Befragten – auch auf „Oral History". Im übrigen aber lassen sich deren eigentümliche Probleme weithin im Kontrast zur Zeugenbefragung beschreiben, wie sie für die politische Ereignisgeschichte üblich ist: Es geht nicht um ehemalige Inhaber von Führungspositionen mit entsprechendem Selbstbewußtsein und oft hohem formalem Bildungsgrad, sondern eher um einfache Menschen, die zum Sprechen zu bringen und richtig zu verstehen Einfühlungsvermögen und über bloßes Geschick hinaus den Willen zu menschlicher Zuwendung erfordert. Es geht nicht um individuelle Leistung, um Anteile an Ereignissen, sondern um das Erleben typischer Situationen und Verhältnisse; dennoch dürfen die Befragten nicht als Verkörperung eines Typs abgetan, sondern müssen als individuelle Menschen ernstgenommen werden. Kennzeichnend ist, daß die Rekonstruktion von **Biographien** befragter Personen ein wesentliches Merkmal der Forschung innerhalb der „Oral History" ist, auch wenn die Ergebnisse letztlich nicht um ihrer selbst willen interessieren, sondern im Vergleich zu möglichst großen Zahlen ähnlicher Schicksale.

Die **methodischen Probleme** der „Oral History" hängen mit ihrem Ansatz ursächlich zusammen. Die Kritik an der faktischen Überbewertung der Führungs- und der Bildungsschicht durch das überkommene Geschichtsbild ist für diejenigen, die sie betreiben, meist insofern Selbstkritik, als sie selbst der Bildungsschicht angehören. Guter Wille, die Schranken zu überwinden, die sich daraus ergeben, ist für das Gelingen von Interviews erste Voraussetzung, genügt aber oft nicht allein. Ein Beispiel dafür, wie schwer bemerkbar die Verständigungsschwierigkeiten sein können: das Verständnis des eigenen Lebenslaufes. Schon in diesem Wort steckt die Vorstellung einer inneren Folgerichtigkeit, der mehr oder weniger stetigen Entfaltung einer als Möglichkeit vorgegebenen Persönlichkeit. Ein Bewerbungslebenslauf ist unabhängig vom Inhalt Verkörperung einer literarischen Gattung, deren anspruchsvolle Großform im Bildungs- und **Entwicklungsroman** besteht. Wer nie einen Abiturlebenslauf verfaßt hat, dem steht dieser begriffliche Rahmen für sein Selbstverständnis nicht zur Verfügung; er wird sein eigenes Leben anders sehen, stärker von außen bestimmt, weniger in sich geschlossen. Ein ähnliches Problem: Gerade der gutwillige Befrager ist in Gefahr, Wunschvorstellungen über sein Thema beim Befragten vorauszusetzen und dann enttäuscht zu sein, wenn dessen Aussagen nicht seinen Erwartungen entsprechen. Das gilt vor allem für politisches Bewußtsein, wenn die traditionelle Vorstellung von der passiven Grundhaltung einfacher Menschen sich doch einmal als nicht völlig unbegründet erweist.

Andere Schwierigkeiten kamen von außen. Auf das gesellschaftskritische Anliegen der neuen Forschungsrichtung reagierten erklärlicherweise Betroffene mit Ablehnung. **Spannungen** gab es auch gegenüber der **„Zunft"**. Verbreitetes, nicht immer begründetes Beharrungsbedürfnis und akademische Selbstgenügsamkeit der etablierten Forschung stieß auf heftige, bisweilen aggressive Kritik, hinter der ein starkes, gelegentlich überzogenes Selbstbewußtsein der „Neuen" stand. Unter den Durchführenden der notgedrungen zahlreichen Zeugenbefragungen befanden sich viele Angehörige des wissenschaftlichen Nachwuchses und interessierte „Amateure", denen bewährte Maßstäbe historischer Quellenkritik nicht immer genügend vertraut waren. Die Bedenken, die dies in der herkömmlichen Forschung auslöste, gingen andererseits gelegentlich über das

Begründete hinaus. Inzwischen hat sich eine nüchternere Betrachtung verbreitet und besteht weithin Übereinstimmung darüber, daß die Ergebnisse der „Oral History" das übe-kommene Bild der jüngsten Vergangenheit in wichtigen Punkten berichtigen und ergänzen, aber den Ertrag anderer Forschungsansätze nicht entbehrlich machen; das relative Gewicht der Erkenntnisse läßt sich nicht vorweg bestimmen, sondern muß sich jeweils im Einzelfall ergeben.

Auf positives Interesse stößt die „Oral History" mit ihrer Hinwendung zum politischen und historischen Bewußtsein breiter Kreise erklärlicherweise bei den Wissenschaftlern, die sich mit der Entstehung und Verbreitung von Kenntnissen über die Vergangenheit befassen, den **Didaktikern**. Es trägt dazu bei, daß Zeugenbefragungen von älteren Zeitgenossen sich als Instrument „forschenden Lernens" in anspruchsvolleren Unterrichtsprojekten bewährt haben, am deutlichsten im Rahmen von **Schülerwettbewerben**

Das Verfahren der Zeugenbefragung erreicht nur die noch Lebenden. Insofern ist „Oral History" ein Teilbereich der Zeitgeschichte. Die Frage nach Lebensbedingungen und Bewußtsein der unteren Bevölkerungsschichten läßt sich jedoch auch auf frühere Epochen anwenden; daß sie für stärker hierarchisch geordnete Gesellschaften als die heutige einen anderen Stellenwert hat, spricht nicht von vornherein dagegen. **Alltagsgeschichte** in diesem Sinn ist ein weniger geschlossener Forschungsbereich und hat im einzelnen mehr Berührungspunkte mit anderen Teilgebieten unseres Fachs als „Oral History". Die materiellen Lebensbedingungen der Menschen vorindustrieller Gesellschaften standen im Mittelpunkt eines Verständnisses von Kulturgeschichte, wie es etwa von CARL LAMPRECHT formuliert wurde. Die Forschungsrichtung, die wir Mentalitätengeschichte nennen, hat sich die Aufgabe gestellt, die Gedanken und Vorstellungen der Menschen früherer Zeiten nicht im Hinblick auf wenige bedeutende Geister zu ergründen, sondern herauszufinden, was in den Köpfen der breiten Bevölkerung vor sich ging. Von den Möglichkeiten und Problemen beider Ansätze soll im Kapitel über Kultur- und Geistesgeschichte näher die Rede sein.

Literatur

L. NIETHAMMER (Hrsg.): Lebenserfahrung und kollektives Gedächtnis. Die Praxis der „Oral History". 1980. – H. VORLÄNDER (Hrsg.): Oral History. Mündlich erfragte Geschichte. 1990. – Aus didaktischer Sicht R. SCHÖRKEN: Geschichte in

218 D. Teildisziplinen und Nachbargebiete

der Alltagswelt. 1981. – Vgl. auch die Literatur bei D VIII zur Mentalitätengeschichte.

VII. Kriegs- und Militärgeschichte

Unter den Teildisziplinen unseres Faches neigt die Kriegs- und
Militärgeschichte in besonders hohem Grade zu einem Dasein in der
Abgeschiedenheit, das zu ihrer sachlichen Bedeutung in auffallen-
dem Gegensatz steht.

Die Eigenart des Gegenstandes kann diese Erscheinung verständlich machen, wenn auch nicht begründen. Die Tatsache Krieg führt
uns mit brutaler Eindeutigkeit vor Augen, daß unter den Formen
zwischenmenschlichen Umgangs auch die Gewalt ihren Platz hat,
einen recht wichtigen Platz sogar. Die Versuchung ist groß, dieser
schmerzlichen Einsicht auszuweichen auf friedlichere Gebiete wie
etwa in die Wissenschaftsgeschichte, wo die menschliche Aggressi-
vität allenfalls die Formen literarischer Fehden annimmt. Gerade
Deutsche mögen sich leicht von dieser Neigung leiten lassen angesichts der Rolle, die unser Volk in zwei Weltkriegen gespielt hat. So
verständlich dies wäre, so wenig gerechtfertigt ist es für einen Historiker. Denn die Bedeutung unseres Fachs steht und fällt damit, daß
wir ein zutreffendes Bild vom Menschen haben und vermitteln.
Dieses Bild muß das Böse im Menschen ebenso enthalten wie das
Gute. Wir müssen verstehen, aber nicht verharmlosen.

Die **isolierte Stellung** der Militärgeschichte hat noch andere
Gründe in ihrer eigenen Entwicklung. Ein erstrangiges Interesse an
der Kriegsgeschichte haben von jeher die Soldaten selbst. Diese
Anteilnahme kann grundsätzlich wissenschaftliche Form annehmen, sie ist aber zuerst einmal praktischer Art. Es ist bekannt, daß
NAPOLEON (1769 – 1821) die Schlachten FRIEDRICHS DES GROSSEN
(1712 – 1786) mit Nutzen studiert hat. Das strategische Grundrezept
der Schlacht bei Tannenberg 1914 ähnelt bei allen waffentechnisch
und organisatorisch begründeten Unterschieden dennoch so sehr
dem Sieg HANNIBALS (246 – 182 v. Chr.) bei Cannae 216 v. Chr.,
daß ein Vergleich für die Lehre von der Strategie einen Erkenntniswert hat. Kriegsgeschichte ist also für die Militärs eine Abteilung
der **Kriegswissenschaften**. Deren Pflege war und ist vorrangig Aufgabe eigener Bildungseinrichtungen der Armeen. An den Universitäten ist die Auffassung verbreitet, daß man wenigstens Reserveof-
fizier sein müsse, um sich militärgeschichtlichen Fragen erfolgreich

widmen zu können. In Wirklichkeit ist es auch hier durchaus möglich, sich die notwendigsten Kenntnisse autodidaktisch anzueignen.

Interesse an militärgeschichtlichen Fragen hat von jeher auch innerhalb der Universitäten bestanden. Dafür sorgte schon der enge sachliche Zusammenhang mit der **politischen Geschichte**. Die vielzitierte Aussage von CLAUSEWITZ (1780–1831), der Krieg sei die Fortführung der Politik mit anderen Mitteln, bezeichnet diesen Sachverhalt sehr glücklich.

Das Verhältnis des Militärischen zur Politik und zu anderen Lebensbereichen ist auch über den Krieg hinaus wichtig. Schon in der Zeit der Befreiungskriege verbreitete sich die Erkenntnis, daß die militärischen Einrichtungen eines Staates mit seinen **politischen und sozialen Verhältnissen** eng zusammenhängen. Das Schlagwort vom „Militarismus" Preußens und Deutschlands zielt auf den gleichen Sachverhalt. Inzwischen haben wir zum Glück über dieses Thema Forschungen, die es uns gestatten, abgewogener zu urteilen. Die Kenntnis militärischer Organisationsformen ist überdies ein unerläßliches Hilfsmittel zum Verständnis von Quellen und Literatur. Nachschlagewerke, oft auch die Einleitungen größerer Darstellungen unterrichten darüber.

Zur Überwindung der Fachgrenzen zwischen politischer und Militärgeschichte trägt die Erforschung des **Zweiten Weltkrieges** erheblich bei. Ein Grund dafür lag in der Quellenlage: Eine deutsche militärische Instanz, welche die Akten als ihr Eigentum hätte betrachten können, gab es nach 1945 zunächst nicht mehr. Wohl waren viele Akten vernichtet, andere ins Ausland gelangt; insgesamt wurden aber wichtige Quellen relativ bald bekannt und der allgemeinen Forschung zugänglich.

Weniger günstig sieht es mit der Zugänglichkeit der Quellen auf der Seite der Sieger aus. Hier bietet sich das Bild, das wir für das vorige Jahrhundert und den Ersten Weltkrieg auch von deutscher Seite kennen: Die Auswertung der Akten erfolgte und erfolgt in **offiziellen oder offiziösen Gesamtdarstellungen**. In Deutschland pflegte die kriegsgeschichtliche Abteilung des Generalstabes diese Werke zu bearbeiten und herauszugeben. Das Ergebnis waren materialreiche Veröffentlichungen, inhaltlich durchweg verläßlich, nüchtern, fast trocken in Aufbau und Sprache und eng, bisweilen unkritisch auf das rein militärische Geschehen beschränkt. Werke dieser Art gab und gibt es in allen europäischen Ländern, sie sind für den Historiker eine unentbehrliche Hilfe. Vorstufen dazu gibt es auch für die frühe Neuzeit, so die von CHEMNITZ (1605–1678) im

Auftrage der schwedischen Krone verfaßte Geschichte des Dreißigjährigen Krieges oder die Werke über die schlesischen Kriege, die FRIEDRICH DER GROSSE selbst geschrieben hat. Solche Werke sind für uns historiographische Quellen.

Neben den militärischen Akten und ihrer Auswertung in offiziellen Darstellungen gibt es mancherlei andere **Quellen** zur Kriegs- und Militärgeschichte. Schlachtberichte einzelner Teilnehmer liefern wichtige Aufschlüsse über kriegerische Ereignisse vor allem des 16. bis 18. Jahrhunderts. Tagebücher von Kriegsteilnehmern schildern uns die Ereignisse, oft aus dem Blickwinkel von Personen, die selbst führend beteiligt waren. Auch mit nichtschriftlichen Überresten wird der Historiker arbeiten müssen. Panzergräben aus den letzten Wochen des Zweiten Weltkrieges beispielsweise sind heute noch an manchen Orten im Gelände erkennbar. Überhaupt ist die Beschäftigung mit den geographischen Verhältnissen bei den meisten kriegsgeschichtlichen Themen unerläßlich.

Literatur

Forschungsprobleme: U. v. GERSDORFF (Hrsg.): Geschichte und Militärgeschichte. Wege der Forschung. 1974. − Das leicht veränderte Zitat bei C. v. CLAUSEWITZ: Vom Kriege (1832 – 1834). [19]1980, hrsg. v. W. HAHLWEG.

Bibliographien und Zeitschriften: D.E. FLOYD: World Bibliography of Armed Land Conflict from Waterloo to World War I. 2 vols. London 1971. − D.E. SHOWALTER: German Military History 1648 – 1982. A Critical Bibliography. New York, London 1984. − Jahresbibliographie. Bibliothek für Zeitgeschichte, Weltkriegsbücherei Stuttgart. Seit 1961, vorher 1921 – 1945 u. 1953 – 1960 u. d. T. Bücherschau der Weltkriegsbücherei (WKB). Die WKB sammelt Literatur zu den Weltkriegen, aber auch zu anderen kriegs- und zeitgeschichtlichen Themen. − Zeitschriften: Militärgeschichtliche Mitteilungen. Hrsg. v. Militärgesch. Forschungsamt Freiburg, seit 1967. − Wehrwissenschaftliche Rundschau. Hrsg. v. Arbeitskreis f. Wehrforschg. Seit 1951. Sehr stark auch für die Praxis bestimmt. Das gilt noch stärker für die folgenden älteren Organe: Militär-Wochenblatt. 1816 – 1942/43. Urspr. für Preußen. − Österreich: Österreichische Militärische Zeitschrift. Hrsg. v. STREFFLEUR. Seit 1808; 1920 – 1938 u. 1941 – 1944 u. d. T. Militärwissenschaftliche und technische Mitteilungen. − Marine-Rundschau. 1890 – 1914, 1921 – 1944, wieder seit 1953. − Stärker auf den Historiker zugeschnitten die französische Revue d'histoire de la deuxième guerre mondiale. Seit 1950.

Nachschlagewerke: R.E. and T.N. DUPUY: The Encyclopedia of Military History from 3500 B.C to the Present. New York [2]1986. Materialreich, viel Außereuropäisches, nicht immer verläßlich. − K. v. PRIESDORFF (Hrsg.):

Soldatisches Führertum. 10 Bde. o.J. (nach 1935). Chronologisch aufgereihte
Biographien preußischer und deutscher Generäle seit dem 17. Jahrhundert.
Nüchterner als d. Titel erwarten läßt.

Gesamtdarstellungen: Handbuch zur deutschen Militärgeschichte
1648 – 1939. 6 Bde. 1964 – 1981; Studienausg. 1983. – Kurzer Abriß der deutschen Militärgeschichte. Bearb. von e. Autorenkollektiv. Berlin/DDR [3] 1984. –
C. JANY: Geschichte der königlich preußischen Armee bis zum Jahre 1807./ Die
königlich preußische Armee und das deutsche Reichsheer 1807 – 1914. 4 Bde.
1928 – 1933. Monarchistische Grundhaltung. Materialreich u. verläßlich. – B.
v. POTEN: Handbuch der gesamten Militärwissenschaft. 9 Bde. 1877 – 1880.
Technischer Stand des Krieges 1870/71. Spiegelt den hohen Stand des strategi-
schen und taktischen Denkens der Moltkeschule. – Umfassende, dadurch im
einzelnen sehr knappe Darstellung: H. DELBRÜCK: Geschichte der Kriegskunst
im Rahmen der politischen Geschichte. 7 Bde., Bd. 5 – 7 v. G. DANIELS.
1920 – 1936. Großenteils Antike und Mittelalter – Theorie: J.L.WALLACH:
Die Entwicklung der Kriegstheorien im 19. und 20. Jahrhundert. 1972.

Militär und Gesellschaft: A. CORVISIER: Armées et sociétés en Europe de 1494
à 1789. Paris 1976. – G.A. CRAIG: Die preußisch-deutsche Armee 1640 – 1945.
1960. Schwerpunkt neuere Zeit. Rel. abgewogene Variante der These vom
deutschen Militarismus. – Grundlegend zu diesem Thema G. RITTER: Staats-
kunst und Kriegshandwerk. Das Problem des Militarismus in Deutschland. 4
Bde. (1740 – 1945) 1964 – 1968, z. T. mehrere Aufll. – Jüngste methodische
Ansätze K.-J. MÜLLER: Armee und Drittes Reich 1933 – 1939. [2]1988. – V. BERG-
HAHN: Militarismus. Die Geschichte einer internationalen Debatte. 1987.

Organisation: General- und Admiralstäbe: W. SCHMIDT-RICHBERG: Die Ge-
neralstäbe in Deutschland 1871 – 1945. 1962. – W. HUBATSCH: Der Admiral-
stab und die obersten Marinebehörden in Deutschland. 1848 – 1945. 1958. Leitender Aspekt ist das Zusammenspiel von Politik und Marine. – 2. Weltkrieg:
R. ABSOLON: Die Wehrmacht im Dritten Reich. Aufbau – Gliederung – Recht
– Verwaltung. Seit 1969. Bisher 5 Bde. (bis 1941).

Organisationshandbücher (vgl. E III 3 c): Rangliste der Königlich Preußischen
Armee 1793 – 1806. 1817 – 1914, seit 1894 einschl. d. XIII. (kgl. württembergi-
schen) Armeekorps. Erschien jährlich. Ergänzend: Ehren-Rangliste des ehema-
ligen deutschen Heeres/der Kaiserlich Deutschen Marine 1914 – 1918. 1926 bzw.
1930. Seit 1919 erschienen wieder jährliche Ranglisten. – 2. Weltkrieg: W.KEI-
LIG: Das deutsche Heer 1939 – 1945. Gliederung, Einsatz, Stellenbesetzung.
1956 ff., Loseblattausg. – H. LOHMANN/H.W. HILDEBRAND: Die deutsche
Kriegsmarine 1939 – 1945. Gliederung, Einsatz, Stellenbesetzung. 3 Bde. 1956.

Amtliche Darstellungen: Von den deutschen amtlichen Kriegsgeschichtswer-
ken erschien zuerst: Der Feldzug von 1866 in Deutschland. Red. v. d. kriegs-
gesch. Abt. d. Großen Generalstabes. 1868. – Den zeitlich frühesten Gegenstand behandeln: Die Kriege Friedrichs des Großen. Hrsg. v. Großen Generalstab. 1. Teil: 3 Bde.; 2. Teil: 3 Bde.; 3. Teil: 13 Bde. (bis 1760). 1890 – 1914. –

Im übrigen können hier aus Raumgründen nur die Weltkriege berücksichtigt werden: Der Weltkrieg 1914–1918. Die militärischen Operationen zu Lande. Bearb. im Reichsarchiv. 14 Bde. 1925–1944. Standpunkt der deutschen OHL; für die Schlußphase unkritisch. – Der Krieg zur See 1914–1918. Hrsg. v. Marine-Archiv. 23 Bde. 1922–1966. Sehr detailliert. – Österreich-Ungarns letzter Krieg 1914–1918. Hrsg. v. Kriegsarchiv. 7 Bde. und Register. 1930–1938. – Frankreich: Ministère de la guerre. État-Major de l'armée. Service historique: Les armées francaises dans la grande guerre. 10 voll. Paris 1922–1938. – Großbritannien: History of the Great War, based on official documents, by dir. of the hist. section of the committee of Imperial Defence. Military Operations. 16 vols. London 1922–1949. Naval Operations. 5 vols. London 1920–1931. The War in the Air. 6 vols. Oxford 1922–1928.

Zweiter Weltkrieg: Überblick: H.A. Jacobsen: Der Weg zur Teilung der Welt. Politik und Strategie. 1939–1945. 1977. – Maßgebliche deutsche Darstellung: Das Deutsche Reich und der Zweite Weltkrieg. Hrsg. v. Mil. geschichtl. Forschungsamt (Freiburg/Br.). Seit 1979. Bisher 6 Bde. (bis 1943). – Amtliche sowjetische Darstellung: A. Antonovic (Red.): Deutsche Ausg. hrsg. v. H. Hoffmann u. a.: Geschichte des Zweiten Weltkrieges, 1939–1945. 12 Bde. 1975–1985. – Britische und amerikanische Werke über den Seekrieg: S. W. Roskill: The War at Sea 1939 to 1945. 3 vols. 1954–1961. – S. E. Morison: History of the United States Naval Operations in World War II. 15 vols. 1957–1962. Beide Werke nur aus Akten ihrer Länder.

VIII. Kultur- und Geistesgeschichte, Mentalitätengeschichte

Der Inhalt dieses Kapitels läßt sich sehr unterschiedlich definieren. Das vorherrschende Verständnis meint die Geschichte der Lebensbereiche, die wir alltäglich **Kultur** nennen: Kunst in allen ihren Erscheinungsformen, Literatur, Wissenschaft. Dagegen hatte Lamprecht in seiner Kritik am Vorrang der politischen Ereignisgeschichte, von der in A III die Rede war, den Begriff „Kulturgeschichte" sehr viel weiter gefaßt und damit der Sache nach ein Gesamtbild bezeichnet, das wir heute mit **Strukturgeschichte** oder historische Sozialwissenschaft benennen können. Und schließlich gab und gibt es noch eine sehr enge Definition: Wenn man es den Philosophen, Kunst- und Literaturwissenschaftlern und Vertretern ähnlicher Disziplinen ganz überläßt, die Geschichte ihrer Gegenstände zu pflegen, wie sie es ja durchweg tun, dann bleibt als Rest für eine eigenständige historische Forschung die **materielle Kultur**, die Geräte und Formen des alltäglichen Lebens; der typische Interessenbereich vieler historischer Museen. Man hat dieses Verständnis von Kulturgeschichte zeitweise als *„Geschichte von Messer und Gabel"* verspottet; die Aufwertung der Alltagsgeschichte, von der in D VI die Rede war, hat solchen Themen zu Recht wieder mehr Gewicht verschafft.

Die umfassende Definition von Kulturgeschichte im Sinne LAMPRECHTS hat für sich, daß sie der Isolierung geistig-kultureller Erscheinungen entgegentritt und dazu auffordert, die Verbindungen zur gesellschaftlichen und wirtschaftlichen Realität ernstzunehmen. Nur haben sich für LAMPRECHTS Anliegen inzwischen die oben erwähnten anderen Bezeichnungen verbreitet, und andererseits hat die Erforschung der Geschichte des geistigen und kulturellen Lebens im alltäglichen Sinn ihre methodische Eigenart, die es rechtfertigt, in ihr ein Gebiet unseres Fachs unter anderen zu sehen. In diesem Sinne setze ich im folgenden die erste der drei oben angeführten Definitionen voraus.

Diese Eigenart von Kultur- und Geistesgeschichte muß allerdings wertneutral gesehen werden – im Gegensatz zu einem unterschwellig oder bewußt gerade in Deutschland immer noch verbreiteten **Vorurteil**, der Vorstellung vom **„reinen"** **Geist** im Gegensatz zur „schmutzigen" Politik. Auf diese Weise wird nämlich Kultur- und Geistesgeschichte einerseits aufgewertet, vielleicht sogar überschätzt, andererseits aber auch isoliert und auf ein unpolitisches Verständnis von Kultur festgelegt, das in unserem Lande eine meines Erachtens unglückliche Tradition hat. Wie eng die Verbindungen zwischen geistigem Leben und Politik in Wirklichkeit sind, zeigt das Gebiet, auf dem sie sich am intensivsten begegnen: Die **Geschichte der politischen Ideen**. Von PLATONS (427 – 347 v. Chr.) Versuchen als politischer Berater in Syrakus über das Staatsdenken der Scholastiker bis zu den Anstößen von ROUSSEAU (1712 – 1778) für die Französische Revolution, FICHTE (1762 – 1814) für die Befreiungskriege und MARX (1818 – 1883) für die Arbeiterbewegung und die russische Oktoberrevolution reichen die Beispiele für das Einwirken philosophischer Gedanken auf das politische Handeln. Natürlich kamen diese Anstöße nicht aus dem Nichts, sondern wurde das Denken über Politik seinerseits immer wieder durch die tatsächlichen Verhältnisse angeregt. Trotzdem kann man die Wechselbeziehungen zwischen Theorie und Praxis auch nicht nur im

Sinne des Marxschen Basis-Überbau-Modells aus den tatsächlichen Machtgegebenheiten erklären. Auf lange Sicht zeigt sich Politik nicht als das bei aller Vielfalt doch eintönige Hin- und Herwogen von Machtinteressen, sondern es lassen sich immer wieder neue Impulse aus dem geistigen Leben beobachten.

Die Tendenz zur Selbstisolierung der Geistesgeschichte zeigt sich im Bereich des politischen Denkens an der verbreiteten Bereitschaft, sich vor allem mit den **„großen", originellen Denkern** und den langfristig bedeutsamen Ideen zu beschäftigen, deren Resonanz bei den Zeitgenossen oft von unserer heutigen Einschätzung ihres Gewichts merklich abweicht. Daß für das Verständnis einer Epoche insgesamt die weniger auffälligen, aber von den Zeitgenossen gelesenen Autoren wichtiger sein könnten, ist eine Vorstellung, die in der Forschung noch nicht genügend Anklang findet.

Die Absicht, die Wechselbeziehungen zwischen dem Denken der Menschen und den anderen Lebensbereichen ernstzunehmen, kennzeichnet vor allem die Forschungsrichtung, die man mit einem ursprünglich französischen Ausdruck **Mentalitätengeschichte** nennt. Es handelt sich hier sozusagen um die strukturgeschichtliche Wendung der Geistesgeschichte: Die Frage nach den anonymen, nur langfristig sich verändernden Beziehungen und Ordnungen der menschlichen Lebensverhältnisse hat sich schon seit LUCIEN FÈBVRE auch auf den Anteil des Bewußtseins an diesen „Strukturen" gerichtet. Dabei interessieren die Gedanken markanter einzelner nur, soweit sie erkennbar breit rezipiert worden sind. Überhaupt spielen – anders als in der traditionellen Geistesgeschichte – über das Denken hinaus auch andere menschliche Seelenvermögen als Themen eine Rolle: Es geht um Stimmungen, Vorurteile, Wünsche und Ängste, Wertvorstellungen und Verhaltensmuster einzelner Gruppen oder ganzer Zivilisationen, vorrangig der breiten Bevölkerung. Wichtig sind die Antworten der verschiedenen Epochen auf die elementaren Probleme des alltäglichen Lebens wie Hunger, Krankheit, Tod. Ein Rahmenthema sind die Veränderungen des Bewußtseins, die zum Teil schon seit dem späten Mittelalter die geistigen Voraussetzungen für die Industrialisierung schufen. Ein Beispiel: die Bereitschaft, den Tageslauf bis ins Detail an der Uhr auszurichten, und die technische Voraussetzung dafür, die Taschenuhr.

Forschung auf solchen Gebieten ist ebenso spannend wie schwierig. Das betrifft die Begrifflichkeit: Ohne Auseinandersetzung mit der **Psychologie** vor allem des Unbewußten, aber auch mit der

Sozialpsychologie und mit den anderen Sozialwissenschaften lassen sich kollektive Bewußtseinsphänomene nicht angemessen darstellen und erklären. Die Quellenlage ist hier wie anderswo dadurch bestimmt, daß wir überwiegend die Zeugnisse der Bildungs- und Führungsschicht vor uns haben und die breite Bevölkerung nicht oder nur indirekt zu Wort kommt. Dies und das Bestreben, Bewußtsein nicht um seiner selbst willen, sondern im Bezug zum wirklichen Leben zu erfassen, führt dazu, daß häufig aus beobachtbarem Verhalten auf seine geistigen Voraussetzungen geschlossen wird. Veränderungen der religiösen Mentalität zum Beispiel lassen sich aus der zu- oder abnehmenden Beliebtheit kultischer Bräuche wie Wallfahrten ablesen. Ein wichtiges Thema sind Formen von **Kunst und Unterhaltung** der breiten Bevölkerung, die im Laufe der frühen Neuzeit von den Trägern der „hohen" Kultur der Führungsschicht immer mehr abgewertet und abgedrängt wurden wie das Jahrmarkttheater oder manche Erscheinungen des Karnevals; hier lassen sich relativ deutliche Spuren von sozialer Kritik und Protest finden.

Es war oben schon davon die Rede, daß die meisten Teilgebiete des geistigen und kulturellen Lebens von eigenen Wissenschaften erforscht werden, die sich meist auch mit der Geschichte ihres Gegenstandes befassen. Diese doppelte Behandlung des gleichen Stoffs in zwei Fächern läßt sich normalerweise aus unterschiedlicher Fragestellung rechtfertigen. Wir wollen uns dies am Beispiel der deutschen Literatur klarmachen, weil die **Germanistik** ihrerseits das Bewußtsein für dies Problem weit entwickelt und die Frage gestellt hat, ob neuere Germanistik wesentlich Literaturgeschichte sei oder ob es eine stark systematisch-formal orientierte Literaturwissenschaft geben müsse, für deren Behandlung geschichtlichen Kategorien allenfalls zweitrangige Bedeutung zukomme. Wir brauchen diese Frage nicht zu entscheiden; in jedem Falle muß der Literaturwissenschaftler an seinen Stoff andere Fragen stellen als der Historiker. Den Germanisten wird der formale Gesichtspunkt der behandelten Werke, die Frage ihrer künstlerischen Qualität stärker interessieren; der Historiker wird erst einmal nach dem Inhalt und dem Wirklichkeitsbezug fragen. Als Quellen der Kulturgeschichte können auch drittrangige Werke bis herab zur Trivialliteratur wichtig sein, wenn sie auf Grund ihrer feststellbaren Resonanz als zeittypisch gelten können. Umgekehrt interessiert der Dichtertyp „verkanntes Genie" den Historiker eigentlich erst von dem Zeitpunkt an, da er erkennbaren Einfluß gewinnt.

Dieser Unterschied in der Fragestellung bedeutet nicht, daß der Historiker die Methoden der Germanistik oder vergleichbarer Disziplinen vernachlässigen dürfte. Sie haben für ihn die Bedeutung von Hilfswissenschaften. Um zum Beispiel die kultur- und sozialgeschichtliche Bedeutung eines barocken Schloßbaus würdigen zu können, benötigen wir ein Mindestmaß an kunstgeschichtlicher **Terminologie**, sonst verstehen wir nicht, was der Kunsthistoriker aus der Fassadengliederung oder aus Details des Ornaments herausliest, obwohl wir die Dinge vor Augen haben. Dabei lassen sich solche formalen Details unter anderem ebenso zur Datierung verwenden wie die zeitbedingten Eigentümlichkeiten einer Schrift.

Ähnliches gilt auch für andere geistesgeschichtliche Fächer. Die praktische Schwierigkeit liegt besonders für den Studenten in der Aufgabe, die andersartige Fragestellung nicht zu seinem Hauptzweck werden zu lassen, sondern die Ergebnisse des Nachbarfaches immer wieder unter dem Gesichtspunkt seines historischen Interesses zu sehen.

Literatur

Die innere Vielfalt der Kultur- und Geistesgeschichte läßt es geraten erscheinen, besonders darauf hinzuweisen, daß hier wie bei den anderen Kapiteln die ausgewählte Literatur nur beispielhaft steht für viele andere, evtl. ebenso wertvolle Werke.

Zeitschrift: Archiv für Kulturgeschichte. 1903 – 1944, wieder seit 1951. – Quellensammlung aus verschiedenen Lebensgebieten: W. TREUE (Hrsg.): Quellensammlung zur Kulturgeschichte. Seit 1948; bisher 21 Bde.

Darstellungen: Handbuch der Kulturgeschichte. Hrsg. v. H. KINDERMANN. 1934 – 1939. Neu hrsg. v. E. THURNHER. Seit 1960. Auf Überblick auch für interessierte Laien angelegt, trotzdem auch für den Historiker wichtig. 2 Serien nach Epochen und Ländern. – Weltgeschichte aus kultur- und sozialgeschichtlicher Sicht: M. CROUZET (Dir.): Histoire générale des civilisations. 7 voll. Paris 1955 – 1969, teils Neuauflagen.

Technikgeschichte: K. HAUSEN/R. RÜRUP (Hrsg.): Moderne Technikgeschichte. (Neue Wiss. Bibl. 81). 1975. – B. BRENTJES u. a.: Geschichte der Technik. Hrsg. v. R. SONNEMANN: [2]1987. – CH. SINGER et al.: A History of Technology. 8 vols. Oxford 1954 – 1984.

Politische Ideengeschichte: H. FENSKE u. a.: Geschichte der politischen Ideen. Von Homer bis zur Gegenwart. (Fischer-TB 4367). [4]1991. – I. FETSCHER/ H. MÜNKLER /Hrsg.): Pipers Handbuch der politischen Ideen. Neuzeit

in Bd. 3 – 5. 1985 – 1987. – H. MAIER/H. RAUSCH/H. DENZER (Hrsg.): Klassiker des politischen Denkens. 2 Bde. ⁶1986, ⁵1987. Stark an den „Großen"
orientiert; für eine stärker an Rezeption durch Zeitgenossen interessierte Konzeption wichtig die Arbeiten über LIPSIUS von G. OESTREICH in dessen Aufsatz-
sammlung: Geist und Gestalt des frühmodernen Staates. 1969. – Ähnlich
J.H.M. SALMON: Renaissance and Revolt. Essays in the Intellectual and Social
History of Early Modern France. Cambridge 1987.

Mentalitätengeschichte: Grundlegend U. RAULFF (Hrsg.): Mentalitäten-Ge-
schichte. 1987. – Beispiele mit methodischen Erwägungen: P. BURKE: Helden,
Schurken und Narren. Europäische Volkskultur in der frühen Neuzeit. Aus d.
Engl. 1981. – R. VAN DÜLMEN/N. SCHINDLER (Hrsg.): Volkskultur. Zur
Wiederentdeckung des vergessenen Alltags (16. – 20. Jahrhundert). 1984. –
R. W. BREDNICH (Hrsg.): Enzyklopädie des Märchens. Handwörterbuch zur histo-
rischen und vergleichenden Erzählforschung. 6 Bde. 1975 – 1990.

Germanistik: Reallexikon der deutschen Literaturgeschichte. 5 Bde. ²1958 –
1988. – Sammelwerk mit Monographien verschiedener Autoren zu
Epochen und Sachthemen: W. STAMMLER (Hrsg.): Deutsche Philologie im
Aufriß. 3 Bde. + Reg.-Bd. ² 1957 – 1969; 2. Nachdruck 1978 – 1979. – Von den
vielen Zeitschriften für den Historiker besonders wichtig die Deutsche Vierteljahrsschrift für Literaturwissenschaft und Geistesgeschichte (DVjs.). Seit 1923.
Sprachwörterbücher braucht der Historiker, wo ihm die Deutung seiner Quellen
rein sprachliche Probleme stellt. Umfassend das von den Brüdern GRIMM begründete Deutsche Wörterbuch. 16 Teile 1854 – 1971. Nachdruck in 33 Bden.,
1991 (dtv 5945). – Handlicher, besonders an Fragen der Bedeutungsgeschichte
interessiert: H. PAUL: Deutsches Wörterbuch. 9. Aufl. bearb. v. H. HENNE/G.
OBJARTEL. 1992. F. KLUGE: Etymologisches Wörterbuch der deutschen Sprache.
22. Aufl. bearb. v. E. SEEBOLD. 1989. – Für die Sprache von Quellen der frühen
Neuzeit: A. GÖTZE: Frühneuhochdeutsches Glossar. ⁷1971. – Wo dies Buch fehlt,
kann man sich häufig helfen, indem man den frühneuhochdeutschen Sinn vom
Mittelhochdeutschen her erschließt. Handliches Hilfsmittel: M. LEXER: Mittel-
hochdeutsches Taschenwörterbuch. ³⁸1992.

Reihenveröffentlichungen deutscher Literatur, die neben dem künstlerischen
auch den kulturgeschichtlichen Gesichtspunkt berücksichtigen: J. KÜRSCHNER
(Hrsg.): Deutsche National-Literatur (DNL). 164 Bde. 1882 – 1899. H. KINDER-
MANN (Hrsg.): Deutsche National-Literatur (DNL). 164 Bde. 1882 – 1899.
H. KINDERMANN (Hrsg.): Deutsche Literatur. Sammlung literarischer Kunst-
und Kulturdenkmäler in Entwicklungsreihen (DL). 26 Reihen 1930 – 1950. –
W. KILLY (Hrsg.): Die deutsche Literatur. Texte und Zeugnisse. 7 Bde.
1965 – 1983.

Kunstgeschichte, Grundprobleme: H. BAUER: Kunsthistorik. Eine kritische
Einführung in das Studium der Kunstgeschichte. ³1989. – H. LÜTZELER: Kunster-
fahrung und Kunstwissenschaft. 3 Bde. 1975.

Darstellungen: E. H. GOMBRICH: Die Geschichte der Kunst. ⁵1992. – Propyläen-
Kunstgeschichte. 22 Bde. 1985.

Nachschlagewerke: J. JAHN: Wörterbuch der Kunst. ¹¹1989. (Krö-
ner-Taschenausg. 165). – H. LÜTZELER: Bildwörterbuch der Kunst. ⁴1989. – U.

THIEME/F. BECKER: Allgemeines Lexikon der bildenden Künstler, von der Antike
bis zur Gegenwart, 37 Bde. 1907 – 1950. 25 Bde. (dtv 5907). 1992. – Zu den für
Historiker besonders wertvollen Porträtkatalogen vgl. B II 2 c). – Bauwerke: C.
TILLMANN: Lexikon der deutschen Burgen und Schlösser. 4 Bde. 1958 – 1961. –
Vgl. auch die unten genannten Kunstdenkmäler-Verzeichnisse und die topographischen Werke bei DIX. – Sinnbildliche Darstellungen können für die historische Interpretation besonders ergiebig sein. Verzeichnisse: A. HENKEL/A. SCHÖNE
(Hrsg.): Emblemata. Handbuch zur Sinnbildkunst des XVI. und XVII. Jahrhunderts. 1967, Sonderausg. 1978. – A. BOPPE: Les Vignettes Emblématiques sous la
Révolution. 1911. – Museen sind für Kunst- und Kulturgeschichte ähnlich wichtig wie Archive für andere Gebiete. Verzeichnis von Museen und Galerien: Internationales Kunst-Adreßbuch vereinigt m. Deutsches Kunst-Adreßbuch. Seit
1952/53 jährl. Anschriften und knappe Kennzeichnung der Sammlungen. Zuletzt
2 Bde. 1991/92.

G. DEHIO: Handbuch der deutschen Kunstdenkmäler. Behandelt in Bänden
nach Landschaften alphabetisch die Orte: bedeutende Bauwerke usw. Neuauflage
seit 1964. Bisher 18 Bde., z. T. in 2. Aufl. – Ausführlicher, vielfach bis zu einzelnen Kunstwerken, sind die landschaftlichen Kunstdenkmäler-Serien aus der Arbeit der Denkmalpflege. Gutes Beispiel: P. CLEMEN (Hrsg.): Die Kunstdenkmäler
der Rheinprovinz. 20 Abt. mit jeweils mehreren Bden. 1891 – 1944. Teilnachdruck 1980 – 1984. Beihefte. Seit 1940, bisher 31 Bde.

IX. Landesgeschichte

Es mag manchen Leser verwundern, hier ein Teilgebiet dieses Namens behandelt zu finden. Tatsächlich könnte man annehmen, bei
Landesgeschichte handle es sich lediglich um die Anwendung der
allgemeinen Methoden der Geschichte auf einen regional begrenzten Stoff, nicht aber um ein Gebiet mit methodischer Eigenart.

Diese naheliegende Vermutung trifft einen Zustand, welcher dem
vorigen Jahrhundert angehört. Das Interesse an dynastisch-poli-
tisch verstandener Territorialgeschichte ist seitdem erheblich zu-
rückgegangen. Für die Landesgeschichte führte das zu einer Neu-
orientierung. Auf vielen historischen Gebieten lassen sich verbindli-
che Ergebnisse nur gewinnen aus einer breiten Grundlage von regional oder lokal gebundenen Einzelforschungen. Für die Behandlung
solcher Fragen bietet die Landesgeschichte den geeigneten organisa-
torischen Rahmen.

Da ist zunächst das weite Gebiet der Siedlungs- und Bevölkerungsgeschichte: Die erheblichen regionalen Verschiedenheiten machen es erforderlich, eine Vielzahl von Einzeluntersuchungen anzustellen, um daraus das überregional Typische abzuleiten. Um der

Sache willen ist dabei eine enge **Zusammenarbeit** mit **benachbarten kulturgeschichtlichen Disziplinen** notwendig: Orts- und Flurnamenforschung, Dialektgeographie und Volkskunde steuern ihre Ergebnisse bei.

Regional gebunden sind auch viele Fragen der Sozial- und Wirtschaftsgeschichte, wie zum Beispiel die Entwicklung standortgebundener Gewerbe und Industrien. Wenn die Verwaltungsgeschichte die Organisationsformen der Behörden wirklich in ihrer Funktion beschreiben will, muß sie bis auf die Stufe der Provinzen oder der Regierungsbezirke hinabsteigen. Für die frühe Neuzeit ist auch die Kirchengeschichte sehr stark von örtlichen und regionalen Gegebenheiten bestimmt.

Bedeutung für die allgemeine Geschichte erhalten Ergebnisse solcher Forschungen erst da, wo sie nicht Selbstzweck sind, sondern Grundlage allgemeiner Fragestellungen. Deshalb spielt in der landesgeschichtlichen Forschung der **Vergleich** eine wichtige Rolle. Das drückt sich praktisch darin aus, daß es schon verhältnismäßig lange eine gemeinsame Zeitschrift aller Organisationen gibt, die sich in Deutschland mit Landesgeschichte befassen.

Literatur

Methodendiskussion: C.-H. HAUPTMEYER (Hrsg.): Landesgeschichte heute. 1987.

Bibliographie: R. OBERSCHELP: Die Bibliographien zur deutschen Landesgeschichte und Landeskunde im 19. und 20. Jahrhundert. [2]1977.

Zeitschrift: Korrespondenzblatt des Gesamtvereins der deutschen Geschichts- und Altertumsvereine. 1853 – 1934. Zunächst internes Mitteilungsblatt, mehr und mehr Fachzeitschrift. Seit 1937 u. d. T. Blätter für deutsche Landesgeschichte, bis 1942 u. wieder seit 1951.

Gesamtdarstellungen und Nachschlagewerke: G. SANTE (Hrsg.): Geschichte der deutschen Länder (Territorien-Ploetz). 2 Bde. 1964, 1971. – G. KÖBLER: Historisches Lexikon der deutschen Länder. Die deutschen Territorien vom Mittelalter bis zur Gegenwart. [4]1992. – Handbuch der historischen Stätten. Seit 1958. Regionale Bände, alphabetisch nach Orten kurze Geschichtsabrisse, historische Bauten usw. – E. KEYSER /Hrsg.): Deutsches Städtebuch. Handbuch städtischer Geschichte. 5 Teile 1939 – 1974. Jeweils eine Reihe von Stadtgeschichten in einem regional begrenzten Band.

Atlanten: Als ein Beispiel für viele steht hier der Geschichtliche Handatlas der Deutschen Länder am Rhein. Bearb. v. J. NIESSEN. [2]1950.

E. Zur Praxis des Geschichtsstudiums

I. Studienziel und Studienaufbau

1. Spezialwissen und Überblick

Für die meisten Studenten ist die Frage nach dem Studienziel identisch mit der Frage: Wie bestehe ich mein Examen? Das ist realistisch. Die gegenläufige Vorstellung von der hehren Wissenschaft im Gegensatz zum **„Brotstudium"** hat angesichts der zunehmenden Verflechtung zwischen Alltagsleben und Forschung erkennbar an Ansehen verloren. In Wirklichkeit schließt die Orientierung an der beruflichen Verwertbarkeit von Erkenntnis die Einsicht in den Eigenwert wissenschaftlicher Methoden zum Glück nicht aus, sondern macht sie im Gegenteil notwendig. Dies tritt allerdings normalerweise erst während des Studiums ein.

Es ist ein weitverbreitetes und viel Prüfungsangst verursachendes Mißverständnis, Voraussetzung für ein erfolgreiches Examen sei ein möglichst umfassendes und zugleich möglichst detailliertes Tatsachenwissen. Um sich das Irrige dieser Vorstellung klarzumachen, genügt ein Blick auf die Liste der Veröffentlichungen eines Wissenschaftlers unserer Disziplin. Deutlich zeichnen sich da die Spezialgebiete ab, denen das besondere Interesse des Betreffenden gilt. Das Stoffgebiet unserers Faches ist so unermeßlich, daß es über Menschenkraft ginge, sich auf allen Gebieten gleichmäßig intensive Kenntnisse zu verschaffen. Möglich ist zweierlei: einmal ein umfassendes und gleichmäßiges Wissen allgemeiner Tatsachen und Zusammenhänge, wie wir sie in Nachschlagewerken finden, zum anderen fundierte, auf intensiver kritischer Arbeit beruhende Kenntnisse von verhältnismäßig eng begrenzten Stoffgebieten.

Es leuchtet ein, daß Wissen der ersten Art nur begrenzten Wert hat. Wir haben gesehen, daß alle historische Erkenntnis auf Interpretation von Quellen beruht. Je stärker aber unser Wissen zusammengefaßt wird, um so weiter entfernt es sich von den Quellen, um so weniger bedeutet es wirkliches Verstehen dessen, was sich zugetragen hat. Mit bloßem **Lexikonwissen** kann man allenfalls Kreuzworträtsel lösen oder bei einem Fernsehquiz gewinnen. In den Berufen, für die wir geschichtliche Kenntnisse verwenden können, kommt es darüber hinaus darauf an, sich mit der Geschichte geistig auseinanderzusetzen. Ob wir später einmal an der Hochschule, in einem Archiv oder einer wissenschaftlichen Bibliothek arbeiten, ob wir unser historisches Wissen als Journalisten oder Diplomaten verwerten oder ob wir es an Schüler irgendeiner Alters- und Bildungsstufe weitergeben; immer werden wir vor der Notwendigkeit stehen, uns nicht nur Material anzueignen, sondern kritisch dazu Stellung zu nehmen. Entscheidend wird sein, daß wir uns wenigstens für einen noch so kleinen Bereich die **Methode der Wissenschaft Geschichte** angeeignet haben. Das wird je nach Studienziel in unterschiedlichem Maße der Fall sein: Der künftige Lehrer etwa wird eine unterschiedlich umfassende fachwissenschaftliche Qualifikation benötigen je nach der Alters- und Leistungsstufe von Schülern, die er später vornehmlich zu unterrichten beabsichtigt. Aber das sind Stufen, keine grundsätzlichen Unterschiede.

Für die Praxis der Prüfung bedeutet dies, daß man dem Kandidaten normalerweise Gelegenheit geben wird, seinen Prüfern **Spezialgebiete** zu nennen, mit denen er sich während seines Studiums näher beschäftigt hat. Nur an solchen begrenzten Gebieten läßt sich prüfen und nachweisen, daß der Prüfling mit der Methode des historischen Arbeitens vertraut ist. Es ist also nicht nur möglich, sondern sinnvoll und wünschenswert, im Laufe des Studiums von vornherein sein Augenmerk auf die Beschäftigung mit solchen Spezialgebieten zu richten. Ihre Wahl ist in gewissem Maße durch das Angebot an Lehrveranstaltungen begrenzt; im übrigen sollte man dabei von seiner akademischen Freiheit ausgedehnten Gebrauch machen. Vorteilhaft ist es, die verschiedenen Arbeitsgebiete so zu wählen, daß sie zeitlich und thematisch nicht zu nahe beisammenliegen. So wird trotz Spezialisierung der Aufbau eines ausgewogenen Gesamtbildes möglich.

Wir dürfen nämlich das soeben Festgestellte nicht so verstehen, als ob ein allgemeiner **Überblick** über die gesamte Geschichte entbehrlich sei. Im Hinblick auf das Verhältnis des Allgemeinen und des Besonderen befindet sich die Geschichte in dem Dilemma nahezu aller Geisteswissenschaften: Das Besondere wird nur verständlich mit Bezug auf das Allgemeine, dieses wiederum läßt sich nur durch Zusammenfassung der vielen Einzelheiten erkennen. Praktisch bedeutet das für den Studenten: Einerseits geht es uns darum, allgemeine Darstellungen beurteilen zu können auf Grund der kritischen Prüfung ausgewählter Details; andererseits können wir Einzeltatsachen und -fragen nur verstehen, wenn wir sie in ihre Zeitumstände einordnen. Wir kommen also ohne deren Kenntnis nicht aus. Überdies erfordert die **berufliche Verwertung historischen Wissens** auf allen Gebieten oft die gedrängte, klare und knappe Wiedergabe allgemeiner Kenntnisse.

Das bedeutet nicht, daß wir ihren Erwerb zum Selbstzweck machen, möglicherweise als Vorstufe zeitlich vor das eigentliche Studium schalten sollten. Es wird notwendig sein, lückenhafte Schulkenntnisse zu einem chronologischen Zusammenhang zu ergänzen. Zu weit sollte man mit der kontinuierlichen Lektüre von Handbüchern u. a. nicht gehen; man verschwendet Zeit und belastet sein Gedächtnis mit Undurchdachtem. Richtiger ist es, Spezialkenntnisse und Allgemeinwissen Hand in Hand zu erwerben. Angenommen, wir befaßten uns zum Beispiel mit der Biographie eines Politikers und fänden dort einen Vertrag erwähnt, von dessen Datum und Inhalt wir keine genaue Vorstellung hätten. Wir müßten unsere Lektüre unterbrechen und ein **Nachschlagewerk** zu Rate ziehen, um uns über den Vertrag zu unterrichten. Was wir uns auf diese Art aneignen, haftet besser als das Ergebnis anhaltender Handbuchlektüre. Das Verfahren ist mühsam; konsequent angewandt, führt es jedoch mit der Zeit dazu, daß sich um die bearbeiteten Spezialgebiete ein immer dichteres **Netz allgemeiner Kenntnisse** legt und sie untereinander verknüpft. Daß dieses Netz lückenhaft bleiben wird, liegt in der Menge grundsätzlich verfügbarer Tatsachen und den Grenzen des menschlichen Gedächtnisses begründet, es betrifft nicht nur den Studenten, sondern auch seine Prüfer. Bei vielen Tatsachen genügt es auch durchaus, über die Kenntnis der Hilfsmittel zu verfügen, mit denen sie sich bei Bedarf ermitteln lassen.

2. Studiengang und Stundenplan, Übung und Vorlesung

Wir haben gesehen, daß es einen **verbindlichen Kanon historischen Wissens nicht geben kann,** daß nicht einmal die Forderung gleichmäßiger Vollständigkeit der Kenntnisse dem Wesen unserer Disziplin entspricht. Ein inhaltlich bestimmtes System des Geschichtsstudiums gibt es also nicht. Wir können mit unseren Arbeiten da einsetzen, wo es uns das Angebot an akademischen Veranstaltungen und das eigene Interesse sinnvoll erscheinen lassen. Ob wir uns mit der Reformation oder dem Zweiten Weltkrieg zuerst beschäftigen, macht von der Sache her keinen Unterschied.

Ein gestufter Aufbau des Studiums ergibt sich allerdings unter dem formalen Gesichtspunkt: Der Anfänger wird gut daran tun, sich zuerst einmal das Handwerkszeug unserer Disziplin anzueignen und dessen Handhabung an einfacheren Aufgaben zu üben, ehe er in der zweiten Stufe seines Studiums in Form von Referaten an der wissenschaftlichen Diskussion teilnimmt und schließlich für Prüfungsarbeit oder Dissertation mehr oder weniger weitreichende eigene Forschungen betreibt. Die Unterscheidung von **Grund- und Hauptstudium**, die es praktisch an allen Universitäten gibt, entspricht im wesentlichen diesen Überlegungen; ihr Kern ist die schon relativ alte Stufenfolge von Proseminar und Hauptseminar.

Zu den Erfordernissen des Grundstudiums wird für viele Anfänger gehören, allzu große Lücken ihres Überblickswissens zu schließen. Das **Schulbuch** der gymnasialen Oberstufe bezeichnet die Untergrenze des Unerläßlichen. Viele Universitäten bieten für diesen Zweck eigene Veranstaltungen an.

In diesen Zusammenhang gehört auch die Frage der **sprachlichen Voraussetzungen**. So unbequem es vielfach sein mag: ohne Kenntnis des Lateinischen lassen sich weite Strecken unserer Vergangenheit nicht wissenschaftlich verstehen. Es ist eine irrige Annahme, man brauche diese Sprache nur für das Mittelalter. Erst während des 17. Jahrhunderts wurde das Lateinische als Diplomatensprache vom Französischen abgelöst. Die Friedensverträge von Münster und Osnabrück sind lateinisch abgefaßt. Die Humanisten, die Theologen der Reformationszeit, die Staatsrechtsdenker des Absolutismus, sie alle haben ihre Werke großenteils lateinisch geschrieben. Daß überdies Kenntnisse des Englischen und Französischen notwendig sind, um ausländische Fachliteratur, aber auch Quellen lesen zu können, brauchen wir nicht lange zu erörtern. Je nach der regionalen Lage seiner Interessengebiete wird mancher Historiker schließlich in die Lage kommen, sich wenigstens Grundkenntnisse einer weiteren europäischen Sprache aneignen zu müssen. Den Anfänger werden diese Feststellungen nicht gerade ermutigen. Zu seiner Beruhigung ist zu sagen, daß es für den Historiker normalerweise hinreicht, die fremde Sprache mit Hilfe eines Wörterbuchs lesen zu können.

Wir wollen uns nun mit der Planung im einzelnen befassen, das heißt mit der Frage des **Stundenplanes** für ein Semester. Der Inhalt der gewählten Vorlesungen und Übungen wird stark vom persönlichen Interesse abhängen. Was wir hier mit Nutzen behandeln können, sind lediglich allgemeine Fragen wie etwa das zweckmäßige Verhältnis von Vorlesungen und Übungen.

Wenn wir die entscheidende Aufgabe des Geschichtsstudiums darin erblicken, uns die Methode dieser Disziplin zu eigen zu machen, dann müssen wir als wichtigstes Mittel dazu die **Übungen** betrachten. In den Hauptseminaren lernen wir, an überschaubaren Themen aktiv methodisch zu arbeiten und zu forschen. Die Proseminare vermitteln uns theoretische und praktische Kenntnis der wichtigsten Hilfsmittel dazu. Weiteres methodisches Rüstzeug können wir uns in ergänzenden Übungen quellenkundlicher und hilfswissenschaftlicher Art aneignen. Diese Schlüsselstellung der Übungen im Studium spiegelt sich auch in der Wertschätzung der Abschlußzeugnisse, der „Scheine", durch die Prüfungsinstanzen. Welche Leistungsnachweise man für welche Prüfungen braucht, wie sie aufeinander aufbauen, sich ergänzen oder ausschließen, das ist in **Studien- und Prüfungsordnungen** geregelt. Es ist nach Ländern und Universitäten verschieden und ändert sich gelegentlich. Der Anfänger tut gut daran, dieser etwas spröden Materie vom ersten Tag des Studiums an volle Aufmerksamkeit zu schenken.

Bei der Aufstellung des Stundenplanes werden wir also zweckmäßig von der Frage ausgehen, welche Art von Übungen wir unserem Studiengang entsprechend brauchen, und werden uns aus dem vorhandenen Angebot die uns interessierenden Übungen auswählen. Das bedeutet nicht, daß wir möglichst viele Übungen in unseren Plan aufnehmen sollten. Es liegt im Sinn dieser Veranstaltungen, daß wir uns **aktiv an ihnen beteiligen**. In den Hauptseminaren werden wir schriftliche Referate übernehmen, in den Proseminaren kleinere Aufträge, die uns das Kennenlernen der vorgestellten Hilfsmittel auch praktisch ermöglichen. Mitarbeit in kleinen Arbeitsgruppen ist sehr zu empfehlen, wo es diese gibt. Wir müssen also in unserem Plan einen genügenden Zeitraum für eigene Lektüre, vorbereitende und wiederholende Arbeit vorsehen. Wie viele Stunden das sein müssen, wie viele Übungen sich in einem Semester sinnvoll bewältigen lassen, das sind Fragen, zu denen sich leider allgemeine Formeln nicht geben lassen. Der Verfasser dieser Zeilen möchte aus eigener Studienpraxis Anfängern davon abraten, mehr als **20 Wochenstunden** in den Plan aufzunehmen. Junge Semester neigen dazu, den Umfang ihres Stundenplanes an den Gepflogenheiten der Schule zu orientieren und zu überfrachten. Das umgekehrte Extrem ist viel weniger gefährlich, – vorausgesetzt, daß man willens und in der Lage ist, die freibleibende Zeit in der Seminarbibliothek zu verbringen und nicht in der Badeanstalt.

Für die erfolgreiche Teilnahme an Übungen ist außer eigenen

schriftlichen Arbeiten aktive Beteiligung am gesamten Übungspro-
gramm wichtig. Viele Kommilitonen halten Seminare für eine Ab-
art von Vorlesungen und verbringen den Großteil der Zeit mit
Mitschreiben. Darunter leidet nicht nur die Beteiligung an der Diskussion, es bringt auch für die Betreffenden selbst auf die Dauer
mehr Nachteile als Vorteile mit sich. Die Notwendigkeit dauernden
Mitschreibens entsteht häufig erst aus mangelnder Vorbereitung;
Vorgetragenes scheint objektiv neu, nur weil es subjektiv unbe-
kannt ist. Richtiger ist es, sich die Zeit für vorbereitende Lektüre zu
nehmen und das grundsätzlich schon Bekannte an Hand des Vortrages noch einmal zu durchdenken, Fragen zu stellen, wo das sinnvoll
erscheint, und lediglich die so entstehenden neuen Gesichtspunkte
zu notieren.

Wozu und in welchem Umfang nehmen wir neben den Übungen
auch **Vorlesungen** in unseren Stundenplan auf? Es wäre ja doch
grundsätzlich möglich, ein Semester nur mit Übungen und eigener
Lektüre zu bestreiten. Praktisch kann man einem Anfänger dazu
nicht raten. Die Zahl der Spezialfragen, mit denen man sich gleichzeitig oder kurz nacheinander befassen kann, hat ihre Grenzen. Im
Sinne des oben geschilderten wünschenswerten Verhältnisses von
speziellen und allgemeinen Kenntnissen werden wir uns immer auch
um die weiteren Zusammenhänge unserer besonderen Interessengebiete kümmern müssen. Neben der eigenen Lektüre wird uns dabei
die Vorlesung helfen. Es wird stark von der persönlichen Eigenart
abhängen, ob der einzelne sein Wissen lieber aus dem Vortrag des
akademischen Lehrers oder aus dem wissenschaftlichen Buch bezieht. In vielen Fällen mag rein sachlich der eine Weg so gut sein wie
der andere. Zu anderen Themen wird uns das Kolleg etwas bieten,
das wir so in keinem Buch finden. Das gilt vor allem für den Typ der
Forschungsvorlesung, die sich mit einem relativ begrenzten Sachverhalt befaßt, das rein Faktische großenteils als bekannt voraus-
setzt und sich hauptsächlich mit Problemen des Stoffes und ihrer
Behandlung in der neueren Literatur befaßt. Echtes persönliches
Interesse am behandelten Themenkreis ist die wichtigste Voraussetzung für das Hören eines solchen Kollegs, das dann Ansatz für
intensive eigene Arbeit, aber auch reichen Gewinn bietet.

Die großen **Vorlesungen über ganze Epochen** sind jedoch ebenfalls nicht in erster Linie wichtig wegen der dargebotenen
Tatsachen, sondern als durchgehende Deutung eines größeren Zusammenhanges auf Grund eigener Forschungen des Dozenten und
in Auseinandersetzung mit anderen Auffassungen. Der persönliche

Anteil des akademischen Lehrers an einer solchen Darstellung kommt im direkten Vortrag deutlicher heraus als im Buch, am klarsten da, wo auf Grund eines Stichwortmanuskripts frei formuliert wird. Zum Glück stirbt diese Kunst nie ganz aus.

Diese direkte Begegnung mit der persönlichen Auffassung des akademischen Lehrers ist in hohem Grade eine Sache der individuellen Entscheidung des Hörenden. Dem entspricht es, daß herkömmlicherweise für die Vorlesung ein besonders hoher Grad von akademischer Freiheit gilt: Nicht nur das Belegen des ganzen Kollegs, sondern auch der Besuch der einzelnen Stunde steht im Belieben des Hörers.

Diese Einrichtung hat außerdem ihre guten sachlichen Gründe. Es ist vollauf berechtigt, von einer Vorlesung nur Teile zu hören, die einem besonders wichtig sind, weil man sich mit ihnen in anderem Zusammenhang näher befaßt oder auch, weil in ihnen der Interessensschwerpunkt des Dozenten liegt. Es ist selbstverständlich, daß auch ein noch so hoch qualifizierter Wissenschaftler einen Stoff vom Umfang eines ganzen Jahrhunderts nicht gleichmäßig auf Grund eigener Forschung beherrschen kann. Ein ausgewiesener Kenner der skandinavischen Geschichte wird zum Beispiel in einer Vorlesung über das Zeitalter des Absolutismus zur Politik Schwedens mehr und Interessanteres zu sagen wissen als über Probleme des westlichen Mittelmeerraumes.

Die Folgerungen, die sich aus alledem für das **Hören von Vorlesungen** ergeben, hängen großenteils von den jeweiligen Verhältnissen ab. Nur einige allgemeine Hinweise können hier gegeben werden. Es wird oft nicht notwendig sein, eine Vorlesung regelmäßig vom Anfang bis zum Ende zu hören. Von einer grundsätzlich in Frage kommenden Vorlesung sollte man jedenfalls die ersten Sitzungen besuchen, um sich ein Bild vom Dozenten und vom geplanten Aufbau des Kollegs zu machen und um sich über Quellen und Literatur zum Thema zu informieren. Solche Angaben zu Beginn der Vorlesungen sind den vergleichbaren Partien der Handbücher häufig an Aktualität überlegen. Auf Grund des ersten Eindrucks kann man dann entscheiden, ob man die ganze Vorlesung oder besonders interessierende Teile von ihr hören will oder ob man überhaupt darauf verzichtet. Ein Kolleg nicht zu hören und nur zum Füllen des Studienbuches zu belegen ist nicht sinnvoll.

Ganz gleich, in welchem Umfang man ein Kolleg hören will, in jedem Fall sollte man für eigene Lektüre einen hinreichenden Zeitraum vorsehen. Diese **Lektüre** sollte **vorbereitend** erfolgen, soweit es sich um das rein Faktische des gesamten Kollegs handelt. Wer sich jeweils vor einer Vorlesungsstunde über deren Hauptinhalt wenigstens aus einem Handbuch unterrichtet hat, versteht den Vortrag besser, bei dem häufig gerade Grundtatsachen als bekannt vorausgesetzt werden. Vor allem läßt sich auf Grund einer solchen Vorbereitung erkennen, wie der Lesende seine Akzente setzt und den dargebotenen Stoff ordnet und deutet.

Angemessene Vorbereitung erleichtert auch ein zweckmäßiges **Mitschreiben**. Es geht nicht darum, den gesamten Inhalt einer Vorlesung inhaltlich oder gar wörtlich festzuhalten. Ein solches Unterfangen beschäftigt den Hörer so stark, daß zum wirklichen Verstehen des Vorgetragenen kaum Zeit bleibt; das Ergebnis ist ein Manuskript, dessen Umfang und schlechte Lesbarkeit die spätere Benutzung stark erschweren. Statt dessen sollte man sich für das rein Faktische auf die Literatur verlassen und lediglich in einem sehr grobmaschigen Netz von Stichworten den Gang des Vortrages festhalten, um die Notizen richtig einordnen zu können, auf die es ankommt: Hinweise auf **Forschungsprobleme** und Kontroversen, Charakteristiken von wichtigen Zusammenhängen, Begebenheiten und Personen. Man sollte genügend häufig Absätze lassen, um die Gliederung des Gedankenganges erkennen und nachträglich durch Unterstreichungen kennzeichnen zu können; einen breiten Rand aussparen für weiterführende Hinweise oder gliedernde Stichworte, die man bei der Durchsicht notiert. Eine solche Durchsicht sollte möglichst bald nach der Niederschrift erfolgen, um das Verständnis des Notierten zu festigen und das Skriptum für spätere Benutzung verwendbar zu halten.

Besonders intensiv müssen wir uns mit dem Gehörten nachträglich befassen, wenn es sich um einen Teil des Stoffes handelt, dem wir besondere Aufmerksamkeit widmen wollen. Hier sollte man an Hand der Ausführungen und Literaturangaben der Vorlesung durch gezielte eigene Lektüre selbständig kritisch Zugang zum Forschungsproblem zu gewinnen suchen, um das es sich handelt. So können wir auch von einer Vorlesung ausgehend methodisches Arbeiten an einem überschaubaren Sachverhalt üben. Das Ergebnis mag sich auch praktisch als hilfreich erweisen, wenn die Studienordnung uns eine Prüfung über dies Kolleg abverlangt. Auf jeden Fall werden wir uns vor dem Examen an die erworbenen Kenntnisse erinnern.

Gegen die Vorlesung als Form akademischer Lehre ist in letzter Zeit der Vorwurf erhoben worden, sie veranlasse den Studenten zur einseitig rezeptiven Haltung gegenüber dem Stoff. Wir haben gesehen, daß das nicht so sein muß, daß vielmehr das bloße Hören und Nachschreiben, so häufig es rein statistisch sein mag, unter dem Gesichtspunkt methodischer Zweckmäßigkeit als Kümmerform akademischen Arbeitens gelten muß. Hinreichende Vorbereitung aus eigener Initiative ermöglicht jedem Studierenden „permanente Vorlesungskritik" in dem Sinne, daß er sich mit dem Gebotenen dauernd kritisch auseinandersetzt. Hilfreich dafür ist die Gewohnheit mancher Dozenten, durch regelmäßig eingeschobene **Frage- und Diskussionsstunden** Gelegenheit dazu zu bieten.

Literatur

Zur Orientierung im Studium K. Möckl: Fachstudienführer Geschichte. 1974. Die zahlreichen allgemeinen Einführungen in die Technik wissenschaftlicher Arbeit haben meist zu wenig Bezug zur Eigenart unseres Faches (Chronologie!). Immer noch nützlich d. Werk d. Theologen L. Fonck: Wissenschaftliches Arbeiten, Beiträge zur Methodik des akademischen Studiums. 1908. – K. Poenicke/I. Wodke–Repplinger: Wie verfaßt man wissenschaftliche Arbeiten? [2]1988. – E. Standop: Die Form der wissenschaftlichen Arbeit. [13]1990. – Beispiele für EDV-Einsatz in der Geschichtswissenschaft: K. H. Kaufhold/J. Schneider (Hrsg.): Geschichtswissenschaft und elektronische Datenverarbeitung. 1988. – Zum Erwerb von Überblickswissen: R. Elze/K. Repgen (Hrsg.): Studienbuch Geschichte. [2]1983.

II. Die schriftliche Arbeit

1. Die Aufgabe

Es war auf den vorigen Seiten so viel von eigener Lektüre die Rede, daß der Leser wahrscheinlich schon längst einige Hinweise erwartet, wie er dabei verfahren soll. Das soll jetzt geschehen im Zusammenhang mit einer Form des Studiums, für die selbständiges methodisches Arbeiten an der Literatur noch wichtiger ist: die eigene schriftliche Arbeit.

Sinn einer solchen Arbeit ist es durchweg, daß der Verfasser seine **Kenntnis des Forschungsstandes** zu einer begrenzten Frage zeigen soll, indem er die Auffassungen der vorhandenen Literatur referiert und kritisch beurteilt. In welchem Maße er dazu selbst auf die Quellen zurückgreifen muß, das hängt vom Thema sowie von den höheren oder niedrigeren Ansprüchen ab, die an die Arbeit gestellt werden. Es ist klar, daß zum Beispiel an Prüfungsarbeiten je nach Art des angestrebten Examens unterschiedliche Maßstäbe angelegt werden müssen. Bei solchen Arbeiten oder bei Referaten innerhalb des Studiums wird es aber normalerweise genügen, Literatur und gedruckte Quellen heranzuziehen. Ungedruckte Archivalien benötigt erst der Verfasser einer Dissertation.

2. Bibliographie

Um uns über den Forschungsstand zu einem Thema zu unterrichten, müssen wir zuerst Quellen und Darstellungen zu dieser Frage kennen. Die Literatur unseres Faches ist insgesamt so umfangreich, daß sie sich ohne Hilfsmittel in Form von Verzeichnissen nicht übersehen läßt.

Es gibt zwei Typen solcher Verzeichnisse. Den ersten nennen wir **Katalog**. Er enthält Titel von Büchern in alphabetischer Reihenfolge der Verfassernamen, daneben teils auch der Hauptschlagworte des Inhalts, kann uns also bei der Suche nach Quellen und Literatur vornehmlich helfen, wenn wir Arbeiten eines bestimmten Autors brauchen. Darüber hinaus benutzen wir Kataloge, um unsere Kenntnisse zu vervollständigen, wo wir über Bücher nur zum Teil unterrichtet sind, wo uns zum Beispiel der genaue Wortlaut eines umfangreichen Titels fehlt oder wo wir die letzte, vielleicht auch die erste Auflage eines oft erschienenen Buches brauchen. Kataloge sind wichtige Hilfsmittel im Buchhandel und Bibliothekswesen. Bei der Benutzung von Bibliotheken, vor allem bei Bestellungen über die Fernleihe, werden wir häufig die großen periodisch erschienenen Kataloge benutzen müssen, welche das gesamte Schrifttum einer Sprache erfassen, oder auf die gedruckten Verzeichnisse wichtiger Bibliotheken zurückgreifen.

Wichtiger für die Suche nach unbekannter Literatur ist der andere Typ des Bücherverzeichnisses, die **Bibliographie**. Ihr Ordnungsprinzip ist nicht das Alphabet, sondern eine Sachgliederung. Wir finden also mit diesem Hilfsmittel auch Werke, deren Autoren wir noch nicht kennen, wenn wir innerhalb der Gliederung alle Stellen aufsuchen, von denen wir vermuten können, daß sie sachlich mit unserem Thema zu tun haben.

Bibliographien gibt es in verwirrender Vielfalt und Menge, von

Verzeichnissen zur gesamten Weltgeschichte bis zu den Spezialwerken mit Quellen und Literatur über einzelne Epochen, Landschaften oder Themen. In manchen Fällen wird es sich durchaus lohnen, sich über dieses Angebot einen Überblick zu verschaffen aus einer **Bibliographie der Bibliographien**. Solche Werke gibt es als selbständige Veröffentlichungen; darüber hinaus nennen auch manche Handbücher im allgemeinen Teil ihrer Literaturangaben Bibliographien.

Die meisten Bibliographien unseres Fachs verzeichnen Quellen und Literatur. Es gibt jedoch auch Werke, in denen lediglich Quellen zur neueren Geschichte enthalten und meist relativ ausführlich beschrieben sind. Eine solche **Quellenkunde** kann aus einer Liste von Titeln bestehen, sie kann auch als fortlaufender Text angelegt sein, weniger für das Suchen einzelner Quellen gedacht als zum Überblick über die Zeugnisse für einen ganzen Zeitraum.

Ein buntes Bild bieten uns die bibliographischen Hilfsmittel nicht nur im Inhalt, sondern auch in der Form. Nach der Art, in welcher die einzelnen Titel dargeboten werden, müssen wir unterscheiden zwischen dem bloßen Titelverzeichnis und der Sammlung von **Rezensionen**, die zu jedem angeführten Buch eine mehr oder weniger ausführliche Würdigung bietet. Die Literaturberichte der Fachzeitschriften gehören meist zum zweiten Typ; es gibt jedoch auch selbständige Rezensionsorgane. Einen Zwischentyp stellt die häufig als Literaturanhang in Handbüchern zu findende **„Bibliographie raisonnée"** dar; sie kennzeichnet jeden aufgenommenen Titel durch einen knappen beschreibenden Zusatz. Die Literaturangaben in diesem Buch gehören zu diesem Typ.

Wer Literatur sucht, wird die Angaben seiner Hilfsmittel um so besser nutzen können, je ausführlicher sie sind. Insbesondere für den Überblick über die Forschung zu einem größeren Gebiet sind **Rezensionen** eine wichtige Hilfe. Aus diesem Grunde gibt es **Verzeichnisse**, welche Besprechungen wissenschaftlicher Arbeiten nachweisen. Ihre Schwäche liegt darin, daß sie neueste Literatur nicht erfassen können, schon deshalb nicht, weil bei der gegenwärtigen Vielfalt der Neuerscheinungen bis zu fünf Jahre vergehen können, ehe ein Buch rezensiert wird. Aus diesem Grunde haben auch reine Titelverzeichnisse oft vor Rezensionensammlungen den Vorzug größerer Aktualität. Ein anderer Unterschied liegt im erreichbaren Grad an Vollständigkeit: Eine reine Titelsammlung kann zu einem Thema mehr Werke verzeichnen als eine Bibliographie raisonnée. Heute stellen indessen auch darüber hinaus die meisten

Bibliographien unseres Faches eine Auswahl dar; Vollständigkeit im strengen Sinne läßt sich allenfalls auf Teilgebieten erreichen.

Bibliographien gibt es sowohl als **selbständige Werke** als auch innerhalb von Darstellungen. Es liegt nahe, vornehmlich an erstere als Hilfsmittel bei der Literatursuche zu denken. In Wirklichkeit können wir gerade in der neueren Geschichte nicht auf die bibliographischen Angaben verzichten, die wir **in Handbüchern** oder **Nachschlagewerken**, im Literaturteil von Zeitschriften oder selbst im bibliographischen Anhang einer Dissertation oder einer anderen Monographie finden.

Wir müssen schließlich formal unterscheiden zwischen der **abgeschlossenen Bibliographie** und dem **bibliographischen Periodikum**. Werke der ersteren Art verzeichnen entweder die gesamte bis zu ihrem Erscheinen angewachsene Literatur oder wenigstens alle Neuerscheinungen eines größeren Zeitraumes, etwa seit ihrer vorigen Auflage. Die Periodika berichten jeweils über die Werke eines Jahrgangs. Gegenüber den zusammenfassenden Werken haben sie den Nachteil der umständlicheren Benutzung, weil ja normalerweise eine Reihe von Jahrgängen durchgesehen werden muß. Ihr Vorzug liegt meist in der größeren Aktualität. Immerhin können bei bibliographischen Periodika zwischen Berichts- und Erscheinungszeit mehrere Jahre liegen. Sowohl die abgeschlossene als auch die periodische Bibliographie gibt es nicht nur selbständig, sondern auch innerhalb von Darstellungen, etwa als Literaturteil eines Handbuchs beziehungsweise einer Zeitschrift. In manchen Fällen bilden abgeschlossene und periodische Bibliographie des gleichen Sachgebietes ein System: Die Zusammenfassung baut inhaltlich auf das Periodikum auf, während dieses an die jeweils letzte Auflage der Zusammenfassung anschließt. Man kann also beide Werke zusammen verwenden.

Viele Bibliographien nennen nur selbständige Bücher; ergänzend können wir dann **Bibliographien von Zeitschriftenaufsätzen** benutzen.

Von den vielen Spezialbibliographien muß eine Gruppe unsere besondere Aufmerksamkeit beanspruchen: die Verzeichnisse der **Hochschulschriften**. Sie sind deshalb wichtig, weil viele Dissertationen nicht bei kommerziellen Verlagen erscheinen, sondern in Sonderverfahren der Universitäten herausgebracht werden. Viele solcher Arbeiten werden vom allgemeinen Rezensions- und Bibliographiewesen nicht erfaßt und erscheinen nur in den genannten Verzeichnissen.

Für die **Praxis des Bibliographierens** zu Fragen der neueren Geschichte läßt sich kein allgemeines Rezept angeben. Neben den umfassenden Hilfsmitteln gibt es für viele Gebiete Spezialbibliographien, so daß im Einzelfall oft verschiedene Hilfsmittel verfügbar sind. Welche davon man heranzieht, hängt nicht nur inhaltlich von der Aufgabe ab. Wer eine Examensarbeit schreibt und dazu verhältnismäßig viel Zeit hat, wird auf die relative Vollständigkeit seiner Literaturliste Wert legen und systematischer vorgehen als der Verfasser eines Referates, der mit Wochen oder allenfalls Monaten rechnet. Im zweiten Fall wird es geboten sein, möglichst schnell die wichtigsten Arbeiten zu erfassen, schon um sie sich recht bald beschaffen zu können. Findigkeit im Erkennen der rasch zum Ziel führenden Hilfsmittel ist hier wertvoller als zeitraubendes systematisches Vorgehen. Das setzt aber einen guten Überblick über die in Frage kommenden Nachschlagewerke voraus. Es mag sich in manchen Fällen durchaus lohnen, sich erst einmal hierüber zu unterrichten.

Daß das Bibliographieren am Anfang der wissenschaftlichen Arbeit steht, ist nicht streng chronologisch zu verstehen. Voraussetzung für sinnvolles Suchen nach Literatur ist ein Mindestmaß an **Sachkenntnis.** Wer zum Beispiel nicht weiß, daß JOHAN BANÈR (1596 – 1641) ein schwedischer General aus der Zeit des Dreißigjährigen Krieges war, dem wird der bloße Titel einer Biographie dieses Mannes wenig sagen. Wir werden also zunächst ein Handbuch oder Nachschlagewerk zu unserem Thema zu Rate ziehen, um unsere Sachkenntnis aufzufrischen. Häufig finden wir dort auch die wichtigste Literatur auf einem relativ neuen Stand.

Für ein sinnvolles Bibliographieren ist es wichtig, daß wir uns eine klare Vorstellung davon bilden, was wir suchen. Wir müssen beachten, unter welche **Gesichtspunkte** und in welche größeren Zusammenhänge unser Thema gehört. Eine Frage kann einen regionalen, einen kultur- und einen verfassungsgeschichtlichen Aspekt haben, und es entgehen uns möglicherweise wichtige Darstellungen, wenn wir einen dieser Komplexe vernachlässigen. In der Praxis müssen wir uns bei jedem bibliographischen Hilfsmittel zuerst genau über seine Gliederung unterrichten, damit wir wirklich an allen Stellen suchen, wo für uns etwas zu finden sein könnte.

Leicht wird bei der Literatursuche der Fehler gemacht, ausschließlich den Wortlaut des gestellten Themas im Auge zu haben. In Wirklichkeit ist es zum Verständnis spezieller Monographien unerläßlich, sich über die **weiteren Zusammenhänge** zu orientieren.

Zwar werden diese auch in Spezialwerken meist abrißartig behandelt, das geschieht aber durchweg auf Grund von Handbüchern oder Gesamtdarstellungen. Da ist es besser, wir wenden uns direkt an diese Werke.

Ebenso wie vor der Verengung des Blickwinkels muß allerdings vor dem anderen Extrem gewarnt werden: vor der Neigung, alles auch noch so indirekt zum Thema Gehörende zu registrieren. Wer so handelt, ist in Gefahr, in seiner Materialsammlung zu ertrinken und bei der Niederschrift seiner Arbeit über die Einleitung nicht weit hinauszukommen. Meist müssen wir sehr scharf **auswählen**, aus welchen Werken wir uns über die Zusammenhänge unseres Themas unterrichten wollen. Rezensionen oder auch kurze Charakteristiken solcher Bücher können uns dabei sehr helfen.

Beim Bibliographieren lassen wir uns immer vom Grundsatz der **Aktualität** leiten. Zunächst liegt es im Wesen unserer Aufgabe, den neuesten Forschungsstand kennenzulernen. Außerdem ist jedes neuere Werk zu unserem Thema, auf das wir aufmerksam werden, zugleich ein bibliographisches Hilfsmittel für uns. Wir werden also zuerst die neuesten Bibliographien heranziehen, periodische Bücherverzeichnisse werden wir nicht in der Reihenfolge ihres Erscheinens benutzen, sondern vom letzten Jahrgang aus rückwärts. Alles das soll nicht heißen, daß ältere Darstellungen grundsätzlich vernachlässigt werden könnten: Ein Werk wie die „Deutsche Geschichte im Zeitalter der Reformation" von RANKE (1795 – 1886) hat selbst im Hinblick auf die mitgeteilten Tatsachen seinen Wert bis heute nicht verloren.

Von den Quellen und Darstellungen, die uns wichtig erscheinen, notieren wir folgendes, soweit das möglich ist: Vor- und Zunamen des Autors, Wortlaut des **Titels**, Ordnungszahl der Auflage, Erscheinungsort und -jahr. Die Auflagenziffer können wir hochgestellt vor das Erscheinungsjahr schreiben, um Raum zu sparen. Bei Editionen notieren wir statt des Autors den Herausgeber mit dem Vermerk „(Hrsg.)" hinter dem Namen. Wir können den Herausgeber auch mit „hrsg. v." hinter dem Titel aufführen, wenn für die alphabetische Einordnung des Werkes üblicherweise dessen Titel maßgeblich ist. Dies ist bei großen Quellenpublikationen mehrerer Bearbeiter oft der Fall.

Das geschilderte Verfahren gilt für Bücher. Bei Zeitschriften nennen wir nach dem Aufsatztitel Namen der Zeitschrift, Nummer des Bandes und Erscheinungsjahr. Wo eine Arbeit in einer Sammlung aller oder mehrerer Werke des Autors enthalten ist, führen wir

nach dem Titel des Werkes den Gesamttitel, falls nötig die Band-
zahl, Ort und Jahr auf. Besonders verwickelt wird es bei Aufsätzen
aus Festschriften: Hier notieren wir außer Autor und Aufsatztitel
den Titel der Festschrift einschließlich des Namens dessen, dem sie
gilt, den Herausgeber, Ort und Jahr.

Bibliographien bringen aus Raumnot oft nicht alle der hier angeführten Daten, kürzen beispielsweise die Vornamen und lassen die
Verlagsorte fort. In diesen Fällen müssen wir unsere Notizen ergänzen, sobald wir das Buch in der Hand haben. Für Prüfungsarbeiten
sind solche Kürzungen durchweg noch nicht statthaft. Mit welchen
Satzzeichen wir die Teile bibliographischer Angaben trennen, ob
wir den Vornamen des Autors vor oder hinter den Zunamen setzen,
das ist dem einzelnen überlassen, es sollte nur einheitlich geschehen.
Die Einhaltung solcher Spielregeln erleichtert uns allen die Lektüre
von Werken unserer Disziplin.

Für jeden Titel, den man notiert, sollte man ein eigenes Blatt
nehmen; Postkarte oder gar DIN A 5, wenn man es auch für
Exzerpte aus der Arbeit verwenden will; für die bloße Titelaufnahme dürfte das halbe Postkartenformat das zweckmäßigste sein.
Solche **Zettel** kann man nach Bedarf ordnen: nach Sachgruppen,
solange man arbeitet, alphabetisch, wenn man sie als Vorlage für
die Literaturliste benutzt. Man kann auf den Zetteln notieren, ob
und wo man ein Buch bestellt, erhalten, zurückgegeben hat. Wer
glaubt, das alles im Kopf haben zu können, belastet sein Gedächtnis, das er für Wichtigeres braucht.

Literatur

Bibliographische Hilfsmittel zu speziellen Fragen finden sich bei den einzelnen
Teilen von C und D. − Für nichtselbständige Bibliographien vgl. die bei E III
genannten Handbücher u. Nachschlagewerke. − Rezensionsorgane: Göttingi-
sche Gelehrte Anzeigen. Vor 1801 u. d. T. Gött. Anzeigen von gelehrten Sachen.
Seit 1739. Für alle Disziplinen; berücksichtigt rel. stark die Geisteswissenschaften. Deutsche Literaturzeitung. 1880 − 1944 wöchentlich, wieder seit 1947 mo-
natlich. von den dt. Akademien hrsg., Redaktion der Nachkriegsserie bei der
Berliner Akademie. Für alle Disziplinen, Rezensionen und Titelangaben. − Historisches Rezensionsorgan mit dem Vorzug großer Aktualität: G. Franz (Hrsg.):
Das historisch-politische Buch. Seit 1953 jährl. 10 Hefte, seit 1971 mtl. Schwerpunkt Deutschland, jüngere Neuzeit.

Kataloge: Gesamtverzeichnis des deutschsprachigen Schrifttum 1700 − 1910.
160 Bde., 1 Erg.-Bd. 1979 − 1987. Dass. f. 1911 − 1965. 150 Bde. 1976 − 1981. −

Daneben seit 1953 (für 1945 – 1950) die Deutsche Bibliographie. Bearb. v. d. Deutschen Bibliothek Frankfurt a. M. – Für die letzten Jahre die in kürzerer Abfolge erscheinenden Kataloge: Jahresverzeichnis des deutschen Schrifttums. Bearb. v. d. dt. Bücherei Leipzig. Seit 1948 (für 1945). – Bibliographie der deutschen Bibliothek Frankfurt a. M., Halbjahresverzeichnis. 1951 – 1991. Seitdem u. d. Titel Deutsche Nationalbibliographie, Frankfurt a. M. – England: The British National Bibliography. Seit 1955. – Frankreich: Les livres de l'année. Paris, seit 1946. Vorher seit 1931: La librairie française. – Kataloge wichtiger Bibliotheken: British Museum: The British Library General Catalogue of Printed Books to 1975. 360 vols. 2 Suppl. London 1979 – 1987. Dass. 1976 to 1982. 50 vols. London 1983. Dass. 1982 to 1985. 26 vols. London 1986. Dass. 1986 to 1987. 22 vols. London 1988. Dass. 1988 to 1989. 28 vols. London 1990/91. – USA, Library of Congress: The National Union Catalog. Pre-1956-Imprints. 685 vols. London 1968 – 1980. Supplement, vols. 686 – 754. London 1980 – 81. The National Union Catalog 1956 trought 1967. 125 vols. Totowa. N. J. 1970 – 1972. Dass. 1968 – 1972. 104 vols. Ann Arbor 1973. Dass. 1973 – 1977. 135 vols. Totowa, N. J., 1978. Seit 1978, 16 vols. Washington, D.C., 1978–1979 jeweils mehrere Bände für ein Jahr, Washington D. C. bis 1983 f. d. Jahr 1982, danach jährl. nur noch als Microfiche. – Frankreich: Bibliothèque Nationale. Catalogue général des livres imprimés de la B.N. 231 voll. Paris 1924 – 1981. Dass., 12 voll. Paris 1965 – 1967. Für 1960 – 1969 2 Serien: Caractères latins. 23 voll. Paris 1972 – 1976; Caractères non latins. Paris 1972 – 1978. Für 1970 – 1979 die Serie Caractères non latins. 5 voll. Paris 1983 – 84.

Bibliographie der Bibliographien: W. TOTOK u. a.: Handbuch der bibliographischen Nachschlagewerke. 2 Bde. [6] 1984. Kurze Beschreibungen der einzelnen Werke. – L.N. MALCLÈS: Les sources du travail bibliographique. 3 Bde. Genf 1950 – 1958. Nachdruck 1965. Unterrichtet auch über Handbücher, die Literatur angeben. – TH. BESTERMANN: A world bibliography of bibliographies and bibliographical catalogues, calendars, abstracts, digests. indexes and the like. 5 vols. Lausanne [4]1965/66. Nachdruck 1971. Supplement: 1964 – 1974. 2 vols. Totowa, N.J. 1977. – Für den Geschichtsstudenten geeignet ist R. FELDMANN: Wie finde ich Literatur zur Geschichte? 1983.: Bibliographien, Hinweise zur Literatursuche und Bibliotheksbenutzung. – Vgl. auch die Zeitschriftenverzeichnisse bei E III 7.

Quellenkunde: F. SCHNABEL: Deutschlands geschichtliche Quellen und Darstellungen in der Neuzeit. I. Das Zeitalter der Reformation 1500 – 1550. 1931. Mehr nicht erschienen. Nachdruck 1972. – G. WOLF: Quellenkunde der deutschen Reformationsgeschichte. 3 Bde. 1915 – 1923. Bd. 3 Nachdruck 1965. Sehr ausführlich. Verzeichnet auch Editionen von Archivalien. Mehr zur fortlaufenden Lektüre als zum Nachschlagen. – W. BAUMGART (Hrsg.): Quellenkunde zur deutschen Geschichte der Neuzeit von 1500 bis zur Gegenwart. Geplant 6 Bde., bisher Bd. 1 (bis 1618), Bde. 3 – 5, 1 – 2 (1714 – 1918), 1977– 1991. – Frankreich: Les sources de l'histoire de France depuis les origines jusqu'en 1815. F. d. Neuzeit die Reihen für 1494 – 1610 v. H. HAUSER. 4 voll. Paris 1906 – 1915 und für das 17. Jahrhundert v. E. BOURGEOIS u. L. ANDRÉ. 8 voll. Paris 1913 – 1935. Innerhalb der Reihen Ordnung nach Quellengattungen.

Internationale Bibliographien: Wichtigstes Periodikum: International Bibliography of Historical Sciences. Bd. 1 – 14 für 1926 – 1939, Paris u. a. 1930 – 1941. Bd. 15 fehlt; seit Bd. 16 für 1947, 1949 jährlich. Teilnachdruck New York. – The Foreign Affairs 50-Year-Bibliography... 1920 – 1970. London 1972. Ersetzt die älteren Bände der Foreign Affairs Bibliography; zuletzt f. 1962 – 1972, London 1976. – Reformation: Bibliographie de la Réforme 1450 – 1648. Ed. par la Commission internationale d'histoire ecclésiastique comparée. Leiden 1958 – 1982. Nach Ländern geordnet, z.T. mehrere Aufll. Bde. 1 – 5 erfassen Literatur d. Erscheinungsjahrs bis 1955, Bd. 6 – 7 bis 1960, Bd. 8 von 1956 bis 1975/76. – Vgl. die Bibliographien der Handbücher unter E III 4.

Als Studienhilfsmittel gedacht ist W. BAUMGART: Bücherverzeichnis zur deutschen Geschichte. [10]1992 (dtv 3247). In den bibliographischen Angaben sehr sorgfältig und vollständig.

Deutschland: Klassische Bibliographie unter d. irreführenden Titel „Quellenkunde": F. CH. DAHLMANN/G. WAITZ: Quellenkunde zur deutschen Geschichte (DW). 10. Aufl., hrsg. v. H. HEIMPEL u H. GEUSS. Bisher Bd. 1 – 7, 1969 – 1992 und Lieferungen v. Bd. 8 sowie Register zu Bd. 1.2, 1985, zu Bd. 3.4, 1991. D. chronologische Teil reicht bis 1648, außerdem die Weltkriege. Wichtigstes Periodikum: Jahresberichte für deutsche (vor 1925: der deutschen) Geschichte. Seit 1920 (für 1918) bis 1939/40, wieder seit 1949 bei d. Berliner Akademie, 1949 – 1990 Ak. d. Wiss. d. DDR; zuletzt Bd. 41, 1991, für 1989. Die Lücke der Kriegsjahre schließt W. HOLTZMANN/G. RITTER: Die deutsche Geschichtswissenschaft im Zweiten Weltkrieg. 1951. – Historische Bibliographie. Seit 1987, Berichtsjahr 1986. Hrsg. v. d. Arbeitsgemeinschaft außeruniversitärer historischer Forschungseinrichtungen in der BRD. Bis 1990 auf die alte BRD beschränkt. Fortführung in Verbindung mit den Jahresberichten ist geplant.

Einzelne Epochen: Reformation: K. SCHOTTENLOHER: Bibliographie zur deutschen Geschichte im Zeitalter der Glaubensspaltung 1517 – 1585. 6 Bde. [2]1956 – 1958. Stand v. 1937. Bd. 5 enthält Nachtrr. Außerdem Bd. 7: Das Schrifttum der Jahre 1938 – 1960. Hrsg. von U. THÜRAUF. 1962 – 1966. – Das Archiv für Reformationsgeschichte (seit 1903) gibt seinen Literaturteil seit 1972 als Beihefte heraus. Zeitgeschichte: Bibliographie zur Zeitgeschichte 1953 – 1980. 3 Bde. 1982 – 83. Bd. 4, 1953 – 1989, 1991. Ein bibliographisches Periodikum gleichen Titels erscheint als Beihefte der Vierteljahreshefte für Zeitgeschichte seit 1953. Die älteren Jahrgänge erfassen noch die NS-Zeit! Vgl. auch bei D VII die Bücherschau der Weltkriegsbücherei.

Österreich, Schweiz: Österreichische Historische Bibliographie/Austrian Historical Bibliography. Santa Barbara/Ca. seit 1967 f. d. Jahr 1965 jährlich bis Bd. 28 für 1990, 1992. Bd. 1 für 1945 – 1964 erschien 1985. – Bibliographie der Schweizergeschichte/Bibliographie des l'histoire suisse. Hrsg. v. d. Schweizer Landesbibliothek. Bern seit 1925 jährlich.

Frankreich: R. DE LASTEYRIE: Bibliographie générale des travaux historiques et archéologiques publiés par les sociétés savantes de France. 6 voll. Paris 1888 bis 1918. (1886 – 1900). Anschließend u. d. T. Bibliographie annuelle ...

1901 – 1910. 3 voll. Paris 1906 – 1914. Für 1910 – 1940 5 Bde. 1944 – 1961 u. d. urspr. T. Hrsg. v. R. GANDILHON/CH. SAMARAN. Für neueste Literatur das Perdiodikum Bibliographie annuelle de l'histoire de France. Paris, seit 1956 (für 1955), für 1953 – 1954 nachträgl. 1964.

Großbritannien: Bibliography of British History. (1485 – 1914). 5 vols. 1959 – 1977; Nachdrucke vol. 1 1978, vol. 3 1977   – Writings on British History 1901 – 1933 (400 – 1914). 5 vols. London 1968 – 1970. Dass. in Jahres- u. Mehrjahresbden. seit 1937 für 1934, zuletzt 1986 für 1973 – 1974. – Periodika: E.L.C. MULLINS: Texts and Calendars. An analytical Guide to serial Publications. London 1958. Ders.: Texts and Calendars II … 1957 – 1982. London 1983. Nach Hrsg. geordnet – *Spanien*: B. SANCHEZ ALONSO: Fuentes de la historia Española e Hispanoamericana. 3 voll. Madrid ³ 1952. Bringt Quellen und Literatur. – Vierteljährlich erscheinendes Periodikum: Indice historico Español. Ed.: Centro de Estudios internationales Barcelona. Seit 1953/54. Kurze Charakteristiken der Werke. Forschungsberichte über Sonderthemen. *Italien*: Bibliografia storica nazionale. Seit Bd. 1, Rom 1942 f. d. Jahr 1939 periodisch. *Niederlande*: H. DE BUCK/E.M. SMIT: Bibliografie der Geschiedenis van Nederland. 1968. Knappe Auswahl.

USA: Harvard Guide to American History. Revised Edition. 2 vols. Cambridge/Mass. 1974. – Writings on American History. Seit 1902, Washington (1904), zuletzt 1989/90, (1991). Lücken für 1904 – 05 u. 1941 – 1947.

Osteuropa: P.L. HORECKY (Hrsg.): Russia and the Soviet Union. A Bibliographic Guide to Western-Language Publications. Chicago, London 1965. – C.D. SCHMIDT: Bibliographie zur osteuropäischen Geschichte. Verzeichnis der zwischen 1965 und 1974 veröffentlichten Literatur in westeuropäischen Sprachen… 1983. – European Bibliography of Soviet, East European and Slavonic Studies. /Europäische Bibliographie der Sowjet- und Osteuropastudien. Birmingham, Paris seit 1977 f. d. Jahr 1975 jährlich. – Polen: Bibliografia historii Polski. 3 Bde. Warschau 1965 – 1978. Bibliografia historii Polskiej za rok.. (1944 – 1983). Breslau u. a. 1962 – 1986. – Tschechoslowakei: Bibliografie české historie za rok.. (1904 – 1937/41). Prag 19C5 – 1971. Bibliografie československé historie za rok.. (1955 – 1965). Prag 1957 – 1972. Lücke, dann: Bibliografie dejin Ceskoslovenska za rok.. (1971 – 1975). Prag 1979 – 1987. – Südosteuropa-Bibliographie. Hrsg. v. Südost-Institut München. Je ein zweiteiliger Band f. 5 Jahre seit 1956/59 für 1945 – 1950; zuletzt 1976/1982 f. 1966 bis 1970 Erg. Bd. „Druckschriften 1529 – 1945" 1990.

Bibliographien von Zeitschriftenaufsätzen und Rezensionen: F. u. R. DIETRICH: Internationale Bibliographie der Zeitschriftenliteratur. Reihe A: deutsche Zeitschriften seit 1897; Reihe B, fremdsprachige Zeitschriften, seit 1911. Beide bis 1943/44, wieder seit 1948/49. Seit 1965 vereinigt u. d. T. Internationale Bibliographie der Zeitschriftenliteratur aus allen Gebieten des Wissens. – Reihe C: Bibliographie der Rezensionen und Referate, 1900 – 1943. Fortges. als Internationale Bibliographie der Rezensionen seit 1971 für 1969/70. – E.H. BOEHM

(Ed.): Historical Abstracts 1775–1945. Santa Barbara/Ca. seit 1955; seit 1971/73 Part A: Modern History Abstracts 1450–1914 und Part B: Twentieth Century Abstracts 1914 to present day. Zusammenfassungen von Zeitschriftenartikeln, grundsätzlich aus aller Welt, praktisch leider sehr unvollständig.

Hochschulschriften: Bio-Bibliographisches Verzeichnis von Universitäts- und Hochschuldrucken (Dissertationen) vom Ausgang des 16. bis zum Ende des 19. Jahrhunderts. 4 Bde. 1936–1980. – Deutsche Bibliographie. Hochschulschriftenverzeichnis.. hrsg. v. d. Deutschen Bibliothek. Seit 1972 f. d. Jahr 1971.

Titelaufnahme: Grundlegend das Merkblatt DIN 1505: Titelangabe von Schrifttum – K. Poenicke: Duden. Die schriftliche Arbeit. [2]1990. – Vgl. auch die Arbeiten bei E I 2.

3. Sammeln und Ordnen des Materials

Die Quellen und Darstellungen, deren Titel wir ermittelt haben, müssen wir ganz oder teilweise zur Kenntnis nehmen. Soweit die Beschaffbarkeit der Bücher es zuläßt, werden wir mit den relativ wichtigeren beginnen. Das sind meist Werke, die inhaltlich das gesamte Thema oder einen größeren Umfang umfassen. Die Lektüre über die allgemeinsten und weitesten Zusammenhänge an den Anfang zu stellen ist weniger zweckmäßig, als es den Anschein hat. Allzu leicht wird die Aneignung von Hintergrundwissen zum Selbstzweck und dehnt sich auf Kosten des eigentlichen Themas aus. Wer andererseits zu früh an Spezialuntersuchungen von Teilfragen herangeht, dem fehlt der Überblick, aus dem großen Angebot an Einzelheiten das für ihn Wichtige herauszufinden.

Hier drängt sich die Frage auf, in welcher **Reihenfolge** man **Quellen und Literatur** lesen solle. Wer in eine ihm noch unvertraute Materie eindringt, wird zunächst die Führung durch Darstellungen nicht entbehren können, damit er seine Quellen überhaupt versteht. Dennoch sollte man nicht einfach die gesamte Literatur vor den Quellen lesen, damit man nicht bewußt oder unbewußt Urteile übernimmt, die man sich dann bei der Quellenlektüre nur noch bestätigt. Sobald man die notwendigste Sachkenntnis erworben hat sollte man sich möglichst unbefangen den Quellen zuwenden, um sich ein eigenes Urteil zu bilden.

Es ist der wissenschaftlichen Lektüre eigentümlich, daß die meisten gelesenen Werke nicht mit ihrem ganzen Inhalt gleichmäßig das Interesse des Benutzers beanspruchen. Normalerweise benutzen wir ein Buch unter einem bestimmten Gesichtspunkt. Am Anfang jeder Lektüre sollte deshalb intensive Beschäftigung mit dem Inhaltsverzeichnis stehen. Sie ist noch wichtiger als die Benutzung des Registers, falls dies vorhanden und für unser Thema geeignet ist, denn wir müssen ja wissen, welche Stellung die für uns wichtigen Partien im gesamten Gefüge des benutzten Buches haben. Nun stellen wir fest, welche Teile wir lesen müssen. Das ist zuerst einmal alles, was sich direkt auf unsere Aufgabe bezieht, zweitens sind es die Partien, die zum Verständnis dieser Dinge unerläßlich sind, drittes dasjenige, woraus wir ein Urteil über Grundabsicht und wissenschaftlichen Wert des Buchs gewinnen. Unter dem letzteren Aspekt wird es sich häufig empfehlen, Schlußkapitel und Einleitung vorweg zu lesen. Der Anfänger mag oft zu dem Ergebnis kommen, daß er schließlich doch das ganze Buch lesen muß. Trotzdem sollte er zur Schulung seines kritischen Denkvermögens das geschilderte oder ein ähnliches Verfahren anwenden. Die **Kunst des „diagonalen"** **Lesens** muß sich jeder geistig arbeitende Mensch irgendwann aneignen, wenn er nicht im bedruckten Papier ertrinken will.

Stärker auf kontinuierliches Lesen angewiesen sind wir bei den meisten **Quellen**. In einer Aktenpublikation zum Beispiel finden wir den Stoff rein chronologisch oder allenfalls sehr grob nach Sachgebieten gegliedert vor. Hier kann uns ein Register sehr hilfreich sein, ebenso auch ein Verzeichnis der Absender und Empfänger der abgedruckten Schriftstücke und schließlich die Kopfregesten, die viele Editionen den einzelnen Stücken voranstellen. Allzu sehr darf man sich jedoch durch diese Helfer nicht führen lassen; hin und wieder muß man auch einmal ein Aktenschriftstück ganz lesen, sonst entgehen einem leicht die Beziehungen zu anderen Sachbereichen, die auf den ersten Blick mit der behandelten Materie nichts zu tun haben.

Schon bei der ersten Durchsicht eines Buches **notieren** wir uns auf einem **Zettel** die Seitenzahlen, die wir für wichtig halten, und schreiben als Gedächtnisstütze ein Stichwort hinzu. Besonders intensiv tun wir dies, wenn wir voraussehen, daß wir relativ vieles aus dem Buch für unsere Arbeit benötigen, und wenn es uns zur Zeit der Niederschrift noch verfügbar ist. Wir sparen so den Zeitaufwand für das **Exzerpieren**, wie wir das wörtliche oder sinngemäße Herausschreiben der für unser Thema wichtigen Stellen nennen. Freilich hat diese Methode der Niederschrift direkt aus den Büchern ihre Grenzen. Viele Bücher können wir nur kurze Zeit entleihen, außerdem ist ein „Apparat" von mehr als 20 – 30 Büchern rein arbeitstechnisch nicht mehr zweckmäßig. In vielen Fällen müssen wir also exzerpieren. Wie machen wir das?

Der Anfänger neigt meist dazu, sich zu viele Notizen zu machen, Dagegen sichert man sich, indem man immer wieder durchsieht, was man bisher aufgeschrieben hat, damit man jederzeit eine allgemeine Vorstellung von Umfang und Wichtigkeit des schon vorhandenen Materials hat. Ausführlich exzerpieren sollte man nur, was man wahrscheinlich für die Niederschrift braucht; was man nur notiert, weil es für das Verständnis der übrigen Exzerpte wichtig ist, kann man in ganz knappe Stichworte fassen. Ganz vernachlässigen sollte man auch diese Dinge nicht, sonst mißversteht man später seine Exzerpte. Die Frage, ob man vorwiegend wörtlich oder sinngemäß exzerpieren sollte, ist persönliche Temperamentssache und hängt vom Stil der Niederschrift ab, den man anstrebt. Sinngemäß das gleiche gilt für den Umfang, in dem man aus der benutzten Literatur **Fotokopien** macht. Die sinngemäße Notiz hat den Vorzug, daß sie sich viel stärker verknappen läßt: statt ganzer Sätze können Stichworte, statt häufiger Begriffe Abkürzungen stehen. In der verkürzten eigenen Formulierung liegt häufig auch schon eine Vorstufe der Arbeit, die wir bei der Niederschrift leisten müssen.

Was wir exzerpieren, muß jedenfalls so ausführlich sein, daß wir es später ohne die Vorlage benutzen können. Wir müssen den Buchtitel eindeutig bezeichnen, Seitenzahl beziehungsweise Nummer des Quellenstücks notieren. **Daten, Namen**, genaue **Titel** von Personen und Einrichtungen sollte man ganz genau festhalten, denn solch bloßer Gedächtnisstoff entfällt den meisten Menschen leichter wieder als Sinnzusammenhänge. Diese notieren wir deshalb nur in Stichworten. Für das zusammenfassende Exzerpieren von Aktenstücken benutzen wir die Form des Regests, die wir aus dem Abschnitt über Quelleneditionen kennen. Nicht unwichtig ist es, in welcher Form wir unsere Exzerpte anlegen, denn damit nehmen wir die Möglichkeiten vorweg, das Material zu ordnen. Viele Anhänger hat das Prinzip des „**Zettelkastens**". Er gilt unter Anfängern oft als der Inbegriff wissenschaftlicher Methode, umkleidet mit einer leichten Aura von Unnahbarkeit. In Wirklichkeit handelt es sich nur um ein Hilfsmittel organisatorischer Technik, ein sehr vielseitiges Hilfsmittel allerdings. Diese Vielseitigkeit erklärt wiederum die Schwierigkeit, das Verfahren exakt zu beschreiben. Der Grundgedanke besteht darin, alles Notierte in kleinste, in sich sinnvolle Einheiten aufzulösen und für jede dieser Einheiten, etwa die Äußerung eines Autors zu einer bestimmten Frage oder ein Quellenzeugnis für ein Ereignis, einen gesonderten Zettel zu benutzen. Diese Zettel können dann je nach Bedarf unter dem Gesichtspunkt geordnet werden, für den sie bei der Abfassung des Manuskriptes gebraucht werden. Technisch läßt sich das besonders gut durchführen, wenn man jeden Zettel oben mit einem Stichwort versieht, das kennzeichnet, auf welche Frage sich die Notiz bezieht; man kann dann die Zettel in einem Karteikasten ordnen. Die Gesichtspunkte der Ordnung sind nicht nur von Thema zu Thema verschieden, sondern auch der individuelle Arbeitsstil des Urhebers einer solchen Zettelsammlung kann sich hier erheblich auswirken. Das erklärt die vielseitige Verwendbarkeit dieses Verfahrens.

Für geschichtliche Themen sind dennoch die Anwendungsmöglichkeiten des Zettelkastens begrenzt. Das liegt hauptsächlich daran, daß wesentliche Teile unseres Materials sich der Zerlegung in Elemente entziehen, weil der innere Zusammenhang der einzelnen kleinen Sinnabschnitte zu ihrem Wesen gehört. Wer die fünf verschiedenen Gegenstände einer diplomatischen Relation oder einer Behördeninstruktion einzeln verkartet und so zu beliebig zusammensetzbaren Mosaiksteinen macht, setzt sich der Gefahr aus, einzelne dieser Elemente bei der Verwertung falsch zu interpretieren. Ein anderes Problem liegt in der Wahl des richtigen Kennwortes für die einzelnen Kärtchen. Will man nicht einen eigenen Arbeitsgang darauf verwenden, so muß man schon beim Exzerpieren eine Vorstellung von der Gliederung der geplanten Arbeit haben, damit man die richtigen Stichworte wählt. Häufig erweisen solche vorweg entworfenen Gliederungen sich im Laufe der Arbeit als unhaltbar.

Kleine Zettel werden wir also für unsere Notizen nur dort verwenden, wo es sich um einzelne, verstreute Exzerpte handelt. Für längere, zusammenhängende Partien aus Quellen oder Darstellungen dürften **großformatige Blätter** praktischer sein. Dabei werden allerdings zweckmäßig die einzelnen Bestandteile wie Aktenstücke oder deren Abschnitte, Aussagen zu einzelnen Tatsachen aus Büchern deutlich voneinander abgesetzt, schon um sie für das Zitieren als Einheiten bereit zu haben. Ein breiter Rand ist erforderlich, um beim Ordnen vermerken zu können, für welchen Teil der Niederschrift man die Exzerpte braucht. Die Gliederung eines Buches, aus dem wir größere Partien festhalten, sollte in unseren Exzerpten deutlich erkennbar sein. Wo wir für unser Thema den überwiegenden Teil vom Inhalt eines Buches wenigstens in den Grundzügen brauchen, lassen wir uns das Inhaltsverzeichnis fotokopieren.

Unabhängig vom Format sollten wir die Blätter mit unseren Exzerpten stets nur **einseitig beschreiben**, weil dies das Ordnen und die Benutzung bei der Niederschrift erleichtert. Mit Unterstreichun-

gen beim Exzerpieren sollte man vorsichtig sein, allzuleicht geschieht des Guten zuviel. Auf jeden Fall ist es richtig, Daten durch
auffällige Schreibung optisch hervorzuheben, weil die Chronologie
als Ordnungsprinzip bei historischen Arbeiten immer eine Rolle
spielen wird.

Von der **Ordnung** des gesammelten Materials ist faktisch schon in
den letzten Abschnitten viel die Rede gewesen. Das entspricht der
Praxis, die es uns normalerweise nicht erlaubt, die Schritte Bibliographieren, Sammeln, Ordnen und Niederschrift zeitlich getrennt
aufeinander folgen zu lassen. Fristen der Bücherbeschaffung werden uns zwingen, mit dem Sammeln schon zu beginnen, ehe die
Bibliographie fertig ist, und andererseits noch während des Schreibens spät eingegangenes Material einzubeziehen. Insgesamt tut der
Anfänger jedoch gut daran, wenn er grundsätzlich die hier angenommene Abfolge einzuhalten sucht und insbesondere nicht die
Gliederung seiner Arbeit vorwegnimmt, ehe er das Material übersieht.

Normalerweise wird es notwendig sein, die fertige Materialsammlung noch einmal durchzusehen, um diesen Überblick zu
gewinnen. Dann wird der Aufbau der geplanten Arbeit festgelegt.
Er muß sich aus der Sache und dem vorhandenen Stoff ergeben. Bei
vielen historischen Arbeiten stellt sich dabei das Problem, ob der
Chronologie oder einem **Sachschema** als Gliederungsprinzip der
Vorrang zusteht. Der Aufbau nach der zeitlichen Abfolge der Begebenheiten entspricht für unsere Disziplin häufig der Natur der
Sache. Gerade deshalb begegnet man bisweilen der Ansicht, ein so
hausbackenes Gliederungsprinzip schade der Originalität einer Arbeit. Hier sollte man sich jedoch mehr von sachlichen Erwägungen
leiten lassen als vom Gedanken an vermeintlich bessere literarische
Wirkung. Wo der Ablauf einer Reihe von Begebenheiten zu schildern ist, da geschieht das am passendsten von Zeitabschnitt zu
Zeitabschnitt. Wo andererseits das Thema eine Zustandsanalyse
umfaßt, wo beispielsweise die kulturellen, politischen oder admini-
strativen Verhältnisse vor einem wichtigen Ereignis darzulegen
sind, da wird häufig eine Sachgliederung am Platze sein.

Wenn die Gliederung feststeht, dann sortieren wir Abschnitt für
Abschnitt das jeweils erforderliche Material aus unseren Notizen
heraus; die Niederschrift kann beginnen.

4. Das Manuskript

Die Gliederung des Stoffes, die wir aus unserem Material gewonnen haben, stellen wir als **Inhaltsverzeichnis** an den Anfang der Niederschrift. Ihre Haupt- und Unterpunkte wiederholen wir deutlich hervorgehoben vor den einzelnen Teilen der Arbeit. Es empfiehlt sich, auch innerhalb der so entstehenden Abschnitte noch durch Absätze zu gliedern; das Gefüge des vorgetragenen Gedankenganges tritt dadurch auch optisch klar zutage. Wer glaubt, einen Text von mehr als einer Schreibmaschinenseite ohne Absatz niederschreiben zu müssen, der sollte sich noch einmal fragen, ob der so gebotene Stoff nicht auch gedanklich noch unterteilt werden muß.

Wir müssen unseren **Text nicht notwendig in der Reihenfolge des Inhaltsverzeichnisses** abfassen. Häufig empfiehlt es sich, das vorbereitende erste Kapitel erst nachträglich zu schreiben und zuerst den Hauptinhalt der Arbeit in Angriff zu nehmen. Wenn dieser formuliert ist, läßt sich klar sehen, welche Begebenheiten wirklich zu seinem Verständnis unerläßlich sind und im ersten Kapitel behandelt werden müssen. Wer dagegen die Voraussetzungen und Bedingungen seiner Darstellung zuerst bearbeitet, läuft Gefahr, daß sie ihm unter der Hand zum Selbstzweck werden und zuviel Zeit beanspruchen.

Das Vorwort, das Ziel und Verfahren der Arbeit sowie den Forschungsstand schildert, sollten wir schon früh wenigstens entwerfen, um Klarheit für uns selbst zu gewinnen; − auch wenn wir den Text dann zum Schluß noch umschreiben.

An den **Stil** einer historischen Darlegung sollte auch der Anfänger schon den Maßstab wissenschaftlicher Werke anlegen und sich in erster Linie um Klarheit und Präzision bemühen. Das Bedürfnis nach ansprechenden und wohlklingenden Formulierungen, so verständlich es ist, sollte dahinter zurücktreten, auch wenn das Ergebnis zunächst ein etwas trockener Ton ist. Wo das Bemühen um sachliche Richtigkeit und Eindeutigkeit des Gesagten die Wahl jedes Wortes und den Bau jedes Satzes bestimmt, da wird von selbst auch ein gut lesbarer Stil zustande kommen. Dazu muß man sich allerdings von der Vorstellung lösen, die Sprache der Wissenschaft sei notwendig durch verwickelten Satzbau und reichlichen Gebrauch von Fremdwörtern gekennzeichnet. Das ist zwar in manchen Fällen von der Sache her unvermeidlich, wird dann aber leicht zur Gewohnheit, die auf Grund mangelnder Selbstkontrolle den ganzen Stil überwuchert.

Das Entscheidende für präzise Aussagen ist die Wahl der angemessenen Ausdrücke. Grundregel ist es hier, **Anachronismen zu vermeiden** und die Begriffe aus dem behandelten Gegenstand zu nehmen, soweit das die Verständlichkeit erlaubt. Das Wort „Machtübernahme" gehört seiner Entstehung nach zu einem einzigen Ereignis der deutschen Geschichte, dem 30. Januar 1933. Wer den Begriff auf ein anderes Geschehen überträgt, etwa auf den Amtsantritt BISMARCKS 1863, der verschleiert die Wirklichkeit, die er bezeichnen will, gibt dem Geschehen eine Aktualität, die vielleicht die Neugier Außenstehender reizt, das Verstehen der Sache aber erschwert. Eine Darstellung ständischer Politik des 17. Jahrhunderts darf den Begriff „Freiheit" nur verwenden, wenn sie erklärt, was er damals bedeutete. Zur Abwehr von Mißverständnissen ist es vielleicht zweckmäßiger, das zeitgenössische Wort *„Libertät"* zu verwenden. Auch das setzt voraus, daß wir es erläutern. Wenn wir die Terminologie unserer Quellen einfach übernehmen, laufen wir Gefahr, selbst nicht zu verstehen, was wir schreiben.

Das Bedürfnis, den eigenen Stil durch **Zitate** aufzubessern und zu schmücken, ist weit verbreitet, bedarf aber einer kritischen Prüfung. Gewiß kann ein inhaltlich und sprachlich kennzeichnendes Quellenzitat für das Verstehen einer Begebenheit wichtiger sein als eine lange Analyse seines Inhalts. Bisweilen mag es auch vorkommen, daß wir einen Gedanken aus dem Zusammenhang unseres Themas in der Darstellung eines bekannten Historikers so unübertrefflich klar formuliert finden, daß wir die Stelle wörtlich übernehmen, um ihre gedankliche Präzision nicht abzuschwächen. Schon hiermit sollten wir aber vorsichtig sein. Stil ist nicht nur sprachliche Bewältigung einer Sache, sondern auch Ausdruck der Persönlichkeit, die schreibt. Das gilt vor allem von solchen Wendungen, an denen uns weniger die Klarheit als die emotional ansprechende Schönheit des Gesagten gefällt. Daß der Anfänger den oft stilistisch brillanten Formulierungen der Meister unseres Faches nichts Gleichwertiges an die Seite stellen kann, ist selbstverständlich, aber es läßt sich durch direkte Übernahme von elegant Gesagtem nicht beheben. Denn solche „Zierate" in unserem Text behalten ihre Eigenart, bleiben geistiges Eigentum und persönlicher Ausdruck ihrer Verfasser und treiben als Fremdkörper im Fluß unserer Gedanken. Das macht sich um so störender bemerkbar, je höher der Anteil von Zitaten am Text ist.

Der wissenschaftliche Charakter historischer Darstellungen zeigt sich formal in den **Anmerkungen.** Sie verbinden den Text mit den

Quellen und der Literatur, auf die er aufbaut, und machen die einzelnen Aussagen für den kritischen Leser prüfbar. Anmerkungen haben also nicht den Zweck, Inhaltliches nachzutragen, das aus irgendeinem Grunde nicht im Text erscheint.

Es wäre theoretisch das Verfahren denkbar, jeden Satz durch eine Anmerkung zu belegen. Untersuchungen umstrittener Spezialfragen kommen diesem Zustand bisweilen nahe. Normalerweise ist ein solches für Verfasser und Leser gleich anstrengendes Maß an Akribie zum Glück nicht notwendig. Bekannte und unumstrittene Tatsachen, die sich in Nachschlagewerken finden lassen, brauchen wir nicht durch Anmerkungen zu belegen. Wo wir eine ganze Reihe von Fakten vom gleichen Autor entlehnen, können wir das durch eine zusammenfassende Anmerkung am Anfang des betreffenden Abschnitts oder Kapitels abstützen. Auf jeden Fall durch eine Anmerkung zu belegen ist jedes wörtliche Zitat. Der Rückgriff auf eine Quelle wird ebenfalls normalerweise angemerkt, auch wenn er nicht wörtlich geschieht. Auf Literatur sollten wir da verweisen, wo wir dem betreffenden Werk eine von ihm neu mitgeteilte Tatsache entnehmen oder in unseren Ausführungen von der Meinung des Autors angeregt worden sind; sei es, daß wir seine Deutung des Geschehens übernehmen, sei es, daß wir zu einer anderen Auffassung kommen. Im ersten Fall können wir die Anmerkung mit „Vergleiche..., Vgl ..." beginnen. Trifft das zweite zu, dann weisen wir zweckmäßig auf den Unterschied hin, indem wir unsere Anmerkung einleiten mit: „Anders..., Abweichend..." oder einer ähnlichen Wendung. Hier kann die Anmerkung auch eine kurze Begründung unserer anderen Auffassung enthalten, falls dies nicht doch in den Text genommen wird.

Auf die Anmerkung wird durch eine hochgestellte Ziffer im Text verwiesen. Die Gewohnheit, die Anmerkungen als **Fußnoten** an den unteren Rand der Seite zu bringen und für jede Seite gesondert zu zählen, gewinnt wieder an Boden, seit sie sich über EDV-gestützte Schreibsysteme leicht ausführen läßt. Wem diese Technik noch nicht zur Verfügung steht, der hat es einfacher, wenn er die Anmerkungen bei Referaten für die ganze Arbeit, bei größeren Manuskripten jeweils für ein Kapitel durchzählt und als **gesonderten Anmerkungsteil** schreibt. Diesen sollte man nicht hinter den Text, sondern gesondert heften, damit der Leser ihn neben den Text legen kann und nicht dauernd hin- und herblättern muß. Wo wir sehr viel aus einem einzigen Buch zitieren, können wir den Nachweis darüber auch dadurch führen, daß wir die zitierten **Seitenzahlen in Klam-**

mern in den Text nehmen. Auf dies Verfahren müssen wir zu Anfang in einer Anmerkung hinweisen.

Zu einer Anmerkung gehören grundsätzlich die Angaben, die wir im Kapitel „Bibliographie" als wesentliche Bestandteile des **Titels** kennenlernten: Vor- und Zunahme des Autors, Titel, Auflage, Ort und Jahr. Bei Anmerkungen kommen sinngemäß noch Band- und Seitenzahl, bei Zitaten aus durchgezählten Quellenpublikationen auch die Nummer des Quellenstücks hinzu. Wo wir mehrere aufeinanderfolgende Seiten zitieren, schreiben wir zum Beispiel „S. 8 f.", wenn der angeführte Sachverhalt sich auf den Seiten 8 und 9 findet. „S. 8 ff." bezeichnet die Seiten 8 bis 10. Bei größeren Partien nennen wir erste und letzte Seite, etwa „S. 8 – 13". Wenn wir aus Editionen Aktenschriftstücke zitieren, wird es sich oft empfehlen, zur Titelangabe noch die notwendigsten Bestandteile des Regests in die Anmerkung aufzunehmen.

Eine Anmerkung des oben geschilderten Umfangs werden wir in der Praxis nur machen, wenn wir ein Werk einmal zitieren. Wo wir auf das gleiche Buch wiederholt zurückgreifen, verwenden wir von der zweiten Anmerkung an einen **Kurztitel.** Diesen teilen wir unseren Lesern im Anschluß an die erste Anmerkung sowie unter dem vollen Titel in der Literaturliste mit. Benutzen wir nur ein Werk eines Autors, so genügt dessen Familienname zu diesem Zweck. Die Gewohnheit, durch „a. a. O." (am angegebenen Ort) oder „l. c." (loco citato) auf das erste volle Zitat zurückzuverweisen, ist durchaus entbehrlich, ohne Autorennamen sogar irreführend. Wenn wir mehrere Werke eines Verfassers zitieren, nehmen wir zum Namen das sachlich entscheidende Wort des Titels in den Kurztitel auf, etwa „Meinecke, Staatsräson" für Friedrich Meineckes Werk „Die Idee der Staatsräson in der neueren Geschichte". Entsprechend verfahren wir bei Quellenpublikationen und ähnlichem, wo wir keinen Autor zitieren können, sondern der Titel entscheidend ist. Wo es eine in der Fachliteratur übliche Abkürzung für ein solches Werk gibt, eine sogenannte **Sigle,** benutzen wir diese, etwa ADAP für die „Akten zur deutschen auswärtigen Politik 1918 – 1945", die große, im Entstehen begriffene Edition aus den Beständen des Auswärtigen Amtes. Ein umfassendes Verzeichnis solcher Siglen enthält der im bibliographischen Abschnitt dieses Buches erwähnte „Dahlmann-Waitz". Wo wir für den Zweck unserer Arbeit eigene Siglen und Abkürzungen über den Rahmen des Üblichen hinaus bilden müssen, führen wir sie in einem gesonderten Abkürzungsverzeichnis auf.

Über die **Form der Niederschrift** im ganzen kann hier nur das Notwendigste gesagt werden: Die Seiten werden nur einseitig beschrieben, ein hinreichender Rand bleibt frei. Nach Möglichkeit sollte mit der Schreibmaschine geschrieben werden; dabei wird zweckmäßig nicht der engste Zeilenabstand benutzt, sondern ein weiterer. Absätze sollen deutlich erkennbar sein. Wörtliche Zitate werden in Anführungszeichen eingeschlossen. Das oft empfohlene starke Einrücken wörtlicher Zitate ist nur dann angebracht, wenn es sich durchweg um umfangreiche, syntaktisch relativ selbständige Entlehnungen handelt. Für kurze, in den Satzbau eng eingefügte Zitate sollte man optisch den Zeilenlauf nicht unterbrechen. Fremdsprachige Zitate sollten übersetzt werden. Sind sie leicht verständlich, so kann die Übersetzung in der Anmerkung stehen; bei schwierigeren Texten, zum Beispiel meist bei lateinischen Sätzen, nehmen wir im Interesse der leichteren Lesbarkeit den deutschen Wortlaut in den Text und die Fremdsprache in die Anmerkung. Wenn wir für die Übersetzung eine Vorlage hatten, muß das vermerkt werden.

Den Schluß der Niederschrift bildet das **Quellen- und Literaturverzeichnis**. Wir führen zuerst die Quellen, dann die Darstellungen in je einer eigenen Liste auf. Bei Arbeiten zum 19. Jahrhundert und zur Zeitgeschichte kann es sinnvoll sein, die Quellen noch einmal zu unterteilen in Aktenpublikationen einerseits, Memoiren und ähnliche Werke andererseits. Innerhalb der Listen ordnen wir die Titel alphabetisch. Dabei richten wir uns nach dem Zunamen des Verfassers. Bei vielen Quellenwerken ist es üblich, den Titel voranzustellen und sein erstes syntaktisch unabhängiges Hauptwort für die alphabetische Einordnung zu verwenden. Die Gepflogenheiten der Bibliographien unterrichten uns darüber, bei welchen Editionen dies der Fall ist.

Literatur

Zur Form des Manuskripts grundlegend das Merkblatt DIN 1422: Technisch-wissenschaftliche Veröffentlichungen. Richtlinien für die Gestaltung. – Zum Aufbau der Literaturliste vgl. die am Schluß der Literaturangaben zu E II 2 genannten Werke. Die äußerst knappen Titelangaben dieses Buches sind für Seminararbeiten kein Vorbild! – Wer für das Register noch keinen Computer hat, der lese H. KUNZE: Über das Registermachen. [4]1992.

III. Hilfsmittel des Studiums

1. Gebrauch der Hilfsmittel

Nicht nur der Anfänger, auch der ausgewiesene Wissenschaftler stößt beim Erarbeiten seines Materials immer wieder auf Fragen, zu denen er keine präzise Antwort bereit hat, über die ihn aber das gerade vor ihm liegende Buch nicht in dem Maße unterrichtet, wie er es wünscht. Es ist gefährlich, über solche Fragen hinwegzugehen in der Hoffnung, aus weiterer Lektüre größere Klarheit zu gewinnen. Das mag möglich, in Einzelfällen sogar der einzig gangbare Weg sein. Meist ist es richtiger, ein Nachschlagewerk zur Hand zu nehmen, um die Lücke zu schließen. Das setzt voraus, daß man die Fülle der grundsätzlich verfügbaren Lexika und ähnlicher Werke hinreichend übersieht, um im Einzelfall den günstigsten Weg zu gehen. Dabei kann uns eine Bibliographie der Nachschlagewerke helfen.

2. Allgemeine Enzyklopädien und Lexika

Verbreitet, aber verhängnisvoll ist die Vorstellung, der Griff zum Konversationslexikon täte der Wissenschaftlichkeit des Arbeitens Schaden. In Wirklichkeit ist kaum jemand darüber erhaben, sich rasch, aber präzise über Tatsachen zu unterrichten, die zwar grundsätzlich zum Allgemeinwissen gehören, tatsächlich aber nicht oder nicht hinreichend klar bekannt sind oder auch relativ entlegenen Sachgebieten angehören. Wer sich zum Beispiel mit der Geschichte des Zweiten Weltkriegs in der Luft und zur See befaßt, kommt nicht aus ohne klare Vorstellungen über die technischen Gegebenheiten des Funkmeßwesens. Fachliteratur darüber heranzuziehen dürfte aber meist zuviel Zeitaufwand erfordern. Wo das Lexikon selbst mit seinen Angaben allzu knapp ist, nennt es normalerweise die wichtigste **Literatur**. Dadurch kann es den schnell erreichbaren knappsten Grundstock einer Bibliographie bieten.

Zwei Typen allgemeiner Nachschlagewerke müssen wir unterscheiden: die **Enzyklopädie** und das **Konversationslexikon**. Erstere nennt in der Regel die Verfasser ihrer Beiträge, so daß wir daraus zitieren können, während das Lexikon mit seinen anonymen Artikeln sich dazu nicht eignet. Entscheidend ist dabei nicht der Titel des Nachschlagewerkes; es gibt auch „Lexikon" genannte Bücher, die ihre Verfasser nennen.

Das Erscheinen größerer Nachschlagewerke erfordert oft soviel Zeit, daß beim Vorliegen des letzten Bandes die Informationen des ersten schon wieder an Aktualität zu wünschen übrig lassen. Viele Herausgeber schicken ihren Lexika deshalb noch einen oder mehrere **Nachtragsbände** nach. Es lohnt sich häufig, darauf zu achten.

Wichtig für die Benutzung von Nachschlagewerken ist die Beschaffenheit des **Stichwortnetzes**. Sie reicht von engmaschig – viele Stichworte mit je relativ knappem Text – bis weitmaschig – wenige Stichworte mit jeweils recht ausführlichen Artikeln. Der Informationsgehalt des zweiten Typs ist für die Stichworte, die vorkommen, natürlich höher. Im Hinblick auf die nicht vorhandenen Stichworte nutzen manche Herausgeber die Tatsache zugunsten ihrer Leser, daß auch diese Begriffe häufig in anderen Artikeln mitbehandelt werden, und erschließen sie durch ein Register im letzten Band. Wir erfahren dort beispielsweise, daß der als eigenes Stichwort fehlende Begriff Leibeigenschaft im Artikel Feudalismus vorkommt. Man sollte deshalb immer zuerst nachsehen, ob ein Nachschlagewerk ein alphabetisches **Register** am Schluß hat.

Literatur

Verzeichnis der Nachschlagewerke: G.A. ZISCHKA: Index Lexicorum. Bibliographie der lexikalischen Nachschlagewerke. 1980. Nach Fächern geordnet, kurze Charakteristik der einzelnen Werke.
Über die Bedeutung älterer Lexika vgl. den Text der folgenden Abteilung. Kennzeichnend das viel erwähnte Werk der Aufklärung D. DIDEROT/J. D'ALEMBERT: Encyclopédie ou dictionnaire raisonné de sciences, des arts et des métiers. 17 voll., 4 suppl., 2 voll. tables. Paris, Neufchatel, Amsterdam 1751–1780. Neudruck. – Für Deutschland vergleichbar das unter d. Namen d. Verlegers ZEDLER bekanntgewordene Werk: Großes vollständiges Universal-Lexikon aller Wissenschaften und Künste. 64 Bde. Halle, Leipzig 1732–1754. Neudruck 1961–1964. Viele Stichwörter; manche Beitrr. noch heute unentbehrlich. – Zeitlich schließt sich an die riesige Allgemeine Encyclopädie der Wissenschaften und Künste. Hrsg. v. J. S. ERSCH/J. G. GRUBER. 167 Bde. Leipzig 1818–1889. Nachdruck 1969–1986. – Bestes allgemeines Nachschlagewerk

um die Mitte d. 19. Jh.: MEYERS Großes Konversationslexikon. 1. Aufl., 46
Bde. 1840–1855. Nach der 6. Aufl. v. 1909 Lücke, jetzt 9. Aufl. u. d. T.
MEYERS Enzyklopädisches Lexikon. 25 Bde., 7 Erg.-Bde., 1 Atlasbd.
1971–1985. – Vergleichbar der Große BROCKHAUS, erstmals 1796–1811, seit
1806 im Verlag BROCKHAUS. Seit 1986 erscheint u. d. T. BROCKHAUS-Enzyklo-
pädie die 19. Aufl., in 24 Bden. Bisher 18 Bde., bis „Rüs". – Katholisch orientiert: Der Große HERDER. 5. Aufl., 10 Bde. 1952–1956, 2 Erg.-Bde. [3]1965, [3]1966.
Erste Auflage als HERDERS Conversations-Lexikon 1853–1857. – Über den
englischen Sprachbereich hinaus wichtiges, umfangreichstes Nachschlagewerk
überhaupt: Encyclopaedia Britannica. 30 vols. Seit der 15. Aufl., Chicago 1974
dauernd ungekennzeichnete Neuauflagen einzelner Bände. Neueste Fassung unterteilt in Propaedia (system. Verzeichnis), Macropaedia (wenige umfangreiche
Beiträge) und Micropaedia (viele kurze Artikel). – Frankreich: La grande Encyclopédie. 31 voll. Paris 1885–1902. – Grand LAROUSSE illustré en dix volumes.
Paris 1982–1985. – USA: The Encyclopedia Americana. 30 vols. New York,
Chicago. Zuerst 1903–1904; seit 1918–1920 ungekennzeichnete Neuaufl.
einzelner Bände. – Über Italien hinaus wertvoll ist die Enciclopedia Italiana. 36
voll. Rom 1929–1939; 4 Erg.-Bde. Rom 1938–1981.

3. Spezielle Nachschlagewerke

a) Historische Fachlexika

Ein vielbändiges Standard-Nachschlagewerk, wie es manche andere
Disziplinen aufweisen können, gibt es weder für die internationale
noch für die deutsche neuere Geschichte. Nur einzelne andere Länder haben Derartiges. Dagegen ist an kurzgefaßten Lexika der
wichtigsten historischen Begriffe und Ereignisse kein Mangel. Sie
haben zwangsläufig nur ein sehr grobmaschiges Netz von Stichwörtern und bringen gleichwohl nur das Notwendigste; ein umfangrei-
ches Konversationslexikon ist ihnen an Umfang der Informationen
auch zu historischen Stichwörtern durchaus überlegen. Für den
Anfänger, der möglicherweise von sich den Eindruck hat, seine
Schulkenntnisse noch aufbessern zu müssen, hat ein solches Bändchen den Vorteil der Handlichkeit; es steht faktisch überall zur
Verfügung, wenn man es selbst besitzt. Entsprechend sollte es auch
benutzt werden. Mehr an sachlichem Inhalt bieten die ebenfalls
meist kurzen Nachschlagewerke zu den einzelnen Gebieten unseres
Faches.

Literatur

Weltgeschichte: Erste, knappste Information: K. FUCHS/H. RAAB: dtv-Wörterbuch zur Geschichte. ⁶1987. − E. BAYER: Wörterbuch zur Geschichte. Begriffe und Fachausdrücke. (Kröners Taschenausg. 289). ⁴1980. − Ausführlicher MEYERS Taschenlexikon Geschichte in 6 Bänden. ²1989. − M. MOURRE: Dictionnaire encyclopédique d'histoire. 8 voll. Paris 1978.

Deutschland: G. TADDEY: Lexikon der deutschen Geschichte. ²1983. − DDR: Sachwörterbuch der Geschichte Deutschlands und der deutschen Arbeiterbewegung. 2 Bde. Berlin/DDR 1969 − 1970. Unabhängig von der politischen Orientierung nützlich für den zweiten Teil des Titels.

Einzelne Gebiete: O. BRUNNER/W. CONZE/R. KOSELECK: Geschichtliche Grundbegriffe. Historisches Lexikon zur politisch-sozialen Sprache in Deutschland. 7 Bde., z. T. in mehreren Aufll., 1979 − 1992. Reg. in Vorb. Große, aufsatzartige Beiträge zu Schlüsselthemen der politisch-sozialen Ideengeschichte. − E. HABERKERN/F. WALLACH: Hilfswörterbuch für Historiker. 2 Bde. ⁷1987 (UTB 119/120). Fachsprache der Rechts- und Institutionsgeschichte.

Einzelne Länder; nur umfangreichere Werke: Historical Dictionaries of French History. London 1985 − 1987. Die 5 Bände behandeln je eine Epoche, insgesamt 1789 − 1940. − R. REICHARDT/E. SCHMIDT u. a. (Hrsg.): Handbuch politisch-sozialer Grundbegriffe in Frankreich 1680 − 1820, in 30 Heften. Bisher 12 Hefte seit 1985. − Dictionary of American History. 8 Bde. New York 1976 − 1978. − Sovetskaja istoriceskaja énciklopedija. Hrsg. v. E. Žukov u. a. 16 Bde. Moskau 1961 − 1976.

b) Hilfsmittel aus den Nachbargebieten

Mit den wichtigsten Hilfsmitteln von Teil- und Nachbarfächern der Geschichte sind wir schon in einem früheren Kapitel bekannt geworden. Hier werden sie nochmals aufgeführt, weil wir sie häufig nicht nur bei der Beschäftigung mit Teilgebieten unseres Faches benötigen, sondern auch von der allgemeinen Geschichte auf Fragen geführt werden, die sie uns beantworten können.

Fragen und Begriffe des **Rechts**, des staatlichen und gesellschaftlichen Lebens interessieren nicht nur die Verfassungs-, Sozial- und Wirtschaftsgeschichte, sondern durchziehen alle historischen Themen. Für ihre Behandlung können dem Historiker nicht nur die letzten Auflagen, sondern gerade auch ältere Ausgaben der in Frage kommenden Lexika wichtige Hilfe bieten. Wer etwa den Begriff

„Aufklärung" bei ZEDLER oder „Liberalismus" in ROTTECKS und WELCKERS **Staatslexikon** nachschlägt, der hat die Terminologie und damit die Denkweise der Zeit vor sich. Das erfordert allerdings kritische Distanz auf Grund moderner Informationen im Hinblick auf das rein Inhaltliche. Ähnliches über die Bedeutung älterer Auflagen gilt grundsätzlich auch für andere Typen von Nachschlagewerken. Vielfach lohnt es sich auch rein um des Stoffes willen, neben der letzten Auflage auch einen älteren Jahrgang eines Lexikons zu benutzen. Gewiß finden wir dort nicht den neuesten Wissensstand, wohl aber einen größeren Umfang an Stoff. Das Anschwellen des naturwissenschaftlich-technischen Wissensstoffes in den letzten Jahrzehnten hat es mit sich gebracht, daß in heutigen Lexika für viele historische Tatsachen weniger Raum verfügbar ist als in früheren Auflagen.

Während des größten Teiles der Neuzeit hatte die **Religion** im Leben der Menschen eine größere Bedeutung, als wir es heute auf den ersten Blick annehmen möchten. Das bringt es mit sich, daß wir in unserer Arbeit oft auf Fragen stoßen, zu deren Beantwortung wir die verschiedenen theologischen Lexika heranziehen. Dies gilt auch für die Rolle der Kirchen im gesellschaftlichen Leben und schließlich ganz allgemein für Fragen geistesgeschichtlicher Art. Hier werden uns allerdings auch Nachschlagewerke aus dem Bereich der **Philosophie** hilfreich sein.

Eine Gruppe von Hilfsmitteln, die wir oft benötigen werden, sind Lexika mit kurzen **Beschreibungen von Städten** und Orten. Sie geben Aufschluß über rein topographische und statistische Gegebenheiten, aber auch über historisch und künstlerisch wichtige Bauten oder bedeutende Kunstgegenstände.

Daß wir zum Verständnis unserer Quellen Nachschlagewerke sprachlicher Art benötigen, ist selbstverständlich. Für **fremde Sprachen**, die wir nicht als Studienfach betreiben, kommen wir normalerweise mit einem Lexikon aus, das am heutigen Stand der Sprache orientiert ist. Im Deutschen dagegen wird auch der nicht speziell germanistisch interessierte Historiker nicht daran vorbeikommen, sich gelegentlich über den Sprachgebrauch früherer Jahrhunderte zu unterrichten. Das ist ganz einfach für das inhaltliche Verständnis älterer Quellen notwendig.

Literatur

Recht, Staat, Politik, Wirtschaft: Nachschlagewerke bei D IV und D V. Zur Beurteilung der Staatslexika vgl. Text. Das Staats-Lexikon. Hrsg. v. K. Rot-teck u. K. Welcker. 15 Bde. Altona 1834–1844. 2. Aufl., 12 Bde. 1845–1848. 3. Aufl., 14 Bde. Leipzig 1856–1866. Sprachrohr des Liberalis-mus. – Nicht so stark engagiert J. C. Bluntschli (Hrsg.): Deutsches Staats-Wörterbuch. 11 Bde. Stuttgart 1857–1870; Nachdruck 1983. – Konservatives Konkurrenzunternehmen zu Rotteck-Welcker: Neues Konversationslexi-kon. Staats- und Gesellschafts-Lexikon. Hrsg. v. H.Wagener. 23 Bde. Berlin 1859–1867. Wagener war Chefredakteur der „Kreuzzeitung" in Berlin. – Grundsätzlich katholisch orientiert: Staatslexikon. Hrsg. v. d. Görresgesell-schaft. Erstmals 5 Bde. 1887–1897. 7. Aufl. 1985–1989, 5 Bde. Rel. grobma-schiges Stichwortnetz, die einzelnen Beiträge sehr gründlich. – R. Beck: Sachwör-terbuch der Politik (Kröners Taschenausg. 400). ²1986. – C. D. Kernig (Hrsg.): Sowjetsystem und demokratische Gesellschaft. 6 Bde. 1966–1972. Ost-West-Auseinandersetzung.

Theologie: Vgl. Lexika bei D III. Evangelisch: Die Religion in Geschichte und Gegenwart (RGG). 6 Bde. + 1 Reg.-Bd. ²1957–1965; Studienausg. 1986. – Katholisch: Lexikon für Theologie und Kirche. 10 Bde. + 1 Reg.-Bd. ²1958–1967; 3 Erg.-Bde. 1966–1968. Zur ersten Orientierung in der Philoso-phie W. Brugger (Hrsg.): Philosophisches Wörterbuch. ¹⁷1985.

Zur *Topographie* vgl. die bei D II (Hist. Geographie) und D VIII (Landesge-schichte) genannten Werke sowie die kunsthistorisch-topographischen Lexika bei D.VII. Immer wieder benötigen wird man Ritters geographisch-statisti-sches Lexikon. 9. Aufl. 2 Bde. 1905, 1906. – Handbuch der historischen Stätten Deutschlands. Seit 1958. Die Bände sind regional begrenzt, die einzelnen Orte alphabetisch aufgeführt.

Allgemeines Verzeichnis sprachlicher Lexika: W. Zaunmüller: Bibliogra-phisches Handbuch der Sprachwörterbücher. 1958. Nennt Lexika für rd. 500 Sprachen. – Zum Deutschen vgl. die bei D VII genannten germanistischen Hilfsmittel. Am häufigsten benötigen man F. Kluge: Etymologisches Wörterbuch der deutschen Sprache. 22. Aufl. Bearb. v. E. Seebold. 1989. – H. Paul: Deutsches Wörterbuch. 9. Aufl. Bearb. v. H. Henne/G. Objartel. 1992. – Als erstes, leicht erreichbares Hilfsmittel für Texte der frühen Neuzeit gut brauchbar, obwohl nicht für diesen Zweck gedacht: M. Lexer: Mittelhochdeut-sches Taschenwörterbuch ³⁸1992.

c) Biographische Nachschlagewerke

Die Notwendigkeit rascher Information bei unserer Arbeit besteht besonders häufig darin, sich über eine Persönlichkeit zu unterrich-ten, auf deren Namen man stößt. Dem entspricht es, daß ein besonders reiches Angebot an biographischen Hilfsmitteln besteht, mit dem wir uns hier gesondert befassen wollen. Es gibt internationale Biographien, solche der verschiedenen Länder und schließlich regional begrenzte Sammlungen biographischer Artikel. Sie sind durchweg alphabetisch geordnet oder mit einem alphabetischen Register versehen, so daß wir rasch Näheres über eine Person erfahren können, deren Namen wir kennen.

Die Achillesferse der meisten Biographien ist ihre **Aktualität**. An solchen Werken sind meist viele Autoren beteiligt, und das Erscheinen der einzelnen Bände kann sich über geraume Zeit hinziehen. Aufgenommen werden aber normalerweise nur Verstorbene. Infolge dieser Tatsachen ist es mit biographischen Artikeln über Menschen der jüngsten Vergangenheit vielfach schlecht bestellt. Das Notwendigste enthalten oft die allgemeinen Konversationslexika. Ein grundsätzlich sehr gutes Hilfsmittel sind periodisch erscheinende **Nekrologe**, die kurze Lebensläufe der wichtigsten Verstorbenen je eines Jahrgangs enthalten. Praktisch sind solche Werke leider nicht so vollständig vorhanden, wie es wünschenswert wäre. Erste Information liefert ein anderer Typ von Nachschlagewerken, der ganz aus dem praktischen Bedürfnis von Wirtschaft, Verwaltung und Presse entstanden ist: Werke von der Art des englischen „Who is who?", darauf berechnet, Auskunft zu geben über **lebende wichtige Persönlichkeiten**. Der Historiker wird für seine Zwecke normalerweise eine ältere Auflage benötigen, für Politiker der nationalsozialistischen Zeit beispielsweise eine Kriegsauflage von „Wer ist's?".

Nicht immer wissen wir den Namen des Menschen, über den wir Näheres erfahren möchten. Wer war beispielsweise österreichischer Botschafter am französischen Hof zur Zeit des Siebenjährigen Krieges? Aus welchen Personen bestand der Generalstab des deutschen Heeres beim Beginn des Frankreichfeldzuges 1940? Die hier gestellten Fragen und viele ähnliche lassen sich beantworten mit einem Typ von Hilfsmitteln, die wir **Organisationshandbücher** nennen wollen. Es gibt solche Werke für die verschiedensten Lebensbereiche: für die Fürstenhöfe der monarchischen Staaten, für die Diplomatie, die Verwaltung, die Kirche ebenso wie das Militär. Allen gemeinsam ist der Aufbau: Sie lehnen sich in der Gliederung der Institution mehr oder weniger eng an, deren Personal sie aufführen. Wir müssen also den Wirkungsbereich eines Menschen genau kennen, um seinen Namen in einem solchen Werk zu finden.

Organisationshandbücher können für den Zweck unserer Disziplin von Forschern erarbeitet worden sein. Ebensogut können sie aber ihre Entstehung den praktischen Bedürfnissen der Institutionen verdanken, von denen sie ein Bild geben. In diesem Fall sind sie oft periodisch angelegt, weil sie ja immer den neuesten Stand der Besetzung geben mußten und müssen.

Literatur

International: Nouvelle Biographie générale depuis les temps les plus réculés jusqu'à nos jours. 46 voll. Paris 1852 – 1866. Neudruck 1963 – 1969. Insgesamt veraltet, aber sehr materialreich. Schwerpunkt Frankreich.
   Grundlegend die Allgemeine Deutsche Biographie (ADB). Hrsg. v. d. hist. Komm. b. d. Bayerischen Akad. d. W. 55 Bde. + Register. 1875 – 1912. Sehr große Personenzahl; die Beitrr. im Niveau sehr unterschiedlich. – Gleichmäßiger in der Qualität, aber auf weniger Personen angelegt, die von der gleichen Institution hrsg. Neue Deutsche Biographie (NDB). Seit 1953. Bisher 15 Bde., bis „Melanchthon".

Erste Orientierung K. BOSL/G. FRANZ/H.H. HOFMANN: Biographisches Wörterbuch zur deutschen Geschichte. 3 Bde. 1973 – 1975; Studienausgabe 1982. – Nach d. dt. Vereinigung erschien noch K. PÄTZOLD u. a. (Hrsg.): Lexikon. Biographien zur deutschen Geschichte von den Anfängen bis 1945. 1991: Letzte Aufl. e. DDR-Standardwerks, knapp, für weniger bekannte „linke" Persönlichkeiten nützlich.

Einzelne Gebiete: M. SCHWARZ: MdR. Biographisches Handbuch der Reichstage. 1965. Für die deutschen Parlamente von der Paulskirche bis 1933. Nicht in allem verläßlich. – E. STOCKHORST: Fünftausend Köpfe. Wer war was im Dritten Reich [2]1985. Aus Material der NS-Zeit gearbeitet. Enthält Organisationsschemata der Parteiformationen. – Biographisches Handbuch der deutschsprachigen Emigration nach 1933 (International Biographical Dictionary of Central European Emigrés 1933 – 1945). 2 Bde. nach Lebensgebieten + 1 Reg.-Bd. 1980 – 1983.

Österreich: C. WURZBACH: Biographisches Lexikon des Kaiserthums Österreich… 1750 – 1850. 60 Bde. Wien 1856 – 1891. Neudruck 1966. Alles vom gleichen Verfasser! Sehr materialreich; monarchiefreundlich. – Österreichisches Biographisches Lexikon 1815 – 1950. Hrsg. v. d. Österr. Ak. d. Wiss. Seit 1957; bisher 10 Bde., bis „Schlesinger".
   Dictionnaire de Biographie Française. Seit 1933; bisher 18 Bde., bis „Joncoux". Materialreich ist das englische Dictionary of National Biography. London 1885 – 1900, Nachdruck in 22 Bänden 1959 – 1960. Es schließen an je mehrere Erg.-Bde. für 10 Jahre seit 1901; zuletzt 1990 für 1981 – 1985. – Dictionary of American Biography. New York. London 1926 – 1936; 2 Erg.-Bde. bis 1945,

London 1944 – 1958. – Rußland: Russkij biograficeskij slovar'. Hrsg. v. A. A. POLOVCOV. 25 Bde. Petersburg 1896 – 1918. Nachdruck 1962. Es schließt an B. LEWYTZKI/K. MÜLLER: Sowjetische Kurzbiographien. 1964.

Nekrologe: An die ADB knüpfte an A. BETTELHEIM: Biographisches Jahrbuch und Deutscher Nekrolog. 1897 – 1917 f.d. Jahre 1896 – 1913. – Fortgeführt u.d.T. Deutsches Biographisches Jahrbuch. Es erschienen Bde. 1 – 5 für 1914 – 1923, Bd. 10 für 1928, Bd. 11 für 1929: 1925 – 1930, 1931, 1932. Zum weiter unten erwähnten „Who is who?" gibt es jeweils mehrere Jahre umfassende Nekrologe u. d. T. „Who was who?" I: 1897 – 1915. 1920. Zuletzt VIII, 1991 f. d. Verstorbenen d. Jahre 1981 – 1990.
   Lebende Personen: Seit 1849 d. engl. Who is Who? An annual biographical dictionary. Zuletzt [144]1992. Beitrr. durchweg sehr knapp. – Deutschland seit 1905: H. A. L. DEGENER: Wer ist's? Heute u. d. T. Wer ist wer? Zuletzt [31]1992/93 – Vergleichbar für ein wichtiges Teilgebiet: Kürschners Deutscher Gelehrtenkalender. Seit 1925. 3 Bde. [16]1992.

Organisationshandbücher: Einfachstes Beispiel der Aufstellung von Personen nach ihrer Aufgabe sind die Herrscherlisten, wie sie z. B. H. GROTEFEND: Taschenbuch der Zeitrechnung [12]1982 enthält. – Mitglieder von Kabinetten u. ä. verzeichnet B. SPULER: Regenten und Regierungen der Welt. Tl. 2: Neuere Zeit 3 Bde. (1492 – 1965). [2]1962 – 1972. (Minister-Ploetz). – Ähnlich P. TRUHART: Regents of nations. Systematic Chronology of States and Their Political Representatives … Regenten der Nationen … 3 Bde. 1984 – 1988. – Typ des Hofkalenders und Behördenverzeichnisses Frankreichs Almanach Royal. Seit 1679. – Österreich: Staats- und Standeskalender. Seit d. Regierung Maria Theresias (1740 – 1780) u.d.T. Hof- und Staatsschematismus. – Hofbeamte und Personal der Zentralbehörden verzeichnete in der absolutistischen Zeit auch der Gothaische Genealogische Hofkalender. Seit 1763. – Preußen: Seit 1704 Preußischer Staatskalender. Seit 1794 Handbuch über den Königlich Preußischen Hof und Staat. Bis 1918. 1922 – 1938 ohne die Bestandteile „Königlich" und „Hof" im Titel. – Deutsches Reich: Handbuch für das Deutsche Reich. Zuerst 1874, seit 1876 jährlich. Über personengeschichtliche Hilfsmittel genealogischer Art unterrichtet R. DIMPFEL: Biographische Nachschlagewerke. Adelslexika/Wappenbücher. 1969: Häufig Nachdrucke.

Diplomatie: L. BITTNER u. a. (Hrsg.): Repertorium der Diplomatischen Vertreter aller Länder seit dem Westfälischen Frieden. 3 Bde. (1648 – 1815). 1936 – 1965.

Kirche: P.B. GAMS: Series episcoporum ecclesiae catholicae. 1873 – 1886. Neudruck 1957. – C. EUBEL u. a.: Hierarchia catholica medii et recentioris aevi. 6 Bde. 1913 – 1958. Reicht bis 1799. – E. GATZ (Hrsg.): Die Bischöfe des Heiligen Römischen Reiches. 1648 – 1803. 1990. – Ders.: Die Bischöfe der deutschsprachigen Länder 1785/1803 bis 1945. 1983.

Militär: Rangliste der Königlich Preußischen Armee 1793 – 1806, seit 1817 bis

1914, jeweils jährlich. – 2. Weltkrieg: W. KEILIG: Das deutsche Heer 1939 – 1945. Gliederung, Einsatz, Stellenbesetzung. 1956 ff. – W. LOH-MANN/H. W. HILLEBRAND: Die deutsche Kriegsmarine 1939 – 1945. Gliederung, Einsatz, Stellenbesetzung. 3 Bde. 1956.

4. Handbücher

Oft werden wir bei unserer Arbeit in die Lage kommen, daß wir zur Einordnung von einzelnen Ereignissen genauere Kenntnisse über die allgemeinen Zeitverhältnisse benötigen, als in unserem Gedächtnis präsent sind. In solchen Fällen als Hilfsmittel zu dienen ist der Hauptzweck von Handbüchern, welche große Geschichtsabläufe verhältnismäßig knapp zusammengefaßt schildern. Eine kontinuierliche Lektüre solch eines Werkes ist ein relativ wenig ertragversprechendes Unternehmen; das Gedächtnis ist sehr bald den Mengen hochkonzentrierten Stoffs nicht mehr gewachsen. Richtiger ist es, ein Handbuch als **Nachschlagewerk** zu benutzen, das heißt, es jedesmal zur Hand zu nehmen, wenn man Kenntnisse eines bestimmten Zusammenhanges für ein Spezialthema braucht. Wer zum Beispiel an einer Arbeit über den Prager Frieden von 1635 schreibt, wird zweckmäßig schon in der Anfangsphase des Materialsammelns das Kapitel „Dreißigjähriger Krieg" in einer Gesamtdarstellung der europäischen oder deutschen Geschichte lesen, schon um dort gleich auch Literaturangaben zu finden.

Solche Werke zur Welt- oder europäischen Geschichte gibt es in verschiedenen Sprachen. Das methodische Problem der **subjektiven Gebundenheit** aller historischen Darstellung wird uns bei der Betrachtung dieser Bücher deutlich: Jedes dieser Werke neigt bei allem Streben nach Unparteilichkeit doch dazu, einen Schwerpunkt bei der Geschichte des Landes zu bilden, in dessen Sprache es verfaßt ist. Allen gemeinsam ist die Betrachtung der Dinge aus vornehmlich europäischem Blickwinkel. Versuche, sich davon zu lösen, werden besonders in jüngster Zeit unternommen, stoßen aber auf sachliche Schwierigkeiten im Hinblick auf die verfügbaren Quellen und Vorarbeiten.

Handbücher unterscheiden sich in der Grundanlage und im Umfang. Sie können ihre Hauptaufgabe in der Darstellung der internationalen Politik sehen oder bewußt den Schwerpunkt auf gesellschaftliche und kulturelle Entwicklung legen. Den Typ des wissenschaftlichen Hilfsmittels mit relativ umfangreichen Literaturangaben gibt es ebenso wie die Gesamtdarstellung für den interessierten

Laien. Bei Werken von mehreren Bänden haben wir normalerweise eine Gemeinschaftsarbeit einer Vielzahl von Autoren vor uns.

Literatur

Zur ersten Information über grundsätzlich allgemein bekannte Zahlen und Fakten benutzen wir Werke wie: Der große Plötz. Auszug aus der Geschichte von den Anfängen bis zur Gegenwart. [31]1991. – Auch der bei D II erwähnte dtv-Atlas zur Weltgeschichte eignet sich dazu. Zitieren wird man solche Bücher normalerweise nicht. – Vgl. auch R. Elze/K. Repgen: Studienbuch Geschichte. [2]1983.

Welt und Europa: G. Mann u. a. (Hrsg.): Propyläen-Weltgeschichte. 10 Bde. + 1 Erg.-Bd. 1961 – 1965, Nachdruck 1986, auch als TB in 20 Bden. 1976. Nicht nur für Fachleute: bedeutende Autoren, aber keine Literaturangaben. – Stärker für die Wissenschaft, mit Literatur F. Valjavec (Hrsg.): Historia Mundi. 10 Bde. 1952 – 1961. – Taschenbuchreihe: Fischer Weltgeschichte. 36 Bde. 1965 – 1983; mehrfach Neudrucke. – Th. Schieder (Hrsg.): Handbuch der europäischen Geschichte. 7 Bde. 1968 – 1987. Benutzerfreundlich durch übersichtlichen Aufbau. – Propyläen-Geschichte Europas. 6 Bde. 1975 – 1978; Studienausgabe 1982. Je Band nur ein Verf. – Oldenbourg Grundriß der Geschichte. Seit 1979. 23 Bde. (europäische und deutsche Geschichte). Teils Neuauflagen. Umfangreiche, als Forschungsberichte organisierte Literaturangaben. Weitere Bde. zur außereuropäischen Geschichte geplant. – Sehr materialreich L. Halphen/Ph. Sagnac (Dir.): Peuples et civilisations. 21 voll. seit 1928; Neuauflagen einzelner Bde. – Mehr lehrbuchartig Nouvelle Clio. L'histoire et ses problèmes. 48 Bde. seit 1963, teils mehrere Aufll. Strukturgeschichtlich orientiert; viel außereuropäische Geschichte.

Internationale Politik: P. Renouvin (Dir.): Histoire des relations internationales. 8 voll. 1953 – 1958; teils mehrere Aufll. – Englisches Standardwerk: The New Cambridge Modern History. 13 Bde. + Atlas. Cambridge 1957 – 1970.

Einzelne Länder: Peter Rassow (Hrsg.): Deutsche Geschichte. 4. Aufl. hrsg. v. M. Vogt. 1987. [2]1991. – B. Gebhardt: Handbuch der deutschen Geschichte. 9. Aufl. hrsg. v. H. Grundmann, 4 Bde. 1970 – 1976. Auch als TB in 22 Bänden. 1973 – 1980, Neuaufll. Bewährtes, übersichtlich aufgebautes Standardwerk. – J. Leuschner (Hrsg.): Deutsche Geschichte (Kleine Vandenhoeck-Reihe). 10 Bde. 1980 – 84, teils Neuaufll. – K. D. Bracher u. a. (Hrsg.): Geschichte der Bundesrepublik Deutschland in 5 Bänden. 1981 – 1987.
   G. Duby (Dir.): Histoire de la France. 3 voll. Paris [4]1991. – J. Favier (Dir.): Histoire de France. 6 Bde., 1984 – 1988. Dt. Übers. u. d. T. Geschichte Frankreichs. Bisher 5 Bde., seit 1989. – Storia d'Italia. 9 voll. Milano 1936 – 1964. – R. Lill: Geschichte Italiens in der Neuzeit. [4]1988. – Spanien: R. Menéndez Pidal (Dir.): Historia de España. 10 voll. Madrid seit 1950. Nach 1598 erst vol. 26 (1808 – 1833). – B. Bennassar: Histoire des Espagnols. 2 voll. Paris 1985. – Belgien und Niederlande: D. P. Blok en a.: Algemeene Geschiedenis der Neder-

landen. 15 Bde. Haarlem [2]1977 – 1985. – England: A. G. DICKENS/N. GASH (Eds.):
The New History of England. London seit 1977; v. 10 geplanten Bänden 9
erschienen. – K. KLUXEN: Geschichte Englands. Von den Anfängen bis zur Gegenwart (Kröners Taschenausg. 374). [4]1991. – USA: S. E. MORISON/H. S. COMMAGER/
W. E. LEUCHTENBURG; The Growth of the American Republic. 2 vols. New York
[7]1980. – Rußland: G. STÖKL: Russische Geschichte. Von den Anfängen bis zur
Gegenwart (Kröners Taschenausg. 244). [5]1990. – M. HELLMANN/G. SCHRAMM/K.
ZERNACK (Hrsg.): Handbuch der Geschichte Rußlands. 3 Bde. geplant; 1981 –
1989 Teilbde. erschienen.

5. Vertragsverzeichnisse und -sammlungen

Bei der Arbeit an Darstellungen langfristiger historischer Entwicklungen sind wir kaum in der Lage, den Blickwinkel und das Urteil
der Autoren an den Quellen zu prüfen, weil dazu die Lektüre einer
großen und in sich vielfältigen Stoffmenge erforderlich wäre. Eine
Ausnahme gibt es hier, eine Gruppe von Überresten, die es uns
gestattet, verhältnismäßig rasch entscheidende Begebenheiten der
Weltgeschichte aus den Quellen kennenzulernen: die internationalen Verträge. Wer die großen Friedensschlüsse eines Jahrhunderts
aus eigener Lektüre oder wenigstens aus rein referierender Zusammenfassung kennt, kann über eine Gesamtdarstellung dieses Zeitraumes in wichtigen Fragen ein fundiertes eigenes Urteil abgeben.
Deshalb wollen wir Verzeichnisse und Sammlungen von Verträgen
im Gegensatz zu anderen Quellengruppen hier behandeln.

Literatur

Wichtigstes Hilfsmittel für die allgemeine Geschichte: H.RÖNNEFARTH/H. EU-
LER: Konferenzen und Verträge (Vertrags-Ploetz). Teil II, Bde. 3 – 5 f.d. Jahre
1492 – 1970. [2]1958, 1959 – 1975. Kurze Inhaltsangaben d. wichtigsten Verträge
mit Erläuterung des Entstehens. Wichtige Partien wörtlich; Druckorte nachge-
wiesen. Einzelnes fehlerhaft.

Vertragssammlungen: Für die frühe Neuzeit J. DUMONT: Corps universel
diplomatique du droit des gens. (800 – 1731). 8 voll. Amsterdam, la Haye
1726 – 1731. – Ergänzend für 1731 – 1738: J. ROUSSET: Suppléments au corps
diplomatique universel. 5 voll. 1739. – Wichtigste Sammlung neuzeitlicher
Verträge ist das unter dem Namen des Begründers MARTENS bekannte Werk:
G.F. DE MARTENS: Recueil des principaux traités d'alliance, de paix, de trêve...
depuis 1761 jusqu'à présent. (= 1808). 8 voll. Göttingen [2]1817 – 1835. – Nouveau recueil de traités...(1808 – 1839). 16 voll. 1817 – 1842. Supplément au
recueil de traités... 4 voll. 1801 – 1808. – Nouveaux suppléments au recueil de

traités... 3 voll. 1839–1842. Wichtig, weil bis 1559 zurückgreifend. – Table générale. 2 voll. 1837, 1842. Register zum bisher Erschienenen. – Nouveau recueil général de traités... 3 Serien: 1. für 1720–1784. 23 voll. 1843–1876. – Dazu Table générale, 2 voll. 1875, 1876. – 2. Serie für 1875–1907. 35 voll. 1876–1908. Seit vol. 22 Leipzig. – Je 2 voll. Table générale zu voll. 1–25 u. 1–35. – 3. Serie für 1900–1943. 41 voll. 1901–1944, der letzte Greifswald. Register zu 1–30. 1935. – Daneben zu benutzen F.W.GHILLANY: Diplomatisches Handbuch 1648–1867. 3 Bde. 1855–1868. – C. PARRY (Ed.): The Consolidated Treaty Series (1648–1918). 226 Bde., 5 Erg.-Bde., 5, 2 u. 5 Bde. verschiedene Register. Dobbs Ferry 1969–1986. – Für die neueste Zeit die Sammlungen der internationalen Organisationen: League of Nations. Treaty Series. (1918–1943). 205 vols. London 1920–1946. – United Nations. Nations Unies. Treaty Series. New York seit 1946. Bisher 1420 vols. Dazu Cumulative Index, 15 vols. New York 1956–1989. Danach statt dessen Multilateral Treaties Deposited with the Secretary-General. Bisher 24 vols. New York seit 1987.

Reichsrecht und Verträge des alten Reichs: J.C. LÜNIG: Das Teutsche Reichsarchiv. 24 Bde. Leipzig 1710–1722. – Österreich: L. BITTNER: Chronologisches Verzeichnis der österreichischen Staatsverträge 1526–1917. 4 Bde. 1903–1917. Nur Inhaltsangaben. – Wichtige ergänzende Publikation. A.F.PRIBRAM: Die politischen Geheimverträge Österreich-Ungarns 1879–1918. I.Bd. Texte (mehr nicht erschienen) 1920. – Inhaltsangaben von Verträgen Brandenburg-Preußens: TH. V. MOERNER: Kurbrandenburgs Staatsverträge von 1601–1700. 1867. – V. LOEWE: Preußens Staatsverträge aus der Regierungszeit König Friedrich I. 1923. – Weiter reicht die Reihe nicht. – Für Frankreich fehlt eine Publikation für die gesamte Neuzeit. Wichtige Epoche: H. VAST: Les grands traités du règne de Louis XIV. 3 voll. Paris 1893–1897. – Großbritannien: CH. JENKINSON: Collection of all the treaties of peace, alliance and commerce between Great Britain and other powers (1648–1783). 3 vols. London 1785. – F. d. frühe Neuzeit auch TH. RYMER (Ed.): Foedera, conventiones, litterae et cuiuscunque generis acta publica inter reges Angliae et alios . . . 17 vols. London 1704–1735. – USA: W. M. MALLOY: Treaties, Conventions, International Acts . . . between the United States of America and other Powers. 1776–1937. 4 vols. Washington 1910–1938.

6. Geschichtskalender

Je näher wir der Gegenwart kommen, desto schwieriger wird es, die Einzelheiten eines Geschehens aus den immer vielschichtigeren und gerade in jüngster Zeit ungleich gut überlieferten Akten zu gewinnen. Andererseits können wir leicht in die Lage kommen, über ein politisches Ereignis mehr wissen zu müssen, als in den verfügbaren Darstellungen mitgeteilt wird. Soweit es sich um Ereignisse handelt, die schon zur Zeit ihres Eintretens öffentlich bekannt waren, können uns hier die verschiedenen Geschichtskalender helfen. Es handelt sich um periodisch erscheinende Zusammenfassungen wichtiger politischer Ereignisse je eines Jahres. Die Geschichtskalender erscheinen möglichst bald nach den behandelten Ereignissen. Ihr Entstehen verdanken sie hauptsächlich dem praktischen Informationsbedürfnis von Politik, Wirtschaft und Presse; in dieser Hinsicht sind sie ein typisches Erzeugnis der jüngeren Neuzeit. Daneben machte und macht sich aber auch ein Zug der bewußten Überlieferung historischen Geschehens bemerkbar, der diese Werke bei allen Verschiedenheiten mit der mittelalterlichen Annalistik verwandt erscheinen läßt. Häufig werden wichtige offizielle Äußerungen wörtlich wiedergegeben, die zwar theoretisch auch anderswo, praktisch aber oft nur schwierig zu erreichen sind. Dies gilt grundsätzlich für die überwiegende Mehrheit der Quellen, aus denen Geschichtskalender schöpfen; wir müssen sie deshalb zu den sekundären Traditionsquellen rechnen.

Literatur:

Ältestes Beispiel eines Geschichtskalenders: The Annual Register. London, seit 1758; Begründer war E. BURKE. – H. SCHULTHESS: Europäischer Geschichtskalender. 1861 – 1940; Bd. 82 f. 1941 erschien 1965. – KEESINGS Archiv der Gegenwart. Seit 1931. – J. LESUR: L'annuaire historique universel. 43 voll. Paris 1818 – 1861. – A. DANIEL (d.i.A. LEBON): L'année politique (seit 1963... èconomique, sociale et diplomatique en France). Paris 1874 – 1901. 1944 wiederaufgenommen v. A. SIEGFRIED, E. BONNEFOUS, J.B. DUROSELLE. – Survey of International Affairs. Faßt stärker als die anderen Kalender unter leitenden Gesichtspunkten zusammen. London, seit 1919. Hrsg. war bis 1946 A. TOYNBEE. – The Statesman's Year Book. London, seit 1864. Englische Serie, die auch Zusammensetzung von Regierungen bringt. – Bei den meisten genannten Kalendern sind Schwerpunkte für die Herausgeberländer erkennbar. Daneben gibt es auch solche Werke für die Ereignisse in einzelnen Ländern.

7. Zeitschriften

Die Bedeutung der Fachzeitschriften als methodisches Hilfsmittel liegt darin, daß sie darauf angelegt sind, auf den von ihnen gepflegten Gebieten laufend über den Forschungsstand zu unterrichten. Das geschieht einmal durch Anzeige und **Besprechung der Literatur,** zum anderen durch Aufsätze oder kleine, meist Miszellen genannte Beiträge zum betreffenden Fachgebiet. Da sich die Literaturangaben meist nicht auf bloße Titelsammlungen beschränken, sondern Rezensionen oder wenigstens kurze erläuternde Notizen zu den genannten Werken bringen, lassen sich Aufsatz- und Berichtsteil kombiniert verwenden. Für den Stil von Fachzeitschriften charakteristisch sind die Sammelrezension und der **Forschungsbericht**, Formen der gemeinsamen Behandlung einer kleineren oder größeren Gruppe thematisch zusammenhängender Werke durch denselben Rezensenten.

Die ideale Form der Benutzung einer Fachzeitschrift liegt in der **dauernden Lektüre**. Der Student, vor allem der Anfänger, wird dazu nur selten Zeit und Kraft aufbringen. Allenfalls für ein Teilgebiet, etwa ein Jahrhundert unseres Arbeitsbereichs, könnte dies erreichbar sein. Häufiger wird man während des Studiums in die Lage kommen, sich auf das Thema einer Übung, insbesondere des eigenen Referates vorzubereiten, indem man die letzten Bände einer geeigneten Zeitschrift rückschreitend durchsieht, die Beurteilungen wichtiger Bücher und thematisch benachbarte Aufsätze liest. So bekommt man rasch einen Eindruck, welche Fragen die Fachleute bewegen und wie man Zugang zu seinem Thema findet.

Das Feld der Zeitschriften unserer Disziplin ist sehr weit und vielfältig angebaut. Weltgeschichtlich orientierte Blätter stehen neben national, regional und lokal gebundenen, und nahezu für jede Epoche und jedes Sonderfachgebiet gibt es eine Zeitschrift oder ein Jahrbuch. Sie alle wirklich zu kennen dürfte über Menschenkraft gehen. Zum Glück gibt es auch hierfür **Verzeichnisse**. In Literaturangaben werden Zeitschriftentitel meist durch **Siglen** wiedergegeben. Diese ohne Punkte geschriebenen Abkürzungen beruhen auf stillschweigender Übereinkunft. Der Anfänger kann sich über die geltenden Formen im Siglenverzeichnis des Dahlmann-Waitz unterrichten.

Literatur:

Bibliographie: E.H. Boehm et al. (Eds.): Historical Periodicals Directory, 5 vols. Santa Barbara, Oxford (1981–1986). – Für Zeitschriften zu einzelnen Sachgebieten vgl. die Literatur zu den Kapiteln C und D.

Universalgeschichte: Mit Themen und Problemen allgemeinster Geschichtsdarstellung befaßt sich Saeculum. Jahrbuch für Universalgeschichte. Seit 1950. – Ähnlich, in der Entstehung von Spengler beeinflußt: Die Welt als Geschichte (WaG). Zeitschrift für universalgeschichtliche Forschung. 1935–1963.

Deutschland: Klassisches Organ der deutschen Geschichtswissenschaft ist die 1859 von H. v. Sybel begründete Historische Zeitschrift (HZ). Schwerpunkt deutsche Geschichte, aber auch Themen aus anderen Ländern. Rezensionen sowie „Anzeigen und Nachrichten" behandeln Bücher und Zeitschriftenaufsätze, in den letzten Jahren allerdings mit einigen Jahren Rückstand. – Ähnlich wichtig: Historisches Jahrbuch der Görresgesellschaft (HJb). Seit 1880. Pflegt stark geistesgeschichtliche Themen. – Geschichte in Wissenschaft und Unterricht (GWU). Seit 1950. Organ des Verbandes der Geschichtslehrer Deutschlands; entspr. Thematik. Informiert auch über Schulbücher. – Geschichte und Gesellschaft. Zeitschrift für Historische Sozialwissenschaft. Seit 1975. Der Untertitel bezeichnet das Programm (vgl. A III).

Einzelne Gebiete: Von den vielen thematisch, zeitlich oder regional bestimmten Zeitschriften hier nur eine kleine Auswahl: Zeitschrift für historische Forschung. Seit 1974. Spätes Mittelalter und frühe Neuzeit als strukturelle Einheit. – Forschungen zur brandenburgischen und preußischen Geschichte (FBPG). 1888 – 1943. Dem Thema entsprechend mehr als regional bedeutend. – Jahrbücher für Geschichte Osteuropas. Seit 1953. – Quellen und Forschungen aus italienischen Archiven und Bibliotheken. Hrsg. v. deutschen (früher kgl. preußischen) historischen Institut in Rom. Seit 1898. Wichtige Beiträge zur Geschichte der Kurie u. ihres Archivs. – Vierteljahrshefte für Zeitgeschichte (VjhefteZG). Seit 1953. Aufsätze und wertvolle Quellenveröffentlichungen zur jüngsten Vergangenheit. Das Literaturverzeichnis erscheint gesondert; vgl. E II 2.

Österreich: Mitteilungen des Instituts für österreichische Geschichtsforschung (MIÖG), zeitweise Mittlgen. d. österr Inst. (MÖIG). Seit 1880. Schwerpunkt Hilfswissenschaften, besonders Diplomatik. – Archiv für österreichische Geschichte (AÖG). Seit 1865. Nähert sich dem Typ der Veröffentlichungsreihe: Manche Bände bestehen nur aus einem Aufsatz.

Frankreich: Revue historique (RH). Seit 1876. – Für die außerfranzösische Forschung daneben wichtig: Revue d'histoire diplomatique. Seit 1887. – Revue d'histoire moderne et contemporaine. Seit 1954. – Annales. Economies. Sociétés. Civilisations. Seit 1929; vor 1946 andere Untertitel. Klassisches Organ der Strukturgeschichte, v. M. Bloch u. L. Febvre gegründet. – English Historical Review (EHR). Seit 1866. – American Historical Review (AHR). Seit 1895. Beide in ihrem Rezensionsteil auch über die Geschichte ihrer Länder hinaus wichtig. – Journal of Contemporary History. Seit 1966. Speziell für die jüngste Vergangenheit.

Rußland: Voprosy Istorii. (Fragen zur Geschichte). Hrsg. v. d. Akademija nauk SSSR, Moskau, seit 1926. – Für die Zeitgeschichte die Novaja i Nowejšaja Istorija (Neuere u. neueste Gesch.), Moskau, seit 1957.

Siglen werden nur bei den Zeitschriften angegeben, wo sie hinreichend einfach und unverwechselbar sind. Im übrigen ist es zweckmäßiger, die Titel abzukürzen.

Personenregister

Sachregister

UTB
FÜR WISSEN SCHAFT

Auswahl Fachbreich
Geschichte

1330 Bleicken:
Die athenische Demokratie
(Schöningh). 3. Aufl. 1991.
DM 29,80

1332 Gründer: Geschichte der
deutschen Kolonien
(Schöningh). 2. Aufl. 1991.
DM 32,80

1398 Müller (Hrsg.):
Der deutsche Widerstand
(Schöningh). 2. Aufl. 1990.
DM 25,80

1422 Schulze: Einführung in die
Neuere Geschichte
(Ulmer). 2. Aufl. 1991. DM 29,80

1426 Kunisch: Absolutismus
(Vandenhoeck). 1986. DM 26,80

1551 Habel/Gröbel:
Mittellateinisches Glossar
(Schöningh). 1989. DM 25,80

1552 Niedhart: Internationale
Beziehungen 1917–1947
(Schöningh). 1989. DM 26,80

1553 Opgenoorth: Einführung in das
Studium der neueren Geschichte
(Schöningh). 3. Aufl. 1989.
DM 27,80

1554 Theuerkauf:
Einführung in die Interpretation
historischer Quellen.
Schwerpunkt: Mittelalter
(Schöningh). 1991. DM 29,80

1556 Klueting: Das
Konfessionelle Zeitalter 1525–1648
(Ulmer). 1989. DM 36,80

1646 Dahlheim:
Die griechisch-römische Antike 1.
(Schöningh). 1992. Ca. DM 22,80

1647 Dahlheim:
Die griechisch-römische Antike 2.
(Schöningh). 1992. Ca. DM 22,80

1674 Rusinek/Ackermann/
Engelbrecht (Hrsg.):
Einführung in die
Interpretation historischer Quellen
Schwerpunkt: Neuzeit
(Schöningh). 1992. Ca. 29,80

Preisänderungen vorbehalten.

Das UTB-Gesamtverzeichnis erhalten Sie bei Ihrem Buchhändler oder direkt von UTB, Postfach 80 11 24, 7000 Stuttgart 80.

UTB
FÜR WISSEN
SCHAFT

Auswahl Fachbereich
Geschichte

Isenmann: Die deutsche Stadt
im Spätmittelalter 1250–1500
UTB-GROSSE REIHE
(Ulmer). 1988. DM 68,––

33 Pirenne: Sozial- und Wirtschaftsgeschichte Europas im Mittelalter
(Francke). 6. Aufl. 1986. DM 19,80

58 Hildebrandt (Hrsg.):
Die deutschen Verfassungen des
19. und 20. Jahrhunderts
(Schöningh). 13. Aufl. 1985.
DM 16,80

119/120 Haberkern/Wallach: Hilfswörterbuch für Historiker 1/2
(Francke). 7. Aufl. 1987.
jeder Band DM 24,80

460 Bleicken: Die Verfassung der
Römischen Republik
(Schöningh). 5. Aufl. 1989.
DM 24,80

461 Sprandel: Verfassung und
Gesellschaft im Mittelalter
(Schöningh). 4. Aufl. 1991.
DM 25,80

838/839 Bleicken: Verfassungs- und
Sozialgeschichte des Römischen
Kaiserreichs Bd. 1/2
(Schöningh). 3. Aufl. 1989/
2. Aufl. 1981. DM 27,80/19,80

882 Schlosser:
Grundzüge der Neueren Privatrechts-
geschichte
(C. F. Müller). 7. Aufl. 1992.
Ca. DM 26,80

930 Menger: Deutsche Verfassungs-
geschichte der Neuzeit
(C. F. Müller). 7. Aufl. 1990.
DM 22,80

1170 Faber/Geiss: Arbeitsbuch
zum Geschichtsstudium
(Quelle & Meyer). 2. Aufl. 1992.
Ca. DM 29,80

1181 Blickle:
Die Reformation im Reich
(Ulmer). 2. Aufl. 1992. DM 24,80

1251 Hoensch: Geschichte Polens
(Ulmer). 2. Aufl. 1990. DM 32,80

1275 Buszello/Blickle/Endres
(Hrsg.):
Der deutsche Bauernkrieg
(Schöningh). 2. Aufl. 1990.
DM 34,80

Preisänderungen vorbehalten.